大学入試シリーズ
352

東京理科大学
工学部 − B方式

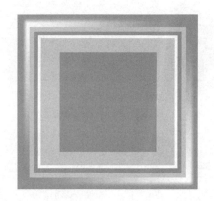

教学社

はしがき

　入力した質問に対して，まるで人間が答えているかのような自然な文章で，しかも人間よりもはるかに速いスピードで回答することができるという，自然言語による対話型の AI（人工知能）の登場は，社会に大きな衝撃を与えました。回答の内容の信憑性については依然として課題があると言われるものの，AI 技術の目覚ましい進歩に驚かされ，人間の活動を助けるさまざまな可能性が期待される一方で，悪用される危険性や，将来人間を脅かす存在になるのではないかという危惧を覚える人もいるのではないでしょうか。

　大学教育においても，本来は学生本人が作成すべきレポートや論文などが，AI のみに頼って作成されることが懸念されており，AI の使用についての注意点などを発表している大学もあります。たとえば東京大学では，「回答を批判的に確認し，適宜修正することが必要」，「人間自身が勉強や研究を怠ることはできない」といったことが述べられています。

　16 ～ 17 世紀のイギリスの哲学者フランシス・ベーコンは，『随筆集』の中で，「悪賢い人は勉強を軽蔑し，単純な人は勉強を称賛し，賢い人は勉強を利用する」と記しています。これは勉強や学問に取り組む姿勢について述べたものですが，このような新たな技術に対しても，侮ったり，反対に盲信したりするのではなく，その利点と欠点を十分に検討し，特性をよく理解した上で賢く利用していくことが必要といえるでしょう。

　受験勉強においても，単にテクニックを覚えるのではなく，基礎的な知識を習得することを目指して正攻法で取り組み，大学で教養や専門知識を学ぶための確固とした土台を作り，こうした大きな変革の時代にあっても自分を見失わず，揺るぎない力を身につけてほしいと願っています。

＊　　　＊　　　＊

　本書刊行に際しまして，入試問題や資料をご提供いただいた大学関係者各位，掲載許可をいただいた著作権者の皆様，各科目の解答や対策の執筆にあたられた先生方に，心より御礼を申し上げます。

編者しるす

赤本の使い方

そもそも赤本とは…

受験生のための大学入試の過去問題集！

60年以上の歴史を誇る赤本は，600点を超える刊行点数で全都道府県の370大学以上を網羅しており，過去問の代名詞として受験生の必須アイテムとなっています。

Q. なぜ受験に過去問が必要なの？

A. 大学入試は大学によって問題形式や頻出分野が大きく異なるからです。

マーク式か記述式か，試験時間に対する問題量はどうか，基本問題中心か応用問題中心か，論述問題や計算問題は出るのか——これらの出題形式や頻出分野などの傾向は大学によって違うので，とるべき対策も大学によって違ってきます。
出題傾向をつかみ，その大学にあわせた対策をとるために過去問が必要なのです。

赤本で志望校を研究しよう！

赤本の掲載内容

傾向と対策

これまでの出題内容から，問題の「傾向」を分析し，来年度の入試にむけて具体的な「対策」の方法を紹介しています。

問題編・解答編

年度ごとに問題とその解答を掲載しています。
「問題編」ではその年度の試験概要を確認したうえで，実際に出題された過去問に取り組むことができます。
「解答編」には高校・予備校の先生方による解答が載っています。

ページの見方

ページの上部に年度や日程，科目などを示しています。見たいコンテンツを探すときは，この部分に注目してください。

- 日程・方式などの試験区分
- 各学部・学科で課された試験科目や配点が確認できます。
- 試験時間は各科目の冒頭に示しています。

問題編冒頭 / **各科目の問題**

他にも赤本によって，大学の基本情報や，先輩受験生の合格体験記，在学生からのメッセージなどが載っています。

● 掲載内容について ●

著作権上の理由やその他編集上の都合により問題や解答の一部を割愛している場合があります。なお，指定校推薦入試，社会人入試，編入学試験，帰国生入試などの特別入試，英語以外の外国語科目，商業・工業科目は，原則として掲載しておりません。また試験科目は変更される場合がありますので，あらかじめご了承ください。

赤本の使い方

受験勉強は過去問に始まり，過去問に終わる。

STEP 1 まずは解いてみる

STEP 2 弱点を分析する

過去問をいつから解いたらいいか悩むかもしれませんが，まずは一度，**できるだけ早いうちに解いてみましょう。実際に解くことで，出題の傾向，問題のレベル，今の自分の実力がつかめます。**

赤本の「傾向と対策」にも，詳しい傾向分析が載っています。必ず目を通しましょう。

解いた後は，ノートなどを使って自己分析をしましょう。**間違いは自分の弱点を教えてくれる貴重な情報源です。**

弱点を分析することで，今の自分に足りない力や苦手な分野などが見えてくるはずです。合格点を取るためには，こうした弱点をなくしていくのが近道です。

合格者があかす赤本の使い方

傾向と対策を熟読
（Fさん／国立大合格）

大学の出題傾向を調べることが大事だと思ったので，赤本に載っている「傾向と対策」を熟読しました。解答・解説もすべて目を通し，自分と違う解き方を学びました。

目標点を決める
（Yさん／私立大合格）

赤本によっては合格者最低点が載っているものもあるので，まずその点数を超えられるように目標を決めるのもいいかもしれません。

時間配分を確認
（Kさん／公立大合格）

過去問を本番の試験と同様の時間内に解くことで，どのような時間配分にするか，どの設問から解くかを決めました。

過去問を解いてみて，まずは自分のレベルとのギャップを知りましょう。それを克服できるように学習計画を立て，苦手分野の対策をします。そして，また過去問を解いてみる，というサイクルを繰り返すことで効果的に学習ができます。

STEP 3 志望校にあわせて 重点対策をする

STEP 1▶2▶3… サイクルが大事！ 実践を繰り返す

分析した結果をもとに，参考書や問題集を活用して**苦手な分野の重点対策**をしていきます。赤本を指針にして，何をどんな方法で強化すればよいかを考え，**具体的な学習計画を立てましょう**。
「傾向と対策」のアドバイスも参考にしてください。

ステップ1～3を繰り返し，足りない知識の補強や，よりよい解き方を研究して，実力アップにつなげましょう。
繰り返し解いて**出題形式に慣れること**や，試験時間に合わせて**実戦演習を行うこと**も大切です。

添削してもらう
(Sさん／国立大合格)

記述式の問題は自分で採点しにくいので，先生に添削してもらうとよいです。人に見てもらうことで自分の弱点に気づきやすくなると思います。

繰り返し解く
(Tさん／国立大合格)

1周目は問題のレベル確認程度に使い，2周目は復習兼頻出事項の見極めとして，3周目はしっかり得点できる状態を目指して使いました。

他学部の過去問も活用
(Kさん／私立大合格)

自分の志望学部の問題はもちろん，同じ大学の他の学部の過去問も解くようにしました。同じ大学であれば，傾向が似ていることが多いので，これはオススメです。

東京理科大-工〈B方式〉◀目次▶

目　次

大 学 情 報 ··· 1
◆ 在学生メッセージ　25
◆ 合格体験記　28

傾向と対策 ·· 39

2023年度
問 題 と 解 答

■B方式

英　　語 ································ 4 ／ 解答 68
数　　学 ································ 24 ／ 解答 86
物　　理 ································ 29 ／ 解答 101
化　　学 ································ 44 ／ 解答 109

※解答は，東京理科大学から提供のあった情報を掲載しています。

2022年度
問 題 と 解 答

■B方式

英　　語 ································ 4 ／ 解答 61
数　　学 ································ 23 ／ 解答 80
物　　理 ································ 28 ／ 解答 96
化　　学 ································ 39 ／ 解答 105

※解答は，東京理科大学から提供のあった情報を掲載しています。

2021年度
問 題 と 解 答

■B方式

英　　語 ································ 4 ／ 解答 56
数　　学 ································ 20 ／ 解答 71
物　　理 ································ 25 ／ 解答 87
化　　学 ································ 37 ／ 解答 95

※解答は，東京理科大学から提供のあった情報を掲載しています。

University Guide

大学情報

大学の基本情報

 沿革

1881（明治14）	東京大学出身の若き理学士ら21名が標す夢の第一歩「東京物理学講習所」を設立
1883（明治16）	東京物理学校と改称
✎1906（明治39）	神楽坂に新校舎が完成。理学研究の「先駆的存在」として受講生が全国より集結。「落第で有名な学校」として世に知られるようになる
1949（昭和24）	学制改革により東京理科大学となる。理学部のみの単科大学として新たなスタート
1960（昭和35）	薬学部設置
1962（昭和37）	工学部設置
1967（昭和42）	理工学部設置
1981（昭和56）	創立100周年
1987（昭和62）	基礎工学部設置
1993（平成 5）	経営学部設置
2013（平成25）	葛飾キャンパス開設
2021（令和3 ）	基礎工学部を先進工学部に名称変更
2023（令和5 ）	理工学部を創域理工学部に名称変更

ロゴマーク

ロゴマークは，創立125周年の際に制定されたもので，東京理科大学徽章をベースにデザインされています。

エメラルドグリーンの色は制定した際，時代に合わせた色であり，なおかつスクールカラーであるえんじ色との対比を考えた色として選ばれました。

なお，徽章はアインシュタインによって確立された一般相対性理論を図案化したものです。太陽の重力によって曲げられる光の軌道を模式的に描いています。

学部・学科の構成

移転計画は構想中であり，内容は変更となる場合がある。

大　学

理学部第一部　神楽坂キャンパス
　数学科
　物理学科
　化学科
　応用数学科
　応用化学科

工学部　葛飾キャンパス
　建築学科
　工業化学科
　電気工学科
　情報工学科
　機械工学科

薬学部　野田キャンパス[※1]
　薬学科［6年制］
　生命創薬科学科［4年制］

※1　薬学部は2025年4月に野田キャンパスから葛飾キャンパスへ移転予定です。

創域理工学部　野田キャンパス
　数理科学科
　先端物理学科
　情報計算科学科
　生命生物科学科
　建築学科
　先端化学科
　電気電子情報工学科
　経営システム工学科
　機械航空宇宙工学科
　社会基盤工学科

4　東京理科大／大学情報

先進工学部　葛飾キャンパス
電子システム工学科
マテリアル創成工学科
生命システム工学科
物理工学科
機能デザイン工学科

経営学部　神楽坂キャンパス
　　　　　（国際デザイン経営学科の1年次は北海道・長万部キャンパス）
経営学科
ビジネスエコノミクス学科
国際デザイン経営学科

理学部第二部　神楽坂キャンパス
数学科
物理学科
化学科

大学院

理学研究科／工学研究科／薬学研究科[2]／創域理工学研究科／先進工学研究科／経営学研究科／生命科学研究科

[2]　薬学研究科は2025年4月に野田キャンパスから葛飾キャンパスへ移転予定です。

(注)　学部・学科および大学院の情報は2023年4月時点のものです。

大学所在地

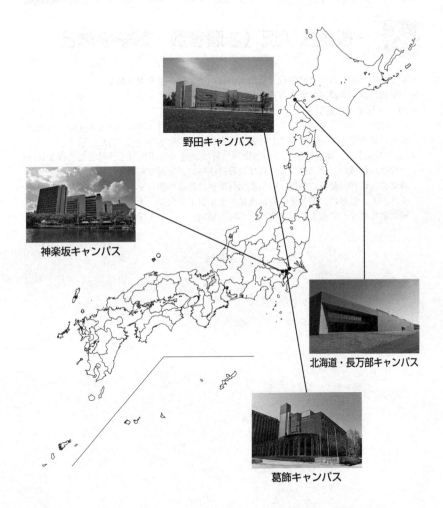

キャンパス	〒	住所
神楽坂キャンパス	〒162-8601	東京都新宿区神楽坂1-3
葛飾キャンパス	〒125-8585	東京都葛飾区新宿6-3-1
野田キャンパス	〒278-8510	千葉県野田市山崎2641
北海道・長万部キャンパス	〒049-3514	北海道山越郡長万部町字富野102-1

入試データ

 一般選抜状況（志願者数・競争率など）

- 競争率は受験者数÷合格者数で算出（小数点第2位以下を切り捨て）。
- 大学独自試験を課さないA方式入試（大学入学共通テスト利用）は1カ年分のみ掲載。
- 2021年度より，基礎工学部は先進工学部に，電子応用工学科は電子システム工学科に，材料工学科はマテリアル創成工学科に，生物工学科は生命システム工学科に名称変更。経営学部に国際デザイン経営学科を新設。
- 2023年度より，理学部第一部応用物理学科は先進工学部物理工学科として改組。理工学部は創域理工学部に，数学科は数理科学科に，物理学科は先端物理学科に，情報科学科は情報計算科学科に，応用生物科学科は生命生物科学科に，経営工学科は経営システム工学科に，機械工学科は機械航空宇宙工学科に，土木工学科は社会基盤工学科に名称変更。先進工学部に物理工学科と機能デザイン工学科を新設。

東京理科大／大学情報　7

2023 年度　入試状況

■■A方式入試（大学入学共通テスト利用）

学部・学科		募集人員	志願者数	受験者数	合格者数	競争率	合格最低点
理第一部	数	19	392	392	154	2.5	643
	物　　　　理	19	735	735	307	2.3	661
	化	19	400	400	198	2.0	606
	応　用　数	20	209	209	93	2.2	624
	応　　用　　化	20	676	676	306	2.2	623
工	建　　　　築	16	641	641	163	3.9	659
	工　業　化	16	256	256	126	2.0	594
	電　気　工	16	204	204	102	2.0	626
	情　報　工	16	895	895	274	3.2	680
	機　械　工	16	625	625	340	1.8	622
薬	薬	15	717	717	244	2.9	640
	生命創薬科	15	415	415	153	2.7	622
創域理工	数　理　科	10	177	177	88	2.0	582
	先　端　物　理	15	302	302	151	2.0	606
	情　報　計　算　科	20	344	344	168	2.0	615
	生　命　生　物　科	16	493	493	183	2.6	636
	建　　　　築	20	244	244	119	2.0	610
	先　端　化	20	382	382	191	2.0	580
	電気電子情報工	25	347	347	171	2.0	624
	経営システム工	16	259	259	91	2.8	632
	機械航空宇宙工	21	530	530	241	2.1	626
	社　会　基　盤　工	16	325	325	147	2.2	593
先進工	電子システム工	19	456	456	165	2.7	630
	マテリアル創成工	19	312	312	155	2.0	618
	生命システム工	19	429	429	162	2.6	638
	物　　理　　工	19	271	271	128	2.1	629
	機能デザイン工	19	262	262	131	2.0	591
経営	経　　　　営	37	707	707	235	3.0	619
	ビジネスエコノミクス	37	297	297	141	2.1	594
	国際デザイン経営	20	226	226	97	2.3	568
理第二部	数	15	200	200	107	1.8	414
	物　　　　理	20	139	139	106	1.3	347
	化	15	215	215	152	1.4	306
合　　　　計		625	13,082	13,082	5,589	—	—

（配点）　800 点満点（ただし，理学部第二部は 600 点満点）。

■■B方式入試（東京理科大学独自試験）

学部・学科		募集人員	志願者数	受験者数	合格者数	競争率	合格最低点
理第一部	数	46	953	910	256	3.5	203
	物理	46	1,571	1,507	355	4.2	209
	化	46	1,115	1,077	375	2.8	231
	応用数	49	689	651	220	2.9	187
	応用化	49	1,428	1,367	417	3.2	242
工	建築	46	1,178	1,103	273	4.0	184
	工業化	46	639	599	280	2.1	157
	電気工	46	1,227	1,170	431	2.7	175
	情報工	46	2,294	2,165	496	4.3	197
	機械工	46	1,689	1,606	564	2.8	175
薬	薬	40	950	876	292	3.0	179
	生命創薬科	40	629	592	213	2.7	172
創域理工	数理科	20	545	522	232	2.2	294
	先端物理	40	808	767	327	2.3	204
	情報計算科	49	1,029	986	388	2.5	215
	生命生物科	46	981	928	436	2.1	209
	建築	49	794	768	239	3.2	203
	先端化	49	699	661	329	2.0	172
	電気電子情報工	40	1,214	1,167	503	2.3	198
	経営システム工	46	898	862	308	2.7	214
	機械航空宇宙工	53	1,205	1,155	430	2.6	206
	社会基盤工	46	876	828	376	2.2	183
先進工	電子システム工	46	1,176	1,137	361	3.1	201
	マテリアル創成工	46	874	857	394	2.1	207
	生命システム工	46	1,011	968	416	2.3	209
	物理工	46	835	804	355	2.2	195
	機能デザイン工	46	914	880	393	2.2	201
経営	経営	72	1,062	1,036	370	2.8	261
	ビジネスエコノミクス	73	1,241	1,198	305	3.9	200
	国際デザイン経営	32	267	259	111	2.3	243
理第二部	数	70	263	214	122	1.7	160
	物理	64	241	197	139	1.4	152
	化	69	212	173	151	1.1	100
合計		1,594	31,507	29,990	10,857	—	—

（備考）　合格者数・合格最低点には追加合格者を含む。

（配点）　試験各教科100点満点，3教科計300点満点。ただし，以下を除く。

- 理学部第一部化学科・応用化学科は350点満点（化学150点，他教科各100点）。
- 創域理工学部数理科学科は400点満点（数学200点，他教科各100点）。
- 経営学部経営学科は400点満点（高得点の2科目をそれぞれ1.5倍に換算，残り1科目100点）。
- 経営学部国際デザイン経営学科は400点満点（英語200点，他教科各100点）。

■C方式入試（大学入学共通テスト＋東京理科大学独自試験）

学部・学科		募集人員	志願者数	受験者数	合格者数	競争率	合格最低点
理第一部	数	9	128	85	26	3.2	350
	物　理	9	166	109	16	6.8	397
	化	9	142	92	31	2.9	355
	応　用　数	10	81	58	21	2.7	346
	応　用　化	10	157	93	20	4.6	376
工	建　　築	10	143	101	21	4.8	380
	工　業　化	10	73	54	23	2.3	340
	電　気　工	10	63	42	16	2.6	353
	情　報　工	10	201	149	39	3.8	375
	機　械　工	10	160	98	36	2.7	347
薬	薬	10	131	79	23	3.4	364
	生　命　創　薬　科	10	113	80	23	3.4	360
創域理工	数　理　科	4	35	29	14	2.0	310
	先　端　物　理	10	76	44	22	2.0	316
	情　報　計　算　科	10	106	73	17	4.2	373
	生　命　生　物　科	10	133	100	36	2.7	358
	建　　築	10	104	77	38	2.0	335
	先　端　化	10	80	51	25	2.0	339
	電　気　電　子　情　報　工	10	74	55	19	2.8	351
	経　営　システム工	10	76	58	21	2.7	335
	機　械　航　空　宇　宙　工	10	130	84	33	2.5	331
	社　会　基　盤　工	10	85	58	24	2.4	325
先進工	電　子　システム工	9	89	61	18	3.3	349
	マテリアル創成工	9	66	45	17	2.6	349
	生　命　システム工	9	111	74	34	2.1	349
	物　理　工	9	74	45	14	3.2	350
	機　能　デザイン工	9	80	56	12	4.6	361
経営	経　　営	12	78	50	25	2.0	297
	ビジネスエコノミクス	15	88	64	30	2.1	316
	国際デザイン経営	5	26	17	8	2.1	322
合　計		288	3,069	2,081	702	—	—

（配点）　500点満点（大学入学共通テスト200点＋東京理科大学独自試験300点）。

10 東京理科大／大学情報

■■グローバル方式入試（英語の資格・検定試験＋東京理科大学独自試験）

学部・学科		募集人員	志願者数	受験者数	合格者数	競争率	合格最低点
理第一部	数　　　　　理	5	73	67	14	4.7	191
	物　　　　　理	5	101	88	8	11.0	234
	化　　　　　学	5	75	65	14	4.6	238
	応　用　数　学	5	86	80	14	5.7	201
	応　　用　　化	5	94	81	17	4.7	244
工	建　　　　　築	5	87	76	11	6.9	214
	工　業　化　学	5	50	46	15	3.0	232
	電　気　工　学	5	45	41	11	3.7	199
	情　報　工　学	5	129	112	16	7.0	236
	機　械　工　学	5	110	91	33	2.7	187
薬	薬	5	97	83	18	4.6	247
	生　命　創　薬　科	5	80	74	13	5.6	238
創域理工	数　理　科	6	66	57	25	2.2	163
	先　端　物　理	5	66	59	14	4.2	191
	情　報　計　算　科	5	75	66	13	5.0	233
	生　命　生　物　科	5	120	96	25	3.8	215
	建　　　　　築	5	89	79	18	4.3	195
	先　　端　　化	5	70	64	29	2.2	210
	電気電子情報工	5	76	67	24	2.7	178
	経営システム工	5	77	74	15	4.9	225
	機械航空宇宙工	5	92	81	23	3.5	184
	社　会　基　盤　工	5	75	65	19	3.4	218
先進工	電子システム工	5	90	83	21	3.9	201
	マテリアル創成工	5	80	68	23	2.9	214
	生命システム工	5	92	81	20	4.0	215
	物　　理　　工	5	61	54	15	3.6	188
	機能デザイン工	5	97	87	11	7.9	243
経営	経　　　　　営	12	79	71	26	2.7	164
	ビジネスエコノミクス	8	90	82	23	3.5	170
	国際デザイン経営	15	104	88	43	2.0	139
合	計	171	2,526	2,226	571	―	―

（配点）　325点満点（東京理科大学独自試験300点＋英語の資格・検定試験25点）。

■■S方式入試（東京理科大学独自試験）

学部・学科		募集人員	志願者数	受験者数	合格者数	競争率	合格最低点
創域理工	数　理　科	20	256	246	122	2.0	226
	電気電子情報工	20	258	253	111	2.2	259
合	計	40	514	499	233	―	―

（配点）　400点満点。
- 創域理工学部数理科学科は数学300点，英語100点。
- 創域理工学部電気電子情報工学科は物理200点，他教科各100点。

2022年度 入試状況

■B方式入試（東京理科大学独自試験）

学部・学科		募集人員	志願者数	受験者数	合格者数	競争率	合格最低点
理学部第一部	数	49	896	848	249	3.4	182
	物　　理	49	1,347	1,255	401	3.1	200
	化	49	1,092	1,031	322	3.2	212
	応　用　数	49	688	652	189	3.4	183
	応　用　物　理	49	723	679	268	2.5	165
	応　用　化	49	1,443	1,365	451	3.0	208
工	建　　築	46	1,236	1,162	268	4.3	203
	工　業　化	46	647	608	260	2.3	148
	電　気　工	46	1,450	1,359	381	3.5	197
	情　報　工	46	2,401	2,250	451	4.9	212
	機　械　工	46	1,864	1,756	557	3.1	196
薬	薬	40	1,032	949	259	3.6	197
	生　命　創　薬　科	40	604	568	204	2.7	191
理工	数	49	789	754	294	2.5	287
	物　　理	49	1,068	1,025	457	2.2	203
	情　報　科	49	1,558	1,500	381	3.9	231
	応　用　生　物　科	49	828	792	387	2.0	206
	建　　築	49	960	925	205	4.5	222
	先　端　化	49	873	837	357	2.3	184
	電気電子情報工	67	1,758	1,670	526	3.1	210
	経　営　工	49	902	871	326	2.6	214
	機　械　工	49	1,522	1,449	449	3.2	217
	土　木　工	49	1,027	996	305	3.2	204
先進工	電子システム工	49	967	930	279	3.3	203
	マテリアル創成工	49	1,098	1,061	345	3.0	202
	生命システム工	49	1,127	1,073	418	2.5	198
経営	経　　営	72	1,271	1,233	391	3.1	262
	ビジネスエコノミクス	73	1,149	1,103	324	3.4	183
	国際デザイン経営	32	228	222	108	2.0	240
理学部第二部	数	70	319	258	121	2.1	144
	物　　理	64	308	270	133	2.0	168
	化	69	204	166	143	1.1	100
合　　計		1,639	33,379	31,617	10,209	—	—

（備考）　合格者数・合格最低点には追加合格者を含む。
（配点）　試験各教科100点満点，3教科計300点満点。ただし，以下を除く。
- 理学部第一部化学科・応用化学科は350点満点（化学150点，他教科各100点）。
- 理工学部数学科は400点満点（数学200点，他教科各100点）。
- 経営学部経営学科は400点満点（高得点の2科目をそれぞれ1.5倍に換算，残り1科目100点）。
- 経営学部国際デザイン経営学科は400点満点（英語200点，他教科各100点）。

12　東京理科大／大学情報

■■C方式入試（大学入学共通テスト＋東京理科大学独自試験）

学部・学科		募集人員	志願者数	受験者数	合格者数	競争率	合格最低点
理第一部	数	10	136	98	24	4.0	420
	物　　　理	10	161	121	19	6.3	418
	化	10	171	104	34	3.0	389
	応　用　数	10	127	98	25	3.9	386
	応　用　物　理	10	84	64	17	3.7	394
	応　用　化	10	229	145	36	4.0	397
工	建　　　築	10	217	162	33	4.9	407
	工　業　化	10	97	69	27	2.5	371
	電　気　工	10	96	75	24	3.1	392
	情　報　工	10	292	243	35	6.9	425
	機　械　工	10	204	153	57	2.6	381
薬	薬	10	206	156	23	6.7	413
	生命創薬科	10	135	100	22	4.5	399
理工	数	10	107	91	24	3.7	404
	物　　　理	10	102	79	20	3.9	386
	情　報　科	10	140	114	25	4.5	403
	応用生物科	10	208	167	36	4.6	387
	建　　　築	10	169	138	34	4.0	397
	先　端　化	10	150	110	33	3.3	373
	電気電子情報工	13	171	136	23	5.9	397
	経　営　工	10	89	66	25	2.6	384
	機　械　工	10	227	177	42	4.2	381
	土　木　工	10	129	92	30	3.0	361
先進工	電子システム工	10	119	95	24	3.9	397
	マテリアル創成工	10	135	107	11	9.7	410
	生命システム工	10	184	142	30	4.7	399
経営	経　　　営	12	189	160	43	3.7	390
	ビジネスエコノミクス	15	147	122	39	3.1	392
	国際デザイン経営	5	55	46	16	2.8	378
合　　　計		295	4,476	3,430	831	―	―

（配点）　500点満点（大学入学共通テスト200点＋東京理科大学独自試験300点）。

東京理科大／大学情報　13

■■グローバル方式入試（英語の資格・検定試験＋東京理科大学独自試験）

学部・学科		募集人員	志願者数	受験者数	合格者数	競争率	合格最低点
理第一部	数	5	72	65	13	5.0	310
	物　　　　理	5	62	53	13	4.0	274
	化	5	60	54	17	3.1	251
	応　用　数	5	105	101	18	5.6	305
	応　用　物　理	5	39	36	11	3.2	261
	応　用　化	5	46	35	9	3.8	252
工	建　　　築	5	75	72	15	4.8	276
	工　業　化	5	39	34	11	3.0	255
	電　気　工	5	62	57	9	6.3	289
	情　報　工	5	114	100	15	6.6	281
	機　械　工	5	67	56	11	5.0	274
薬	薬	5	60	52	10	5.2	265
	生 命 創 薬 科	5	39	35	11	3.1	250
理工	数	5	106	101	24	4.2	292
	物　　　　理	5	58	56	18	3.1	247
	情　報　科	5	82	76	9	8.4	276
	応 用 生 物 科	5	61	53	15	3.5	253
	建　　　築	5	80	75	12	6.2	270
	先　端　化	5	61	54	17	3.1	241
	電気電子情報工	7	126	114	16	7.1	270
	経　営　工	5	49	43	12	3.5	255
	機　械　工	5	73	66	18	3.6	258
	土　木　工	5	72	68	12	5.6	243
先進工	電子システム工	5	65	59	18	3.2	249
	マテリアル創成工	5	34	29	6	4.8	261
	生命システム工	5	82	76	12	6.3	271
経営	経　　　営	12	112	103	23	4.4	281
	ビジネスエコノミクス	8	106	100	20	5.0	285
	国際デザイン経営	15	63	58	33	1.7	220
合	計	167	2,070	1,881	428	—	—

（配点）　325 点満点（東京理科大学独自試験 300 点＋英語の資格・検定試験 25 点）。

14 東京理科大／大学情報

2021年度 入試状況

■B方式入試（東京理科大学独自試験）

学部・学科		募集人員	志願者数	受験者数	合格者数	競争率	合格最低点
理第一部	数　　　　学	49	858	827	247	3.3	185
	物　　　　理	49	1,247	1,180	423	2.7	187
	化　　　　学	49	1,020	972	344	2.8	＊234
	応　用　数　学	49	570	544	191	2.8	183
	応　用　物　理	49	664	634	311	2.0	144
	応　用　化　学	49	1,240	1,187	447	2.6	＊181
工	建　　　　築	46	1,199	1,144	290	3.9	197
	工　業　化	46	643	610	271	2.2	177
	電　気　工	46	1,190	1,120	380	2.9	188
	情　報　工	46	2,389	2,264	375	6.0	211
	機　械　工	46	1,769	1,671	494	3.3	197
薬	薬	40	934	841	252	3.3	175
	生　命　創　薬　科	40	603	560	224	2.5	166
理工	数　　　　学	49	702	683	340	2.0	＊＊279
	物　　　　理	49	1,083	1,048	409	2.5	220
	情　報　科	49	1,410	1,360	433	3.1	228
	応　用　生　物　科	49	900	854	355	2.4	212
	建　　　　築	49	798	762	250	3.0	213
	先　端　化	49	636	614	296	2.0	196
	電気電子情報工	67	1,413	1,338	626	2.1	202
	経　営　工	49	902	871	301	2.8	221
	機　械　工	49	1,417	1,350	474	2.8	214
	土　木　工	49	782	755	418	1.8	187
先進工	電子システム工	49	1,233	1,182	198	5.9	212
	マテリアル創成工	49	1,280	1,235	357	3.4	199
	生命システム工	49	1,288	1,239	390	3.1	194
経営	経　　　　営	72	1,093	1,063	312	3.4	#299
	ビジネスエコノミクス	73	1,091	1,059	321	3.2	221
	国際デザイン経営	32	499	485	64	7.5	##307
理第二部	数　　　　学	64	254	215	123	1.7	123
	物　　　　理	64	238	185	122	1.5	110
	化	69	188	152	112	1.3	101
合　　　　計		1,633	31,533	30,004	10,150	―	―

（備考）　合格者数・合格最低点には追加合格者を含む。
（配点）　試験各教科100点満点，3教科計300点満点。ただし，以下を除く。
- 理学部第一部化学科・応用化学科（＊）は350点満点（化学150点，他教科各100点）。
- 理工学部数学科（＊＊）は400点満点（数学200点，他教科各100点）。
- 経営学部経営学科（#）は400点満点（高得点の2科目をそれぞれ1.5倍に換算，残り1科目100点）。
- 経営学部国際デザイン経営学科（##）は400点満点（英語200点，他教科各100点）。

■C方式入試（大学入学共通テスト＋東京理科大学独自試験）

学部・学科		募集人員	志願者数	受験者数	合格者数	競争率	合格最低点
理第一部	数	10	131	91	26	3.5	369
	物　　理	10	126	81	12	6.7	391
	化	10	129	87	30	2.9	371
	応　用　数　理	10	64	42	25	1.6	319
	応　用　物　理	10	76	53	19	2.7	360
	応　用　化	10	130	87	20	4.3	385
工	建　　築	10	130	94	25	3.7	390
	工　業　化	10	91	65	26	2.5	369
	電　気　工	10	90	64	21	3.0	383
	情　報　工	10	216	165	30	5.5	405
	機　械　工	10	142	92	30	3.0	382
薬	薬	10	163	112	16	7.0	391
	生　命　創　薬　科	10	114	75	18	4.1	376
理工	数	10	74	57	27	2.1	339
	物　　理	10	78	60	19	3.1	376
	情　報　科	10	135	105	17	6.1	401
	応　用　生　物　科	10	139	104	36	2.8	361
	建　　築	10	83	57	24	2.3	358
	先　端　化	10	72	50	19	2.6	359
	電気電子情報工	13	107	79	19	4.1	373
	経　営　工	10	96	70	21	3.3	375
	機　械　工	10	136	87	32	2.7	358
	土　木　工	10	65	33	13	2.5	352
先進工	電子システム工	10	138	113	14	8.0	387
	マテリアル創成工	10	123	67	14	4.7	366
	生命システム工	10	164	116	33	3.5	374
経営	経　　営	12	87	63	26	2.4	337
	ビジネスエコノミクス	15	110	78	23	3.3	366
	国際デザイン経営	5	37	26	7	3.7	369
合　計		295	3,246	2,273	642	—	—

（配点）　500点満点（大学入学共通テスト200点＋東京理科大学独自試験300点）。

16　東京理科大／大学情報

■■グローバル方式入試（英語の資格・検定試験＋東京理科大学独自試験）

学部・学科		募集人員	志願者数	受験者数	合格者数	競争率	合格最低点
理第一部	数	5	57	52	11	4.7	243
	物　　　　理	5	60	52	8	6.5	252
	化	5	57	49	15	3.2	246
	応　用　数	5	89	80	16	5.0	208
	応　用　物　理	5	37	34	11	3.0	233
	応　用　化	5	71	64	10	6.4	261
工	建　　　　築	5	85	77	10	7.7	253
	工　業　化	5	52	44	12	3.6	245
	電　気　工	5	50	44	13	3.3	229
	情　報　工	5	119	101	14	7.2	256
	機　械　工	5	61	51	11	4.6	252
薬	薬	5	46	35	6	5.8	255
	生　命　創　薬　科	5	48	41	13	3.1	251
理工	数	5	46	46	23	2.0	185
	物　　　　理	5	38	37	8	4.6	232
	情　報　科	5	59	53	8	6.6	250
	応　用　生　物　科	5	51	45	14	3.2	228
	建　　　　築	5	56	50	15	3.3	227
	先　端　化	5	30	29	7	4.1	238
	電気電子情報工	7	57	53	13	4.0	209
	経　営　工	5	57	51	13	3.9	251
	機　械　工	5	65	55	15	3.6	218
	土　木　工	5	59	52	9	5.7	244
先進工	電子システム工	5	105	99	12	8.2	238
	マテリアル創成工	5	68	62	8	7.7	244
	生命システム工	5	99	88	19	4.6	232
経営	経　　　　営	12	84	74	13	5.6	206
	ビジネスエコノミクス	8	143	130	30	4.3	215
	国際デザイン経営	15	86	79	20	3.9	203
合　　　　計		167	1,935	1,727	377	—	—

（配点）　325 点満点（東京理科大学独自試験 300 点＋英語の資格・検定試験 25 点）。

東京理科大／大学情報　17

2020年度　入試状況

B方式入試（東京理科大学独自試験）

学部・学科		募集人員	志願者数	受験者数	合格者数	競争率	合格最低点
理第一部	数	49	887	852	238	3.5	180
	物　　　理	49	1,418	1,361	376	3.6	207
	化	49	1,073	1,008	291	3.4	＊221
	応　用　数	49	688	665	186	3.5	176
	応　用　物　理	49	751	717	285	2.5	180
	応　用　化	49	1,470	1,403	390	3.5	＊250
工	建　　築	46	1,413	1,317	285	4.6	208
	工　業　化	46	656	617	264	2.3	181
	電　気　工	46	1,729	1,638	329	4.9	209
	情　報　工	46	2,158	2,014	418	4.8	213
	機　械　工	46	2,213	2,080	444	4.6	213
薬	薬	40	1,028	935	262	3.5	212
	生　命　創　薬　科	40	688	646	237	2.7	203
理工	数	49	911	879	311	2.8	＊＊262
	物　　　理	49	1,215	1,170	411	2.8	187
	情　報　科	49	1,567	1,492	366	4.0	218
	応　用　生　物　科	49	1,228	1,174	393	2.9	202
	建　　築	49	1,044	991	214	4.6	217
	先　端　化	49	1,059	1,005	292	3.4	206
	電気電子情報工	67	1,623	1,542	493	3.1	208
	経　営　工	49	1,064	1,026	270	3.8	208
	機　械　工	49	1,766	1,688	470	3.5	216
	土　木　工	49	995	946	322	2.9	198
基礎工	電　子　応　用　工	49	794	769	211	3.6	204
	材　料　工	49	1,138	1,097	263	4.1	207
	生　物　工	49	775	739	295	2.5	196
経営	経　　営	132	1,755	1,695	328	5.1	＃262
	ビジネスエコノミクス	62	1,054	1,022	139	7.3	217
理第二部	数	64	310	259	113	2.2	167
	物　　　理	64	304	273	138	1.9	162
	化	69	231	200	131	1.5	148
合　　　　　計		1,650	35,005	33,220	9,165	—	—

（備考）　合格者数・合格最低点には補欠合格者を含む。
（配点）　試験各教科100点満点，3教科計300点満点。ただし，以下を除く。
- 理学部第一部化学科・応用化学科（＊）は350点満点（化学150点，他教科各100点）。
- 理工学部数学科（＊＊）は400点満点（数学200点，他教科各100点）。
- 経営学部経営学科（＃）は350点満点（英語150点，他教科各100点）。

■■C方式入試（大学入試センター試験＋東京理科大学独自試験）

学部・学科	募集人員	志願者数	受験者数	合格者数	競争率	合格最低点
理第一部 数	10	90	72	18	4.0	384
理第一部 物理	10	132	102	14	7.2	410
理第一部 化	10	110	86	27	3.1	381
理第一部 応用数	10	88	68	25	2.7	379
理第一部 応用物理	10	60	47	18	2.6	376
理第一部 応用化	10	161	117	34	3.4	390
工 建築	10	146	112	26	4.3	401
工 工業化	10	75	53	20	2.6	371
工 電気工	10	184	142	37	3.8	393
工 情報工	10	205	152	30	5.0	404
工 機械工	10	210	159	40	3.9	390
薬 薬	10	182	133	20	6.6	396
薬 生命創薬科	10	106	83	24	3.4	379
理工 数	10	79	68	19	3.5	378
理工 物理	10	84	60	10	6.0	392
理工 情報科	10	115	81	22	3.6	385
理工 応用生物科	10	173	125	35	3.5	366
理工 建築	10	113	91	24	3.7	398
理工 先端化	10	90	72	20	3.6	371
理工 電気電子情報工	13	91	65	16	4.0	374
理工 経営工	10	96	79	20	3.9	369
理工 機械工	10	145	118	25	4.7	390
理工 土木工	10	69	54	12	4.5	387
基礎工 電子応用工	10	115	87	24	3.6	377
基礎工 材料工	10	165	132	10	13.2	395
基礎工 生物工	10	120	97	32	3.0	358
経営 経営	24	208	172	25	6.8	387
経営 ビジネスエコノミクス	13	181	148	23	6.4	383
合計	300	3,593	2,775	650	—	—

（配点）　500点満点（大学入試センター試験200点＋東京理科大学独自試験300点）。

■■グローバル方式入試（英語の資格・検定試験＋東京理科大学独自試験）

学部・学科	募集人員	志願者数	受験者数	合格者数	競争率	合格最低点
理第一部 数	5	56	52	7	7.4	270
理第一部 物理	5	66	61	7	8.7	269
理第一部 化	5	58	50	13	3.8	235
理第一部 応用数理	5	68	63	17	3.7	236
理第一部 応用物理	5	37	34	9	3.7	253
理第一部 応用化	5	69	59	12	4.9	238
工 建築	5	79	74	10	7.4	253
工 工業化	5	44	40	12	3.3	213
工 電気工	5	107	100	15	6.6	250
工 情報工	5	91	76	12	6.3	254
工 機械工	5	80	75	10	7.5	266
薬 薬	5	59	45	8	5.6	242
薬 生命創薬科	5	43	37	9	4.1	221
理工 数	5	33	31	8	3.8	234
理工 物理	5	38	33	7	4.7	246
理工 情報科	5	50	46	7	6.5	242
理工 応用生物科	5	78	68	13	5.2	224
理工 建築	5	68	61	9	6.7	252
理工 先端化	5	45	40	9	4.4	230
理工 電気電子情報工	7	62	52	15	3.4	233
理工 経営工	5	50	43	10	4.3	228
理工 機械工	5	65	57	11	5.1	251
理工 土木工	5	76	71	14	5.0	222
基礎工 電子応用工	5	94	88	21	4.1	227
基礎工 材料工	5	76	68	5	13.6	239
基礎工 生物工	5	60	53	13	4.0	217
経営 経営	12	177	162	12	13.5	236
経営 ビジネスエコノミクス	7	110	104	20	5.2	228
合計	151	1,939	1,743	315	―	―

（配点） 320 点満点（東京理科大学独自試験 300 点＋英語の資格・検定試験 20 点）。

20 東京理科大／大学情報

2019年度 入試状況

■ B方式入試（東京理科大学独自試験）

学部・学科		募集人員	志願者数	受験者数	合格者数	競争率	合格最低点
理第一部	数　　　　　学	49	864	827	203	4.0	186
	物　　　　　理	49	1,260	1,192	330	3.6	198
	化　　　　　学	49	1,118	1,064	269	3.9	＊250
	応　用　数　理	49	641	612	154	3.9	182
	応　用　物　理	49	774	733	256	2.8	173
	応　　用　　化	49	1,444	1,381	347	3.9	＊229
工	建　　　　　築	46	1,456	1,379	215	6.4	192
	工　業　化	46	727	685	246	2.7	172
	電　気　工	46	1,563	1,478	353	4.1	179
	情　報　工	46	2,394	2,262	329	6.8	196
	機　械　工	46	2,269	2,148	522	4.1	186
薬	薬	40	1,066	978	226	4.3	184
	生　命　創　薬　科	40	682	633	253	2.5	164
理工	数　　　　　学	49	959	919	293	3.1	＊＊230
	物　　　理　科	49	1,196	1,141	355	3.2	203
	情　　　報　科	49	1,424	1,359	313	4.3	218
	応　用　生　物　科	49	1,111	1,062	464	2.2	201
	建　　　　　築	49	1,141	1,070	198	5.4	218
	先　　端　　化	49	1,118	1,071	349	3.0	208
	電気電子情報工	67	1,758	1,675	413	4.0	213
	経　　営　　工	49	1,035	992	221	4.4	211
	機　　械　　工	49	1,860	1,768	395	4.4	218
	土　　木　　工	49	931	888	301	2.9	203
基礎工	電　子　応　用　工	49	972	950	179	5.3	202
	材　料　工	49	1,035	1,002	267	3.7	199
	生　物　工	49	688	658	233	2.8	188
経営	経　　　　　営	132	2,509	2,391	219	10.9	＃273
	ビジネスエコノミクス	62	969	932	124	7.5	217
理第二部	数　　　　　学	64	334	297	97	3.0	174
	物　　　　　理	64	298	250	136	1.8	166
	化　　　　　学	69	243	208	141	1.4	154
合　　　　　計		1,650	35,839	34,005	8,401	—	—

（備考）　合格者数・合格最低点には補欠合格者を含む。
（配点）　試験各教科100点満点，3教科計300点満点。ただし，以下を除く。
- 理学部第一部化学科・応用化学科（＊）は350点満点（化学150点，他教科各100点）。
- 理工学部数学科（＊＊）は350点満点（数学150点，他教科各100点）。
- 経営学部経営学科（＃）は350点満点（英語150点，他教科各100点）。

東京理科大／大学情報　21

▓ C方式入試（大学入試センター試験＋東京理科大学独自試験）

学部・学科	募集人員	志願者数	受験者数	合格者数	競争率	合格最低点
理第一部 数	10	138	113	10	11.3	423
物　　　　理	10	185	131	18	7.2	415
化	10	210	162	17	9.5	413
応　用　数	10	133	112	16	7.0	399
応　用　物　理	10	113	82	10	8.2	397
応　用　化	10	194	142	26	5.4	415
工 建　　築	10	235	196	31	6.3	421
工　業　化	10	125	97	27	3.5	395
電　気　工	10	182	138	39	3.5	398
情　報　工	10	279	209	20	10.4	424
機　械　工	10	225	170	38	4.4	405
薬 薬	10	204	142	22	6.4	414
生　命　創　薬　科	10	122	99	29	3.4	395
理工 数	10	158	134	11	12.1	410
物　　理	10	147	113	20	5.6	397
情　報　科	10	131	101	21	4.8	398
応　用　生　物　科	10	163	118	39	3.0	387
建　　築	10	140	112	20	5.6	412
先　端　化	10	173	141	26	5.4	401
電気電子情報工	13	149	120	18	6.6	401
経　営　工	10	128	96	20	4.8	392
機　械　工	10	183	145	20	7.2	412
土　木　工	10	105	76	20	3.8	389
基礎工 電　子　応　用　工	10	137	115	21	5.4	388
材　料　工	10	119	84	31	2.7	371
生　物　工	10	152	117	26	4.5	388
経営 経　　営	24	222	177	70	2.5	376
ビジネスエコノミクス	13	226	189	45	4.2	389
合　　　計	300	4,678	3,631	711	─	─

（配点）　500点満点（大学入試センター試験200点＋東京理科大学独自試験300点）。

■グローバル方式入試（英語の資格・検定試験＋東京理科大学独自試験）

学部・学科		募集人員	志願者数	受験者数	合格者数	競争率	合格最低点
理第一部	数	5	44	40	6	6.6	274
	物　　　　　理	5	81	77	10	7.7	259
	化	5	75	67	10	6.7	249
	応　用　数	5	61	55	5	11.0	274
	応　用　物　理	5	53	50	5	10.0	246
	応　用　化	5	67	61	10	6.1	254
工	建　　築	5	75	69	6	11.5	276
	工　業　化	5	39	36	11	3.2	242
	電　気　工	5	49	43	17	2.5	237
	情　報　工	5	97	88	9	9.7	270
	機　械　工	5	83	71	12	5.9	258
薬	薬	5	67	53	6	8.8	260
	生命創薬科	5	35	27	7	3.8	239
理工	数	5	46	42	5	8.4	274
	物　　　　　理	5	76	72	7	10.2	255
	情　報　科	5	73	63	7	9.0	261
	応　用　生　物　科	5	57	51	13	3.9	233
	建　　築	5	99	90	7	12.8	272
	先　端　化	5	85	82	16	5.1	242
	電気電子情報工	7	75	68	9	7.5	251
	経　営　工	5	74	69	7	9.8	261
	機　械　工	5	76	65	7	9.2	259
	土　木　工	5	61	58	7	8.2	243
基礎工	電子応用工	5	87	84	14	6.0	238
	材　料　工	5	54	45	9	5.0	240
	生　物　工	5	47	43	9	4.7	234
経営	経　　営	12	81	74	23	3.2	230
	ビジネスエコノミクス	7	57	52	10	5.2	240
合　　計		151	1,874	1,695	264	—	—

（配点）　320点満点（東京理科大学独自試験300点＋英語の資格・検定試験20点）。

募集要項（出願書類）の入手方法

◎一般選抜（A方式・B方式・C方式・グローバル方式・S方式）

　Web出願サイトより出願を行います。募集要項は大学ホームページよりダウンロードしてください（11月中旬公開予定）。

◎学校推薦型選抜（指定校制・公募制）

　Web出願サイトより出願を行います。募集要項は7月上旬頃，大学ホームページで公開。

> 〔Web出願の手順〕
> Web出願サイトより出願情報を入力
> ⇨入学検定料等を納入⇨出願書類を郵送⇨完了

◎上記入学試験以外（帰国生入学者選抜や編入学など）

　Web出願には対応していません。願書（紙媒体）に記入し，郵送により出願します。募集要項は大学ホームページから入手してください。

問い合わせ先

　〒162-8601　東京都新宿区神楽坂1-3
　　東京理科大学　入試課
　　TEL 03-5228-7437　　FAX 03-5228-7444
　ホームページ　https://www.tus.ac.jp/

東京理科大学のテレメールによる資料請求方法

| スマートフォンから | QRコードからアクセスしガイダンスに従ってご請求ください。 |
| パソコンから | 教学社　赤本ウェブサイト(akahon.net)から請求できます。 |

合格体験記 募集

　2024年春に入学される方を対象に，本大学の「合格体験記」を募集します。お寄せいただいた合格体験記は，編集部で選考の上，小社刊行物やウェブサイト等に掲載いたします。お寄せいただいた方には小社規定の謝礼を進呈いたしますので，ふるってご応募ください。

応募方法

下記URLまたはQRコードより応募サイトにアクセスできます。ウェブフォームに必要事項をご記入の上，ご応募ください。折り返し執筆要領をメールにてお送りします。
（※入学が決まっている一大学のみ応募できます）

⇨ http://akahon.net/exp/

応募の締め切り

総合型選抜・学校推薦型選抜	2024年2月23日
私立大学の一般選抜	2024年3月10日
国公立大学の一般選抜	2024年3月24日

受験川柳 募集

応募方法

受験にまつわる川柳を募集します。
入選者には賞品を進呈！　ふるってご応募ください。

http://akahon.net/senryu/ にアクセス！

在学生メッセージ

大学ってどんなところ？ 大学生活ってどんな感じ？ ちょっと気になることを，在学生に聞いてみました。

(注) 以下の内容は2020〜2022年度入学生のアンケート回答に基づくものです。ここで触れられている内容は今後変更となる場合もありますのでご注意ください。

 ## 大学生になったと実感！

　自由度が高まったと感じています。バイト，部活，勉強など自分のやりたいことが好きなようにできます。高校時代と比べて良い意味でも悪い意味でも周りからの干渉がなくなったので，自分のやりたいことができます。逆に，何もしないと何も始まらないと思います。友達作りや自分のやりたいことを自分で取捨選択して考えて行動することで，充実した大学生活を送ることができるのではないでしょうか。自分自身，こういった環境に身を置くことができるのはとてもありがたいことだと思っており，有意義なものになるよう自分から動くようにしています。(A. Y. さん)

　大学生になって，高校よりも良くも悪くも自由になったと実感しています。高校生までは，時間割が決まっていて学校の外に出ることはなかったと思いますが，大学生は授業と授業の間にお出かけをしたり，ご飯を食べたりすることもできますし，授業が始まる前に遊んでそのまま大学に行くこともあります。アルバイトを始めたとき，専門書を購入したとき，大学生になったと実感します。また，講義ごとに教室が変わり自分たちが移動する点も高校とは異なる点だと思います。(M. A. さん)

　所属する建築学科に関する専門科目が新しく加わって，とても楽しいです。さらにOBの方をはじめとした，現在業界の第一線で働いていらっしゃる専門職の方の講演が授業の一環で週に1回あります。そのほかの先生も業界で有名な方です。(K. N. さん)

──────メッセージを書いてくれた先輩方──────
《創域理工学部》K. N. さん　《理学部第一部》A. Y. さん　《理学部第二部》M. A. さん

この授業がおもしろい！

1年生の前期に取っていた教職概論という授業が好きでした。この授業は教職を取りたいと思っている学生向けの授業です。教授の話を聞いたり個人で演習したりする授業が多いですが，この授業は教授の話を聞いた後にグループワークがありました。志の高い人たちとの話し合いは刺激的で毎回楽しみにしていました。後半にはクラス全体での発表もあり，たくさんの意見を聞くことができる充実した授業でした。(A. Y. さん)

大学の学びで困ったこと＆対処法

高校と比べて圧倒的に授業の数が多いので，テスト勉強がとても大変です。私の場合，1年生前期の対面での期末テストは12科目もありました。テスト期間は長く大変でしたが，先輩や同期から過去問題をもらい，それを重点的に対策しました。同学科の先輩とのつながりは大切にするべきです。人脈の広さがテストの点数に影響してきます。(A. Y. さん)

数学や物理でわからないことがあったときは，SNSでつながっている学科の友人に助けを求めたり，高校時代の頭のよかった友人に質問したりします。他の教科の課題の量もかなり多めなので，早めに対処することが一番大事です。(K. N. さん)

部活・サークル活動

部活は弓道部，サークルは「ちびらぼ」という子供たちに向けて科学実験教室を行うボランティアサークルに所属しています。弓道部は週に3回あり忙しいほうだと思いますが，他学部の人たちや先輩と知り合うことができて楽しいです。部活やサークルに入ることは，知り合いの幅を広げることもできるのでおすすめです。どのキャンパスで主に活動しているのか，インカレなのかなど，体験入部などを通してよく調べて選ぶといいと思います。(A. Y. さん)

交友関係は？

　初めはSNSで同じ学部・学科の人を見つけてつながりを持ちました。授業が始まるにつれて対面で出会った友達と一緒にいることが増えました。勉強をしていくうえでも，大学生活を楽しむうえでも友達の存在は大きく感じます。皆さんに気の合う友達ができることを祈っています。（M. A. さん）

いま「これ」を頑張っています

　勉強，部活，バイトです。正直大変で毎日忙しいですが，充実していて楽しいです。自分の知らなかった世界が広がった気がします。実験レポートや課題が多く，いつ何をするか計画立てて進めています。自分はどうしたいかを日々考えて動いています。（A. Y. さん）

おススメ・お気に入りスポット

　私は理学部なので神楽坂キャンパスに通っています。キャンパスの周りにはたくさんのカフェやおしゃれなお店があり，空きコマや放課後にふらっと立ち寄れるのがいいと思います。東京理科大学には「知るカフェ」というカフェがあり，ドリンクが無料で飲めるスペースがあります。勉強している学生が多くいて，私もよくそこで友達と課題をしています。（A. Y. さん）

入学してよかった！

　勤勉な友達や熱心な先生方と出会い，毎日が充実しており，東京理科大学に入学してよかったと心から思っています。理科大というと単位や留年，実力主義という言葉が頭に浮かぶ人，勉強ばかりで大変だと思っている人もいると思います。しかし，勉強に集中できる環境が整っており，先生方のサポートは手厚く，勉強にも大学生活にも本気になることができます。また，教員養成にも力を入れており，この点も入学してよかったと思っている点です。（M. A. さん）

合格体験記

みごと合格を手にした先輩に，入試突破のためのカギを伺いました。入試までの限られた時間を有効に活用するために，ぜひ役立ててください。

(注) ここでの内容は，先輩が受験された当時のものです。2024 年度入試では当てはまらないこともありますのでご注意ください。

アドバイスをお寄せいただいた先輩

H. S. さん 先進工学部（機能デザイン工学科）
B方式 2023 年度合格，千葉県出身

最後まで諦めないことだと思います。模試で良い成績を残せず，「なんでこんなに勉強しているのに成績が伸びないんだ」と心が折れてしまうことがあるかもしれないけれど，最後まで諦めなければ結果はついてくると思います。

その他の合格大学 東京海洋大（海洋工），中央大（理工），青山学院大（理工），法政大（理工）

A. Y. さん 理学部（化学科）
B方式 2022 年度合格，東京都出身

1問1問に向き合い，自分自身や受験に対して最後まで諦めない気持ちを持つことが合格への最大のポイントだと思います。うまくいかないこともありますが，踏ん張って自分で考え試行錯誤しているうちに何かに気がつけたり，成長できていることに気づかされることもあります。受験には終わりがあります。あと少しだけ，そう思って諦めず少しずつでも進んでいくことが大切だと思います。どんなにうまくいかなかったり周りから何か言われたりしても合格すればすべて報われます。そう思って頑張ってください！

その他の合格大学 東邦大（理），東京電機大（工），立教大（理），法政大（生命科），中央大（理工），富山大（理）

K. O. さん 先進工学部(電子システム工学科)
B方式 2022 年度合格, 大阪府出身

時にはモチベーションが上がらなかったり, 投げ出したくなることもあるかもしれません。でもやっぱり一番大事なのは, そんなときこそゆっくりでもいいから足を止めず, 勉強を続けることだと思います。

その他の合格大学 芝浦工業大(工), 法政大(理工), 東京都市大(理工)

山中祐示さん 理学部(物理学科)
B方式 2021 年度合格, 横浜栄高校(神奈川)出身

合格のポイントは, 自分の能力で志望校合格に何が足りないのかしっかり分析できたところです。受験では合格するかしないかを偏差値で見がちですが, 偏差値はあくまでそのときの全国の受験者との比較でしかありません。自分がとても行きたい大学があるのなら, 過去問をただ漫然とやるのではなく, その大学での頻出分野の自分の出来や, 自分の苦手分野と過去の出題内容との組み合わせなど, しっかり分析してやることを意識してみてください。応援しています。

その他の合格大学 早稲田大(人間科, 教育), 明治大(理工), 青山学院大(理工), 中央大(理工), 芝浦工業大(工)

R. S. さん 理学部(物理学科)
B方式 2021 年度合格, 東京都出身

まずは基礎。基礎レベルの参考書の1周目は中〜終盤にかけてかなり心がやられるかもしれないけど, その分飛躍も大きい。演習では問題ごとにそれに対する解法, プロセスを考えついた理由を説明できるようにすることが大事。

入試なんでもQ&A

受験生のみなさんからよく寄せられる，入試に関する疑問・質問に答えていただきました。

Q　「赤本」の効果的な使い方を教えてください。

A　夏頃に第１志望校の最新１年分の過去問を時間を計って解いてみて自分の今の現状を知ることで，これからどのような学習をすればよいのか再度計画を立て直しました。10月下旬からは志望校の過去問を１週間に１〜２年分解くようにしました。数学や物理は解けなくても気にしないようにして，解答や解説を読んでどのくらいの過程で結論を導き出せるのかを把握することで過去問演習や受験本番のペース配分に利用していました。間違えた問題には印を付けておき，復習しやすいようにしていました。直前期には間違えた問題を中心に第３志望校くらいまでの過去問５年分を２〜３周しました。　　　　　　　　　　　　　　（H. S. さん／先進工）

A　時間を計って緊張感を持ってできるだけ本番に近づけて取り組むことが重要です。過去問はイメージトレーニングをするための大切な材料です。気を抜かず大切にしましょう。何か本番に起こりそうなことがあったり，気持ち的にも気になったことがあったり，作戦を思いついたりしたらノートなどにメモをし，本番前に見直すといいと思います。過去問を解き終わったら厳しめに採点し，合計点を出し，合格最低点と比べていました。たとえ合格最低点に達していなくても見直しをし，計算ミスやあと少しで正解だったはずの点数を足したものの合計点も出していました。自分の点数をノートにメモしておいて推移を確認していました。点数が悪くても平常心で自分の穴を埋めるために教科書を見直していました。何度も似た問題が出されることもあるので，その問題の周辺部分は教科書や問題集でよく復習しておくといいと思います。　　　　　　　（A. Y. さん／理）

東京理科大-B方式／合格体験記　31

Q 1年間の学習スケジュールはどのようなものでしたか？

A 4〜10月までは基礎の参考書を何周もして身につけました。英単語は「忘れたら覚える」の繰り返しを入試までずっと続けていました。理系科目も何周もしましたが，その単元の内容を短時間で一気に身につけるという意識で，1つの問題に長い時間をかけて取り組んでいました。11月から12月半ばまでは過去問演習と参考書学習を並行して行っていました。そこから入試にかけてはほとんど過去問演習でしたが，過去問演習と参考書学習の比率は自分のレベルに応じて決めるといいと思います。

(K. O. さん／先進工)

Q 共通テストと個別試験（二次試験）とでは，それぞれの対策の仕方や勉強の時間配分をどのようにしましたか？

A 共通テストもまず初めに過去問を解いてみるのは大切だと思いますが，基礎の学習は共通テスト形式の問題でやるということをしなくても，個別試験にも使える教材でやっていけばいいと思います。共通テストの対策は直前にまとめてやっても十分間に合うと思いますし，共通テストの対策に気を取られて基礎の定着が疎かになるほうがダメだからです。また，共通テストはスピードが大事なので，その対策は不可欠です。

(K. O. さん／先進工)

Q どのように学習計画を立て，受験勉強を進めていましたか？

A 1，2週間ごとに「やることリスト」を紙に書き出していました。休憩の時間も含めて決めて，それを元に1日単位のやる量も決めました。計画において大切なことは，ガチガチではなく大ざっぱに決め，少なくてもいいから絶対に決めた量はやりきるということだと思います。最初はなかなか計画通りに進めるのは難しいと思いますが，「今日から計画1回も破らない」という意識で，思っているより少ないタスク量から始めていくと続きやすいのかもしれません。

(K. O. さん／先進工)

Q 学校外での学習はどのようにしていましたか？

A 高2の秋から1年間，英語と数学を塾で週に1回ずつ学んでいました。学校の課題が多かったので学校と塾との両立は簡単ではありませんでしたが，自分には合っていたと思います。また，夏休みにオンライン学習をしていました。予備校の種類は多いので自分に合ったものを選ぶことが大切だと思います。そもそも予備校に通ったほうがいいのか，対面かオンラインか，集団か個別かなど，体験授業などにも参加して取捨選択するのがいいと思います。自分に合っていない方法をとって時間もお金も無駄にしてしまうことはよくないと思うからです。　　　　　　　　（A. Y. さん／理）

Q 時間をうまく使うためにしていた工夫があれば教えてください。

A 勉強において，時間を意識してスピード感を持ってやるのか，じっくり1ページ1ページ時間をかけてやるのかは重要な問題だと思います。僕は，理系科目はじっくりめに，英単語など暗記ものは1ページ2分など速めに取り組んでいました。どちらかに偏りすぎても危険なので注意するべきだと思います。また，その他にはタイマーで実際に時間を計ってやると集中できておすすめです。それから，スマホは勉強の一番の敵なので，人にもよりますが，完全に断つなどしてなんとか誘惑に負けないようにしてください。　　　　　　　　　　　　　　　　（K. O. さん／先進工）

Q 東京理科大学を攻略するうえで，特に重要な科目は何ですか？

A 理科があまり得意ではなかったこともあり，東京理科大学の物理は難しいと感じていたため，英語・数学を得点源にしようと考えました。英語に関しては単語帳と熟語帳を1冊しっかりと仕上げれば，単語や熟語で困ることは無いと思います。長文も慣れればそこまで難しくはないので慣れるまで過去問を解きました。私は慣れるのに時間がかかったので他学部の英語の問題も解きました。数学に関してはマーク式と記述式があるのですが，過去問を解いてどちらを得点源にできるのか考えておくと，受験当日に緊張していても落ち着いて試験に臨めると思います。物理に関しては

大問の中盤くらいまでをしっかり解けるようにしておけば，難しい問題が
多い終盤の問題を落としても合格点に届くと思います。

(H. S. さん／先進工)

A 英語です。数学や化学は年によって難易度に差があり，問題を見て
みないとわからない部分もあります。だからこそ英語で安定して点を取れ
ていると強いと思います。東京理科大の英語は傾向が読みにくいので，最
低3～5年分の過去問をやり，どんな形式にでも対応できるようにしてお
くべきです。試験が始まったら，まずどんな問題で，どのように時間配分
をすべきか作戦を立ててから問題に取り組むことをお勧めします。具体的
には文と文の因果関係や，プラスマイナスの関係性に気をつけて記号的に
読んでいました。 (A. Y. さん／理)

A 東京理科大学を攻略するうえでは数学が一番大事。科目のなかで一
番最初に行われる試験だったので，数学の出来不出来が試験後の心の状態
を決め，それが英語・理科の点数につながった。対策としては過去問が一
番有効だと思う。マークシート方式の問題は油断してかかると痛い目にあ
うということを過去問を通して知っておくべきだし，記述式問題の計算量
がどんなものかを知っておくことで，本番で自分の立式があっているかど
うかが何となくわかるようになる。 (R. S. さん／理)

> **Q** 苦手な科目はどのように克服しましたか？

A 苦手科目は焦ってレベルの高い参考書に手を出したくなりますが，
そんなときこそ基礎からじっくりやるのがいいと思います。時間がないと
きでも，少ない時間で高いレベルまで到達しようとするより，その時間で
基礎レベルのできる問題を確実に増やすほうが堅実だと思います。すべて
の科目で合格最低点を超えていなくても他教科次第で挽回できますし，む
しろそういう人のほうが多いと思うので，そんなに心配せずに大きく失敗
しないような対策をするのがいいと思います。 (K. O. さん／先進工)

Q スランプはありましたか？
また，どのように抜け出しましたか？

A 塾と定期テストとの両立がつらく毎回大変でした。何度もやっていくうちに何をすれば自分は勉強に前向きになれるのか考え，実践することでなんとか乗り越えていました。私の場合，友達や先生と話す，美味しいものを食べる，よく寝る，走る，ノートに気持ちを書きなぐる，などでした。私は共通テストがうまくいかず，とても落ち込みました。そのときは親や担任の先生に相談し言葉にすることで，自分はどうしたいのか頭の中を整理することができました。今まで頑張ってきたノートやボロボロの参考書を見ると自然ともう少しだと前向きになれました。　（A. Y. さん／理）

Q 模試の上手な活用法を教えてください。

A 僕は模試を入試仮想本番として捉えることの大切さを挙げたいと思います。一日中通しで試験を受けるというのは，普段はなかなかできない貴重な体験だと思います。そして，本番として本気でぶつかることで普段の勉強では得られない発見が必ずあります。計算ミスはその筆頭で，これをなくすだけで偏差値は大幅にアップします。本番としてやるというのは，言葉通り模試前の教材の総復習だったり，模試の過去問があるなら見ておいたり，気合いを入れたり，本当の入試として取り組むということです。ぜひやってみてください。　（K. O. さん／先進工）

Q 試験当日の試験場の雰囲気はどのようなものでしたか？
緊張のほぐし方，交通事情，注意点等があれば教えてください。

A 1時間前には座席に座れるように余裕を持って行動しました。私は受験のときに着る私服を決め，毎回同じ服装で受験していました。私服で行くのは体温調節がしやすいのでオススメです。私はカイロを毎回持参することで緊張をほぐしていました。試験が始まるまで耳栓をして，黙々と暗記教科を中心に見直しをしていました。教科が終わるごとに歩いたりトイレに行ったりして，気分転換していました。出来があまりよくなかった教科ほど気持ちの切り替えが大切です。　（A. Y. さん／理）

Q 併願をするうえで重視したことは何ですか？
また，注意すべき点があれば教えてください。

A キャンパスがどこにあるのかをしっかりと調べるようにして，もし通うことになったときに通学時間が長くても自宅から2時間かからない場所の大学を選びました。また，自分が最後に受けた模試の偏差値を見て，安全校，実力相応校，挑戦校を決めました。安全校はウォーミングアップ校とも言ったりしますが，実力相応校を受験する前に受験できる大学を選びました。私の場合は，理科が得点源になるほどにはできなかったので数学や英語だけで受験できるような大学も選ぶようにしていました。

(H. S. さん／先進工)

A 滑り止め校の決定については，1人で決めず親と話し合いながら決めることです。第1志望校に落ちても入学していい大学のラインが親と異なることがあります。日程については，同じような内容の試験を2回受けると，1回目の反省を活かせるので2回目は1回目よりよくなるということがあります。また，受験後半にかけてはどうしても集中力が下がってきてしまうということと，さすがに1週間連続受験というのは体力的にきつくなるかもしれないことは注意しておいてください。

(K. O. さん／先進工)

Q 受験生のときの失敗談や後悔していることを教えてください。

A 受験勉強が始まって最初の頃，現実逃避したいせいか受験とは関係ないことに時間を使いすぎてしまい，勉強をストップしてしまったことです。例えば勉強を1週間休んだとしたら，それを取り返すためには数カ月質を上げて努力し続けなければいけません。だからストップだけはせず，気分が上がらないときはかなりスローペースでもいいので勉強を継続することです。そうやって1日1日を一生懸命に生きていれば，自然とペースはつかめてくると思います。 (K. O. さん／先進工)

Q 普段の生活のなかで気をつけていたことを教えてください。

A よく眠り規則正しく生活することは本当に大切です。自分がどれだけ睡眠を取れば回復するのか，いつが一番集中できる時間なのか実験し，取り入れていくことでよりよい1日になります。そしてそれらが生活リズムをつくることでルーティン化され，一つ一つの行動がそこまで苦ではなくなります。私は人と関わることが自分にとって一番楽しい時間だったので，学校があるときは登校し，友達や先生とくだらない話をして笑うことで気持ちが楽になっていました。　　　　　　　　　　（A. Y. さん／理）

Q 受験生へアドバイスをお願いします。

A 受験は長いです。しかも1日十何時間も毎日本気で勉強して，こんな大変な思いをする意味はあるのか？と思った人もいると思います。でも，本気であることに打ち込むのは貴重な経験だと思います。受験が始まる前に取り組んだいろんなことも，今では何でも簡単にできるようになっていると思えませんか？　そういった自信をつくるという意味で，この経験は受験ならではですし，大学受験が今までの人生で一番本気で頑張っていることだという人も多いと思います。そんな頑張っている自分を認めてあげてください。そのうえで，受験を最後まで走り切ってください。頑張れ受験生！　　　　　　　　　　　　　　　　　　　（K. O. さん／先進工）

A いろんな人から厳しい言葉を投げかけられたり模試であまりいい結果が出なかったりしたときに，そこで諦めず最後まで走り続けることでゴールできると思います。受験はマラソンと似ています。途中にいろいろな障害があるかもしれませんが，自分はゴールできると信じて1歩1歩足を出していくことで前に進めます。立ち止まりたくなったら歩いてもいいかもしれません。決して止まらず，どんな格好でもいいのでゴール目指して前に進んでください。応援しています。　　　　　　　　（山中さん／理）

科目別攻略アドバイス

みごと入試を突破された先輩に，独自の攻略法やおすすめの参考書・問題集を，科目ごとに紹介していただきました。

■英語

> まずは語彙力だと思います。文法問題も出題されているので文法も大事だと思います。　　　　　　　　　　　　　　　（H. S. さん／先進工）

おすすめ参考書　『英単語ターゲット 1900』『英熟語ターゲット 1000』（いずれも旺文社）

> 試験が始まったら，まずどんな問題が出ていてどのように時間を使えばいいか作戦をざっくり立てる。そうすることで焦りが軽減される。文法問題から解くことで英語に慣れてから長文を解くとよい。
> 　　　　　　　　　　　　　　　　　　　　　　　　　（A. Y. さん／理）

> まず単語と熟語は反復して覚えて，時間内に間に合うまでスピードを上げることが重要。　　　　　　　　　　　　　　（K. O. さん／先進工）

おすすめ参考書　『システム英単語』（駿台文庫）

■数学

> 記述式とマーク式のどちらが自分にとってコストパフォーマンスがいいか考えて，時間配分の力と計算力を上げることが大切。
> 　　　　　　　　　　　　　　　　　　　　　　　（K. O. さん／先進工）

おすすめ参考書　『Focus Gold』（新興出版社啓林館）

ほとんどの理系の学部では、微積は間違いなく出るので、得意になるととても有利になります。そして微積は計算が一番重要です。

(山中さん／理)

おすすめ参考書　『1対1対応の演習 数学Ⅲ微積分編』(東京出版)

■物理

公式は成り立ちから理解し、演習ではミスをしないギリギリのスピードを探ること。

(K.O.さん／先進工)

おすすめ参考書　『物理のエッセンス』(河合出版)

奇をてらうような出題はされないが、時間制限が厳しいので過去問で時間配分の能力を上げることが大事。

(R.S.さん／理)

おすすめ参考書　『新・物理入門』(駿台文庫)

■化学

教科書を大切にする。教科書の隅々までわかっていれば解ける。細かい知識が問われることが多いので、よく出るところの周辺は手厚く対策するべき。

(A.Y.さん／理)

おすすめ参考書　『大学受験 Do シリーズ』(旺文社)
　　　　　　　　　『宇宙一わかりやすい高校化学 無機化学』(学研プラス)

Trend & Steps

傾向と対策

傾向と対策を読む前に

　科目ごとに問題の「傾向」を分析し，具体的にどのような「対策」をすればよいか紹介しています。まずは出題内容をまとめた分析表を見て，試験の概要を把握しましょう。

■注意

　「傾向と対策」で示している，出題科目・出題範囲・試験時間等については，2023年度までに実施された入試の内容に基づいています。2024年度入試の選抜方法については，各大学が発表する学生募集要項を必ずご確認ください。

　また，新型コロナウイルスの感染拡大の状況によっては，募集期間や選抜方法が変更される可能性もあります。各大学のホームページで最新の情報をご確認ください。

分析表の記号について
　☆印：全問マークシート式採用であることを表す。
　★印：一部マークシート式採用であることを表す。

東京理科大-工〈B方式〉／傾向と対策　41

英　語

年度	番号	項　目	内　　　　　容
☆ **2023**	〔1〕	読　解	同意表現, 語の定義, 空所補充, 内容説明, 語句整序, 内容真偽
	〔2〕	読　解	同意表現, 内容真偽, 空所補充, 内容説明
	〔3〕	文法・語彙	空所補充
	〔4〕	文法・語彙	空所補充
	〔5〕	読　解	同意表現
☆ **2022**	〔1〕	読　解	同意表現, 空所補充, 語句整序, アクセント, 内容真偽
	〔2〕	読　解	内容真偽, 同意表現, 要約, 内容説明, 主題
	〔3〕	文法・語彙	空所補充
	〔4〕	文法・語彙	同意表現
	〔5〕	読　解	同意表現
☆ **2021**	〔1〕	読　解	内容説明, 空所補充, 同意表現, 主題
	〔2〕	読　解	内容説明, 空所補充, 段落の主題
	〔3〕	文法・語彙	空所補充
	〔4〕	文法・語彙	空所補充
	〔5〕	文法・語彙	語句整序

▶読解英文の主題

年度	番号	主　　　　　題
2023	〔1〕	インターフェロンへの期待
	〔2〕	古楽の再興
	〔5〕	(1)ベートーヴェンとテンポ, (2)プラセボクリームの効果, (3)他者の視線の心理的影響, (4)多すぎる論文が進歩を阻害する
2022	〔1〕	空想科学小説が伝えるもの
	〔2〕	現実化する自動運転車
	〔5〕	(1)マヌカの木の特質, (2)アメリカの独特の表現法, (3)一般人と著名人の距離の変化, (4)グローバル化におけるビジネススタイル, (5)恐怖に臆せず話すこと, (6)不安定な仕事とは
2021	〔1〕	科学者は創造的であるべき
	〔2〕	財と商品との違いとは

42 東京理科大-工〈B方式〉／傾向と対策

傾 向　読解問題中心のオールラウンドな出題
　　　　語彙・熟語力の強化を

1 出題形式は？

　大問 5 題の出題となっている。マークシート式による選択式と記述式を組み合わせた出題形式が続いていたが，2021 年度以降は全問マークシート式による選択式となっている。試験時間は 60 分。

2 出題内容はどうか？

　読解総合問題，文法・語彙問題ともに 2，3 題ずつというのが平均的な出題パターンである。過去には会話文問題が大問として出題されたこともある。2022 年度は，独立問題で文章内の下線を引いた語句と関連のない表現を選ばせる問題が，また 2023 年度は，下線の指す語を選ばせる問題が出題された。なお，設問文は英文となっている。

　出題の中心は読解総合問題であり，設問は，内容説明，空所補充，同意表現，主題，内容真偽，語句整序など，バラエティーに富んでいる。過去には，出来事を年代順に並べ替える配列問題や簡単な計算問題も出題された。また，2022 年度は〔1〕でアクセント問題も出題されている。

　文法・語彙問題は，空所補充や語句整序などの形式で，基本的な文法知識や語彙・熟語力を問う問題となっている。また，過去には，共通語による空所補充も出題されている。

3 難易度は？

　読解問題は英文量も設問の種類も多く，スピーディーに処理しなければならず，全体的にみれば，読解力，文法・語彙・熟語力をバランスよく問う，ややレベルの高い問題となっている。時間配分としては，読解問題を 30～40 分，残りの問題を 20～30 分というところだろう。

対　策

1　読解問題

　長文読解問題は配点が大きく，内容説明，同意表現，内容真偽といった，内容を把握し文脈を追う力を問う問題が多いのが特徴である。その意味では，各段落ごとに要旨をまとめる練習はきわめて有効である。ただし，ひと口に読解力養成といっても，その基本となるのは豊富な語彙・熟語・構文・文法力であり，こうした基礎学力の養成を怠って読解問題に当たっても成果は上がらない。読解問題は細かな部分まで注意しながら丁寧に読み進めることが必要である。

2　高度な語彙・熟語力，文法力をつけよう

　読解問題の設問の中にも語彙・熟語力を問う問題などがあるほか，文法・語彙問題も2，3題は出題されていることから，対策として語彙・熟語力の増強は最重要課題であるといえよう。熟語の問題が多くみられるので，『英熟語ターゲット1000』（旺文社）などの問題集を1冊仕上げておきたい。また，頻出の同意表現や，慣用表現などへの対策も必要である。実戦的な演習用の文法・語法問題集としては，『頻出英文法・語法問題1000』（桐原書店）などを利用するとよいだろう。

3　語句整序問題

　独立問題でなくとも読解問題内で出題されている。基本的な構文力や熟語力の充実が最善の対策となる。『大学入試 すぐわかる英文法』（教学社）などの総合英文法書を手元に置いて，調べながら学習を進めよう。

4　過去の問題に当たる

　過去にいずれかの学部で出題された形式が他の学部で出題されることも多く，本書や本シリーズを利用して，多くの過去問に当たっておくことはきわめて有効である。その際，60分という試験時間を意識して，時間配分の練習を重ねておくことも不可欠といえるだろう。

　また，理系の語彙を増やすには，『技術英検3級問題集』（日本能率協会マネジメントセンター）や，岡裏佳幸『理工系学生のための科学技術英語 語彙編』（南雲堂）などに取り組んでみるのもよいだろう。

数　学

年度	番号	項　目	内　　　　容
★ 2023	〔1〕	小問 3 問	(1)分数関数の極限, 導関数, グラフ, $y=f(x)$ を満たす自然数 (x, y) の組　(2)平面ベクトル, 内積, 交点の位置ベクトル, 三角形の面積比　(3)円と直線, 接線, 極線
	〔2〕	複素数平面	複素数平面, 1 の n 乗根, 絶対値, 偏角
	〔3〕	微・積分法	関数の極限, 極値, 変曲点, 回転体の体積
★ 2022	〔1〕	小問 3 問	(1)2 次関数の最大値・最小値, 場合分け　(2)確率, 平面上の点の移動, 反復試行　(3)軌跡, 不等式の表す領域, 面積
	〔2〕	2 次曲線, 微 分 法	楕円の面積, 楕円外の点から引いた接線, 三角形の面積の最小値
	〔3〕	三 角 関 数, 積 分 法	三角方程式, 絶対値を含む関数の定積分, 最大値・最小値, 方程式の実数解の個数
★ 2021	〔1〕	小問 3 問	(1)複素数平面, 円上の点の偏角の最大値・最小値, 純虚数となる条件　(2)余弦定理, 三角形の面積, 角の二等分線の長さ, 内接円の半径　(3)袋から玉を取り出す試行の確率, 乗法定理, 余事象の確率
	〔2〕	図形と方程式, 数 列	不等式の表す領域, 格子点の個数, 平行四辺形の面積, 平行四辺形に含まれる格子点の個数
	〔3〕	微・積分法	媒介変数表示で表された曲線, 接線, 直線 $y=x$ のまわりに回転させてできる回転体の体積

傾　向　小問に難問あり
複雑な計算も多く, 緻密な計算力を要する

① 出題形式は？

例年, マークシート式による空所補充形式と記述式が併用されていて, マークシート式 1 題と記述式 2 題の計 3 題が出題されている。記述式は, 答えのみを書くものと, 途中の過程も書くものとがある。ただし, 3 題とはいっても, 〔1〕が小問 3 問に分かれていて, これらには決して小問とはいえないレベルのものも含まれている。〔2〕も小問 2 問に分かれていることがある。試験時間は 100 分。

② 出題内容はどうか？

出題範囲は「数学Ⅰ・Ⅱ・Ⅲ・Ａ・Ｂ（数列・ベクトル）」である。

微・積分法は必出といってよい。小問集合では幅広い分野から出題されている。その他の特徴としては, 図やグラフに関連した出題が多いと

東京理科大-工〈B方式〉／傾向と対策　45

いう点が挙げられる。

③　難易度は？

　出題の中心は標準的な頻出問題である。しかし，なかにはかなり煩雑な計算を伴う問題や，相当の思考力を要する問題も含まれている。しかもそれが小問の場合もあるので，問題を解くにあたってよく見通す必要がある。時間配分としては，まずは1題（〔1〕は小問1問）あたり10〜15分で解き，残りの時間で，解ききれなかった問題に戻るとよいだろう。手こずりそうな問題は後回しにして，自分がスムーズに解ける問題から着実に解答していくことが肝要である。

対　策

①　基本事項の徹底理解

　見慣れない問題や高度な内容の問題であっても，基本的な事柄の組み合わせで解いていけるものである。そこでは当然，定理や公式は単に覚えて使えるだけでなく，証明まで含めて理解しておくことが求められる。また，出題範囲の各分野から幅広く出題されているので，苦手分野をなくしておくことが必要である。

②　計算力をつけよう

　かなりの計算力が要求される問題も出題されている。日頃から計算を行うときは集中して，より速く正確に答えに達することができるように努めよう。なかでも微・積分法の計算は特に重要であるから，演習問題で習熟しておくこと。

③　マークシート式への対応

　マークシート式による出題がある。マークシート式では途中経過を丁寧に書く必要はないので，答えを正確に速く求めて，マークミスをしないことが肝要である。過去問を利用して，十分に慣れておこう。

④　記述式答案の作成練習

　解答過程の求められる記述問題では筋道の通った簡潔な答案が要求される。また，図やグラフに関連した問題が多いので，答案にも必要に応じて図やグラフを描き加える必要がある。日頃から，答案をまとめる練習をしておくこと。

物　理

年度	番号	項　　目	内　　　　容
☆ 2023	〔1〕	力　　学	台車内での物体の衝突と単振動
	〔2〕	電 磁 気	1次関数的に変化する磁場による電磁誘導，交流の発生
	〔3〕	熱 力 学，波　　動	円筒形容器内の気体の状態変化と複スリットによる光の干渉
☆ 2022	〔1〕	力　　学	単振動を伴う棒のつり合い
	〔2〕	電 磁 気	未知の部品を含んだ電気回路の考察
	〔3〕	熱 力 学	P-T 図を用いた気体の循環過程の考察
☆ 2021	〔1〕	力　　学	斜面上での2つの台車の衝突と単振動
	〔2〕	電 磁 気	2つの扇形回路の磁場内での回転運動による誘導起電力
	〔3〕	波　　動	ドローンによるドップラー効果

傾　向　試験時間の割に小問数が多い
標準的な問題が多いが，計算は高度

1 出題形式は？

　例年，大問3題の出題で，全問マークシート式である。1題が2ないし3の小問に分かれていることが多く，設問数は多めになっている。解答群から適切なものを選ぶ形式が多いが，計算結果の数値をマークするものやグラフを選ぶものなども出題されている。試験時間は80分。

2 出題内容はどうか？

　出題範囲は「物理基礎・物理」である。

　例年，〔1〕が力学，〔2〕が電磁気，〔3〕が波動か熱力学となることが多い。各分野から満遍なく出題されているので，苦手分野を作らないことが大切である。

3 難易度は？

　全体としては標準レベルより少し難しい程度であるが，解答時間を考えるとレベルが1つ上がるだろう。空所補充形式なので，流れをしっかり捉えて解答をしていかないと，1つの間違いが後に響いてくる。数値計算では，指示に従い要領よく計算しないと，計算による誤差が生じて

しまうので注意が必要である。大問 1 題あたり 25 分程度を目安に取り組む必要がある。

対　策

1 空所補充形式の出題に慣れておこう

　まず，受験の標準レベルの問題が確実に解けるよう繰り返し練習をしておこう。それに加え，過去問を活用して空所補充形式の問題に慣れることが大切である。その際，時間配分を意識して解いてみること。また，選択肢は問題を解く上でのヒントと捉えて取り組むことも大切である。

2 確実な計算力を

　空所補充形式の問題では，前問の考え方や結果を用いて解答することが多いので，計算ミスは大きな失点につながる。計算過程や思考の流れをしっかり残しながら計算する習慣をつけ，すぐに見直すことができるようにしておくことが大切である。また，選択肢の形式を意識した式変形を心がけたい。特に，数値計算では除法による計算誤差が出ないように工夫する必要がある。過去問でしっかりと演習を重ねておこう。

48　東京理科大-工〈B方式〉／傾向と対策

化　学

年度	番号	項　　目	内　　　　　　　　容
☆ 2023	〔1〕	総　　合	最外殻電子数，二次電池，凝固点降下，糖類，ゴム，高分子　⇨計算
	〔2〕	理　　論	気体の法則，蒸気圧　⇨計算
	〔3〕	理　　論	酸化還元滴定　⇨計算
	〔4〕	理論・無機	塩の推定，量的関係　⇨計算
	〔5〕	理　　論	分子間力と沸点・融点の関係
	〔6〕	有機・理論	有機化合物の性質・反応，気体の状態方程式　⇨計算
☆ 2022	〔1〕	理論・無機	塩化水素の発生と性質，浸透圧，コロイド溶液の性質　⇨計算
	〔2〕	理　　論	電池，電気分解　⇨計算
	〔3〕	理　　論	沸点上昇度，気体の溶解度　⇨計算
	〔4〕	理　　論	アンモニアの電離平衡，塩の加水分解，滴定曲線　⇨計算
	〔5〕	理　　論	熱化学方程式，反応速度　⇨計算
	〔6〕	有機・理論	有機化合物の構造と性質，元素分析　⇨計算
	〔7〕	有機・理論	サリチル酸の合成，サリチル酸誘導体，分離実験　⇨計算
☆ 2021	〔1〕	理論・無機	体心立方格子，混合気体の燃焼熱，塩素のオキソ酸，酸化還元反応　⇨計算
	〔2〕	理　　論	気液平衡，気体反応の化学平衡，平均分子量　⇨計算
	〔3〕	理論・無機	金属イオンの推定，電気分解　⇨計算
	〔4〕	理　　論	酢酸の電離平衡　⇨計算
	〔5〕	有機・理論	アセトアミノフェンの合成，配向性，ニトロ化，鏡像異性体の性質　⇨計算
	〔6〕	有　　機	アセチレン誘導体，平面状の分子，結合距離，エチレン，ベンゼン

傾　向　計算力・思考力・総合判断力を重視
有機は構造と反応に注目

1 出題形式は？

　大問数は6，7題。全問マークシート式であるが，形式は選択・計算・正誤法など多様である。特に計算法では，結果を指定した形でマークさせる東京理科大学独自の形式があるので，過去問を解いて慣れておきたい。数値計算の代わりに文字で解答する形式や，適切な選択肢の番号の和を答える形式の問題もある。試験時間は80分。

東京理科大-工〈B方式〉／傾向と対策　49

2　出題内容はどうか？

　出題範囲は「化学基礎・化学」である。

　理論・無機・有機すべてにわたって広い範囲から出題されている。例年の傾向として目立つのは，理論（計算）が多いことである。計算は毎年独特の趣向を凝らした問題が出され，しかも難問も含まれているので注意したい。無機は理論と絡めて出題されている。有機は構造式・異性体の決定や，有機合成反応，検出・確認法および天然・合成高分子化合物に関する出題が多い。また，有機にも計算が含まれるので注意しておきたい。

3　難易度は？

　全般的には基本的・標準的な問題が多い。しかし，問題量がかなり多く，1題を10〜15分程度で解くことになる。時間配分に注意し，特に理論問題の読み取りや計算のための時間を確保したい。比較的解答しやすい有機の方から解き始めてもよい。

対　策

1　題意の把握と思考力を養うこと

　まず問題の題意の把握に細心の注意を払うこと。特に，計算問題の解答の仕方，有効数字のとり方など，独特の答え方に注意する必要がある。また，問題の解法に総合判断力・思考力を要する問題もあるので，少し難度の高い問題集や本書の過去問などを使ってしっかり練習し，応用力を養っておくことが望まれる。

2　理　論

　広範囲から総合的な問題として出題されることが多いので，基礎理論をきちんと理解した上で，特に計算に重点をおいて演習を徹底的に行うこと。理論では，難易度の高い気液平衡，電離平衡，溶解度積が重要である。水和水を含む溶解度，反応速度も頻出ではあるが，この分野では弱点箇所のないように心がけたい。また，計算問題には難問が多いので，注意を要する。

3　無　機

　無機だけの出題もあるが，実験や理論と絡めて出題される場合が多い。

気体の製法や性質，陽・陰イオンの沈殿・溶解反応などは化学反応式を含めて確実に理解すること。学習は教科書中心でよいが，検出法など実験については図を含めてよく調べておくこと。

4 有　機

分子式や構造式・異性体の推定，元素の確認法などがよく出題される。これらの対策としては，合成法や性質を官能基や反応の種類と関連づけてよく調べておくことが大切である。また，元素分析や高分子の計算もよく出題されるので，十分練習しておくこと。さらに，糖類，タンパク質とアミノ酸の構造と性質をまとめておく必要がある。

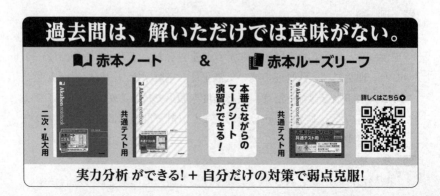

2023年度

問題と解答

■B方式

▶試験科目・配点

教 科	科　　　　目	配　点
外国語	コミュニケーション英語Ⅰ・Ⅱ・Ⅲ，英語表現Ⅰ・Ⅱ	100点
数　学	数学Ⅰ・Ⅱ・Ⅲ・A・B	100点
理　科	建築・電気工・情報工・機械工学科：物理基礎・物理 工業化学科：化学基礎・化学	100点

▶備　考
- 英語はリスニングおよびスピーキングを課さない。
- 「数学B」は「数列」「ベクトル」から出題。

4 2023 年度　英語　　　　　　　　　　　　　　　　東京理科大-工〈B方式〉

■英語■

(60 分)

1 Read the following passage which is concerned with the background of the development of interferon from the onset to the 1980s. Answer the questions below. As for the words marked with an asterisk (*), see the **Notes** at the end of the passage. (27 points)

Praised as a potential cure for diseases ranging from the common cold to cancer, the natural drug interferon has been the subject of extensive and costly research which in 1980 created a wave of optimism in the medical community. Although only a few hundred patients have actually received a dose, the development of new techniques for making the rare material, as well as increased funding for research efforts, made large clinical trials seem imminent.

Discovered in 1957 by researchers Alick Isaacs and Jean Lindenmann, interferon is a chemical produced by animal cells infected with a virus. It stimulates neighboring cells to produce compounds to protect against viral infection. It is the reason a person suffering from one viral infection rarely <u>succumbs to</u> another.
①

The possibility that interferon might be a <u>panacea</u> for viral infections
②
appealed to scientists immediately, but practical difficulties severely limited their research. Cells make only tiny amounts of the substance, and that meager production must be stimulated by either a virus or, as scientists later learned, certain chemicals. An additional problem is that to be effective in clinical treatment, the interferon must come from human cells. The material is exceedingly difficult and enormously expensive to obtain. Most interferon used

in recent experiments has come from a laboratory of the Finnish Red Cross in Helsinki, but the American Cancer Society (ACS) has been able to buy only enough to treat half the patients it intended. And although the drug appears to be effective against certain viral diseases, its scarcity and high cost have made routine treatment (**4**).

Nevertheless, the promise of interferon in the treatment of cancer has been steadily heightened by important breakthroughs in fundamental research. In the early 1970s, after 10 years of full-time study, a Finnish researcher Kari Cantell devised a reliable method to obtain (**5**) interferon from white blood cells. Although the process produces a material that is only 1% interferon, it remains the most successful and widely used method. In 1972, Hans Strander at the Karolinska Institute in Stockholm found that interferon improved the survival rate among 44 patients having a rare and deadly form of bone cancer. Smaller studies have indicated that interferon is effective against some cases of breast cancer, cancer of the lymph glands*, and multiple myeloma*.

In July 1978, the ACS announced the largest series of clinical trials of interferon ever conducted. It earmarked $2 million for the purchase of enough interferon to treat 150 patients. Ten U.S. hospitals and universities were chosen to test four kinds of cancer. The first reports on those tests were released on May 28, 1980. The results indicated that interferon had an anticancer effect but that its success did not equal that reported in earlier studies. The ACS suggested that impaired effectiveness of one or two shipments of interferon that had been freeze-dried instead of liquid frozen may have contributed to the somewhat disappointing results.

The findings of the ACS study emphasized how much work still needs to be done. Exactly how interferon fights cancer is still unclear. It seems to slow the growth of cells by inhibiting their division* and to boost the activity of the body's natural defense system. Preliminary indications are that interferon causes fewer and less distressing side effects than many cancer drugs, but physicians still need to determine the best dosages and treatment schedules, whether one type of interferon works better than the others, and whether some groups of patients are more responsive than others.

Several recent developments [1 expected　2 in　3 result　4 supplies
⑨
5 to　6 were　7 more abundant] of interferon for research. At least ten U.S. firms (and others in Europe and Japan) have invested an estimated total of $150 million in production. The ACS, the Interferon Foundation of Houston, and the National Institutes of Health (NIH) have together budgeted more than $20 million for experiments with the treatment.

In 1980, British scientists announced the first technique for substantially purifying interferon without destroying its activity. They found an antibody which will bind only interferon from white blood cells. With that antibody, they can concentrate it 5,000-fold in a single step.

The exact chemical makeup of two of the three known types of human interferon was reported in 1980. Each interferon molecule has sugar groups attached to a (　A　) of about 150 amino acids, which are the basic (　B　) of all proteins. Scientists determined the (　C　) of those amino acids. The (　D　) of the molecule makes its laboratory synthesis impractical, but chemical synthesis of a segment may be feasible.

Gene splicing* continued to be the most promising source of interferon. Several groups of researchers in 1980 reported the transfer of the appropriate genetic material into bacteria. The bacterial cells, which can be grown in large quantities, have made a protein that seems to be identical to the amino acid chain of human interferon. One company predicted the bacterial production for clinical use during 1981.

(Notes)

lymph glands：リンパ腺

multiple myeloma：多発性骨髄腫

inhibit one's division：分裂を抑制する

出典追記：Encyclopedia Yearbook 1981, Grolier, Inc

東京理科大-工〈B方式〉　　　　　　　　　　　2023 年度　英語　7

gene splicing：遺伝子組み替え

(1) From the choices below, choose the words which are the closest in meaning to the underlined part ① in the passage and mark the number on the **Answer Sheet**.

　　1　commits to　　　　　　　　　2　confirms to

　　3　dedicates to　　　　　　　　　4　yields to

(2) From the choices below, choose the phrase which is the closest in meaning to the underlined part ② in the passage and mark the number on the **Answer Sheet**.

　　1　solution or remedy for all difficulties or diseases

　　2　condition of being unable to sleep, over a period of time

　　3　act or process of destroying something or of being destroyed

　　4　thing you own or you can carry with you

(3) From the choices below, choose the one which best expresses the meaning of the underlined part ③ in the passage and mark the number on the **Answer Sheet**.

　　1　infection　　　　　　　　　　2　disease

　　3　interferon　　　　　　　　　　4　virus

(4) From the choices below, choose the phrase that best fits into the space (　4　) in the passage. Mark the number on the **Answer Sheet**.

　　1　at home　　　　　　　　　　　2　beyond doubt

　　3　out of the question　　　　　　4　to the point

(5) From the choices below, choose the phrase that best fits into the space (　5　) in the passage. Mark the number on the **Answer Sheet**.

1	an insignificant type of	2	a small amount of
3	a substantial shape of	4	the large number of

(6) From the choices below, choose the one which best expresses the meaning of the underlined part ⑥ in the passage and mark the number on the **Answer Sheet**.

1	cancer	2	interferon
3	the material	4	the process

(7) From the choices below, choose the word which is the closest in meaning to the underlined part ⑦ in the passage and mark the number on the **Answer Sheet**.

1	allocated	2	deducted
3	excluded	4	proceeded

(8) From the choices below, choose the most possible reason of the inconsistency described in the underlined part ⑧ in the passage and mark the number on the **Answer Sheet**.

1　The interferon had an anticancer effect.

2　The interferon was preserved in a problematic way.

3　Impaired effectiveness did harm to 150 patients to be treated.

4　The transportation system relied on ships or boats instead of faster systems.

(9) Arrange the words in the brackets in the underlined part ⑨ so that the whole underlined part ⑨ matches the following meaning:「ここ最近の開発には，研究用インターフェロンの供給を増やすことになると期待されるものもいくつかあった」. Mark the numbers of the 2nd and 6th words on the **Answer Sheet**.

東京理科大-工〈B方式〉   2023 年度　英語　9

(10) From the choices below, choose the combination of words that best fits
into the spaces (**A**), (**B**), (**C**) and (**D**) in the passage.
Mark the number on the **Answer Sheet**.

1　**A**　length　　**B**　their　　**C**　different　　**D**　sequence

2　**A**　sequence　**B**　different　**C**　units　　　**D**　length

3　**A**　string　　**B**　units　　**C**　sequence　　**D**　length

4　**A**　units　　　**B**　string　　**C**　length　　　**D**　sequence

(11) From the choices below, choose the two statements that do NOT match
the passage. Mark the numbers on the **Answer Sheet**.

1　Around 1980, quite a few patients made the most of interferon to cure
the common cold, not to mention cancer.

2　Around the middle of 1978 the American Cancer Society announced the
largest series ever of clinical trials of interferon, the reports on which
were released about two years later.

3　In the long run, it is safe to say that initial interferon produced by
animal cells took the place of that produced by bacterial cells using gene
splicing.

4　It is desirable that doctors should pay attention to the appropriate way
to prescribe interferon for patients and to plan to cure them.

5　It was predicted by a company that interferon produced from bacterial
cells could become available for clinical use during 1981.

6　There was a large investment for interferon research and a technique
for successfully purifying interferon on a large scale was developed.

2 Read the following passages and answer the questions below. (27 points)

〈Ⅰ〉 This is a book about the music of the past. Medieval, Renaissance, and Baroque music have been repeatedly discarded and rediscovered ever since they were new. For me and for many readers, the music is beautiful and intriguing; it expands our horizons and nourishes our souls.
①

〈Ⅱ〉 An interest in music of the past has been characteristic of a part of the musical world since the early nineteenth century — from about the time of the rise of museums. The revival of Gregorian chant in the early nineteenth century or Felix Mendelssohn's revival of J.S. Bach are some of the efforts made in the past to restore still earlier music.
②

〈Ⅲ〉 In recent years this interest has taken on particular meaning, representing two specific trends: first, a rediscovery of little-known and under-appreciated repertories, and second, an effort to recover lost performing styles, in the conviction that such music will come to life in a new way using those performance practices. Medieval, Renaissance, and Baroque music have been central to these ideas, and their repertories have taken on new attractiveness as a result.

Why revive old music?

〈Ⅳ〉 There is already so much music in the world, so much being created every day, so much readily available in broadcast and recording media, [**A**] we can never listen to all of it. Why then do we make such an effort to revive music of the past? A variety of reasons include exoticism; history; novelty; politics; and, finally, pleasure.

〈Ⅴ〉 Early music is like "world music" in the sense that it provides listeners
③
with something outside their own culture, their own tradition, or their own experience. This is in essence the appeal of forgotten repertories; those not yet forgotten may be authoritative and elitist, but they are not exotic. Because

these earlier repertories provide a means of connecting with worlds very different from our own, they give us reason to question our assumptions about how music works, what it does, and what it should sound like.

〈Ⅵ〉　There is also the desire to know what it was that people in the past listened to. What are those angels singing and playing in medieval paintings? What did Queen Elizabeth I dance to in the late 16th century? What entertained Louis XIV, also known as the Sun King, at dinner? These are questions [　B　] historical [　C　] musical, in that we're not at first seeking musical pleasure but historical knowledge, in an attempt to make a well-rounded historical picture of a time and place distant from us but of considerable interest. If it turns out that we like the music, so much the better; no one would question admiring a Gothic cathedral or a painting by Jan van Eyck or Leonardo da Vinci. Lovers of the visual arts are almost never forced to justify their love of those things, but the music of the past often does not get the same timeless respect. The impulse for this aspect of early music is essentially historical, like the interest in medieval cooking, or in Baroque clothing.

〈Ⅶ〉　Sheer [　D　] can also be at the core of an interest in early music. It is not like any music today; and it is not like any music in other cultures; and it is not even like itself, in that it consists of a long and broad series of repertories whose only common features are their oldness and unknownness. There is a certain satisfaction, perhaps, in being the first person in a long time to hear a newly revived piece; and satisfaction in showing off — that is, introducing other listeners to it.

〈Ⅷ〉　In the US 1960s and 1970s, there were massive social movements protesting discrimination against black people, the Vietnam War, and male-centered hierarchical society. These civil rights, anti-war, and feminist movements produced what many called a "counterculture," a way of life or set of attitudes which opposed the dominant social norm and resisted all that was passed down as traditional and elitist, and so demanded democracy in every domain. As far as early music was seen as nontraditional and participatory (there were, and are, a great many summer workshops where early music is played), it could be seen as part of a cultural trend toward music of the people, music without pretense, music that expresses a union of popular and academic. It cannot be sheer coincidence that the early-music "movement," as it is sometimes called, arose at the same time as a number of other popular movements: the folk-music revival, for example.

〈IX〉 In this way, what began as a creative "movement" to restore the music and spirit of the old times took on political tones in the 1960s, fueled by a sense of return to the natural, a rebellion against received wisdom and enforced submission, and a notion that early music was a [**E**] music as much as it was a listener's. Though the enormous success of a few performers and groups has more recently tended to professionalize early music and the amateur, participatory aspect has faded somewhat, much was gained in the twentieth century from the study and revival of instruments, playing techniques, and repertories.

(1) From the choices below, choose the word which is the closest in meaning to the underlined part ① in the passage and mark the number on the **Answer Sheet**.

1 calculates   2 circulates

3 classifies   4 cultivates

(2) From the choices below, choose the word which is the closest in meaning to the underlined part ② in the passage and mark the number on the **Answer Sheet**.

1 even   2 prior

3 twice   4 utter

出典追記：Early Music : A Very Short Introduction by Thomas Forrest Kelly, Oxford University Press

東京理科大-工〈B方式〉   2023 年度　英語　*13*

(3) According to the paragraph 〈Ⅲ〉, which of the following statements about early music is NOT correct? Mark the number on the **Answer Sheet.**

　1 Consequently, medieval, Renaissance, and Baroque repertories have become more appealing.

　2 It is important to rediscover music pieces most listeners do not know.

　3 Medieval, Renaissance, and Baroque pieces have not played an essential role.

　4 Restoring lost performance styles is significant.

(4) From the choices below, choose the word that best fits into the space [　**A**　] in the passage. Mark the number on the **Answer Sheet.**

　1 how　　　　　　　　　**2** that

　3 what　　　　　　　　　**4** which

(5) According to the paragraph 〈V〉, how can early music provide "listeners with something outside their own culture," as in the underlined part ③ in the passage? Mark the number on the **Answer Sheet.**

　1 By challenging listeners' ideas about what music should sound like.

　2 By making not-yet-forgotten pieces authoritative.

　3 By suggesting how some repertories are being forgotten.

　4 By distancing listeners from non-elitist repertories.

(6) From the choices below, choose the combination of words that best fits into the spaces [　**B**　] and [　**C**　] in the passage. Mark the number on the **Answer Sheet.**

　1 **B** for　　　　**C** to　　　　　**2** **B** more　　　**C** than

　3 **B** neither　　**C** nor　　　　**4** **B** not　　　**C** but

14 2023 年度 英語　　　　　　　　　　　　　　　　　　東京理科大-工〈B方式〉

(7) What can we infer from the underlined part ④ in the passage?　Mark the number on the **Answer Sheet**.

 1 The author implies that visual arts are more interesting than music.

 2 The author thinks that people must not pay as much attention to early music as they do to a painting by Leonardo da Vinci.

 3 It is true that nobody finds an artwork by Jan van Eyck attractive.

 4 Sometimes lovers of early music have to explain the reason why they like the music.

(8) From the choices below, choose the word that best fits into the space [　**D**　] in the passage.　Mark the number on the **Answer Sheet**.

 1 desire   **2** novelty

 3 politics   **4** repertories

(9) In the paragraph 〈Ⅷ〉, why does the author mention the "massive social movements" of the 1960s and 1970s, as in the underlined part ⑤?　Mark the number on the **Answer Sheet**.

 1 To draw the reader's attention to how "counterculture" was traditional and elitist.

 2 To examine the process in which the folk-music revival came to an end.

 3 To make clear that the early-music "movement" was mainly an academic phenomenon.

 4 To show how the early-music "movement" was part of a social and cultural trend of the time.

(10) From the choices below, choose the word that best fits into the space [　**E**　] in the passage.　Mark the number on the **Answer Sheet**.

 1 coincidence's   **2** participant's

 3 submission's   **4** wisdom's

東京理科大-工〈B方式〉 2023 年度 英語 *15*

(11) From the choices below, choose the two statements that do NOT match the passage. Mark the numbers on the **Answer Sheet**.

1 An interest in the music of the past is old, as it can be found from the time when libraries began to be built.

2 It is satisfying to be the first person that introduces other listeners to a newly restored repertory.

3 In the twentieth century, the study and revival of instruments, playing techniques, and repertories produced much knowledge of early music.

4 Reviving early music is very interesting in terms of exoticism, politics, and pleasure.

5 There has been a tremendous success of many early music performers and groups in more recent times, and this has had a positive effect in increasing the number of amateur early music players.

3 From the choices below, choose the word or words that best fit into the space (   ). Mark the number on the **Answer Sheet**.   (20 points)

(1) I (   ) there for over a year when I got my first pay raise.

1 had been working   **2** should be working

3 will be working   **4** would be working

(2) (   ) I finish my physics homework, I'll start studying English.

1 Altogether   **2** Ever   **3** Once   **4** Thus

(3) You (   ) to the party. We all had a great time. Where were you then?

1 should be coming   **2** should have come

3 would be coming   **4** might come

16　2023 年度　英語　　　　　　　　　　　　東京理科大-工〈B 方式〉

(4)　Brazil won the World Cup, (　　　　　) we all expected.

　　1　as　　　　　　　**2**　by　　　　　　　**3**　nor　　　　　　　**4**　than

(5)　I (　　　　　) to New Zealand, but the flight was suddenly cancelled.

　　1　have been　　　　　　　　　　　**2**　have been going

　　3　were　　　　　　　　　　　　　**4**　was going to go

(6)　I slept in and missed my usual bus, so I (　　　　　) got to school in time.

　　1　ally　　　　　　**2**　barely　　　　　**3**　chilly　　　　　**4**　likely

(7)　I love police shows on TV because I enjoy watching (　　　　　) detectives
　　solve the crimes.

　　1　either　　　　　**2**　how　　　　　　**3**　who　　　　　　**4**　whoever

(8)　The school festival was postponed at the last minute (　　　　　) the
　　typhoon.

　　1　due to　　　　　　　　　　　　**2**　in charge of

　　3　on the part of　　　　　　　　**4**　up to

(9)　I discussed the (　　　　　) of going to school in another city.

　　1　disadvantages　　　　　　　　**2**　dissolves

　　3　distributes　　　　　　　　　**4**　disposes

(10)　My friends prefer to study in groups, (　　　　　) I prefer to study alone.

　　1　during　　　　　**2**　scarcely　　　　**3**　that　　　　　　**4**　while

(11)　I have volleyball practice in the morning and my part-time job at night, so
　　my (　　　　　) routine is quite tough.

　　1　daily　　　　　　**2**　dairy　　　　　**3**　days　　　　　　**4**　diary

東京理科大-工〈B方式〉   2023 年度　英語　*17*

⑿　When I flew from Japan to Australia, I crossed the （　　　） for the first
　time in my life.

　　1　equates　　　　2　equation　　　3　equator　　　　4　equivalent

⒀　The loud noise coming from the house next door was slowly getting on
　my （　　　）.

　　1　nerves　　　　2　sights　　　　3　soles　　　　4　veins

⒁　Since it's going to rain tomorrow, I （　　　） stay home and study.

　　1　only too　　　　　　　　　　2　take pains

　　3　might as well　　　　　　　　4　stand up for

⒂　A：So what's wrong with you? If you tell us what your real （　　　）
　　　is, we might be able to give you a better answer.

　　B：Well, actually I'm not sure. I'm just feeling a little bit uneasy.

　　1　compete　　　　2　complement　　3　conceive　　　　4　concern

⒃　A：It's getting warmer and warmer.

　　B：You can say that again. Spring is （　　　）.

　　1　far off in the distance　　　　　2　in the meantime

　　3　just around the corner　　　　　4　the other way round

⒄　A：I haven't seen you for a while. How's your work?

　　B：（　　　）. Our boss is great, my colleagues are nice, and the
　　　business is going very well.

　　1　Couldn't be better　　　　　　2　Good for nothing

　　3　It's bored　　　　　　　　　　4　Just let me pass

18 2023 年度 英語　　　　　　　　　　　　東京理科大-工〈B方式〉

(18)　A：I didn't really understand what he wanted to say.　Did you?

　　　B：I think I did.　You sometimes have to (　　　　) when you talk with
　　　　him.

　　1　attribute to　　　　　　　　　　**2**　hold the line

　　3　put them forth　　　　　　　　　**4**　read between the lines

(19)　A：I can assure you this invention of mine is perfect.　It will give you
　　　　health and bring me wealth.　I'll soon be a millionaire and with that
　　　　money I can even build a palace.

　　　B：Ah, I think I know what that palace is called.　A (　　　　) in the
　　　　air, right?

　　1　bank　　　　　**2**　castle　　　　　**3**　penguin　　　　**4**　sand

(20)　A：What brought you to Japan despite the fact that there have been a
　　　　lot of earthquakes again recently in Japan?

　　　B：I am a geologist and my wife is crazy about Japan.

　　　A：That (　　　　) it.

　　1　admires　　　　　**2**　appreciates　　　　**3**　embeds　　　　**4**　explains

東京理科大-工〈B方式〉   2023 年度 英語 *19*

4 From the choices **1** ～ **4**, choose the one that best fits into the space in each sentence so that it serves as the definition of the word or words on the left. Mark the number on the **Answer Sheet**.   (10 points)

(1) periodic table: A table showing the chemical elements arranged according to their (   ) numbers.

   1 abolish   **2** atomic   **3** hectic   **4** logistic

(2) radar: A system that uses (   ) radio waves to find out the presence, position, and speed of distant objects.

   1 exhibited   **2** prohibited   **3** reflected   **4** rejected

(3) atmosphere: The mixture of gases that (   ) some planets, such as the Earth.

   1 bends   **2** forbids   **3** pretends   **4** surrounds

(4) momentum: The mass of a moving object (   ) by its speed in a particular direction.

   1 counted   **2** focused   **3** multiplied   **4** presided

(5) conservation: The (   ) of plants, animals, and natural areas, especially from the damaging effects of human activities.

   1 caution   **2** confusion   **3** protection   **4** temptation

(6) hacking: The act of getting into another person's computer without permission in order to find out or change the information (   ) there.

   1 adored   **2** exhaled   **3** implored   **4** stored

20 2023 年度 英語 東京理科大-工〈B方式〉

(7) nutrient: A substance or (   ) that promotes growth, provides
energy, and maintains life.

　1 adjacent 　　2 impatient 　　3 ingredient 　　4 sufficient

(8) ecology: A branch of science concerned with (   ) between living
organisms and their environments.

　1 collisions 　　　　　　　　2 debts
　3 excuses 　　　　　　　　　4 interrelationships

(9) turbine: A type of machine through which liquid or gas flows and turns
a special wheel with (   ) in order to produce power.

　1 blades 　　2 jails 　　3 votes 　　4 weeds

(10) astronomy: The study of the universe and objects in it, including stars,
planets, comets, and (   ).

　1 dormitories 　　2 galaxies 　　3 lorries 　　4 utilities

東京理科大-工〈B方式〉   2023 年度　英語　21

5 Read the following passages, which are all short summaries of academic papers. From the choices below, choose the one that best expresses the meaning of each underlined word. Mark the number on the **Answer Sheet**.

(16 points)

Passage 1

In the history of Western classical music, tempo, the speed of music, was not often specified, for it was considered obvious from musical context. Only in
(1)
1815, Maelzel patented the metronome. Beethoven immediately embraced it and added tempo marks to his already published eight symphonies. However, these marks are still under dispute, as many musicians consider them too quick to be played and even unmusical, whereas others claim them as Beethoven's supposedly written will. In this paper, we develop a method to extract and analyze the performed tempo from 36 complete symphonic recordings by different conductors. Our results show that conductor tempo choices reveal a systematic difference from Beethoven's marks, one which highlights the
(2)
prominence of "correct tempo" as a phenomenon shaped by cultural context.

(1)　**1** history   **2** musical context

　　　3 tempo   **4** Western classical music

(2)　**1** a conductor   **2** a cultural context

　　　3 a prominence   **4** a systematic difference

Passage 2

An experiment was conducted to examine whether the mere possession of a placebo cream would affect perceived pain intensity in a laboratory pain-perception test. Healthy participants read a medical explanation of pain aimed at inducing a desire to seek pain relief and then were informed that a placebo
(3)

cream was an effective drug. Half of the participants were randomly assigned to receive the cream as an unexpected gift, whereas the other half did not receive the cream. Subsequently, all participants performed a pain tolerance task. We found that participants who received the cream but did not use it reported lower levels of pain intensity during the task than those who did not receive it. Our findings constitute initial evidence that simply possessing a
(4)
placebo cream can reduce pain intensity.

(3) 1 arousing   2 imposing   3 predicting   4 stressing

(4) 1 the cream   2 the intensity
    3 the pain   4 the task

Passage 3

When processing information in social situations, people automatically construct rich models of other people's vision. Here we show that when people judge the mechanical forces acting on an object, their judgments are biased by another person gazing at the object. The bias is consistent with an implicit perception that gaze adds a gentle force, pushing on the object. The bias was present even though the participants were not explicitly aware of it and
(5)
claimed that they did not believe in an extramission view of vision (a common folk view of vision in which the eyes emit an invisible energy). A similar result was not obtained on control trials when participants saw a face with open eyes
(6)
turned away from the object. The findings suggest that people automatically and implicitly generate a model of other people's vision that uses the simplifying construct of beams coming out of the eyes.

(5) 1 the bias   2 the gaze   3 the object   4 the vision

(6) 1 appeals   2 burdens   3 errors   4 experiments

東京理科大-工〈B方式〉   2023 年度　英語　*23*

Passage 4

In many academic fields, the number of papers published each year has increased significantly over time. Government policies aim to increase the quantity of scientific output, which is measured by the number of papers produced. Whether and how this increase translates into advances in knowledge is unclear, however. Here, we first lay out a theoretical argument for why too many papers do not necessarily lead to advance. The deluge of new papers may deprive reviewers of time and energy needed to fully recognize novel ideas. Competition among many new ideas may prevent the gradual accumulation of focused attention on a promising one. Then, we show
(7)
data supporting the predictions of this theory. When the number of papers published per year in a scientific field grows large, citations flow excessively to already well-cited papers; new papers are unlikely to ever become highly cited, and when they do, it is not through a gradual, cumulative process of
(8)
attention gathering; and newly published papers become unlikely to disrupt existing work.

(7) 　1　accumulation　　　　　　2　competition

　　　3　focused attention　　　　4　new idea

(8) 　1　are unlikely　　　　　　　2　become highly cited

　　　3　disrupt existing work　　4　flow excessively

出典追記：
Passage 1：Conductors' tempo choices shed light over Beethoven's metronome, Plos One on December 16, 2020 by Almudena Martin-Castro and Iñaki Ucar
Passage 2：Merely Possessing a Placebo Analgesic Reduced Pain Intensity : Preliminary Findings from a Randomized Design, Current Psychology volume 38 by Victoria Wai-lanYeung, Andrew Geers and Simon Man-chun Kam
Passage 3：Implicit model of other people's visual attention as aninvisible, force-carrying beam projecting from the eyes, PNAS Vol. 116 by Arvid Guterstama, Hope H. Keana, Taylor W. Webba, Faith S. Keana, and Michael S. A. Graziano
Passage 4：Slowed canonical progress in large fields of science, PNAS Vol. 118 No. 41 by Johan S. G. Chua and James A. Evans

24 2023 年度 数学　　　　　　　　　　　　　　　東京理科大-工〈B方式〉

数学

（100 分）

問題 $\boxed{1}$ の解答は解答用マークシートにマークしなさい。

$\boxed{1}$　次の **(1)**, **(2)**, **(3)** においては，$\boxed{}$ 内の 1 つのカタカナに 0 から 9 までの数字が 1 つあてはまる。その数字を解答用マークシートにマークしなさい。与えられた枠数より少ない桁の数があてはまる場合は，上位の桁を 0 として，右に詰めた数値としなさい。分数は既約分数とし，値が整数の場合は分母を 1 としなさい。根号を含む形で解答する場合は，根号の中に現れる自然数が最小となる形で答えなさい。

(50 点)

(1) $x > 1$ に対して

$$f(x) = \frac{5x^3 + 8x^2 + 15}{x^3 - x}$$

とする。

(a) $\displaystyle \lim_{x \to \infty} f(x) = \boxed{ア}$,　$f(9) = \dfrac{\boxed{イ}\ \boxed{ウ}\ \boxed{エ}}{\boxed{オ}\ \boxed{カ}}$ である。

(b) $g(x) = x^2(x^2 - 1)^2 f'(x)$ とおくと

$$g'(x) = -\boxed{キ}\ \boxed{ク}\, x^3 - \boxed{ケ}\ \boxed{コ}\, x^2 - \boxed{サ}\ \boxed{シ}\ \boxed{ス}\, x$$

である。ただし，$f'(x)$, $g'(x)$ はそれぞれ $f(x)$, $g(x)$ の導関数である。

(c) $y = f(x)$ を満たす自然数の組 (x, y) はただ 1 つ存在し，それを (a, b) としたとき

東京理科大-工〈B方式〉   2023 年度　数学　*25*

$$f(b) = \frac{\boxed{セ}\;\boxed{ソ}\;\boxed{タ}\;\boxed{チ}}{\boxed{ツ}\;\boxed{テ}\;\boxed{ト}}$$

である。

(2)　三角形 ABC がある。辺 AB 上に点 P を AP : PB $= p : (1-p)$ となるように
とり，辺 AC 上に点 Q を AQ : QC $= q : (1-q)$ となるようにとる。ただし，p
と q は $0 < p < 1$ および $0 < q < 1$ を満たす定数とする。さらに，線分 BQ と線
分 CP の交点を D とし，三角形 ABC の面積を S_1，三角形 BCD の面積を S_2 と
おく。

  (a)　AB $= 2$,　AC $= 3$,　BC $= \sqrt{6}$ のとき

  $$\overrightarrow{AB} \cdot \overrightarrow{AC} = \frac{\boxed{ア}}{\boxed{イ}} \quad \text{である。}$$

  (b)　$p = \dfrac{1}{6}$,　$q = \dfrac{3}{5}$ のとき

  $$\overrightarrow{AD} = \frac{\boxed{ウ}}{\boxed{エ}\;\boxed{オ}} \overrightarrow{AB} + \frac{\boxed{カ}}{\boxed{キ}} \overrightarrow{AC} \quad \text{であり，} \quad \frac{S_2}{S_1} = \frac{\boxed{ク}\;\boxed{ケ}}{\boxed{コ}\;\boxed{サ}} \quad \text{である。}$$

以下，$S_2 = \dfrac{1}{5}S_1$ が成り立つ場合を考える。

  (c)　q を，p を用いて表すと $q = \dfrac{\boxed{シ} - \boxed{ス}\,p}{\boxed{セ} - \boxed{ソ}\,p}$ である。

  (d)　線分 BD 上に点 E（E は B と D のどちらにも一致しない）をとり，線分
  AE と線分 DP の交点を F とする。三角形 ABE と三角形 ACF の面積がとも
  に $\dfrac{1}{5}S_1$ に等しいとき

  $$p = \frac{\boxed{タ} + \sqrt{\boxed{チ}}}{\boxed{ツ}} \quad \text{または} \quad \frac{\boxed{テ} - \sqrt{\boxed{ト}}}{\boxed{ナ}}$$

  である。

(3) 座標平面において，円 $C : x^2 + y^2 = 1$ を考える。点 A$(-2, 1)$ から円 C に 2 本の接線を引き，その接点を P と Q とする。ただし，P の x 座標を x_1，Q の x 座標を x_2 としたとき，$x_1 > x_2$ とする。直線 PQ 上の点で円 C の外部にある点を R とし，R から円 C に 2 本の接線を引き，その接点を S と T とする。ただし，S の x 座標を x_3，T の x 座標を x_4 としたとき，$x_3 > x_4$ とする。

(a) 接線 AP の方程式は $y = \boxed{ア}$ であり，

接線 AQ の方程式は $y = -\dfrac{\boxed{イ}}{\boxed{ウ}}x - \dfrac{\boxed{エ}}{\boxed{オ}}$ である。

また，直線 PQ の方程式は $y = \boxed{カ}\,x + \boxed{キ}$ である。

(b) 点 R の x 座標が 3 のとき，直線 ST の方程式は

$y = -\dfrac{\boxed{ク}}{\boxed{ケ}}x + \dfrac{\boxed{コ}}{\boxed{サ}}$ である。

(c) AT $=$ TS のとき，点 R の座標は

$\left(-\boxed{シ},\ -\boxed{ス}\right)$ または $\left(\dfrac{\boxed{セ}}{\boxed{ソ}},\ \dfrac{\boxed{タ}}{\boxed{チ}}\right)$ である。

東京理科大-工〈B方式〉　　　　　　　　　　　　　　　　2023 年度　数学　27

問題 $\boxed{2}$ の解答は解答用紙 $\boxed{2}$ に記入しなさい。

$\boxed{2}$　以下の問いに答えなさい。ただし，空欄（あ）〜（し）については適切な数または式を解答用紙の所定の欄に記入しなさい。

(25 点)

n を 2 以上の自然数とする。複素数平面上の異なる n 個の複素数 z_1, z_2, $\cdots\cdots$, z_n が複素数 w に対して

$$z_1 = wz_2, \ z_2 = wz_3, \ \cdots\cdots, \ z_{n-1} = wz_n, \ z_n = wz_1$$

を満たしている。以下，すべての複素数の偏角は 0 以上 2π 未満で考える。

(1) $n = 3$ のとき，$w^2 + w + 1 = \boxed{\text{（あ）}}$ であり

$$\left|\frac{z_3 - z_2}{z_1 - z_2}\right| = \boxed{\text{（い）}}, \quad \arg\frac{z_3 - z_2}{z_1 - z_2} = \boxed{\text{（う）}} \ \text{または} \ \boxed{\text{（え）}}$$

である。ただし，$\boxed{\text{（う）}} < \boxed{\text{（え）}}$ とする。

(2) $n = 4$ のとき

$$\left|\frac{z_3 - z_2}{z_1 - z_2}\right| = \boxed{\text{（お）}}, \quad \arg\frac{z_3 - z_2}{z_1 - z_2} = \boxed{\text{（か）}} \ \text{または} \ \boxed{\text{（き）}}$$

である。ただし，$\boxed{\text{（か）}} < \boxed{\text{（き）}}$ とする。

(3) $n = 6$ のとき，w のとり得る偏角は $\boxed{\text{（く）}}$ および $\boxed{\text{（け）}}$ である。$n = 12$ のとき，w のとり得る偏角は $\boxed{\text{（こ）}}$ 個存在して，大きさが最大のものは $\boxed{\text{（さ）}}$ である。$n = 24$ で $|z_1 - z_2| = 1$ のとき，z_1, z_2, $\cdots\cdots$, z_{24} を頂点とする図形の面積は $\boxed{\text{（し）}}$ である。なお，$\boxed{\text{（こ）}}$ と $\boxed{\text{（さ）}}$ の値を導く過程も所定の場所に書きなさい。ただし，w の偏角はとり得る最小のものとする。

問題 $\boxed{3}$ の解答は解答用紙 $\boxed{3}$ に記入しなさい。

$\boxed{3}$　以下の問いに答えなさい。ただし，空欄（あ）〜（き）については適切な数または式を解答用紙の所定の欄に記入しなさい。

(25 点)

a と b を定数（$a > 0$，$b < 0$）とする。実数 x の関数

$$f(x) = e^{a+bx}, \ g(x) = e^{-f(x)}$$

に対して，座標平面上の曲線 $C : y = e^{bx}g(x)$ を考える。ただし，e は自然対数の底を表す。

(1) $\displaystyle\lim_{x\to\infty} e^{bx}g(x) = \boxed{\text{（あ）}}$ である。

(2) $\displaystyle\lim_{x\to-\infty} e^{bx}g(x) = \boxed{\text{（い）}}$ である。ただし，$\displaystyle\lim_{x\to\infty}\frac{x}{e^x} = 0$ を用いてよい。

(3) 関数 $y = e^{bx}g(x)$ は $x = \boxed{\text{（う）}}$ のとき，極値 $y = \boxed{\text{（え）}}$ をとる。また，曲線 C の変曲点の x 座標は $\boxed{\text{（お）}}$ および $\boxed{\text{（か）}}$ である。ただし，$\boxed{\text{（お）}} < \boxed{\text{（か）}}$ とする。

(4) t を正の実数とする。曲線 C と x 軸，および 2 直線 $x = -t$，$x = t$ で囲まれた部分を，x 軸の周りに 1 回転させてできる立体の体積を $V(t)$ とすると

$$\lim_{t\to\infty} V(t) = \boxed{\text{（き）}}$$

である。なお，$\boxed{\text{（き）}}$ を導く過程も解答用紙の所定の場所に書きなさい。

東京理科大-工〈B方式〉　　　　　　　　　　　　　　2023 年度　物理　*29*

物理

（80 分）

1 次の文中の (ア) ~ (キ) の中にあてはまる適切な答を**解答群**の中か
ら選び，その番号を**解答用マークシート**の指定された欄にマークしなさい。必要
なら，同一番号を繰り返し用いてよい。　　　　　　　　　　　　（34 点）

以下の問題では，台車と小物体は同一水平直線上を動くものとし，加速度と速
度は水平右向きを正とし，重力加速度の大きさを g〔m/s²〕とする。

(1) **図 1-1** に示すように，水平でなめらかな床の上に台車がある。台車の質量
は M〔kg〕である。台車の床の上に質量 m〔kg〕$(m < M)$ の小物体が置かれて
いる。台車の床は水平で，台車と小物体の間の静止摩擦係数と動摩擦係数は，
等しく，μ である。台車と小物体が静止していたときに水平右向きに力を台車に
加え，台車を一定の加速度で動かした。力を時刻 0 から時刻 T〔s〕の間加え，
この間の台車の加速度の大きさは α〔m/s²〕$(\alpha > \mu g)$ であった。時刻 T におけ
る小物体の台車に対する相対速度は (ア) 〔m/s〕である。時刻 T 以後は
台車に力を加えなかったので，台車と小物体は，時刻 T から (イ) 〔s〕経
過したときに一体となり，その後は一体となって動いた。時刻 T 以後に小物
体が台車上を動いた距離は (ウ) 〔m〕である。なお，台車に力を加えてか
ら台車と小物体が一体となって動き始めるまでの間，小物体が台車の壁に衝
突することはなかった。

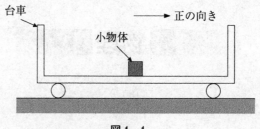

図1-1

(ア)の解答群

0 0
1 $\mu g T$
2 $-\mu g T$
3 αT
4 $-\alpha T$
5 $(\alpha - \mu g)T$
6 $-(\alpha - \mu g)T$
7 $(\alpha + \mu g)T$
8 $-(\alpha + \mu g)T$

(イ)の解答群

0 T
1 $\dfrac{\alpha}{\mu g}T$
2 $\dfrac{M}{M+m}T$
3 $\dfrac{M}{M-m}T$
4 $\dfrac{M\alpha}{(M+m)\mu g}T$
5 $\dfrac{M(\alpha - \mu g)}{(M-m)\mu g}T$
6 $\dfrac{M(\alpha + \mu g)}{(M-m)\mu g}T$
7 $\dfrac{M(\alpha - \mu g)}{(M+m)\mu g}T$
8 $\dfrac{M(\alpha + \mu g)}{(M+m)\mu g}T$

(ウ)の解答群

0 $\dfrac{\alpha T^2}{2}$
1 $\dfrac{M\alpha^2 T^2}{2(M+m)\mu g}$
2 $\dfrac{M\alpha^2 T^2}{2(M-m)\mu g}$
3 $\dfrac{M(\alpha - \mu g)^2 T^2}{2(M+m)\mu g}$
4 $\dfrac{M(\alpha - \mu g)^2 T^2}{2(M-m)\mu g}$
5 $\dfrac{M(\alpha - \mu g)(\alpha + \mu g)T^2}{2(M+m)\mu g}$
6 $\dfrac{M(\alpha - \mu g)(\alpha + \mu g)T^2}{2(M-m)\mu g}$
7 $\dfrac{2M(\alpha + \mu g)^2 T^2}{(M+m)\mu g}$
8 $\dfrac{2M(\alpha + \mu g)^2 T^2}{(M-m)\mu g}$

(2) 図1-2に示すように,水平でなめらかな床の上を動く台車がある。台車の床の上には質量 m_A [kg]の小物体Aと質量 m_B [kg]($m_A > m_B$)の小物体Bが

置かれている。台車の床は水平でなめらかである。小物体 A はばね定数 k 〔N/m〕のばねの一端につながれ，ばねの他端は台車の壁に固定されている。小物体 B は小物体 A の右側に離れて置かれている。ばねが自然の長さで，台車と両小物体が静止していたときに力を台車に加えて，台車を水平右向きに一定の加速度で運動させた。台車の加速度の大きさは a〔m/s²〕であった。小物体 A が動き出した後で，小物体 A の台車に対する相対速度がはじめてゼロになったときに小物体 A は小物体 B に弾性衝突した。この衝突は台車が等加速度運動を始めた時刻から (エ) 〔s〕経過したときに起こり，衝突したときのばねの伸縮量の大きさは (オ) 〔m〕である。衝突直後の小物体 A の台車に対する相対速度の大きさは (カ) 〔m/s〕である。衝突直後からは，衝突直後の台車の速度で台車が等速運動するように台車に力を加え続けた。小物体 A と小物体 B が再度衝突する前に，小物体 A の台車に対する相対速度がゼロになった。このときのばねの伸縮量の大きさは (キ) 〔m〕である。

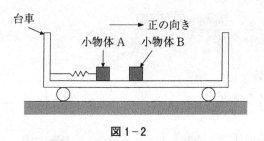

図 1-2

(エ)の解答群

0　$\dfrac{\pi}{2}\sqrt{\dfrac{m_A}{k}}$　　　1　$\pi\sqrt{\dfrac{m_A}{k}}$　　　2　$\dfrac{3\pi}{2}\sqrt{\dfrac{m_A}{k}}$

3　$\dfrac{\pi}{2}\sqrt{\dfrac{m_A+m_B}{k}}$　　　4　$\pi\sqrt{\dfrac{m_A+m_B}{k}}$　　　5　$\dfrac{3\pi}{2}\sqrt{\dfrac{m_A+m_B}{k}}$

6　$\dfrac{\pi}{2}\sqrt{\dfrac{m_A-m_B}{k}}$　　　7　$\pi\sqrt{\dfrac{m_A-m_B}{k}}$　　　8　$\dfrac{3\pi}{2}\sqrt{\dfrac{m_A-m_B}{k}}$

32 2023 年度　物理 東京理科大-工〈B方式〉

㈲の解答群

0　0

1　$\dfrac{m_A \alpha}{k}$

2　$\dfrac{2m_A \alpha}{k}$

3　$\dfrac{m_B \alpha}{k}$

4　$\dfrac{2m_B \alpha}{k}$

5　$\dfrac{(m_A - m_B)\alpha}{k}$

6　$\dfrac{2(m_A - m_B)\alpha}{k}$

7　$\dfrac{(m_A + m_B)\alpha}{k}$

8　$\dfrac{2(m_A + m_B)\alpha}{k}$

㈹の解答群

0　$\dfrac{2\pi m_A \alpha}{m_A + m_B}\sqrt{\dfrac{m_A}{k}}$

1　$\dfrac{2\pi m_A \alpha}{m_A + m_B}\sqrt{\dfrac{m_A + m_B}{k}}$

2　$\dfrac{2\pi m_A \alpha}{m_A + m_B}\sqrt{\dfrac{m_A - m_B}{k}}$

3　$\dfrac{2\pi m_B \alpha}{m_A + m_B}\sqrt{\dfrac{m_A}{k}}$

4　$\dfrac{2\pi m_B \alpha}{m_A + m_B}\sqrt{\dfrac{m_A + m_B}{k}}$

5　$\dfrac{2\pi m_B \alpha}{m_A + m_B}\sqrt{\dfrac{m_A - m_B}{k}}$

6　$\dfrac{2\pi(m_A - m_B)\alpha}{m_A + m_B}\sqrt{\dfrac{m_A}{k}}$

7　$\dfrac{2\pi(m_A - m_B)\alpha}{m_A + m_B}\sqrt{\dfrac{m_A + m_B}{k}}$

8　$\dfrac{2\pi(m_A - m_B)\alpha}{m_A + m_B}\sqrt{\dfrac{m_A - m_B}{k}}$

㈸の解答群

0　$\dfrac{\pi m_A m_B \alpha}{(m_A + m_B)k}$

1　$\dfrac{m_A \alpha}{k}\left\{1 + \dfrac{\pi m_A}{m_A + m_B}\right\}$

2　$\dfrac{m_A \alpha}{k}\left\{1 + \dfrac{\pi m_B}{m_A + m_B}\right\}$

3　$\dfrac{2\pi m_A m_B \alpha}{(m_A + m_B)k}$

4　$\dfrac{2m_A \alpha}{k}\left\{1 + \dfrac{\pi m_A}{m_A + m_B}\right\}$

5　$\dfrac{2m_A \alpha}{k}\left\{1 + \dfrac{\pi m_B}{m_A + m_B}\right\}$

6　$\dfrac{2m_A \alpha}{k}\sqrt{1 + \left(\dfrac{\pi m_B}{m_A + m_B}\right)^2}$

7　$\dfrac{m_A \alpha}{k}\left\{1 + \sqrt{1 + \left(\dfrac{\pi m_B}{m_A + m_B}\right)^2}\right\}$

8　$\dfrac{2m_A \alpha}{k}\left\{1 + \sqrt{1 + \left(\dfrac{\pi m_B}{m_A + m_B}\right)^2}\right\}$

東京理科大-工〈B方式〉　　　　　　　　　　　　　　　　　　2023 年度　物理　*33*

2 次の問題の　(ク)　～　(タ)　の中にあてはまる適切な答を**解答群**の中から選び，その番号を**解答用マークシート**の指定された欄にマークしなさい。必要なら，同一番号を繰り返し用いてよい。　　　　　　　　　　　　　　（33 点）

　以下の問題では，回路には抵抗値 R〔Ω〕の抵抗素子が接続されており，それ以外の抵抗および自己インダクタンスは無視できるものとする。

(1)　**図 2−1** に示すように，一辺の長さが a〔m〕と b〔m〕の長方形回路 ABCD を水平に置く。回路は鉛直方向の一様な磁束密度 B〔T〕の磁場の中に置かれているが，この磁場は鉛直上向きを正として**図 2−2** に示すような周期 T〔s〕で 1 次関数的に変化している。磁束密度 B〔T〕の範囲は $0 \leqq B \leqq B_0$〔T〕である。

　このとき回路に流れる電流の大きさの時間変化として最も適当なグラフは　(ク)　であり，そのときの電流の流れる向きは　(ケ)　である。なお，時刻 $t = T$，$2T$，$3T$，…における電流は無視できるものとする。

　時刻 $t = \dfrac{T}{2}$〔s〕のときに回路に流れる電流の大きさは　(コ)　〔A〕であり，抵抗素子に生じる単位時間当たりの熱エネルギーは　(サ)　〔W〕である。

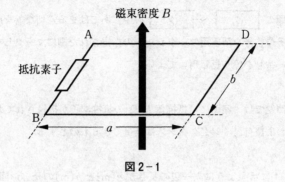

図 2 – 1

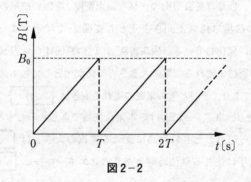

図 2 – 2

(ク)の解答群

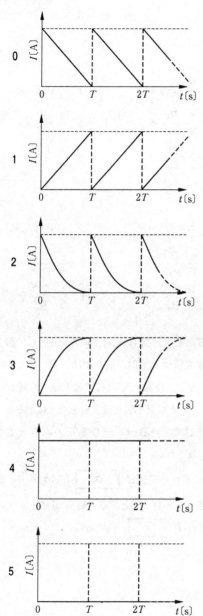

(ケ)の解答群

0　A → B → C → D

1　D → C → B → A

(コ)の解答群

0　$B_0 RTab$

1　$\dfrac{1}{2}B_0 RTab$

2　$\dfrac{1}{4}B_0 RTab$

3　$\dfrac{B_0}{RT}ab$

4　$\dfrac{1}{2}\dfrac{B_0}{RT}ab$

5　$\dfrac{1}{4}\dfrac{B_0}{RT}ab$

6　$\dfrac{RT}{B_0}ab$

7　$\dfrac{1}{2}\dfrac{RT}{B_0}ab$

8　$\dfrac{1}{4}\dfrac{RT}{B_0}ab$

(サ)の解答群

0　$B_0^2 T^2 a^2 b^2$

1　$\dfrac{1}{3}B_0^2 T^2 a^2 b^2$

2　$\dfrac{1}{5}B_0^2 T^2 a^2 b^2$

3　$\dfrac{B_0^2}{RT^2}a^2 b^2$

4　$\dfrac{1}{3}\dfrac{B_0^2}{RT^2}a^2 b^2$

5　$\dfrac{1}{5}\dfrac{B_0^2}{RT^2}a^2 b^2$

6　$\dfrac{RT^2}{B_0^2}a^2 b^2$

7　$\dfrac{1}{3}\dfrac{RT^2}{B_0^2}a^2 b^2$

8　$\dfrac{1}{5}\dfrac{RT^2}{B_0^2}a^2 b^2$

(2)　図2-1に示す回路において，磁束密度 B〔T〕は鉛直上向きを正として**図2-3**のように直線的に増減し，その最大値は B_0〔T〕，最小値は $-B_0$〔T〕である。時刻 $t = 0$ で最小値であったとすると，時刻 $t = T$〔s〕で最大値，時刻 $t = 2T$〔s〕で最小値，……のように時刻 T ごとに最小値と最大値を交互にとる。

　このとき，回路に流れる電流は，A → B → C → D を正の向きとして，

　 (シ) のグラフで最も適当に表される。

　時刻 $t = \dfrac{T}{2}$〔s〕のときに回路に流れる電流は　 (ス) 　〔A〕であり，また，電流が　 (シ) 　のグラフで表されるとおりだとすると時刻 $0 \leqq t \leqq T$ の間に抵抗素子で消費されるエネルギーは　 (セ) 　〔J〕である。

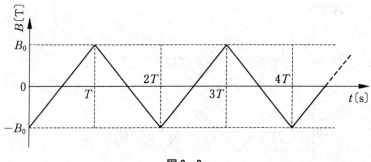

図 2 − 3

(シ)の解答群

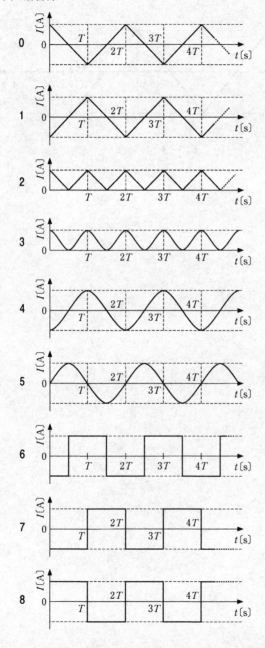

東京理科大-工〈B方式〉　　　　　　　　　　　　　2023 年度　物理　*39*

㈱の解答群

0　0　　　　　　1　$-\dfrac{2B_0}{RT}ab$　　　　2　$-\dfrac{2B_0^2}{RT}a^2b^2$

3　$-\dfrac{1}{2}\dfrac{RT}{B_0ab}$　　4　$-\dfrac{1}{2}\dfrac{RT}{B_0^2a^2b^2}$　　5　$\dfrac{1}{2}\dfrac{RT}{B_0ab}$

6　$\dfrac{1}{2}\dfrac{RT}{B_0^2a^2b^2}$　　7　$\dfrac{2B_0}{RT}ab$　　　　8　$\dfrac{2B_0^2}{RT}a^2b^2$

㈲の解答群

0　$\dfrac{B_0^2}{RT}ab$　　　1　$\dfrac{2B_0^2}{RT}ab$　　　2　$\dfrac{4B_0^2}{RT}ab$

3　$\dfrac{B_0^2}{RT}a^2b^2$　　4　$\dfrac{2B_0^2}{RT}a^2b^2$　　5　$\dfrac{4B_0^2}{RT}a^2b^2$

6　$\dfrac{B_0^2}{RT^2}a^2b^2$　　7　$\dfrac{2B_0^2}{RT^2}a^2b^2$　　8　$\dfrac{4B_0^2}{RT^2}a^2b^2$

⑶　**図2-4**のように導線上に太さの無視できるコの字形の導体 PQRS を置き導通させる。導体 PQRS は直線 PS を回転軸としてなめらかに，かつ QR が他の導線と接触せずに回転できるようになっている。なお，この回転軸はこの位置から動かないものとする。4 点 P，Q，R，S は長方形の頂点をなしており，$\overline{\mathrm{QR}} = l\,\mathrm{[m]}$，$\overline{\mathrm{PQ}} = h\,\mathrm{[m]}$である。この回路を一様で時間変化しない磁束密度 $B\,\mathrm{[T]}$の磁場の中に置く。この磁場は鉛直上向きで，直線 PS と QR は常にこの磁場に対して垂直を保っているものとする。

　　導体 PQRS を $\omega\,\mathrm{[rad/s]}$の一定の角速度で回転させたとき，導体に流れる電流の最大値は　㊙　〔A〕であり，導体 PQRS が 1 回転する間に抵抗素子で消費されるエネルギーは　㊗　〔J〕である。

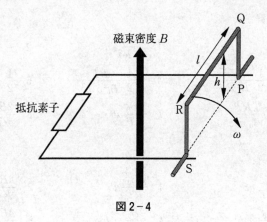

図 2-4

(ソ)の解答群

0 $\omega RBhl$ 　　 1 $\pi\omega RBhl$ 　　 2 $\pi\omega RB^2h^2l^2$

3 $\dfrac{\omega Bhl}{R}$ 　　 4 $\dfrac{\pi\omega Bhl}{R}$ 　　 5 $\dfrac{\pi\omega B^2h^2l^2}{R}$

6 $\dfrac{R}{\omega Bhl}$ 　　 7 $\dfrac{R}{\pi\omega Bhl}$ 　　 8 $\dfrac{R}{\pi\omega B^2h^2l^2}$

(タ)の解答群

0 $\pi\omega RB^2h^2l^2$ 　　 1 $\sqrt{2}\,\pi\omega RB^2h^2l^2$ 　　 2 $2\pi\omega RB^2h^2l^2$

3 $\dfrac{R}{\pi\omega B^2h^2l^2}$ 　　 4 $\dfrac{\sqrt{2}\,R}{2\pi\omega B^2h^2l^2}$ 　　 5 $\dfrac{2R}{\pi\omega B^2h^2l^2}$

6 $\dfrac{\pi\omega B^2h^2l^2}{R}$ 　　 7 $\dfrac{\sqrt{2}\,\pi\omega B^2h^2l^2}{R}$ 　　 8 $\dfrac{2\pi\omega B^2h^2l^2}{R}$

3 次の文中の (チ) ~ (ヌ) にあてはまる数値を，以下に述べる注意にしたがって**解答用マークシート**の指定された欄にマークしなさい。解答は有効数字が2桁となるようにし，必要であれば3桁目を四捨五入し，下に示す形式で a, b, p, c をマークしなさい。

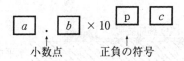

ただし，$c = 0$ のときには，符号 p に + を，c に 0 をマークしなさい。なお，途中計算は分数で行い，最後に小数に直しなさい。　　　　（33点）

図3-1に示すように，圧力 $P_0 = 1.00 \times 10^5$ Pa，温度 $T_0 = 20.0$℃ の大気中に，円筒形シリンダーが水平な台の上に鉛直に立てられている。このシリンダー上部の開口部に，質量 17.0 kg，面積 0.150 m^2 の，スクリーンを兼ねた平らなピストンがある。このピストンは，水平で，かつ密閉された状態を保ちながらなめらかに鉛直方向に動くことができる。このシリンダー内には，8.00 mol の単原子分子理想気体が入っている。

シリンダーとピストンは断熱材で作られており，シリンダー内に設置された体積と質量が無視できる温度調節装置による加熱と冷却により，シリンダー内の温度を変化させることができる。

重力加速度の大きさは 9.80 m/s^2，摂氏 0℃ は 273 K，気体定数は 8.31 J/(mol·K) とする。

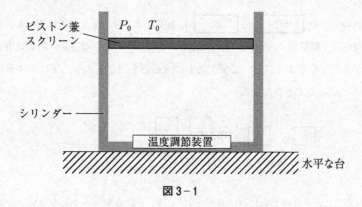

図 3-1

　はじめに，シリンダー内の圧力と温度がシリンダー外と同じになる位置で，体積が無視できるストッパーを使ってピストンを固定する。このときのシリンダー内の底面からピストン下面までの高さは (チ) m である。

　続いて，ストッパーを外すとピストンは一旦下降する。そこで，温度調節をしてシリンダー内の気体の温度を (ツ) K にすることで，ピストンを元の高さに戻した。

　次に，シリンダー内の底面からピストン下面までの高さを (チ) m に保った状態で，図 3-2 に示すように，シリンダー上部に，十分に広く厚さが無視できる板で作られた，スリット S_1 とスリット S_2 がごく近接した，細い複スリットを水平に固定する。さらにその上方に，細い単スリット S_0 を水平に設置する。さらにその単スリットの上方には波長 540 nm の単色光の光源を設置する。複スリットからスクリーンを兼ねているピストンの上面までの距離 l は 1.00 m，S_1 と S_2 の距離 d は 200 μm，$S_0 S_1$ 間の距離と $S_0 S_2$ 間の距離は等しい。光源と S_0，および $S_1 S_2$ 間の中点を通る直線がスクリーンに垂直に交わる点を原点 O とし，スクリーン上で原点 O からの距離が x [m] となる点を点 P とする。距離 l は，距離 x や距離 d と比べて十分に長いものとする。空気の屈折率は 1.00 とする。また，スリットが存在する板，シリンダー壁面，スクリーン表面での光の反射はないものとする。

　このとき，距離 $S_1 P$ と距離 $S_2 P$ の光路差は，x の (テ) 倍であり，スクリーン上に現れる干渉縞の明線の間隔は (ト) m である。

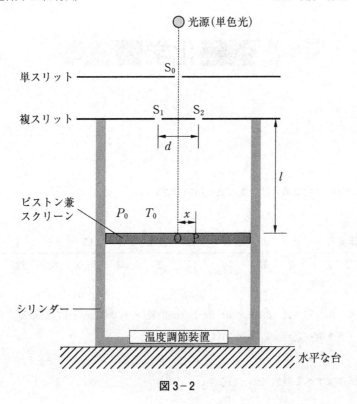

図 3-2

 次に，複スリットとピストンとの間を，屈折率 1.33，密度 $1.00\ \mathrm{g/cm^3}$ の媒質で埋めた状態で，シリンダー内の温度を調節しピストンが上下動できるようにする。なお，ピストンの上下動があっても複スリットとピストンとの間だけが常にこの媒質で満たされており，ピストンの上下動に伴う媒質の密度の変化はないものとする。また，複スリットより上方には媒質は漏れ出ないものとする。

 ここで，シリンダー内の温度を調節し，複スリットからピストンの上面までの距離 l を $1.00\ \mathrm{m}$ に保った。このときの干渉縞の明線の間隔は　(ケ)　m となる。

 続いて，この干渉縞の明線の間隔が　(ト)　m となるようにシリンダー内の温度を調節した。このとき，距離 l の増加分は　(ニ)　m であり，シリンダー内の気体の温度は　(ヌ)　K である。

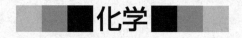

(80 分)

〔注　意〕

(1) 計算に必要な場合は，次の値を用いなさい。

元素記号	H	C	N	O	Na	S	Cl	Br	I	Pb
原子量	1.0	12	14	16	23	32	35.5	80	127	207

気体定数　$8.31 \times 10^3 \, \text{Pa·L/(mol·K)} = 0.0821 \, \text{atm·L/(mol·K)}$
ファラデー定数　$9.65 \times 10^4 \, \text{C/mol}$

(2) 気体はすべて理想気体としなさい。

(3) 問題によって答え方が違います。問題を十分に注意して読みなさい。

東京理科大-工〈B方式〉   2023 年度　化学　*45*

1　次の問(1)〜(5)に答えなさい。   (22 点)

(1)　以下の元素の原子の中で最外殻電子数が1個であるものを一つ選び，その番号を**解答用マークシート**にマークしなさい。

　　1　Ca　　　2　Sc　　　3　Ti　　　4　V　　　5　Cr　　　6　Mn

　　7　Fe　　　8　Co　　　9　Ni

(2)　二次電池を以下から一つ選び，その番号を**解答用マークシート**にマークしなさい。あてはまるものがない場合は0をマークし，あてはまるものが複数ある場合は7をマークしなさい。

　　1　マンガン乾電池　　　　　　　　2　酸化銀電池

　　3　ニッケル水素電池　　　　　　　4　アルカリマンガン乾電池

　　5　空気電池　　　　　　　　　　　6　リチウム電池

(3)　水 100 g に 7.20 g のグルコース $C_6H_{12}O_6$ を溶かした水溶液および水の冷却曲線を下図に示した。水の凝固点は 0 ℃ であるが，グルコース水溶液の凝固点降下度 ΔT 〔K〕は　　**ア**　　〔K〕である。冷却時間 12 分でグルコース水溶液に氷だけが X〔g〕析出した。このときの水溶液の温度は -1.11 ℃，グルコース水溶液のモル濃度は　　**イ**　　〔mol/L〕であった。

　　水のモル凝固点降下を 1.85 K·kg/mol，グルコース水溶液は希薄溶液として取り扱うことができるとして，次の問①〜③に答えなさい。

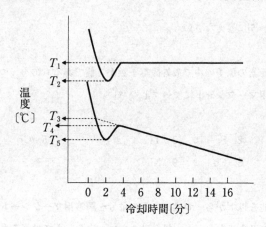

① ア にあてはまる最も適切な式をⅠ欄から選び，その番号を**解答用マークシートにマークしなさい。あてはまるものがない場合は 0 をマークし**なさい。

〔Ⅰ欄〕

1 $T_1 - T_3$ 2 $T_1 - T_4$ 3 $T_1 - T_5$
4 $T_2 - T_3$ 5 $T_2 - T_4$ 6 $T_2 - T_5$

② イ にあてはまる最も適切な式をⅡ欄から選び，その番号を**解答用マークシートにマークしなさい。あてはまるものがない場合は 0 をマークし**なさい。ただし，冷却時間 12 分で凝固していないグルコース水溶液の密度を d 〔g/cm³〕とする。

〔Ⅱ欄〕

1 $\dfrac{100 + 7.20}{d} \times \dfrac{7.20}{180}$ 2 $\dfrac{d}{100 + 7.20} \times \dfrac{7.20}{180}$

3 $\dfrac{1000d}{(100 - X)} \times \dfrac{7.20}{180}$ 4 $\dfrac{1000d}{(100 - X)} \times \dfrac{180}{7.20}$

5 $\dfrac{d}{(100 - X)} \times \dfrac{7.20}{180}$ 6 $\dfrac{1000d}{100 + 7.20} \times \dfrac{7.20}{180}$

東京理科大-工〈B方式〉　　　　　　　　　　　　　　　　　　2023 年度　化学　47

$$
7 \quad \frac{100 + 7.20}{1000d} \times \frac{7.20}{180} \qquad\qquad 8 \quad \frac{(100 - X) + 7.20}{1000d} \times \frac{180}{7.20}
$$

$$
9 \quad \frac{1000d}{(100 - X) + 7.20} \times \frac{7.20}{180} \qquad 10 \quad \frac{d}{(100 - X) + 7.20} \times \frac{7.20}{180}
$$

③　冷却時間 12 分でグルコース水溶液から析出した氷の質量 X〔g〕を求めなさい。X〔g〕にあてはまる最も近い値を **Ⅲ欄**から選び，その番号を **解答用マークシート**にマークしなさい。あてはまるものが 2 つある場合は **0** をマークしなさい。ただし，凝固点が $-1.11\,℃$ のグルコース水溶液のモル濃度と　イ　〔mol/L〕は同じとする。

〔Ⅲ欄〕

    1　5   **2**　15   **3**　25   **4**　35   **5**　45

    6　55   **7**　65   **8**　75   **9**　85

(4)　糖類に関する次の文章を読み，以下の問①～④に答えなさい。

　　グルコースを水に溶かすと，α-グルコースと β-グルコースの 2 種類の環状構造，および　ア　構造の合計 3 種類の異性体が平衡状態となる。この　ア　構造が　イ　基をもつため，グルコースの水溶液をフェーリング液に加えて緩やかに加熱すると，酸化銅（Ⅰ）の　ウ　色沈殿を生じる。

　　スクロースは，グルコースとフルクトースが脱水縮合したものである。スクロース中のグルコースとフルクトースに基づく 2 個の環状構造の部分は，どちらも　ア　構造に変化できないことから，スクロースの水溶液は　エ　性を示さない。スクロースに希硫酸や酵素のインベルターゼまたはスクラーゼを作用させたときの反応を　オ　という。

　　いま，スクロースとマルトースを溶解した**水溶液 A** がある。**水溶液 A** に含まれるスクロースとマルトースの濃度比を求めるため，以下の実験を行った。

〔**実験 1**〕　a〔mL〕の**水溶液 A** をじゅうぶんな量のフェーリング液に加えて加熱すると，酸化銅（Ⅰ）が b〔mol〕生じた。

〔**実験 2**〕　a〔mL〕の**水溶液 A** に希硫酸を加えて加熱したものをじゅうぶんな

量のフェーリング液に加えて加熱すると，酸化銅(I)が c〔mol〕生じた。

　したがって，**水溶液 A** 中に溶解しているマルトースのモル濃度は，スクロースのモル濃度の　**カ**　倍であることがわかる。

① 　**ア**　，　**イ**　にあてはまる最も適切な語句を**IV欄**から選び，その番号を**解答用マークシート**にマークしなさい。

〔IV欄〕

　1　鎖状　　　　　　　2　らせん状　　　　　3　枝分かれ状

　4　カルボキシ　　　　5　アルデヒド(ホルミル)

　6　ヒドロキシ　　　　7　メトキシ

② 　**ウ**　～　**オ**　にあてはまる最も適切な語句を**V欄**から選び，その番号を**解答用マークシート**にマークしなさい。

〔V欄〕

　1　黒　　　　　　2　赤　　　　　　3　青　　　　　　4　酸化

　5　還元　　　　　6　糖化　　　　　7　転化　　　　　8　失活

③ 　**カ**　にあてはまる式として適切なものを**VI欄**から選び，その番号を**解答用マークシート**にマークしなさい。あてはまるものがない場合は0をマークしなさい。ただし，いずれの実験でも反応は完全に進行したものとする。

〔VI欄〕

　1　$\dfrac{b}{c-b}$　　　　2　$\dfrac{b}{c-2b}$　　　　3　$\dfrac{2b}{c-2b}$　　　　4　$\dfrac{2c}{c-b}$

　5　$\dfrac{c-b}{b}$　　　　6　$\dfrac{c-2b}{b}$　　　　7　$\dfrac{c-2b}{2b}$　　　　8　$\dfrac{c-b}{2c}$

東京理科大-工〈B方式〉　　　　　　　　　　　　　　2023 年度　化学　49

④　糖類に関する以下の記述の中から正しいものをすべて選び，その番号をすべて足した合計の数を**解答用マークシート**にマークしなさい。合計の数が 1 ケタとなる場合は，十の位に 0 をマークしなさい。正しいものがない場合は，十の位，一の位とも 0 をマークしなさい。

　　1　トレハロースを加水分解すると，グルコースとガラクトースが生じる。
　　2　アミロースは，多数の α-グルコースが 1 位と 4 位のヒドロキシ基で脱水縮合し，鎖状に連結した分子構造をもつ。
　　4　1 mol のグルコースに酵母菌を作用させると，2 mol のメタノールと 2 mol の二酸化炭素が生じる。
　　8　ラクトースをアンモニア性硝酸銀水溶液に加えて加熱すると，銀が析出する。
　16　ジアセチルセルロースのアセトン溶液を細孔から空気中に押し出すと，ビスコースレーヨンが得られる。
　32　セルロースをシュバイツァー（シュワイツァー）試薬に溶解させた溶液を細孔から希硫酸中に押し出すと，銅アンモニアレーヨンが得られる。

(5)　以下の記述の中から正しいものをすべて選び，その番号をすべて足した合計の数を**解答用マークシート**にマークしなさい。合計の数が 1 ケタとなる場合は，十の位に 0 をマークしなさい。正しいものがない場合は，十の位，一の位とも 0 をマークしなさい。

　1　ゴムノキの樹皮に傷をつけて得られる白い乳液に酸を加えて凝固させると，ポリイソプレンが架橋構造を形成し，弾力の高いゴムが得られる。
　2　天然ゴムの弾性は，ポリイソプレンの C=C 結合の部分がシス形であることに由来する。
　4　ナイロン 6 は，ε-カプロラクタムの開環重合によって得られ，多数のアミド結合をもつ。
　8　スルホ基をもつ陽イオン交換樹脂をカラムに詰め，上から塩化カルシウム水溶液を注いで通過させると，カラムの下から硫酸が得られる。

16 一度加熱することにより成形したフェノール樹脂を再度加熱すると，再び柔軟になり新たな形状に加工できる。

32 尿素とホルムアルデヒドを付加縮合することで尿素樹脂が得られる。

$\boxed{2}$ 　次の文章を読み，問(1)～(4)に答えなさい。　　　　　　　　　　　(16点)

容積 V〔L〕の容器 **A** と滑らかに動くピストンで容積が変えられる**容器 B** が連結された**図1**のような密閉容器がある。コックを閉じた状態で，**容器 A** には n〔mol〕の窒素と5.4gの水を入れ，**容器 B** には n〔mol〕の窒素を入れた。**操作①，②，③**の順で実験を行った。ただし，すべての気体は理想気体とし，連結部と液体の水の体積およびピストンの重さは無視できるとする。

操作① 　コックを閉じた状態で**容器 A** を加熱しながら温度と圧力との関係を調べたところ，**図2**のようになった。315Kのとき，**容器 A** の全圧は P_0〔Pa〕，窒素の分圧は P_A〔Pa〕であった。350Kで液体として残っていた水がすべて気体となり，**容器 A** の圧力は P_1〔Pa〕，水の蒸気圧は　$\boxed{\quad ア \quad}$　〔Pa〕となった。

操作② 　**容器 A** の温度を下げて容器全体の温度を315Kとしたのち，**容器 B** の容積を V〔L〕に固定して**コックを開けた**。平衡状態に達したとき，水の蒸気圧は X〔Pa〕となり，液体の水が3.6g残った。次に容器全体を徐々に加熱したところ，330Kで液体の水はすべて気体となった。さらに350Kまで加熱したところ，容器全体の圧力は P_2〔Pa〕となった。**操作①**の圧力 P_1〔Pa〕と P_2〔Pa〕との圧力差 ΔP は，気体定数 R〔Pa・L/(mol・K)〕と容積 V〔L〕を用いると $\Delta P = P_1 - P_2 = \boxed{\quad イ \quad} \times 350 \times \dfrac{R}{V}$〔Pa〕となる。

操作③ 　コックを開けた状態で温度を再び315Kまで下げ，**容器 B** 側のピストンの固定具をはずした。温度を315Kとして，容器全体の圧力が**操作①**の窒素の分圧 P_A〔Pa〕となるようにピストンを動かして平衡状態としたところ，液体の水はまだ残っていて容器全体の容積は $2.5 \times V$〔L〕となった。このときの窒素

の分圧は　ウ　$\times P_A$ 〔Pa〕，水の蒸気圧は，気体定数 R〔Pa·L/(mol·K)〕と容積 V〔L〕を用いると　エ　$\times 315 \times \dfrac{R}{V}$〔Pa〕となる。

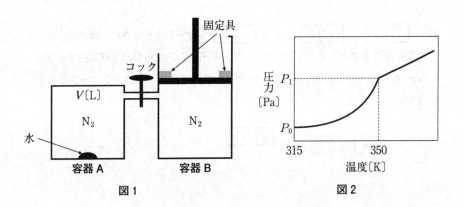

図1　　　　図2

(1)　ア　〔Pa〕を P_1〔Pa〕と P_A〔Pa〕とを用いて表しなさい。最も適切な式をI欄から選び，その番号を**解答用マークシートにマークしなさい**。あてはまるものがない場合は **0** をマークしなさい。

〔I 欄〕

1　$P_1 - P_A$　　　　2　$P_A - P_1$　　　　3　$P_1 - \dfrac{315}{350} \times P_A$

4　$P_1 - \dfrac{350}{315} \times P_A$　　5　$\dfrac{315}{350} \times P_1 - P_A$　　6　$\dfrac{350}{315} \times P_1 - P_A$

7　$\dfrac{315}{350} \times (P_1 - P_A)$　　8　$\dfrac{350}{315} \times (P_1 - P_A)$

(2)　ア　〔Pa〕は，操作②の 315 K における水の蒸気圧 X〔Pa〕の何倍か。解答は，有効数字が2ケタとなるように3ケタ目を四捨五入し，次の形式で**解答用マークシートにマークしなさい**。指数 c がゼロの場合は，符号 p は ＋ をマークしなさい。

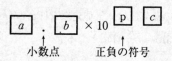

(3) ┃ イ ┃, ┃ ウ ┃ および ┃ エ ┃ の数値を求めなさい。解答は，有効数字が2ケタとなるように3ケタ目を四捨五入し，次の形式で**解答用マークシート**にマークしなさい。指数 c がゼロの場合は，符号 p は＋をマークしなさい。

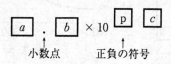

(4) 容器全体の窒素の物質量は何 mol か。解答は，有効数字が2ケタとなるように3ケタ目を四捨五入し，次の形式で**解答用マークシート**にマークしなさい。指数 c がゼロの場合は，符号 p は＋をマークしなさい。

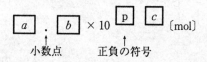

東京理科大-工〈B方式〉 2023 年度 化学 53

3 次の文章を読み，問(1)〜(5)に答えなさい。 (13 点)

過マンガン酸カリウムは $\boxed{\text{ア}}$ 色の針状結晶であり，水に溶けると $\boxed{\text{イ}}$ 色の MnO_4^- を生じる。過マンガン酸カリウムは，硫酸酸性にした水溶液中で強い $\boxed{\text{ウ}}$ としてはたらくと，次のような電子を含むイオン反応式により Mn^{2+} となる。

$$MnO_4^- + \boxed{\text{カ}}\, H^+ + \boxed{\text{キ}}\, e^- \rightarrow Mn^{2+} + \boxed{\text{ク}}\, H_2O$$

一方，過酸化水素は，相手から電子を受け取る $\boxed{\text{エ}}$ としても，電子を放出する $\boxed{\text{オ}}$ としてもはたらく。過酸化水素が $\boxed{\text{エ}}$ としてはたらく場合，酸素原子の酸化数は $\boxed{①}$ から $\boxed{②}$ に変化する。一方，過酸化水素が $\boxed{\text{オ}}$ としてはたらく場合は，酸素原子の酸化数は $\boxed{①}$ から $\boxed{③}$ に変化する。過酸化水素水を硫酸酸性の過マンガン酸カリウム水溶液と反応させたとき，過酸化水素は $\boxed{\text{オ}}$ としてはたらき，そのイオン反応式は次のように記述することができる。

$$2MnO_4^- + \boxed{\text{ケ}}\, H^+ + \boxed{\text{コ}}\, H_2O_2 \rightarrow 2Mn^{2+} + \boxed{\text{サ}}\, H_2O + \boxed{\text{シ}}\, O_2$$

いま，濃度が未知の過酸化水素水 x〔mL〕をホールピペットで正確に量り取 (A)
り，メスフラスコに入れ，水を加えて 10 倍に希釈した。ホールピペットを用いて，この溶液 y〔mL〕をコニカルビーカーに量り取り，適量の硫酸を加えた。この溶液に対して濃度 c〔mol/L〕の過マンガン酸カリウム水溶液を少量ずつ滴下し，よく振り混ぜながら色の変化を確認したところ，z〔mL〕を滴下したところで終点に達した。

(1) $\boxed{\text{ア}}$ 〜 $\boxed{\text{オ}}$ にあてはまる最も適切な語句を I 欄から選び，その番号を**解答用マークシート**にマークしなさい。ただし，同じ番号を何回選んでもよい。

〔I欄〕

0 濃青	1 淡桃	2 赤紫	3 黄
4 暗緑	5 橙赤	6 黒紫	7 還元剤
8 酸化剤	9 塩基	10 酸	

(2) ① ～ ③ にあてはまる酸化数を，次の形式で**解答用マークシート**にマークしなさい。酸化数がゼロの場合は，符号 p は＋をマークしなさい。

正負の符号

(3) カ ～ シ にあてはまる数値を，次の形式で**解答用マークシート**にマークしなさい。解答が1ケタとなる場合は，a に0をマークしなさい。

　　a　b
　十の位 一の位

(4) 以下のⅡ欄の中から，過マンガン酸カリウム水溶液と過酸化水素水を用いた酸化還元滴定に関する記述として正しいものをすべて選び，その番号をすべて足した合計の数を**解答用マークシート**にマークしなさい。合計の数が1ケタとなる場合は，十の位に0をマークしなさい。正しいものがない場合は，十の位，一の位とも0をマークしなさい。

〔Ⅱ欄〕

1　滴下した過マンガン酸カリウム水溶液が無色になった点を滴定の終点とする。

2　過マンガン酸カリウム水溶液の滴定では，酸化剤自体の色が変化するため，指示薬を加える必要はない。

東京理科大-工〈B方式〉   2023 年度 化学 *55*

4 過マンガン酸イオンの反応には H^+ が必要であるため，硝酸や塩酸など
  の強酸を適量加える。

8 コニカルビーカーは水分が付着したまま使用してよい。

16 ビュレットは乾燥機では乾かさず，滴下する過マンガン酸カリウム水溶
  液で共洗いしてから使用する。

32 メスフラスコとホールピペットはどちらも溶液の体積を計測する器具で
  あり，余分な水分が残らないよう乾燥機でよく乾燥させてから使用する。

(5) 下線部(A)について，過酸化水素水の濃度〔mol/L〕として最も適切な式をⅢ欄
  から選び，その番号を**解答用マークシート**にマークしなさい。

〔Ⅲ欄〕

1 $\dfrac{4cz}{y}$ 2 $\dfrac{25cz}{y}$

3 $\dfrac{4cxz}{y}$ 4 $\dfrac{25cxz}{y}$

5 $\dfrac{15cz}{y}$ 6 $\dfrac{35cz}{y}$

56 2023 年度　化学　　　　　　　　　　　　　　東京理科大-工〈B方式〉

4 次の文章を読み，問(1)〜(6)に答えなさい。　　　　　　　　(16点)

　金属元素 **X** は，洋銀の主成分元素であり，ジュラルミンの成分元素である。また，金属元素 **X** の単体と H^+ との間では，酸化還元反応が起こらない。NaOH 水溶液を加えて塩基性としたあるタンパク質の水溶液に金属元素 **X** のイオンと陰イオン **Y** から構成される正塩 **A** の水溶液を滴下していくと，水溶液は赤紫色になった。陰イオン **Y** は，ミョウバンを構成するイオンであり，Pb^{2+} と反応して沈殿を生成させる。

　金属元素 **X** のイオンと陰イオン **Z** から構成される正塩 **B** のモル質量〔g/mol〕は，正塩 **B** の ① 水和物の 0.788 倍であった。陰イオン **Z** は，海水中に豊富に存在しており，Pb^{2+} と反応して沈殿を生成させる。また，アンモニアソーダ法(ソルベー法)を用いて Na_2CO_3 を生成するための原料として，Na^+ と陰イオン **Z** から構成される正塩が用いられる。

　質量が w〔g〕の正塩 **B** の ① 水和物を純粋な水で完全に溶かした。この水溶液に NaOH 水溶液を加え，水溶液中のすべての金属元素 **X** を金属元素 **X** を含む化合物 **C** の沈殿とし，ろ過をおこない，すべての化合物 **C** を回収した。回収した化合物 **C** を加熱し，すべての化合物 **C** を金属元素 **X** を含む化合物 **D** とした。得られた化合物 **D** の質量は，$0.466 \times w$〔g〕であった。ここで，正塩 **B**，化合物 **D** のモル質量をそれぞれ M〔g/mol〕，N〔g/mol〕とすると，以下の関係式が成立する。

$$\frac{M}{N} = \boxed{　ア　}$$

　金属元素 **X** の単体を空気中で加熱する方法でも化合物 **D** を得ることができるが，1000 ℃ 以上で加熱すると，化合物 **D** ではなく化合物 **E** が生成する。なお，正塩 **A**，正塩 **B**，化合物 **C**，化合物 **D** における金属元素 **X** の原子の酸化数は，同じであった。

(1)　 ア 　にあてはまる数値を求めなさい。解答は，有効数字 3 ケタとなるように 4 ケタ目を四捨五入し，次の形式で解答用マークシートにマークしなさ

い。指数 d がゼロとなる場合は，符号 p に＋をマークしなさい。

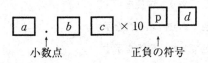

(2) 金属元素 X の原子量を求めなさい。解答は，小数第一位を四捨五入し，一の位まで求め，次の形式で**解答用マークシートにマークしなさい**。解答が 2 ケタの整数となる場合には，a に 0 をマークしなさい。解答が 1 ケタの整数となる場合には，a および b に 0 をマークしなさい。

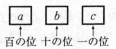

(3) 金属元素 X に関する説明として正しいものを以下から一つ選び，その番号を**解答用マークシートにマークしなさい**。正しいものがない場合は，0 をマークしなさい。また，正しいものが複数ある場合は，6 をマークしなさい。

　1　金属元素 X の単体は，すべての金属の中で熱および電気の伝導性が最大である。
　2　金属元素 X の硫化物は，淡桃色である。
　3　金属元素 X の単体と濃硝酸を反応させると，NO_2 が生成する。
　4　金属元素 X の単体は，熱水に溶ける。
　5　金属元素 X の水酸化物は，赤褐色である。

(4) **正塩 A** の水溶液の性質として最も適切なものを以下から一つ選び，その番号を**解答用マークシートにマークしなさい**。あてはまる番号がない場合は，0 をマークしなさい。なお，純粋な水に溶かす**正塩 A** の質量が小さすぎる場合については，考えなくてよい。

58 2023 年度　化学　　　　　　　　　　　　　　　　東京理科大-工〈B方式〉

1　**正塩 A** の水溶液は無色であり，酸性を示す。

2　**正塩 A** の水溶液は無色であり，中性を示す。

3　**正塩 A** の水溶液は無色であり，塩基性を示す。

4　**正塩 A** の水溶液は青色であり，酸性を示す。

5　**正塩 A** の水溶液は青色であり，中性を示す。

6　**正塩 A** の水溶液は青色であり，塩基性を示す。

7　**正塩 A** の水溶液は淡緑色であり，酸性を示す。

8　**正塩 A** の水溶液は淡緑色であり，中性を示す。

9　**正塩 A** の水溶液は淡緑色であり，塩基性を示す。

(5)　　①　　にあてはまる正の整数を以下から一つ選び，その番号を**解答用マークシート**にマークしなさい。あてはまる番号がない場合は，0 をマークしなさい。

1　1	2　2	3　4	4　5	5　7
6　9	7　10	8　11	9　12	

(6)　化合物 **D** の色として最も適切なものを以下から一つ選び，その番号を**解答用マークシート**にマークしなさい。あてはまる番号がない場合は，0 をマークしなさい。

1　黄色	2　青白色	3　淡緑色	4　赤色
5　白色	6　黒色		

東京理科大-工〈B方式〉 2023 年度 化学 *59*

5 次の文章を読み，問(1)～(8)に答えなさい。 (14 点)

分子からなる物質では，構成分子の分子間力が沸点，融点に深く関係している。

分子からなる液体の物質が蒸発して気体になるためには，分子は隣接する分子との間の分子間力に打ち勝って，液体から外部に飛び出すだけの熱エネルギーをもたなければならない。したがって，分子間力が大きいほどその液体は蒸発しにくく，沸点が高くなる。

分子結晶が融解して液体になるためには，分子は規則正しい配列を崩して自由に動けるようになるだけの熱エネルギーをもたなければならない。分子の配列は分子が分子間力によって引き合ってできているため，分子間力が大きいほど分子の配列が崩れにくく，融点が高くなる。

分子間力には， A や B など，いくつかの種類があり，関連する以下の効果が沸点，融点に影響を与える。

① 分子量の効果

一般に，性質や構造が似た分子では分子量が大きくなるほど沸点，融点は ア なる。これは，分子量が大きくなるほど電子を多くもち，分子の大きさ(体積)も大きくなるため，瞬間的な電荷の分布の偏りが大きくなり，A が イ からである。

② 分子の形の効果

表面積が大きく，分子間で接触しやすい分子は， A がはたらきやすく，沸点が高くなる。例えば， C であるブタンと 2-メチルプロパンを比べると(図 1)， ウ の方が表面積が大きく，沸点が高い。

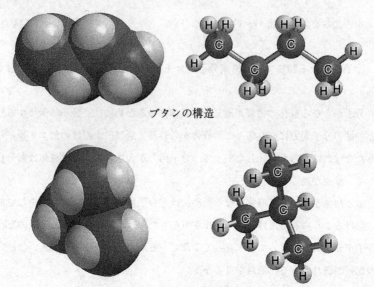

ブタンの構造

2-メチルプロパンの構造

図1

融点は,分子の表面積だけでなく,形状(対称性)にも影響される。球状に近く,対称性が高い構造の分子は密に配列しやすく,分子の配列が密なほど崩れにくい結晶となるため,融点が高くなる。例えば, C であるペンタンとイソペンタン$(CH_3)_2CHCH_2CH_3$とネオペンタン$C(CH_3)_4$を比べると, エ が最も密に配列しやすく,融点が高い。

③ D の効果

異なる2原子間に形成される共有結合では,2原子間の E の差によって共有電子対が一方の原子に引き寄せられ,電荷が偏っている。このように,結合に電荷の偏りがあることを「結合に D がある」という。結合の D には方向があり,分子内に同じ大きさで逆向きの別の結合の D がある場合は打ち消し合うが,打ち消されない場合は,分子全体で D をもつ。分子全体で D をもつ分子では, オ ため,沸点,融点は カ なる。

東京理科大-工〈B方式〉　　　　　　　　　　　　　2023 年度　化学　*61*

④　　B　　の効果

　F，N，O の原子と水素原子の結合は，結合する原子間の　　E　　の差か
ら水素原子が正に帯電し，F，N，O の原子が負に帯電しており，隣り合う分
子間でそれらが静電的に引き合う。この分子間の結合を　　B　　という。
　　B　　は　　F　　よりも強く，　　B　　を形成する分子は　　キ　
ため沸点，融点が　　ク　　なる。

　また，　　B　　の形成にも分子の形が影響する。　　B　　を形成する結
合の周辺が混みあっているほど，　　B　　が形成しにくく，沸点，融点が
　　ケ　　なる。例えば，　　C　　である 1-ブタノール，2-ブタノール，
2-メチル-2-プロパノールの中で，　　コ　　が最も　　B　　を形成しにく
く，沸点が　　ケ　　なる。

(1)　　A　　～　　F　　にあてはまる最も適切な語句を I 欄から選び，その
番号を**解答用マークシート**にマークしなさい。ただし，同じ番号を何回選んで
もよい。

〔I 欄〕

01　ファンデルワールス力		02　水素結合
03　イオン結合		04　共有結合
05　電気陰性度		06　結合エネルギー
07　極性		08　自由電子
09　非共有電子対		10　酸性
11　塩基性		12　密度
13　同位体		14　同素体
15　構造異性体		16　鏡像異性体

(2)　　ア　，　　イ　　にあてはまる最も適切な語句を II 欄から選び，その
番号を**解答用マークシート**にマークしなさい。

62 2023 年度 化学　　　　　　　　　　　　　　　　　　　東京理科大-工〈B方式〉

〔Ⅱ欄〕

1　高く　　　　　　　　2　低く

3　強くはたらく　　　　4　打ち消される

(3)　｜　ウ　｜にあてはまる適切な化合物を以下から選び，その番号を**解答用マークシート**にマークしなさい。

1　ブタン　　　　　　　2　2-メチルプロパン

(4)　｜　エ　｜にあてはまる適切な化合物を以下から選び，その番号を**解答用マークシート**にマークしなさい。

1　ペンタン　　　　　2　イソペンタン　　　　3　ネオペンタン

(5)　｜　オ　｜，｜　カ　｜にあてはまる最も適切な語句をⅢ欄から選び，その番号を**解答用マークシート**にマークしなさい。

〔Ⅲ欄〕

1　分子間に静電気的な引力がはたらく

2　分子間に静電気的な反発力がはたらく

3　高く

4　低く

(6)　｜　キ　｜，｜　ク　｜にあてはまる最も適切な語句をⅣ欄から選び，その番号を**解答用マークシート**にマークしなさい。

〔Ⅳ欄〕

1　分子間力が強くなる

2　分子間力が弱くなる

3　高く

東京理科大-工〈B方式〉   2023 年度 化学 *63*

    4 低く

(7)   ケ   ,   コ   にあてはまる最も適切な語句を**Ⅴ欄**から選び，その
番号を**解答用マークシート**にマークしなさい。

〔**Ⅴ欄**〕

    1 高く   2 低く

    3 1-ブタノール   4 2-ブタノール

    5 2-メチル-2-プロパノール

(8) 以下の記述から正しいものをすべて選び，その番号をすべて足した合計の数
を**解答用マークシート**にマークしなさい。合計が１ケタとなる場合は，十の位
に０をマークしなさい。正しいものがない場合は，十の位，一の位とも０を
マークしなさい。なお，ステアリン酸は炭素を 18 個含む飽和脂肪酸であり，
オレイン酸は炭素を 18 個含み，C=C 結合を１個含む不飽和脂肪酸である。

    1 鏡像異性体どうしは沸点が異なる。

    2 マレイン酸は分子間と分子内で水素結合を形成する。

    4 ステアリン酸の融点はオレイン酸の融点よりも高い。

    8 スクロースは水と水素結合を形成して水に溶解する。

  16 ヨウ素 I_2 は水和されて水にはよく溶けるが，ヘキサンには溶けにくい。

64 2023 年度 化学　　　　　　　　　　　　　　　　　　東京理科大-工〈B方式〉

6 有機化合物 **A** ～ **I** に関する以下の①～⑫の記述を読み，問(1)～(8)に答えなさ
い。　　　　　　　　　　　　　　　　　　　　　　　　　　　　　　（19 点）

① **化合物 A** はナトリウムと反応させると水素を発生する。

② 12.0 g の **化合物 A** の気体の体積は，384 K，1.00×10^5 Pa において
8.31 L である。

③ ┃反応条件(あ)┃ で **化合物 A** と濃硫酸を混合すると，┃ **ア** ┃反応が進
行し，**化合物 B** が生成する。

④ 10.0 g の **化合物 B** の気体の体積は，330 K，1.00×10^5 Pa において
9.77 L である。

⑤ **化合物 B** を臭素水に通すと，溶液が無色になる。

⑥ **化合物 A** を硫酸酸性の二クロム酸カリウム $K_2Cr_2O_7$ 水溶液に加えて加熱
すると **化合物 C** が生成し，**化合物 C** はさらに反応して **化合物 D** となる。

⑦ **化合物 A** と **化合物 D** の混合物に少量の濃硫酸を加えて加熱すると，
┃ **イ** ┃反応が進行し，**化合物 E** が生成する。

⑧ **化合物 E** に希塩酸を加えて加熱すると，┃ **ウ** ┃が進行し，**化合物 A**
と **化合物 D** が生成する。また，**化合物 E** に水酸化ナトリウム水溶液を加え
て加熱すると，┃ **ウ** ┃が進行し，**化合物 A** と，**化合物 D** のナトリウム
塩である **化合物 F** が生成する。この塩基を用いた ┃ **ウ** ┃を特に ┃ **エ** ┃
という。

⑨ **化合物 F** に水酸化ナトリウムを加えて加熱すると，**化合物 G**（気体）が生
成する。

⑩ **化合物 D** のカルシウム塩である **化合物 H** を熱分解すると **化合物 I** が得ら
れる。

⑪ **化合物 I** は水と任意の割合で混ざり合い，多くの有機化合物をよく溶かす
無色の液体である。

⑫ **化合物 I** は工業的にはクメン法によって合成される。

(1) ②から **化合物 A** の分子量を求めなさい。解答は小数第二位を四捨五入し，

次の形式で**解答用マークシート**にマークしなさい。使用しない上位のケタは0をマークしなさい。1000.0以上となる場合は，すべてに9をマークしなさい。

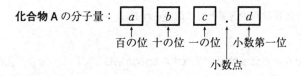

(2) 反応条件(あ) にあてはまる最も適切な反応条件を I 欄から選び，その番号を**解答用マークシート**にマークしなさい。

〔I 欄〕

1 室温 2 130〜140℃ 3 160〜170℃
4 5℃以下 5 紫外線照射条件 6 触媒添加条件

(3) 上記の文章の ア 〜 エ にあてはまる最も適切な語句を II 欄から選び，その番号を**解答用マークシート**にマークしなさい。ただし，同じ番号を何回選んでもよい。

〔II 欄〕

1 脱水 2 置換 3 脱水縮合
4 付加 5 加水分解 6 けん化
7 酸化 8 還元 9 乾留

(4) 化合物Bの性質として適切なものを以下の記述の中からすべて選び，その番号をすべて足した合計の数を**解答用マークシート**にマークしなさい。合計が1ケタとなる場合は，十の位に0をマークしなさい。適切なものがない場合は，十の位，一の位とも0をマークしなさい。

1 化合物Bは水に溶けにくい。
2 化合物Bは過マンガン酸カリウム水溶液と反応しない。

4 化合物 B はナトリウムと反応しない。

8 化合物 B には異性体が存在しない。

16 化合物 B は麻酔作用を示す。

32 化合物 B は有機溶媒として用いられる。

(5) **化合物 A** から**化合物 C** が生成する反応が完結していない場合，**化合物 A** と**化合物 C** の混合物から**化合物 C** を分離しなければならない。以下の記述から，**化合物 A** と**化合物 C** の混合物から**化合物 C** を分離してとり出す方法として適切なものをすべて選び，その番号をすべて足した合計の数を**解答用マークシート**にマークしなさい。合計が 1 ケタとなる場合は，十の位に **0** をマークしなさい。適切なものがない場合は，十の位，一の位とも **0** をマークしなさい。

1 **化合物 A** と**化合物 C** の沸点の差を利用して，分留によって**化合物 C** を得る。

2 **化合物 A** と**化合物 C** のある溶媒に対する溶解性の差を利用して，ろ過によって**化合物 C** を得る。

4 **化合物 C** に少量の**化合物 A** が混ざっている場合，ある溶媒に対する**化合物 C** の溶解度が温度によって異なることを利用し，再結晶で**化合物 C** を得る。

8 固体が液体を経ずに直接気体となる変化，および気体が再び直接固体になる変化である昇華を利用し，**化合物 C** を得る。

(6) **化合物 C** に関する以下の記述の中から正しいものをすべて選び，その番号をすべて足した合計の数を**解答用マークシート**にマークしなさい。合計が 1 ケタとなる場合は，十の位に **0** をマークしなさい。正しいものがない場合は，十の位，一の位とも **0** をマークしなさい。

1 **化合物 C** をアンモニア性硝酸銀水溶液に加えて穏やかに加熱すると，銀が反応容器の内壁に付着する。

2 **化合物 C** をアンモニア性硝酸銀水溶液に加えると，白色沈殿が生じる。

東京理科大-工〈B方式〉 　　　　　　　　　　　　　　 2023 年度　化学　*67*

  4　**化合物 C** にヨウ素と水酸化ナトリウム水溶液を加えて反応させると，黄
  　　色沈澱が生じる。

  8　**化合物 C** は水によく溶ける。

 16　**化合物 C** は刺激臭のある液体(沸点 20 ℃)である。

 32　**化合物 C** は還元性を示す。

⑺　**化合物 D** に関する以下の記述の中から正しいものをすべて選び，その番号
　をすべて足した合計の数を**解答用マークシート**にマークしなさい。合計が 1 ケ
　タとなる場合は，十の位に 0 をマークしなさい。正しいものがない場合は，十
　の位，一の位とも 0 をマークしなさい。

  1　**化合物 D** の水溶液に臭素水を加えると，白色沈澱が生じる。

  2　**化合物 D** をフェーリング液に加えて加熱すると，赤色沈澱が生じる。

  4　**化合物 D** に炭酸水素ナトリウム水溶液を加えると，気体が発生する。

  8　**化合物 D** は還元性を示す。

 16　**化合物 D** は気温が低いと凝固する。

 32　**化合物 D** の水溶液は酸性を示す。

⑻　**化合物 G** に関する以下の記述の中から正しいものをすべて選び，その番号
　をすべて足した合計の数を**解答用マークシート**にマークしなさい。合計が 1 ケ
　タとなる場合は，十の位に 0 をマークしなさい。正しいものがない場合は，十
　の位，一の位とも 0 をマークしなさい。

  1　**化合物 G** をアンモニア性硝酸銀水溶液に通じると，白色沈澱を生じる。

  2　**化合物 G** は無臭である。

  4　**化合物 G** は水に溶けにくい。

  8　**化合物 G** は工業的にはナフサを熱分解して得られる。

 16　**化合物 G** には異性体が存在しない。

 32　**化合物 G** は酸性物質である。

68 2023 年度　英語〈解答〉　　　　　　　　　　　　　　　東京理科大-工〈B方式〉

解答編

■英語■

（注）　解答は，東京理科大学から提供のあった情報を掲載しています。

1 解答
(1)— 4　(2)— 1　(3)— 3　(4)— 3　(5)— 2　(6)— 4
(7)— 1　(8)— 2　(9) 2nd : 1　6th : 7　(10)— 3
(11)— 1 ・ 3

◆全　訳◆

≪インターフェロンへの期待≫

　ありふれた風邪からがんにまで及ぶ，病気の治療法の可能性を秘めたものとして賞賛を得ているとはいえ，自然薬物インターフェロンは，1980年時点では医療学界では一様に楽観論を生み出していたのだが，このところ広範囲な，かつ費用のかかる調査を必要とする研究主題となっている。わずか数百名程度の患者しか実際に薬物を投与されてはいないが，この稀な物質を生み出すための新技術の発展によって，研究努力のための資金の増額を得ることに加え，膨大な量の臨床試験がすぐにも行われる必要が差し迫っているように思われる。

　研究者のアリック＝アイザックスとジャン＝リンデマンによって1957年に発見されたインターフェロンは，ウィルス感染した動物細胞により生み出される化学物質である。それは近辺の細胞に刺激を与え，ウィルス感染に抵抗する化合物を生み出す。それこそが，1種のウィルス感染に苦しむ人が別の感染症に滅多に屈することがない理由なのである。

　インターフェロンがウィルス感染のための万能薬になり得る可能性は，ただちに科学者達の関心を集めたが，実用上の困難のため彼らの研究は厳しく制限された。細胞が生み出すその物質の量はごくわずかであり，そしてそのわずかに生み出されたものは，ウィルスかもしくは，科学者が後に

知ったように，ある化学物質によって刺激が与えられなければならない。さらなる問題は，臨床治療で効果を得るためには，インターフェロンはヒトの細胞からのものでなくてはならないということである。その物質を手に入れるのは非常に困難で，またそのためには，べらぼうに費用がかかるのである。最近の実験で用いられるインターフェロンのほとんどはヘルシンキにあるフィンランド赤十字社の研究室から得られるのだが，アメリカがん協会（ACS）は，治療予定の患者のうち，その半数分しか購入できない状態である。そしてその薬は，ある種のウィルス性の病気には効果があるようだが，その希少性や費用の高さのために，日常治療は問題外になっているのである。

　それにもかかわらず，がん治療におけるインターフェロンの将来性は，基礎研究における重要な大発見によって着実に進歩している。1970 年代初め，10 年間の大変な研究の後，フィンランドの研究者カリ゠カンテルは白血球細胞から少量のインターフェロンを得る確実な方法を考案した。その方法で生み出す物質にはわずか 1 パーセントのインターフェロンしか含まれていないが，最も成功し，かつ広く利用されている方法になっている。1972 年，ストックホルムにあるカロリンスカ研究所のハンス゠ストランダーは，インターフェロンによって，44 人の稀で致死性の骨肉腫患者における生存率が向上したことを発見した。より小規模な研究では，インターフェロンは乳がん，リンパ腺がん，そして多発性骨髄腫のいくつかの症例においても効果があることが示されている。

　1978 年 7 月，アメリカがん協会はこれまでで最大規模のインターフェロンの臨床試験を行うと発表した。協会は 150 人の患者を治療し得るほどのインターフェロンの購入に，200 万ドルを充てた。アメリカ国内の 10 の病院と大学が，4 種類のがんの実験のために選ばれた。この実験の最初の報告は 1980 年 5 月 28 日に公表された。その結果，インターフェロンは抗がん作用はあるものの，その成功度は早期の研究で報告されたものには匹敵しなかったことが示唆された。アメリカがん協会は，以前液体冷凍ではなく凍結乾燥していたインターフェロンの中の 1 つか 2 つの出荷品が，有効性が損なわれていたために，幾分残念な結果を引き起こしたのかもしれないと述べた。

　アメリカがん協会の研究でわかったことによって，どれほど多くの研究

70　2023 年度　英語〈解答〉　　　　　　　　　　　　　　　東京理科大-工〈B 方式〉

がなおも必要とされるのかがはっきりした。どのようにしてインターフェ
ロンががんと戦うのか，正確には今なお不鮮明なのだ。それは分裂を抑制
することによって細胞の増加を鈍らせ，身体の自然防御システムの活動を
活発にさせているように思われる。予備的な兆候としては，インターフェ
ロンは多くのがんの薬よりは，副作用がその数も程度も少ない。しかし，
医師は，最適な服用量と治療スケジュール，ある型のインターフェロンが
他の型よりも効果的なのかどうか，そして患者のグループの中には他のグ
ループよりも反応が良いグループがいるのかどうかを，やはり決定する必
要があるのだ。

　ここ最近の開発には，研究用インターフェロンの供給を増やすことにな
ると期待されるものもいくつかあった。少なくとも 10 の米国企業（ヨー
ロッパや日本の企業も）が生産に推定総額 1 億 5000 万ドルを投資してい
る。アメリカがん協会，ヒューストンインターフェロン財団，そして国立
衛生研究所（NIH）は，治療に関する実験のために 2000 万ドル以上の予
算を共に計上している。

　1980 年，英国の科学者達は，インターフェロンをその活性を損なわず
にしっかり純化する史上初の技術を発表した。彼らは白血球からインター
フェロンだけと結合する抗体を発見したのだ。その抗体を用いれば，1 回
の処置でそれを 5000 倍も集めることが可能なのである。

　ヒトインターフェロンの中で 3 つの既知のタイプのうち，2 つの正確な
化学構造が 1980 年に報告された。それぞれのインターフェロン分子は，
全てのタンパク質の基本単位である，約 150 のアミノ酸の鎖に結合した糖
類を有している。科学者達はこれらのアミノ酸の配列を決定した。分子の
長さが実験室合成を非現実的にしているが，断片の化学合成は実行できる
可能性がある。

　遺伝子組み換えは，最も将来性のあるインターフェロンの源泉であり続
けてきた。1980 年，いくつかの研究者グループは適切な遺伝物質の細菌
への移植を報告した。細菌の細胞は大量に増殖できるが，ヒトインターフ
ェロンのアミノ酸配列と同一と思われるタンパク質を作り出した。ある企
業は，1981 年中に臨床使用目的の細菌生産が行われることを予言した。

◀━━━━━━━━━ ◀解　説▶ ━━━━━━━━━▶

(1)　下線部は「～に屈する」の意。インターフェロンが感染を防ぐものに

東京理科大-工〈B方式〉 2023年度 英語〈解答〉 71

なるという文脈なので，1つのウィルスに感染した人が別のウィルス（another の後は virus の省略）に「どう」しない（rarely）のかと考えれば，「負けない」などの意味は論理的に割り出せるだろう。4が最適。1.「～に委託する」 2.「～に確認する」 3.「～に専念する」

(2) 後続の but 以降は「研究が制限される」というマイナスの内容である。これを考慮しながら，本来なら「どうなる」かもしれなかったのかと考えれば必然的にプラスイメージの内容と判断できる。panacea は「万能薬」の意。1.「あらゆる困難や病気の解決策あるいは薬」が最適。

(3) 下線部「その薬」が指すものは「ある種のウィルス性の病気には効果があると思われる」ものだという。同段第3文（An additional problem …）の内容から，同文の主語である「インターフェロン」のことだとわかる。3.「インターフェロン」が最適。

(4) 空所を含む文の内容は逆接（although）が含まれており，この節内と主文ではプラスマイナスが逆になる。although を含む節は「その薬品（インターフェロン）が病気に効果的」だというプラスの内容。それゆえ空所には何かを入れて「（その薬の）希少性や高額な費用のために日常的な治療がマイナスになる」という内容にしたい。3.「問題外」が最適。1.「精通して」 2.「確かに」 4.「要を得た」

(5) 空所直後の文（Although the process produces …）から，「そのプロセス」は「わずか1パーセントしか生み出せない」という内容が見られる。「微量」のニュアンスを持つものは2である。また an amount of は不可算名詞を伴う。原則として文頭の従属節の内容は前文の述語動詞以降の内容を指すということも確認しておこう。

(6) 下線部 it は従属節の主語 the process を指している。さらに the process は前文の a reliable method を指している。

(7) 「インターフェロン購入に200万ドルを」どうしたのかと考えた場合，「費やした」など，費用に充てたと考えるのが自然である。下線部は「割り当てる」の意だが，1がこれに最も近い。2.「推論した」 3.「除外した」 4.「進んだ」

(8) 下線部の直後の文（The ACS suggested …）より，輸送方法に問題があったために，インターフェロンの効用結果が不本意なものになったのかもしれない，というアメリカがん協会の見解がある。これを端的に表す

ものは2.「インターフェロンの保存法に問題があった」である。

(9) (Several recent developments) were expected to result in more abundant supplies (of interferon for research.) の順になる。まず主語が無意志だが，この場合の動詞は受動態になりやすい。ここで，were expected を想起。未来志向の動詞句は to *do* が後続するため，to result in も想起できよう。result in 〜 は「結果〜が生じる」という意のイディオム。これが和文に反映されていないので注意。これに more abundant supplies が後続する。1と7がそれぞれ正解。

(10) このタイプの問は空所に入る語の品詞をまず確定し，その次に意味を参考にすること。各空所は全て名詞が入るはず。1のB，Cおよび2のBは名詞ではないため除外。3か4に絞れる。また，Aには可算名詞の単数形が入るので，3で決まりである。なお，アミノ酸の「配列」は sequence，アミノ酸が連続して結合した構造体をアミノ酸のいわば「鎖」，string という。タンパク質がアミノ酸の「結合」「かたまり」と考えれば，Bに「構成要素」という意味にもなる units（単位）が入るのも納得できる。3が最適。

(11) 1．第1段第2文（Although only a …）に「わずか数百名程度の患者しか実際にこの薬物（インターフェロン）を投与されてはいないが」とあり，一致しない。

2．第5段第1文（In July 1978, the ACS …）および第4文（The first reports …）と一致する。

3．遺伝子組み換えによるインターフェロンが動物細胞でつくるインターフェロンより劣勢であるという選択肢の内容は「遺伝子組み換えは，最も将来性のあるインターフェロンの源泉であり続けてきた」とある最終段の内容と一致しない。

4．第6段第4文（Preliminary indications are …）の後半，but 以下の内容と一致する。

5．最終段最終文（One company predicted …）の内容と一致する。

6．第7段第2文〜3文（At least ten U. S. firms 〜 with the treatment.）と前半部（There was 〜 research）が，第8段全体の内容と後半部（a technique 〜 developed.）と一致する。

東京理科大-工〈B方式〉　　　　　　　　　　　　2023 年度　英語〈解答〉　73

2　解答

(1)—4　(2)—1　(3)—3　(4)—2　(5)—1　(6)—2
(7)—4　(8)—2　(9)—4　(10)—2　(11)—1・5

◆全　訳◆

≪古楽の再興≫

〈I〉　これは過去の音楽についての書物である。中世，ルネッサンス，バロック音楽はそれらが新しかったときからずっと，繰り返し廃棄されては再発見されてきた。私や多くの読者にとってその音楽は美しく，興味をそそるものである。すなわち，我々の視野を広げ，かつ魂の養分となるのだ。

〈II〉　過去の音楽への関心は 19 世紀初頭以来——おおよそ美術館の草創期の頃から——，音楽の世界の一部の特徴となっている。19 世紀初頭のグレゴリオ聖歌の再興や，フェリックス＝メンデルスゾーンによるヨハン＝セバスティアン＝バッハの再興は，さらに昔の音楽を復興させようという，過去になされた努力の例である。

〈III〉　近年ではこの関心は特別な意味合いを帯びており，2 つの特有な傾向を表している。すなわち 1 つ目は知名度がほとんどなく，正当な評価を受けていないレパートリーの再発見であり，2 つ目は失われた演奏スタイルを取り戻そうという努力であり，当時の演奏習慣を用いる新たな方法で，そのような音楽に命が吹き込まれるという確信に基づいている。中世，ルネッサンス，そしてバロック音楽はこのような考えの中心となっており，そのレパートリーは結果として，新たな魅力を帯びているのだ。

なぜ古い音楽を復興するのか

〈IV〉　すでに世界には非常に多くの音楽が存在し，毎日多くの音楽が創り出されている。また多くが放送や録音メディアでたやすく聴くことができるので，私達がその全てを聴くのは不可能なほどである。それではなぜ，そのような過去の音楽を復興しようというような努力をするのだろうか？異国趣味，歴史，斬新さ，政治，そして最終的には楽しみ，といった多様な理由が存在する。

〈V〉　古楽は聴く者に，自身の文化，自身の伝統，または自身の経験を超えた何かを供給するという意味で“ワールドミュージック”のようである。これこそが本質的に，忘れられたレパートリーの醍醐味なのである。すなわち，まだ忘れ去られていないものは権威に満ち，またエリート主義であるかもしれないが，異国風なものではないのだ。これら昔のレパートリー

は，現代の我々のものとは大きく異なる世界と繋がる手段を供給してくれるので，それらは我々に，どのように音楽は機能するのか，音楽は何をするのか，そして音楽はどのように聞こえてしかるべきなのかに関して，我々がもっている仮説に問いかける理由を与えてくれる。

〈Ⅵ〉 昔の人々が耳を傾けていたのはいったい何だったのか，ということを知りたいという欲望もまた，存在する。中世の絵画の中でこれらの天使達は何を歌い，演奏しているのか？ 16世紀後半，クイーン・エリザベス1世は何に合わせて踊ったのか？ 太陽王としても知られるルイ14世を夕食の席で楽しませたものは何か？ 我々からは遠く離れてはいるがかなり興味を引く時代や場所の，総合的な歴史のイメージを描こうとする試みの中で，初めは音楽の喜びではなく，歴史の知識を求めていたという点で，これらは音楽のというよりは歴史的な疑問なのである。もしも我々がその音楽が好きということが明らかになれば，なおさら結構なことである。誰一人として，ヤン＝ファン＝エイクやレオナルド＝ダ＝ヴィンチによるゴシック式の大聖堂や絵画を賞賛することに疑問など挟まないであろう。視覚芸術の愛好家は，これらへの愛情を強制されて正当化するなどということはほとんどない。しかし昔の音楽は，同じような時空を超えた敬意は得られないこともよくあるのだ。古楽のこのような側面に対する衝動は本質的には歴史的なもので，中世の料理や，バロック様式の衣類への関心に似ている。

〈Ⅶ〉 全くの斬新さもまた，古楽に興味をもつことの中心になることがある。それは今日のどんな音楽とも異なる。そしてそれは，他文化のどの音楽とも似ていない。そしてそれは，唯一の共通の特徴がその古さと無名さである，長くて広大なレパートリーから構成されているという点で，それはそれ自体と異なりさえするのだ。恐らくは，長い年月を経て，新たに再興された作品を聴く初めての人間であるということに，ある種の満足感が存在するのだろう。そしてひけらかすことに——すなわち，他のリスナーにそれを紹介することにも満足感が存在するのだろう。

〈Ⅷ〉 アメリカでは1960年代と1970年代に大規模な社会運動があり，黒人への差別，ベトナム戦争，そして男性中心の階級社会に対し抵抗をした。これらの公民権，反戦そしてフェミニスト運動は，中心的な社会規範に反対し，かつ伝統的エリート主義なものとして伝えられてきた全てに抵抗す

東京理科大-工〈B方式〉　　　　　　　　　　　　2023 年度　英語〈解答〉　75

る生き方，または一連の態度である，多くの人が言うところの"反体制文化"というものを生み出し，そして全ての分野で民主主義を要求した。古楽が伝統的なものではなく，誰でも参加可能なものと見なされる限り（昔も今も，古楽が演奏される夏のワークショップはかなり多く存在する），それは人々の音楽，偽善のない音楽，大衆的なものと学術的なものの統合を表現する音楽を求める，文化的な傾向の一部として見ることができるだろう。時に呼ばれるような，古楽"運動"が，例えば民俗音楽の再興などの，多くの他の大衆的な運動と同時におこったことは，全くの偶然ではあり得ない。

〈IX〉　このように，音楽と昔の精神を復興するための創造的な"運動"として始まったものが，1960 年代には政治的な傾向を帯び，それは自然への回帰感，世間の定説や服従を強制されることへの反発，そして古楽は聴き手のものであるのと同様に参加者のものでもあるという概念によって，勢いを増したのである。少数の演奏家やグループの大成功によって古楽が専門化する傾向が近年さらに見られ，アマチュアや自由参加の側面はいくぶん陰りを見せているけれども，20 世紀には楽器，演奏技術，そしてレパートリーの研究と復興から得られたものは多かったのである。

■━━━━◀解　説▶━━━━■

(1)　下線部直前に and があり，これは意味的に並立するものが結ばれる。「視野を広げる」と同様のプラスイメージの意味にするには 4 が最適。これは「耕す」以外にも「培う」「育む」などの意味にもなる。

(2)　still は比較級を強める働きをもち，「より一層，遥かに」などの意味になる。1 が同じように比較級を強調する働きをもつ副詞である。

(3)　第 3 段では first, second という「列挙」が使われているが，このような段落の要旨を問う問題は，「列挙を抽象化する」ことで要旨が得られやすい。「古楽の再興」をプラスイメージに述べていることがわかれば，3 は不適切で，正解と判断できる。

(4)　空所の直前で so が目立つが，so を見たら普段から so 〜 that 構文，または so 〜 as to do などのイディオムが来るのでは，と予想する癖をつけておくべき。また空所の次は完全文であり，so 〜 that …「非常に〜なので…だ」を作る接続詞 that が入る。2 が正解。

(5)　同段第 3 文（Because these earlier …）後半主文（they give us …）

で，（古楽の曲目を聴くことによって）「どのように音楽は機能するのか，音楽は何をするのか，そして音楽はどのように聞こえてしかるべきなのかに関して，我々がもっている仮説に問いかける理由を与えてくれる」とあり，つまり，それまでもっていた音楽というものの概念に疑問をもつことで，下線部③のように「自分の文化や伝統，経験とは異なる」音楽，古楽を知ることができる，ということである。したがって，1.「音楽はどのように聞こえるべきかに関する聴き手の考えを疑問視することによって」が正解。

(6)　空所の直後の in that we're not at first … の箇所に「初めは音楽の喜びではなく，歴史の知識を求めていたという点で」とある。つまり音楽より歴史であり，したがって，段落最初の様々な疑問は，「音楽のというよりは歴史的な」疑問なのである。解答は［more］historical［than］musical となる。

(7)　infer は「～を暗に意味する」の意味。下線の前半「視覚芸術の愛好家は，これらへの愛情を強制されて正当化するなどということはほとんどない」つまり，なぜその絵が好きかを説明させられることはない，に対し，古楽の愛好者はそのような敬意は払ってもらえない。したがって，解答は 4 である。

(8)　段落の 1 文目の抽象的な名詞は 2 文目以降で具体的にわかりやすく言い換えられることが原則。「今日のどんな音楽とも異なる。そしてそれは，他文化のどの音楽とも似ていない」とあり，これと近い意味のものは 2.「斬新さ」である。

(9)　これも段落の 1 文目の問なので，下線部の詳しい説明の部分を探す。その際「列挙」の部分にはとくに気を配ること。同段第 2 文（These civil rights …）の中盤（which opposed … and resisted …）および末尾近くの内容（and so demanded …）が「大規模な社会運動」の具体的な中身の記述である。4 が最適。

(10)　同段第 1 文（In this way …）で early music を「movement」と表現している。「運動」であれば「参加型」になるはず。また古楽再興運動が政治色を帯びるのを助長するものとして，「自然への回帰感，世間の定説や服従を強制されることへの反発」，また「古楽は聴き手のものであるのと同様に［　E　］のものでもあるという概念」とあるので，以上から，

東京理科大-工〈B方式〉　　　　　　　　　　　2023 年度　英語〈解答〉　77

２．「参加者」が最適。

⑾　１．第２段第１文（An interest in …）に反するのと，美術館の記述はあるが図書館についての記述はない。

２．第７段第３文（There is a …）の内容と一致する。

３．最終段最終文（Though the enormous …）の後半の内容と一致する。

４．第４段第２文～３文（Why then do ～ and, finally, pleasure.）と一致する。

５．最終段最終文の前半の内容と矛盾する。

3 解答
(1)—1　(2)—3　(3)—2　(4)—1　(5)—4　(6)—2
(7)—2　(8)—1　(9)—1　(10)—4　(11)—1　(12)—3
(13)—1　(14)—3　(15)—4　(16)—3　(17)—1　(18)—4　(19)—2　(20)—4

━━━━━━◀解　説▶━━━━━━

(1)　1が正解。初めて昇給を得た時点ですでに１年間仕事していたのだから，ある過去の出来事よりもさらに過去の話題を表すことになる。この役割は過去完了である。「初めて昇給したとき，すでに１年以上そこで働いていた」

(2)　3が正解。I finish … と I'll start … という２つの SV を結ぶのは接続詞である。１と３が接続詞だが，１は「逆接」を表し，これだと主文が「予想外の展開」の内容になる。「条件」を表す３が最適。「物理の宿題を終わらせたら英語の勉強を始めよう」

(3)　2が正解。文が複数ある場合，つねにそれら同士が意味上矛盾しない内容にすることが大切。２～３文目から語り手は相手に「パーティーにいなかった相手に文句を言っている」様子がうかがえる。S should have *done* は「～すればよかったのに」という意味で，～をしなかったSに対する不満・批判を表す。「君，パーティーにくればよかったのに。我々みんなすごく楽しかったよ。そのとき君はどこにいたの」

(4)　1が正解。直後は SV が来ているため「接続詞」を予測。as は接続詞で「～する通りに」の意味があり，最適。この場合，V は受動態や自動詞，目的語以降が省略されたものが用いられることが多い。「我々皆が予想した通り，ブラジルがワールドカップで優勝した」

(5)　4が正解。but 以降の内容から語り手は現地に行っていないことがわ

かる。4は「過去から見た未来」を表せるため最適。「私はニュージーランドへ行く予定だったが，飛行機が突然キャンセルになった」

⑹　2が正解。空所に入るのは副詞とわかればすぐに解けるが，意味的には，いつものバスに乗れなかった場合，遅刻か，間に合ったにしてもギリギリのはず。2は「かろうじて〜する」の意を表し，最適。なお，これは否定語ではないので注意すること。「私は寝坊していつものバスに乗れなかった。そのためかろうじて学校に間に合った」

⑺　2が正解。空所の直後の文は完全文である。そのために関係代名詞以外が入ると想定。かつ空所の直前はwatchingという他動詞があり，完全文を率いて，かつカタマリで文の目的語に入れる名詞相当語句が必要。選択肢では2のみがこの働きをもつ。「私はどうやって刑事が犯罪を解決するのかを観るのが好きなので，テレビでは警察ドラマが好きだ」

⑻　1が正解。品詞はすべて前置詞相当語句なので意味によって識別する。台風と学園祭の中止は「因果」関係といえる。その意味になるのは1のみ。「台風のせいで学園祭は土壇場で延期となった」

⑼　1が正解。「別の市の学校に行くことの（　　　）」なので，1.「不都合な点」が適切。

⑽　4が正解。空所の直後は完全文が続いているため，接続詞が必要。接続詞は3か4だが，意味的には，空所の前後で「グループでの勉強」と「一人での勉強」という対比が生じている。対比を示せるのは4。「友人は集団で勉強するほうが好きだが，一方で私は一人でやるほうが好きだ」

⑾　1が正解。空所は形容詞である。直前のsoはその前後で因果関係を表すが，バレーボールとアルバイトが詰め込まれていることから，「毎日の日課が忙しい」という論理的に得られる結果を想起。1が「毎日の」という意味になる。「午前中にバレーボールの練習をし，夜にはアルバイトをしているので，私の毎日の日課はとても大変だ」

⑿　3が正解。空所は「赤道」という意味になると類推できるが，綴り字が似た選択肢があるので正確に覚えておく。1.「〜に等しい」　2.「方程式」　4.「〜に匹敵する」「日本からオーストラリアに飛行機で行ったとき，生まれて初めて赤道を越えたよ」

⒀　1が正解。get on *one's* nerves は「人を怒らせる」。「怒る」という意味にするためには「神経に触る」とすればよいと推測することは不可能

ではないだろう。「隣の家からの騒音に，だんだんと私は怒りがこみあげてきた」

⒁　3が正解。空所の直後が原形動詞であることから，助動詞や副詞をまず想起したい。2や4はここで除外される。3は「（他にやることがないなら）～でもしていたい」という消極的な希望を表し，最適。「明日は雨になる見込みなので，それなら家にいて勉強でもしていたい」

⒂　4が正解。空所に入る品詞は名詞である。2と4が名詞。Aのセリフから，Bに悩みがあることは推測できるだろう。またBは不安をAに告白しており，4.「不安，心配」を入れることで筋が通る。「A：君，大丈夫か。悩み事が何なのか教えてくれれば，もっと良いアドバイスができるかもしれないよ。B：うーん，実は私にもよくわからなくて。ただちょっとだけ不安なだけなんです」

⒃　3が正解。空所の直前の文（You can say that again.）は「全くその通り」の意であり，BはAに同意しているとわかる。3.「もうすぐである」を入れることで，Aのセリフと整合性がとれる。「A：だんだん暖かくなりつつあるね。B：全くその通りです。春が近づいているんですね」

⒄　1が正解。空所の直後の文から「絶好調」という内容がくみ取れる。1は直後に than this を補い，「これ以上に良いことはあり得ない（＝最高だ）」と読むとよい。これを入れると次の文の内容と意味がつながる。「A：しばらく会わなかったけど，仕事の調子はどう。B：最高さ。上司は偉大な人だし，同僚はいい人だし，ビジネスもとても順調なんだ」

⒅　Aの発言内に「彼の意図が掴みにくい」という記述があるが，こうした場合，「推し量る」という選択が自然だろう。4が「真意を理解する，行間を読む」などの意味を表し，最適。「A：彼が何を言いたいのか，あまりよくわからなかったんだ。君はどう。B：私はわかったと思う。彼と話すときは時々真意を理解しなきゃいけないことがあるね」

⒆　2が正解。a castle in the air は「幻想」「空中楼閣」などを表す。この熟語を知らなくとも，castle が palace に近い意味だと考えることで選択はできるだろう。「A：私のこの発明は完璧だと保証できます。あなたに健康をもたらし，私には富をもたらします。私はすぐに億万長者になれるし，そのお金で宮殿を建てることさえできます。B：おお，その宮殿が何と呼ばれるかわかるような気がします。空中の楼閣ですよね」

⒇　4が正解。「そういうことか」「なるほどね」の意を表す。Bの返答は質問をしたAにとっては納得のいくものであろう。相手の意図に納得できる意味にできるのは4．「説明する」のみである。ThatがBのセリフを受け，itが日本に来た理由と考えるとよい。「A：日本では最近たくさんの地震が何度も起きているにも関わらず，なぜ日本へ来たのですか。B：私は地質学者で，かつ妻が日本のことを大好きなんですよ。A：そういうことですか」

　解答　(1)—2　(2)—3　(3)—4　(4)—3　(5)—3　(6)—4
　　　　　　(7)—3　(8)—4　(9)—1　(10)—2

◀解　説▶

(1)　2が正解。periodic tableが「周期表」であることは類推できるだろう。選択肢内で周期表と縁が深そうなものとしては2．「原子の」が最適。「周期表：原子番号に従って配列された化学元素を示す表」

(2)　3が正解。レーダーとはどのようなシステムかを考えると「反射された電波」となる3が最適。「レーダー：離れた物体の存在，位置，そして速度を突き止めるための電波の反射波を用いたシステム」

(3)　4が正解。大気に関する説明で，惑星とガスの混合物の位置関係はと考えれば4の「～の周辺にある」が最適。「大気：例えば地球のようないくつかの惑星の周囲にあるガスの混合物」

(4)　3が正解。空所の前後を見て，速度と運動する物体との関係を考慮した場合，3．「掛け合わせられた」が最適。「運動量：動いている物体の質量×ある特定の方向への速度」

(5)　3が正解。直後にある植物や動物を「どう」すれば保護になるかを考えれば，conservationと同義の3が最適。「自然保護：特に人間の活動がもたらす破壊的な影響から植物，動物，自然環境を保護すること」

(6)　4が正解。情報とは，しかるべき場所に「蓄えられている」もののはず。そう考えれば4が最適。「ハッキング：他者のコンピュータに保存された情報を見つける，または手を加える目的で，許可を得ないで他者のコンピュータに入り込む行為」

(7)　3が正解。orの左右は似た意味が結ばれると考え，かつsubstanceと同じ名詞と考えれば3．「材料，要素」が最適。「栄養素：成長を促進し，

東京理科大-工〈B方式〉　　　　　　　　　　　　　2023 年度　英語〈解答〉 *81*

活力を与え，かつ生命を維持する物質または要素」

⑻　4が正解。between の手前は「相違」「関係性」などを表す語句が入る。生物と環境の間の「何」に関する科学がエコロジーかと言われれば，4.「相互関係」が最適である。「生態学：生物とその環境の相互関係に関する科学の分野」

⑼　1が正解。1.「刃，羽根」，2.「刑務所」，3.「投票」，4.「雑草」の中で，タービンがたとえ何か知らなくとも，「何を」備えた特別な車輪（回転体）を使用する物がそう呼ばれるのかを考えれば，常識に鑑みても1しかない。「タービン：動力を生むために，液体や気体が流れ，羽根のついた特別な回転体を回転させるタイプの機械」

⑽　2が正解。and で列挙されているものに注目。品詞・意味的に同じものを結ぶので，stars, planets, comets と並ぶものとしては2が最適。「天文学：宇宙や，星，惑星，彗星および銀河系などその中に含まれる物体に関する学問」

5　解答

(1)—3　(2)—4　(3)—1　(4)—1　(5)—1　(6)—4
(7)—4　(8)—2

◆全　訳◆

Passage 1　≪ベートーヴェンとテンポ≫

　西欧のクラシック音楽史において，テンポ，つまり音楽の速さは，あまり明記されることはなかった。というのも，それは音楽の文脈から明らかであるとみなされていたからである。1815 年になってようやく，メルツェルがメトロノームの特許を取った。ベートーヴェンはすぐにそれを採用し，すでに発表されていた8つの交響曲に速度記号を加えた。しかしながら，これらの記号については，今なお論争中である。多くの音楽家は速度が演奏するには速すぎて，音楽的でないとさえみなしているが，また一方ではそれらを，ベートーヴェンのおそらくは書かれた意思であると主張する者もいた。この論文では，様々な指揮者による 36 の交響曲の完全録音から演奏されたテンポを抽出し，分析する手法を展開する。結果としてわかったことは，指揮者のテンポ選択はベートーヴェンによる記号からの体系的な逸脱を表しており，その逸脱が，「正しいテンポ」の，文化的な背景によって形成された現象としての卓越性を際立たせているのである。

Passage 2 ≪プラセボクリームの効果≫

　研究室の疼痛知覚検査で，プラセボクリームを持っているだけで，知覚疼痛の強さに影響を与えるのかどうかを調べる目的で，ある実験が行われた。健康な被験者は，痛みから逃れたいという欲望を誘発することを狙いとした痛みについての医学説明書を読み，それからプラセボクリームが有効な薬だと伝えられた。被験者の半数が，クリームを思いがけない贈り物として受け取るよう無作為に割り当てられ，他方で残り半数がそのクリームを受け取らなかった。その後，被験者全員が痛みに耐える課題を遂行した。クリームを受け取っているが使用していない被験者は受け取っていない者と比べて，課題遂行中に疼痛の強度は低いと報告したということがわかった。我々の発見は，単にプラセボクリームを持っていれば，疼痛強度を軽減できるのだという最初の証拠となっている。

Passage 3 ≪他者の視線の心理的影響≫

　社会状況の中で情報を処理する際，人々は自動的に，他者の視点についてしっかりしたモデルを作り上げる。ここでは，人々はある物体に作用している機械的な力を判断するとき，その判断はその物体を見つめている他者によって，一方に偏るということを示している。その偏りは，視線が穏やかな力を加え対象を押すという暗黙の認識と一致している。たとえ参加者が明確にはそれを意識しておらず，また視覚の外送理論という概念（目は目に見えないエネルギーを放射する，というよく知られた民間伝承）などは信じていないと主張したとしても，偏りは存在していたのだ。参加者が，目を見開いたままの顔が物体から目をそむけた様子を目にした比較対照試験では，類似の結果は得られなかった。発見が示唆していることは，人は自動的にそして暗黙のうちに，目から発する光線という構成概念の単純化を用いて，他者の視線というモデルを作り出すということである。

Passage 4 ≪多すぎる論文が進歩を阻害する≫

　多くの学術的分野において，毎年発表される論文の数は時と共に著しく増加している。政府の指針は，科学的成果の量を増やすことに主眼を置いているが，それは生み出される論文の数で測られるのだ。しかしながら，この増加が知識の進歩に結び付くかどうか，そしてその方法は明らかではない。なぜ論文が多すぎると必ずしも進歩につながるわけではないのかに関して，まず理論的議論を展開する。新たな論文が溢れ出ることで，審査

東京理科大-工〈B方式〉　　　　　　　　2023 年度　英語〈解答〉　83

員は斬新な発想を充分に認識するために必要とされる時間と労力が奪われるであろう。多くの新しい発想同士で競争が繰り広げられることで，有望な発想に着目することの段階的な蓄積が妨げられることもあるかもしれない。次に，我々はこの理論の予言の根拠となるデータを示している。科学分野で一年間に発表される論文の数が増えると，引用文は過度に，すでに何度も引用された論文からのものとなる。すなわち，新たな論文がいつか頻繁に引用されるようになる可能性が低くなる。かつ，実際にそうなったとしても，それは少しずつ蓄積され，注目を得るという過程を通してではない。すなわち，新たに公開された論文が既存の研究に混乱を生じる可能性は低くなるのだ。

■━━━━━━　◀解　説▶　━━━━━━■

(1)　代名詞が指すものを考えた場合，it は仮主語や仮目的語でない場合，その文章の主語を指すことが多い。下線部を含む文の主文の主語はtempo で，3 が正解である。

(2)　代名詞 one は既出の「a ＋名詞」を指すのが原則。直前のカンマが同格で，カンマの左側に指す名詞がある可能性が高いことからも 4 が最適。

(3)　1.「～を喚起する」が正解。下線の左右をよく読み，論理的にどのような意味になるかを考えればよい。痛みの軽減を求めようという欲望を「どうする」目的で，被験者に医学の説明書を読ませるのかと考えれば，「～をもたせたい」「～を生じさせたい」等の意味は想起できる。

(4)　下線を含む文は比較構文である。比較は「共通点をもつ 2 者」が比べられるのが原則。クリームを使わないにせよ，「受け取った者」との比較なので，「クリームを受け取らなかった者」が相当するはず。この文章の題材ともいえる 1 が最適。

(5)　この文章は他者の視線が及ぼす影響に関する心理学の論文の冒頭サマリー，要約で，他の 3 問もそうだが，研究の結論が書かれている。下線を含む文の大意は「参加者はそれを意識していなかったが the bias は存在した」であり，主文の主語である 1. the bias が最適である。

(6)　「結果」をもたらす（またはもたらさない）のだから，trials はそもそも試験や実験のようなものだと類推できる。4. experiments が最適。

(7)　4 が正解。one は可算名詞を指す。下線部に主語の一部 many new ideas の単数形 new idea を入れると，「多くの発想間で競争があると，有

望な新しい発想への段階的な蓄積が妨げられる」という意味になり，前後の流れと矛盾しない。

⑻　新たな論文が十分に引用されないために，引用は既存の論文ばかりになる，というのが直前の and の前の内容。2 を入れて「新たな論文が十分に引用された場合」という意味にすれば，新たに発表された論文が既存の研究に一石を投じるようなこともない，だから科学の進歩につながらない，という，summary の主旨と一致する。

❖講　評

　全体的には読解問題の比重が 2022 年度同様増加している。

　①の長文読解問題は科学論で，例年と比較すると論旨がすぐに現われる読みやすいものと言える。設問は例年通り，前後の文脈を把握できていれば論理的に割り出せる良問が多く，知識偏重にならず，たとえ初見の問題であっても冷静に対処できる柔軟さが求められていることがわかる。

　②の長文読解問題は①と異なるエッセイ調の文章であり，①の後では思考の切り替えに当惑した受験生もいたかもしれない。しかし設問パターンは①も②も共にほぼ例年通りであり，受験生としては当然の義務である，1 文 1 文を論理的に考え，先の展開を予測し，未知の単語も果敢に推測する特訓を積んできたかどうかが試されている。内容一致問題も段落ごとに要旨をメモするなど，日頃から表面的な確認で終わらせず，丁寧に全体の内容を把握する練習をしてきた受験生には解きやすかったであろう。

　③と④の文法・語彙問題は基本的な知識を問うという点は例年通り。ただし，③は暗記中心の頻出事項だが，④のほうはむしろ思考力を問うもので，落ち着いて解答を出せる冷静沈着な姿勢，および精神力の強さも必要だろう。基本事項中心とはいえ，どちらも相当な期間，反復を積んでいなければすぐに頭脳が反応できず，対処できない可能性がある。また基本的な問題が中心なだけに，無論ケアレスミスによる失点は致命的になる。

　⑤の読解問題は 2022 年度と分量はほぼ同じながら，主に代名詞が指すものを問う内容に変化していた。2022 年度が語彙力を問われていた

東京理科大-工〈B方式〉　　　　　　　　　　　　　2023 年度　英語〈解答〉　85

とすれば，2023 年度は思考力が問われたと言えよう。いずれにしても
難易度は変わらず，また文章も読みやすいものである。多少の傾向の変
化に惑うことのないように，基本の確認に加え，日頃から様々な問題に
触れ，実戦形式を重視した訓練を意識してもらいたい。

86 2023 年度　数学〈解答〉　　　　　　　　　　　東京理科大-工〈B方式〉

■ 数学 ■

（注）　解答は，東京理科大学から提供のあった情報を掲載しています。

1 **解答**　(1)(a)ア. 5　イウエ. 359　オカ. 60
　　　　　　　(b)キク. 32　ケコ. 30　サシス. 106

(c)セソタチ. 1061　ツテト. 168

(2)(a)ア. 7　イ. 2

(b)ウ. 2　エオ. 27　カ. 5　キ. 9　クケ. 10　コサ. 27

(c)シ. 4　ス. 5　セ. 5　ソ. 6

(d)タ. 3　チ. 3　ツ. 6　テ. 3　ト. 3　ナ. 6

(3)(a)ア. 1　イ. 4　ウ. 3　エ. 5　オ. 3　カ. 2　キ. 1

(b)ク. 3　ケ. 7　コ. 1　サ. 7

(c)シ. 1　ス. 1　セ. 1　ソ. 5　タ. 7　チ. 5

◀解　説▶

≪小問 3 問≫

(1)(a)　$\displaystyle\lim_{x\to\infty} f(x) = \lim_{x\to\infty}\frac{5x^3+8x^2+15}{x^3-x} = \lim_{x\to\infty}\frac{5+\dfrac{8}{x}+\dfrac{15}{x^3}}{1-\dfrac{1}{x^2}} = 5$　→ア

$$f(9) = \frac{3645+648+15}{729-9} = \frac{4308}{720} = \frac{359}{60}　→イ～カ$$

(b)　$\displaystyle f'(x) = \frac{(15x^2+16x)(x^3-x)-(5x^3+8x^2+15)(3x^2-1)}{(x^3-x)^2}$

$$= \frac{-8x^4-10x^3-53x^2+15}{x^2(x^2-1)^2}$$

より　　$g(x) = -8x^4-10x^3-53x^2+15$

よって　　$g'(x) = -32x^3-30x^2-106x$　→キ～ス

(c)　(b)より，$x>1$ のとき $g'(x)<0$ であるから，$g(x)$ は単調減少。

さらに，$g(1) = -8-10-53+15 = -56<0$ より，$x>1$ のとき $g(x)<0$ となる。

$f'(x) = \dfrac{g(x)}{x^2(x^2-1)^2}$ であるから，$x>1$ のとき $f'(x)<0$ である。

(a)より $\displaystyle\lim_{x\to\infty}f(x)=5$

$\displaystyle\lim_{x\to 1+0}f(x)=\lim_{x\to 1+0}\dfrac{5x^3+8x^2+15}{x(x+1)(x-1)}$

$=\infty$

x		1	$\cdots$
$f'(x)$			$-$
$f(x)$			$\searrow$

よって，$y=f(x)$ のグラフは右図のようになる。

さらに，(a)より，$f(9)=\dfrac{359}{60}<6$ であるから，$f(x)$ の値が自然数となる x の値は $2\leq x\leq 8$ の範囲に限られる。

$f(2)=\dfrac{29}{2}$，$f(3)=\dfrac{37}{4}$，$f(4)=\dfrac{463}{60}$，

$f(5)=7$，$f(6)=\dfrac{461}{70}$，$f(7)=\dfrac{1061}{168}$，

$f(8)=\dfrac{343}{56}$ であるから

$(a, b)=(5, 7)$

よって $f(b)=f(7)=\dfrac{1061}{168}$ →セ〜ト

(2)(a) $|\overrightarrow{AB}|=2$，$|\overrightarrow{AC}|=3$，$|\overrightarrow{BC}|=\sqrt{6}$ より

$6=|\overrightarrow{BC}|^2=|\overrightarrow{AC}-\overrightarrow{AB}|^2=|\overrightarrow{AC}|^2-2\overrightarrow{AB}\cdot\overrightarrow{AC}+|\overrightarrow{AB}|^2$

$=9-2\overrightarrow{AB}\cdot\overrightarrow{AC}+4$

$2\overrightarrow{AB}\cdot\overrightarrow{AC}=7$

$\overrightarrow{AB}\cdot\overrightarrow{AC}=\dfrac{7}{2}$ →ア，イ

(b) $p=\dfrac{1}{6}$，$q=\dfrac{3}{5}$ のとき

AP：PB＝1：5，AQ：QC＝3：2，
BD：DQ＝s：$(1-s)$，CD：DP＝t：$(1-t)$
とおくと

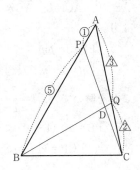

$$\vec{AD} = (1-s)\vec{AB} + s\vec{AQ} = (1-s)\vec{AB} + \frac{3}{5}s\vec{AC} \quad \cdots\cdots ①$$

$$\vec{AD} = (1-t)\vec{AC} + t\vec{AP} = \frac{1}{6}t\vec{AB} + (1-t)\vec{AC} \quad \cdots\cdots ②$$

$\vec{AB} \neq \vec{0}$, $\vec{AC} \neq \vec{0}$, $\vec{AB} \nparallel \vec{AC}$ だから，①，② より

$$\begin{cases} 1-s = \frac{1}{6}t \\ \frac{3}{5}s = 1-t \end{cases}$$

これを解いて $s = \dfrac{25}{27}$, $t = \dfrac{4}{9}$

よって $\vec{AD} = \dfrac{2}{27}\vec{AB} + \dfrac{5}{9}\vec{AC}$ →ウ～キ

$AP : PB = 1 : 5$ より $\triangle BCP = \dfrac{5}{6}S_1 \quad \cdots\cdots ③$

$CD : DP = \dfrac{4}{9} : \dfrac{5}{9} = 4 : 5$ より $S_2 = \dfrac{4}{9}\triangle BCP \quad \cdots\cdots ④$

③を④へ代入して

$$S_2 = \frac{4}{9} \cdot \frac{5}{6}S_1 = \frac{10}{27}S_1 \qquad \frac{S_2}{S_1} = \frac{10}{27} \quad →ク～サ$$

(c) $BD : DQ = l : (1-l)$, $CD : DP = m : (1-m)$ とおくと

$$\vec{AD} = (1-l)\vec{AB} + l\vec{AQ}$$
$$= (1-l)\vec{AB} + ql\vec{AC} \quad \cdots\cdots ⑤$$
$$\vec{AD} = (1-m)\vec{AC} + m\vec{AP}$$
$$= pm\vec{AB} + (1-m)\vec{AC} \quad \cdots\cdots ⑥$$

$\vec{AB} \neq \vec{0}$, $\vec{AC} \neq \vec{0}$, $\vec{AB} \nparallel \vec{AC}$ だから，⑤，⑥ より

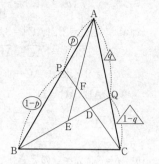

$$\begin{cases} 1-l = pm \\ ql = 1-m \end{cases}$$

これを解いて $l = \dfrac{1-p}{1-pq}$, $m = \dfrac{1-q}{1-pq}$

$AP : PB = p : (1-p)$ より

$\triangle BCP = (1-p)S_1 \quad \cdots\cdots ⑦$

東京理科大-工〈B方式〉 2023 年度　数学〈解答〉 89

$\text{CD} : \text{DP} = \dfrac{1-q}{1-pq} : \dfrac{q-pq}{1-pq} = (1-q) : (q-pq)$ より

$$S_2 = \frac{1-q}{1-pq} \triangle \text{BCP} \quad \cdots\cdots ⑧$$

⑦を⑧へ代入して　　$S_2 = \dfrac{(1-p)(1-q)}{1-pq} S_1$

$S_2 = \dfrac{1}{5} S_1$ より　　　$\dfrac{(1-p)(1-q)}{1-pq} = \dfrac{1}{5}$

　　　$5(1-p)(1-q) = 1-pq$

　　　$5pq - 5p - 5q + 5 = 1 - pq$

　　　$(5-6p)q = 4-5p$

　　　$q = \dfrac{4-5p}{5-6p} \quad \rightarrow シ\sim ソ$

(d)　$\text{AQ} : \text{QC} = q : (1-q)$ より　　$\triangle \text{ABQ} = qS_1$

$\text{AP} : \text{PB} = p : (1-p)$ より　　$\triangle \text{ACP} = pS_1$

$\text{BE} : \text{EQ} = u : (1-u)$ とおくと　　$\triangle \text{ABE} = u\triangle \text{ABQ} = quS_1$

$\text{CF} : \text{FP} = v : (1-v)$ とおくと　　$\triangle \text{ACF} = v\triangle \text{ACP} = pvS_1$

$\triangle \text{ABE} = \triangle \text{ACF} = \dfrac{1}{5} S_1$ より　　$qu = \dfrac{1}{5},\ pv = \dfrac{1}{5}$

ゆえに，$u = \dfrac{1}{5q},\ v = \dfrac{1}{5p}$ である。

$$\overrightarrow{\text{AE}} = (1-u)\overrightarrow{\text{AB}} + u\overrightarrow{\text{AQ}} = (1-u)\overrightarrow{\text{AB}} + qu\overrightarrow{\text{AC}}$$
$$\overrightarrow{\text{AF}} = (1-v)\overrightarrow{\text{AC}} + v\overrightarrow{\text{AP}} = pv\overrightarrow{\text{AB}} + (1-v)\overrightarrow{\text{AC}}$$

3 点 A，E，F は一直線上にあるので定数 k が存在し，$\overrightarrow{\text{AF}} = k\overrightarrow{\text{AE}}$ が成り立つから

$$pv\overrightarrow{\text{AB}} + (1-v)\overrightarrow{\text{AC}} = k(1-u)\overrightarrow{\text{AB}} + kqu\overrightarrow{\text{AC}}$$

$\overrightarrow{\text{AB}} \neq \vec{0},\ \overrightarrow{\text{AC}} \neq \vec{0},\ \overrightarrow{\text{AB}} \not\parallel \overrightarrow{\text{AC}}$ より

$$pv = k(1-u),\ 1-v = kqu$$

これより k を消去して

$$pquv = (1-u)(1-v)$$

$$pq \cdot \frac{1}{5q} \cdot \frac{1}{5p} = \left(1 - \frac{1}{5q}\right)\left(1 - \frac{1}{5p}\right)$$

両辺に $25pq$ を掛けて

$pq = (5p-1)(5q-1)$

$pq = 25pq - 5p - 5q + 1$

$24pq - 5p - 5q + 1 = 0$

(c)より，$q = \dfrac{4-5p}{5-6p}$ だから，代入して

$24p \cdot \dfrac{4-5p}{5-6p} - 5p - 5 \cdot \dfrac{4-5p}{5-6p} + 1 = 0$

$24p(4-5p) - 5p(5-6p) - 5(4-5p) + 5 - 6p = 0$

$90p^2 - 90p + 15 = 0$

$6p^2 - 6p + 1 = 0$

$p = \dfrac{3 \pm \sqrt{9-6}}{6} = \dfrac{3 \pm \sqrt{3}}{6}$

よって　$p = \dfrac{3+\sqrt{3}}{6}$ または $\dfrac{3-\sqrt{3}}{6}$　→タ〜ナ

(3)(a)　点 A$(-2, 1)$ を通る接線は y 軸と平行ではないから，その傾きを m とすると，方程式は

$y - 1 = m(x+2)$

$mx - y + 2m + 1 = 0$

この直線が円 C と接するから

$\dfrac{|2m+1|}{\sqrt{m^2+1}} = 1$

$|2m+1| = \sqrt{m^2+1}$

$(2m+1)^2 = m^2 + 1$

$4m^2 + 4m + 1 = m^2 + 1$

$3m^2 + 4m = 0$

$m(3m+4) = 0$

$m = 0, \ -\dfrac{4}{3}$

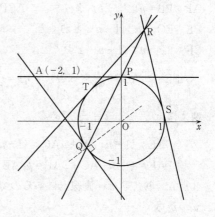

接線 AP の方程式は　　$y = 1$　→ア

接線 AQ の方程式は

　　$y - 1 = -\dfrac{4}{3}(x+2)$　　$y = -\dfrac{4}{3}x - \dfrac{5}{3}$　→イ〜オ

東京理科大-工〈B方式〉　　　　　　　2023 年度　数学〈解答〉　*91*

点 Q は接線 AQ と直線 OQ の交点であり，この 2 直線は垂直だから，直線 OQ の方程式は $y=\dfrac{3}{4}x$ となる。

$$\begin{cases} y=-\dfrac{4}{3}x-\dfrac{5}{3} \\ y=\dfrac{3}{4}x \end{cases} \text{より} \qquad \dfrac{3}{4}x=-\dfrac{4}{3}x-\dfrac{5}{3}$$

$$9x=-16x-20 \qquad 25x=-20$$

$$x=-\dfrac{4}{5}, \quad y=-\dfrac{3}{5}$$

よって　　$Q\left(-\dfrac{4}{5},\ -\dfrac{3}{5}\right)$

また，$P(0,\ 1)$ であるから，直線 PQ の方程式は

$$y-1=\dfrac{-\dfrac{3}{5}-1}{-\dfrac{4}{5}}x \qquad y=2x+1 \quad \to カ，キ$$

参考　一般に円 $x^2+y^2=r^2$ に円外の点 $A(a,\ b)$ から引いた 2 本の接線の接点を P，Q とするとき，直線 PQ の方程式は $ax+by=r^2$ となる。

（証明）　$P(x_1,\ y_1)$，$Q(x_2,\ y_2)$ とおくと，P，Q における接線の方程式はそれぞれ

$$x_1x+y_1y=r^2, \quad x_2x+y_2y=r^2$$

である。これらが $A(a,\ b)$ を通るから

$$x_1a+y_1b=r^2, \quad x_2a+y_2b=r^2$$

この 2 つの関係式は直線 $ax+by=r^2$ が 2 点 P，Q を通ることを示している。よって，直線 PQ の方程式は $ax+by=r^2$ となる。　　　　（証明終）

点 A を円の極，直線 PQ を極線という。

この公式を用いると，直線 PQ の方程式は，$-2x+y=1$ より，$y=2x+1$ と容易に求めることができる。このあとの(b)，(c)においては，この公式を利用することにする。

(b)　$y=2x+1$ で $x=3$ のとき　　$y=7$

よって　　$R(3,\ 7)$

したがって，直線 ST の方程式は

$$3x + 7y = 1 \qquad y = -\frac{3}{7}x + \frac{1}{7} \quad \rightarrow \text{ク} \sim \text{サ}$$

(c) 点Rは直線 PQ 上の点で円の外部にあるから

$$\text{R}(t,\ 2t+1) \quad \left(t < -\frac{4}{5},\ 0 < t\right)$$

とおける。直線 ST の方程式は

$$tx + (2t+1)y = 1$$

$$x = -\frac{1}{t}\{1 - (2t+1)y\} \quad \cdots\cdots①$$

$$x^2 + y^2 = 1 \quad \cdots\cdots②$$

①を②へ代入して

$$\frac{1}{t^2}\{1 - (2t+1)y\}^2 + y^2 = 1$$

$$\{1 - (2t+1)y\}^2 + t^2 y^2 = t^2$$

$$\{(2t+1)^2 + t^2\}y^2 - 2(2t+1)y + 1 - t^2 = 0$$

$$(5t^2 + 4t + 1)y^2 - 2(2t+1)y + 1 - t^2 = 0$$

$$y = \frac{2t+1 \pm \sqrt{(2t+1)^2 + (5t^2 + 4t + 1)(t^2 - 1)}}{5t^2 + 4t + 1}$$

$$= \frac{2t+1 \pm \sqrt{5t^4 + 4t^3}}{5t^2 + 4t + 1}$$

$(x,\ y) = (-2,\ 1)$ は $tx + (2t+1)y = 1$ を満たすから、点Aは直線 ST 上にあり、AT = TS であるから、点Tは線分 AS の中点である。

y 座標について

$$\frac{1}{2}\left(1 + \frac{2t+1 - \sqrt{5t^4 + 4t^3}}{5t^2 + 4t + 1}\right) = \frac{2t+1 + \sqrt{5t^4 + 4t^3}}{5t^2 + 4t + 1}$$

$$5t^2 + 4t + 1 + 2t + 1 - \sqrt{5t^4 + 4t^3} = 4t + 2 + 2\sqrt{5t^4 + 4t^3}$$

$$3\sqrt{5t^4 + 4t^3} = 5t^2 + 2t$$

$$9(5t^4 + 4t^3) = (5t^2 + 2t)^2$$

$$45t^4 + 36t^3 = 25t^4 + 20t^3 + 4t^2$$

$$20t^4 + 16t^3 - 4t^2 = 0$$

$$5t^4 + 4t^3 - t^2 = 0$$

$$t^2(5t^2 + 4t - 1) = 0$$

$$t^2(5t - 1)(t + 1) = 0$$

東京理科大-工〈B方式〉　　　　　　　　　　　　　　　　　2023 年度　数学〈解答〉　93

$t < -\dfrac{4}{5}$, $0 < t$ より　　　$t = -1$, $\dfrac{1}{5}$

よって，点Rの座標は　　$(-1, -1)$, $\left(\dfrac{1}{5}, \dfrac{7}{5}\right)$　→シ〜チ

2　解答　(1)(あ) 0　(い) 1　(う) $\dfrac{\pi}{3}$　(え) $\dfrac{5\pi}{3}$　(2)(お) 1　(か) $\dfrac{\pi}{2}$　(き) $\dfrac{3\pi}{2}$

(3)(く) $\dfrac{\pi}{3}$　(け) $\dfrac{5\pi}{3}$　((く)・(け)は順不同)　(こ) 4　(さ) $\dfrac{11\pi}{6}$

(し) $6(\sqrt{2} + \sqrt{3} + \sqrt{6} + 2)$

(注)　(こ)・(さ)については，途中の過程の記述は省略。

━━━━◀解　説▶━━━━

≪複素数平面，1 の n 乗根，絶対値，偏角≫

$z_1 = wz_2$, $z_2 = wz_3$, $\cdots$, $z_{n-1} = wz_n$, $z_n = wz_1$ より

　　　$z_1 = w^2 z_3 = w^3 z_4 = \cdots = w^{n-1} z_n = w^n z_1$

　　　$(w^n - 1)z_1 = 0$　……①

ここで，$z_1 = 0$ ならば $z_2 = z_3 = \cdots = z_n = 0$ となり，z_1, z_2, $\cdots$, z_n が異なる n 個の複素数であることに反するので

　　　$z_1 \neq 0$

①より　　　$w^n = 1$　……②

(1)　$n = 3$ のとき，②より　　　$w^3 = 1$

　　　$w^3 - 1 = (w-1)(w^2 + w + 1) = 0$　……③

$w = 1$ ならば $z_1 = z_2 = z_3$ となり，z_1, z_2, z_3 が異なる 3 個の複素数であることに反するので

　　　$w \neq 1$

③より　　　$w^2 + w + 1 = 0$　→(あ)

$$\dfrac{z_3 - z_2}{z_1 - z_2} = \dfrac{\dfrac{1}{w}z_2 - z_2}{wz_2 - z_2} = \dfrac{\dfrac{1}{w} - 1}{w - 1} = \dfrac{1 - w}{w(w-1)} = -\dfrac{1}{w}$$

$w^2 + w + 1 = 0$ より，$w = \dfrac{-1 \pm \sqrt{3}\,i}{2}$ であるから

$$\dfrac{z_3 - z_2}{z_1 - z_2} = \dfrac{2}{1 \mp \sqrt{3}\,i} = \dfrac{2(1 \pm \sqrt{3}\,i)}{1 + 3} = \dfrac{1}{2} \pm \dfrac{\sqrt{3}}{2}i$$

よって

$$\left|\frac{z_3 - z_2}{z_1 - z_2}\right| = \sqrt{\frac{1}{4} + \frac{3}{4}} = 1 \quad \rightarrow\text{(い)}$$

$$\arg\frac{z_3 - z_2}{z_1 - z_2} = \frac{\pi}{3} \text{ または } \frac{5\pi}{3} \quad \rightarrow\text{(う), (え)}$$

(2) $n = 4$ のとき，②より $w^4 = 1$

$$w^4 - 1 = (w^2 - 1)(w^2 + 1) = 0 \quad \cdots\cdots④$$

$w^2 = 1$ ならば z_1, z_2, z_3, z_4 が異なる 4 個の複素数であることに反するので

$$w^2 \neq 1$$

④より $w^2 = -1$ $w = \pm i$

$$\frac{z_3 - z_2}{z_1 - z_2} = -\frac{1}{w} = -\frac{1}{\pm i} = \pm i$$

よって

$$\left|\frac{z_3 - z_2}{z_1 - z_2}\right| = 1 \quad \rightarrow\text{(お)}$$

$$\arg\frac{z_3 - z_2}{z_1 - z_2} = \frac{\pi}{2} \text{ または } \frac{3\pi}{2} \quad \rightarrow\text{(か), (き)}$$

(3) $n = 6$ のとき，②より $w^6 = 1$

$$w^6 - 1 = (w^3 - 1)(w^3 + 1) = (w^3 - 1)(w + 1)(w^2 - w + 1)$$
$$= 0 \quad \cdots\cdots⑤$$

$w^3 = 1$, $w = -1$ ならば z_1, z_2, $\cdots$, z_6 が異なる 6 個の複素数であることに反するので，⑤より

$$w^2 - w + 1 = 0$$

$$w = \frac{1 \pm \sqrt{3}i}{2} = \frac{1}{2} \pm \frac{\sqrt{3}}{2}i$$

$$\arg w = \frac{\pi}{3} \text{ または } \frac{5\pi}{3} \quad \rightarrow\text{(く), (け)}$$

$n = 12$ のとき，②より $w^{12} = 1$

$$w^{12} - 1 = (w^6 - 1)(w^6 + 1) = (w^6 - 1)(w^2 + 1)(w^4 - w^2 + 1)$$
$$= 0 \quad \cdots\cdots⑥$$

$w^6 = 1$, $w^2 = -1$ ならば z_1, z_2, $\cdots$, z_{12} が異なる 12 個の複素数であることに反するので，⑥より

$$w^4 - w^2 + 1 = 0$$
$$w^2 = \frac{1 \pm \sqrt{3}i}{2} = \frac{1}{2} \pm \frac{\sqrt{3}}{2}i$$

よって，$\arg w^2 = \dfrac{\pi}{3}$, $\dfrac{5\pi}{3}$, $\dfrac{7\pi}{3}$, $\dfrac{11\pi}{3}$ であるが，$\arg w^2 = 2\arg w$ であるから

$$\arg w = \frac{\pi}{6}, \frac{5\pi}{6}, \frac{7\pi}{6}, \frac{11\pi}{6}$$

w の偏角は 4 個存在し，大きさが最大のものは $\dfrac{11\pi}{6}$ である。 →(こ)，(さ)

$n = 24$ のとき，② より $\quad w^{24} = 1$
$$w^{24} - 1 = (w^{12} - 1)(w^{12} + 1) = (w^{12} - 1)(w^4 + 1)(w^8 - w^4 + 1)$$
$$= 0 \quad \cdots\cdots ⑦$$

$w^{12} = 1$, $w^4 = -1$ ならば z_1, z_2, $\cdots$, z_{24} が異なる 24 個の複素数であることに反するので，⑦ より

$$w^8 - w^4 + 1 = 0$$
$$w^4 = \frac{1 \pm \sqrt{3}i}{2} = \frac{1}{2} \pm \frac{\sqrt{3}}{2}i$$

よって，$\arg w^4 = \dfrac{\pi}{3}$, $\dfrac{5\pi}{3}$, $\dfrac{7\pi}{3}$, $\dfrac{11\pi}{3}$, $\dfrac{13\pi}{3}$, $\dfrac{17\pi}{3}$, $\dfrac{19\pi}{3}$, $\dfrac{23\pi}{3}$ であるが，$\arg w^4 = 4\arg w$ であるから

$$\arg w = \frac{\pi}{12}, \frac{5\pi}{12}, \frac{7\pi}{12}, \frac{11\pi}{12}, \frac{13\pi}{12}, \frac{17\pi}{12}, \frac{19\pi}{12}, \frac{23\pi}{12}$$

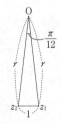

$\arg w = \dfrac{\pi}{12}$, $|z_1 - z_2| = 1$ のとき，z_1, z_2, $\cdots$, z_{24} を頂点とする図形は 1 辺の長さが 1 の正 24 角形である。この正 24 角形が内接する円の中心を O とすると $\angle z_1 O z_2 = \dfrac{\pi}{12}$ であり，円の半径を r とすると，余弦定理より

$$1 = r^2 + r^2 - 2r^2 \cos\frac{\pi}{12}$$
$$1 = 2r^2\left(1 - \cos\frac{\pi}{12}\right) \quad \cdots\cdots ⑧$$

ここで

$$\cos^2\frac{\pi}{12}=\frac{1+\cos\frac{\pi}{6}}{2}=\frac{1+\frac{\sqrt{3}}{2}}{2}=\frac{2+\sqrt{3}}{4}=\frac{4+2\sqrt{3}}{8}=\frac{(\sqrt{3}+1)^2}{8}$$

$\cos\dfrac{\pi}{12}>0$ より，$\cos\dfrac{\pi}{12}=\dfrac{\sqrt{3}+1}{2\sqrt{2}}=\dfrac{\sqrt{6}+\sqrt{2}}{4}$ だから，⑧へ代入して

$$1=2r^2\left(1-\frac{\sqrt{6}+\sqrt{2}}{4}\right)$$

$$1=\frac{4-\sqrt{6}-\sqrt{2}}{2}r^2$$

$$r^2=\frac{2}{4-\sqrt{6}-\sqrt{2}}$$

$$\sin^2\frac{\pi}{12}=1-\cos^2\frac{\pi}{12}=1-\frac{2+\sqrt{3}}{4}=\frac{2-\sqrt{3}}{4}=\frac{4-2\sqrt{3}}{8}$$

$$=\frac{(\sqrt{3}-1)^2}{8}$$

$\sin\dfrac{\pi}{12}>0$ より　　$\sin\dfrac{\pi}{12}=\dfrac{\sqrt{3}-1}{2\sqrt{2}}=\dfrac{\sqrt{6}-\sqrt{2}}{4}$

$$\triangle Oz_1z_2=\frac{1}{2}r^2\sin\frac{\pi}{12}=\frac{1}{2}\cdot\frac{2}{4-\sqrt{6}-\sqrt{2}}\cdot\frac{\sqrt{6}-\sqrt{2}}{4}$$

$$=\frac{4+\sqrt{6}+\sqrt{2}}{16-(\sqrt{6}+\sqrt{2})^2}\cdot\frac{\sqrt{6}-\sqrt{2}}{4}$$

$$=\frac{4+\sqrt{6}+\sqrt{2}}{8-4\sqrt{3}}\cdot\frac{\sqrt{6}-\sqrt{2}}{4}$$

$$=\frac{1}{16}\cdot\frac{4\sqrt{6}-4\sqrt{2}+6-2}{2-\sqrt{3}}$$

$$=\frac{1}{4}\cdot\frac{1-\sqrt{2}+\sqrt{6}}{2-\sqrt{3}}$$

$$=\frac{1}{4}\cdot\frac{(1-\sqrt{2}+\sqrt{6})(2+\sqrt{3})}{4-3}$$

$$=\frac{2-2\sqrt{2}+2\sqrt{6}+\sqrt{3}-\sqrt{6}+3\sqrt{2}}{4}$$

$$=\frac{2+\sqrt{2}+\sqrt{3}+\sqrt{6}}{4}$$

よって，求める図形の面積は

東京理科大-工〈B方式〉　　　　　　　　　　　　2023 年度　数学〈解答〉　*97*

$$24 \times \frac{2+\sqrt{2}+\sqrt{3}+\sqrt{6}}{4} = 6\,(\sqrt{2}+\sqrt{3}+\sqrt{6}+2) \quad \to (\text{し})$$

3 解答　(1)(あ) 0　　(2)(い) 0

(3)(う) $-\dfrac{a}{b}$　(え) $e^{-(a+1)}$　(お) $\dfrac{1}{b}\{\log\,(3+\sqrt{5}\,)-\log 2-a\}$

(か) $\dfrac{1}{b}\{\log\,(3-\sqrt{5}\,)-\log 2-a\}$

(4)(き) $-\dfrac{\pi}{4be^{2a}}$

（注）(き)については，途中の過程の記述は省略。

◀解　説▶

≪関数の極限，極値，変曲点，回転体の体積≫

(1)　　$\displaystyle\lim_{x\to\infty}e^{bx}g\,(x)=\lim_{x\to\infty}e^{bx}\cdot e^{-f(x)}=\lim_{x\to\infty}e^{bx-f(x)}$

ここで，$b<0$ より

$$\lim_{x\to\infty}\{bx-f\,(x)\}=\lim_{x\to\infty}(bx-e^{a+bx})=-\infty$$

であるから　　$\displaystyle\lim_{x\to\infty}e^{bx}g\,(x)=0 \quad \to (\text{あ})$

(2)　$bx=t$ とおくと，$b<0$ より，$x\to-\infty$ のとき　　$t\to\infty$

$$\lim_{x\to-\infty}e^{bx}g\,(x)=\lim_{t\to\infty}e^{t}g\!\left(\frac{t}{b}\right)=\lim_{t\to\infty}e^{t}\cdot e^{-f\left(\frac{t}{b}\right)}=\lim_{t\to\infty}e^{t-f\left(\frac{t}{b}\right)}$$

ここで

$$\lim_{t\to\infty}\left\{t-f\!\left(\frac{t}{b}\right)\right\}=\lim_{t\to\infty}(t-e^{a+t})=\lim_{t\to\infty}e^{t}\!\left(\frac{t}{e^{t}}-e^{a}\right)=-\infty$$

であるから　　$\displaystyle\lim_{x\to-\infty}e^{bx}g\,(x)=0 \quad \to (\text{い})$

(3)　$y=e^{bx}g\,(x)$ より

$$y'=be^{bx}g\,(x)+e^{bx}g'\,(x)=e^{bx}\{bg\,(x)+g'\,(x)\}$$

ここで，$g\,(x)=e^{-f(x)}$，$f\,(x)=e^{a+bx}$ より

$$g'\,(x)=-e^{-f(x)}\cdot f'\,(x)=-e^{-f(x)}\cdot be^{a+bx}=-be^{a+bx}g\,(x)$$

であるから

$$y'=e^{bx}\{bg\,(x)-be^{a+bx}g\,(x)\}=be^{bx}g\,(x)\,(1-e^{a+bx})$$

$y'=0$ となる x の値は，$e^{bx}>0$, $g(x)>0$ より
$$1 = e^{a+bx}$$
$$0 = a+bx$$
$$x = -\frac{a}{b}$$

x	$\cdots$	$-\dfrac{a}{b}$	$\cdots$
y'	$+$	0	$-$
y	↗	極大	↘

増減表より，$x=-\dfrac{a}{b}$ のとき極大値

$$e^{-a}g\left(-\frac{a}{b}\right) = e^{-a}e^{-f\left(-\frac{a}{b}\right)} = e^{-a}\cdot e^{-1} = e^{-(a+1)}$$

をとる。 →(う), (え)

$$y'' = b\{e^{bx}g(x)\}'(1-e^{a+bx}) + be^{bx}g(x)\cdot(-be^{a+bx})$$
$$= b^2 e^{bx}g(x)(1-e^{a+bx})^2 - b^2 e^{bx}g(x)\cdot e^{a+bx}$$
$$= b^2 e^{bx}g(x)\{(1-e^{a+bx})^2 - e^{a+bx}\}$$
$$= b^2 e^{bx}g(x)\{(e^{a+bx})^2 - 3e^{a+bx} + 1\}$$

$y''=0$ となる x の値は，$e^{bx}>0$, $g(x)>0$ より

$$(e^{a+bx})^2 - 3e^{a+bx} + 1 = 0$$

$$e^{a+bx} = \frac{3\pm\sqrt{5}}{2}$$

$$a+bx = \log\frac{3\pm\sqrt{5}}{2}$$

$$x = \frac{1}{b}\left(\log\frac{3\pm\sqrt{5}}{2} - a\right)$$

曲線 C の変曲点の x 座標の大小関係は，$b<0$ に注意して

$$\frac{1}{b}\{\log(3+\sqrt{5}) - \log 2 - a\} < \frac{1}{b}\{\log(3-\sqrt{5}) - \log 2 - a\}$$

→(お), (か)

(4) $V(t) = \pi\displaystyle\int_{-t}^{t}\{e^{bx}g(x)\}^2 dx$
$= \pi\displaystyle\int_{-t}^{t}\left\{\frac{1}{e^a}\cdot f(x)\cdot e^{-f(x)}\right\}^2 dx$
$= \dfrac{\pi}{e^{2a}}\displaystyle\int_{-t}^{t}\{f(x)\cdot e^{-f(x)}\}^2 dx$

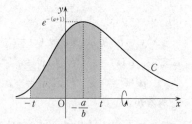

ここで，$f(x) = s$ とおくと
$$f'(x)dx = ds$$

東京理科大-工〈B方式〉　　　　　　　　　　　　　　2023 年度　数学〈解答〉　*99*

すなわち　　　$be^{a+bx}dx = ds$

よって　　　$dx = \dfrac{1}{bs}ds$

x	$-t \to t$
s	$f(-t) \to f(t)$

$$V(t) = \frac{\pi}{e^{2a}}\int_{f(-t)}^{f(t)}(se^{-s})^2\frac{1}{bs}ds = \frac{\pi}{be^{2a}}\int_{f(-t)}^{f(t)}se^{-2s}ds$$

$$= \frac{\pi}{be^{2a}}\left\{\left[s\left(-\frac{1}{2}e^{-2s}\right)\right]_{f(-t)}^{f(t)} - \int_{f(-t)}^{f(t)}\left(-\frac{1}{2}e^{-2s}\right)ds\right\}$$

$$= \frac{\pi}{be^{2a}}\left\{-\frac{1}{2}e^{-2f(t)}f(t) + \frac{1}{2}e^{-2f(-t)}f(-t) + \left[-\frac{1}{4}e^{-2s}\right]_{f(-t)}^{f(t)}\right\}$$

$$= \frac{\pi}{be^{2a}}\left\{-\frac{1}{2}e^{-2f(t)}f(t) + \frac{1}{2}e^{-2f(-t)}f(-t) - \frac{1}{4}e^{-2f(t)} + \frac{1}{4}e^{-2f(-t)}\right\}$$

$b<0$ より

$$\lim_{t\to\infty}f(t) = \lim_{t\to\infty}e^{a+bt} = 0, \quad \lim_{t\to\infty}f(-t) = \lim_{t\to\infty}e^{a-bt} = \infty$$

であるから

$$\lim_{t\to\infty}e^{-2f(t)} = 1, \quad \lim_{t\to\infty}e^{-2f(-t)} = 0, \quad \lim_{t\to\infty}e^{-2f(t)}f(t) = 0$$

$f(-t) = u$ とおくと，$t\to\infty$ のとき $u\to\infty$ より

$$\lim_{t\to\infty}e^{-2f(-t)}f(-t) = \lim_{u\to\infty}e^{-2u}\cdot u = \lim_{u\to\infty}\frac{u}{e^{2u}} = 0$$

以上より

$$\lim_{t\to\infty}V(t) = \frac{\pi}{be^{2a}}\left\{0 + 0 - \frac{1}{4}\cdot 1 + 0\right\} = -\frac{\pi}{4be^{2a}} \quad \to(き)$$

❖講　評

　2023 年度も例年同様，1が小問 3 問からなるマークシート法の問題，2，3が記述式で答えを記入する（一部解答を導く過程も書く）問題が出題された。難易度は 2022 年度と同程度と考えられる。

　1　(1)分数関数の極限，グラフについての問題。(a)，(b)は容易に解ける。(c)でグラフを描くと $x>1$ のとき $f(x)$ の値が整数となる整数 x の範囲が $2 \leqq x \leqq 8$ であることがわかる。(2)平面ベクトルを用いた三角形の面積比についての問題。(a)，(b)は典型的な設問。(c)は(b)と同様に考えて

いく。(d)は三角形 ABE と三角形 ACF の面積がともに $\frac{1}{5}S_1$ に等しいことを用いて $\overrightarrow{AE}$, $\overrightarrow{AF}$ をそれぞれ p, q, $\overrightarrow{AB}$, $\overrightarrow{AC}$ で表し，3点A，F，Eが一直線上にあることより得られる p, q の関係式と(c)の結果を連立させて p の値を求める。文字を多く含む計算になるのでミスなく解きたい。(3)図形と方程式の円と直線の問題。(a)接線の方程式は〔解答〕の方法以外に接線公式を用いる方法もある。直線 PQ は極線と呼ばれるもので，その方程式は公式となっている。これを知っていれば容易に求められる。(b)点Rの座標を求めれば極線の方程式の公式が使える。(c)点Rの座標を文字を用いておくと，直線 ST の方程式が求められる。円の方程式と連立させ，S，Tの x 座標（または y 座標）を求める。点Aが直線ST上にあることから線分 AS の中点がTとなることを活用する。

　$\boxed{2}$　複素数平面の回転についての問題。まず条件を用いて $w^n=1$ を出しておくとよい。(1) $w^3=1$ を解く。$w=1$ ならば $z_1=z_2=z_3$ となり条件に反するので $w^2+w+1=0$ となる。これより w を求め，$\frac{z_3-z_2}{z_1-z_2}$ を w で表し，絶対値と偏角を求める。(2) $w^4=1$ を解く。$w^2=1$ ならば $z_1=z_3$, $z_2=z_4$ となって条件に反するので $w^2=-1$ となる。あとは(1)と同様。(3) $n=6$ のときは $w^6=1$ を解く。w^2 を求め，$\arg w^2=2\arg w$ により $\arg w$ を出す。$n=12$, $n=24$ のときも同様に考える。

　$\boxed{3}$　極限，微・積分法の問題。(1) $\lim_{x\to\infty}e^{bx-f(x)}$ まで変形し，まず $\lim_{x\to\infty}\{bx-f(x)\}$ を考えると混乱しない。(2) $\lim_{x\to\infty}\dfrac{x}{e^x}=0$ を使うために，$bx=t$ とおく。あとは(1)と同様に考えていけばよい。(3) y', y'' を計算し解いていくが，$g'(x)=-be^{a+bx}g(x)$ のように $g(x)$ で表せるときは表して計算するとよい。(4) $V(t)$ を定積分で表し，$f(x)=s$ とおいて置換積分法を用いると，部分積分法が使える形になる。$V(t)$ が計算できたら，$\lim_{t\to\infty}V(t)$ を求めるが，ここでも $\lim_{x\to\infty}\dfrac{x}{e^x}=0$ を使うことになる。

東京理科大-工〈B方式〉　　　　　　　　　　　2023 年度　物理〈解答〉　*101*

■物理■

（注）　解答は，東京理科大学から提供のあった情報を掲載しています。

1　解答

(1)(ア)— 6　　(イ)— 7　　(ウ)— 3

(2)(エ)— 1　　(オ)— 2　　(カ)— 3　　(キ)— 6

◀解　説▶

≪台車内での物体の衝突と単振動≫

(1)(ア)　台車から見た小物体の運動方程式は慣性力を考慮し，加速度を $\beta\,[\mathrm{m/s^2}]$ とすると

$$m\beta = -m\alpha + \mu mg$$

$$\therefore\quad \beta = -\alpha + \mu g\,[\mathrm{m/s^2}]$$

これより，求める相対速度 $v_0\,[\mathrm{m/s}]$ は

$$v_0 = \beta T = -(\alpha - \mu g)\,T\,[\mathrm{m/s}]$$

(イ)　台車と小物体は互いに摩擦力を介して運動している。それぞれについて加速度を $a_台\,[\mathrm{m/s^2}]$，$a_小\,[\mathrm{m/s^2}]$ として運動方程式を立てる。

$$台車：Ma_台 = -\mu mg \qquad \therefore\quad a_台 = -\frac{\mu mg}{M}\,[\mathrm{m/s^2}]$$

$$小物体：ma_小 = \mu mg \qquad \therefore\quad a_小 = \mu g\,[\mathrm{m/s^2}]$$

台車から見た小物体の相対加速度 $a_{台小}\,[\mathrm{m/s^2}]$ は

$$a_{台小} = a_小 - a_台 = \mu g - \left(-\frac{\mu mg}{M}\right) = \frac{M+m}{M}\mu g\,[\mathrm{m/s^2}]$$

一体となるのは台車に対する小物体の相対速度が 0 になるときで，要する時間を $t\,[\mathrm{s}]$ とすると，等加速度運動の公式より

$$v_0 + a_{台小}t = 0$$

これより　　$-(\alpha - \mu g)\,T + \dfrac{M+m}{M}\mu gt = 0$

$$\therefore\quad t = \frac{M(\alpha - \mu g)}{(M+m)\,\mu g}T\,[\mathrm{s}]$$

(ウ)　等加速度運動の公式より，この間の変位を $X\,[\mathrm{m}]$ とすると

$$0^2 - v_0{}^2 = 2a_{台小}X$$

これまでの式を代入して

$$0^2 - \{-(\alpha - \mu g)\,T\}^2 = 2\frac{M+m}{M}\mu g X$$

$$X = -\frac{M(\alpha - \mu g)^2 T^2}{2(M+m)\mu g}\,〔\mathrm{m}〕$$

変位ではなく距離を問われているので $\dfrac{M(\alpha - \mu g)^2 T^2}{2(M+m)\mu g}\,〔\mathrm{m}〕$ を選択する。

(2)(エ) 台車から見て小物体Aにはたらく慣性力と弾性力がつり合うとき，ばねが縮む長さ $x_0〔\mathrm{m}〕$ は

$$kx_0 = m_A\alpha \qquad \therefore \quad x_0 = \frac{m_A\alpha}{k}\,〔\mathrm{m}〕$$

となる。このつり合いの位置を原点として図で右向きを正として，台車から見た物体の運動方程式は，加速度を $a〔\mathrm{m/s^2}〕$ として

$$m_A a = -m_A\alpha - k(x - x_0) = -m_A\alpha - kx + kx_0$$

（小物体の変位 x，運動方向とも正の向きは図1−2のようにとって式を作っていることに注意。）
ここで，$kx_0 = m_A\alpha$ であったので

$$m_A a = -kx \qquad \therefore \quad a = -\frac{k}{m_A}x〔\mathrm{m/s^2}〕$$

これより，つり合いの位置を中心とした振幅 $\dfrac{m_A\alpha}{k}〔\mathrm{m}〕$ の単振動が始まることがわかる。

この単振動の角振動数を $\omega〔\mathrm{rad/s}〕$ とすると，加速度 a は $a = -\omega^2 x$ とも表されるので，角振動数 ω は $\omega = \sqrt{\dfrac{k}{m_A}}〔\mathrm{rad/s}〕$，周期 $T_1〔\mathrm{s}〕$ は

$$T_1 = \frac{2\pi}{\omega} = 2\pi\sqrt{\frac{m_A}{k}}〔\mathrm{s}〕$$ である。小物体Aの台車に対する相対速度がゼロになる時刻は，小物体が振動の右端から左端に移動するのに要する時間 $t_1〔\mathrm{s}〕$ となるので，周期の半分となるから

$$t_1 = \frac{1}{2}T_1 = \pi\sqrt{\frac{m_A}{k}}〔\mathrm{s}〕$$

とわかる。

東京理科大-工〈B方式〉　　　　　　　　　　　　　　　　　　　2023 年度　物理〈解答〉　*103*

(オ)　先の考察から，ばねは振幅の2倍，つまり $\dfrac{2m_A\alpha}{k}$〔m〕だけ縮んでいることがわかる。

(カ)　衝突直前の小物体Bの台車に対する速度 v〔m/s〕は

$$v = -\alpha t_1 = -\pi\alpha\sqrt{\dfrac{m_A}{k}}\ \text{〔m/s〕}$$

である。衝突直後の小物体Aと小物体Bの台車に対する速度を v_A〔m/s〕，v_B〔m/s〕とおくと，運動量保存則より

$$m_A v_A + m_B v_B = m_B v \quad \cdots\cdots①$$

弾性衝突より　　　$-\dfrac{v_A - v_B}{0 - v} = 1 \quad \cdots\cdots②$

②式より　　　$v_B = v_A - v$

①式に代入して　　　$m_A v_A + m_B(v_A - v) = m_B v$

$$v_A = \dfrac{2m_B}{m_A + m_B}v = -\dfrac{2\pi m_B\alpha}{m_A + m_B}\sqrt{\dfrac{m_A}{k}}\ \text{〔m/s〕}$$

これより，相対速度の大きさは　　　$\dfrac{2\pi m_B\alpha}{m_A + m_B}\sqrt{\dfrac{m_A}{k}}$

(キ)　衝突直後から台車の速度は一定に保たれている（慣性系）ので，台車に対する小物体Aの運動エネルギーとばねの弾性エネルギーの和が保存する。求めるばねの伸縮量を A〔m〕とすると

$$\dfrac{1}{2}k(2x_0)^2 + \dfrac{1}{2}m_A v_A{}^2 = \dfrac{1}{2}kA^2$$

既出の量を代入して

$$\dfrac{1}{2}k\dfrac{4m_A{}^2\alpha^2}{k^2} + \dfrac{1}{2}m_A\dfrac{4\pi^2 m_B{}^2\alpha^2}{(m_A + m_B)^2}\cdot\dfrac{m_A}{k} = \dfrac{1}{2}kA^2$$

整理して

$$A^2 = \dfrac{4m_A{}^2\alpha^2}{k^2} + m_A\dfrac{4\pi^2 m_B{}^2\alpha^2}{(m_A + m_B)^2}\cdot\dfrac{m_A}{k^2}$$

$$\therefore\ A = \dfrac{2m_A\alpha}{k}\sqrt{1 + \left(\dfrac{\pi m_B}{m_A + m_B}\right)^2}\ \text{〔m〕}$$

104 2023 年度 物理〈解答〉　　　　　　　　　　　　　　東京理科大-工〈B方式〉

② 解答

(1)(ク)— 4　(ケ)— 1　(コ)— 3　(サ)— 3
(2)(シ)— 7　(ス)— 1　(セ)— 5　(3)(ソ)— 3　(タ)— 6

◆解　説▶

≪1次関数的に変化する磁場による電磁誘導，交流の発生≫

(1)(ク)　ファラデーの電磁誘導の法則より，1回巻きコイルの単位時間当たりの磁束の変化量に等しい誘導起電力が生じる。図2−2で磁束密度 B の単位時間当たりの変化量は常に一定で，コイルの面積を掛けた単位時間当たりの磁束の変化量も一定となる。ゆえに，一定の起電力が生じ，一定の大きさの電流が流れる。

(ケ)　レンツの法則より，磁束の変化を打ち消すような誘導電流が流れるので，磁束は常に増加していることから，D→C→B→Aの向きに誘導電流が流れる。

(コ)　(ケ)の考察より，回路に生じる誘導起電力の大きさ V_1〔V〕は

$$V_1 = \frac{B_0 ab}{T}〔V〕$$

で一定であり，これより，回路を流れる電流の大きさ I_1〔A〕は

$$I_1 = \frac{V_1}{R} = \frac{B_0 ab}{RT}〔A〕$$

で一定である。

(サ)　消費電力と等しい熱を発熱するから，求める熱量 P〔W〕は

$$P = I_1^2 R = \left(\frac{B_0 ab}{RT}\right)^2 R = \frac{B_0^2}{RT^2} a^2 b^2 〔W〕$$

(2)(シ)　図2−3では単位時間当たりの磁束の変化量の大きさが $\frac{2B_0}{T} ab$〔Wb/s〕で増加と減少を繰り返しているので，生じる誘導起電力の大きさと流れる誘導電流の大きさは一定であり，誘導電流の向きは磁束が増加のときにD→C→B→A，減少のときにA→B→C→Dの向きとなる。

(ス)　求める電流の大きさ I_2〔A〕は，(コ)と同様に考えて

$$I_2 = \frac{2B_0}{RT} ab〔A〕$$

流れる誘導電流の向きは磁束密度が増加しているときなので，レンツの法則より，D→C→B→Aの向きである。ゆえに

東京理科大-工〈B方式〉　　　　　　　　　　2023 年度　物理〈解答〉　105

$$-\frac{2B_0}{RT}ab\,〔\mathrm{A}〕$$

を選択する。

(セ)　消費電力量に等しいので，求めるエネルギー $Q〔\mathrm{J}〕$ は

$$Q=I_2{}^2RT=\Bigl(\frac{2B_0}{RT}ab\Bigr)^2RT=\frac{4{B_0}^2}{RT}a^2b^2〔\mathrm{J}〕$$

(3)(ソ)　直線 QR が磁場を横切り誘導起電力を発生している。磁場を垂直方向に横切る速さが最大になるのは回転する直線 QR 部分が図 2 ― 4 の位置にあるときで，その速さ $v〔\mathrm{m/s}〕$ は円運動の公式より

$$v=h\omega〔\mathrm{m/s}〕$$

これより，生じる誘導起電力の大きさの最大値 $V_3〔\mathrm{V}〕$ は

$$V_3=vBl=h\omega Bl〔\mathrm{V}〕$$

となる。求める最大電流 $I_3〔\mathrm{A}〕$ の大きさは

$$I_3=\frac{V_3}{R}=\frac{\omega Bhl}{R}〔\mathrm{A}〕$$

(タ)　回路には交流電流が流れ，その実効値 $I_e〔\mathrm{A}〕$ は，最大値 I_3 を用いて

$$I_e=\frac{I_3}{\sqrt{2}}=\frac{\omega Bhl}{\sqrt{2}\,R}〔\mathrm{A}〕$$

また，QR が 1 回転するのに要する時間 $T'〔\mathrm{s}〕$ は

$$T'=\frac{2\pi}{\omega}〔\mathrm{s}〕$$

これより，消費電力量 $Q_3〔\mathrm{J}〕$ は

$$Q_3=I_e{}^2RT'=\Bigl(\frac{\omega Bhl}{\sqrt{2}\,R}\Bigr)^2R\frac{2\pi}{\omega}=\frac{\pi\omega B^2h^2l^2}{R}〔\mathrm{J}〕$$

3　解答　

(チ) $1.3\times10^{+0}$　(ツ) $3.0\times10^{+2}$　(テ) 2.0×10^{-4}
(ト) 2.7×10^{-3}　(ナ) 2.0×10^{-3}　(ニ) 3.3×10^{-1}
(ヌ) $2.5\times10^{+2}$

◀解　説▶

≪円筒形容器内の気体の状態変化と複スリットによる光の干渉≫

(チ)　求める高さを $h_0〔\mathrm{m}〕$ とおいて，理想気体の状態方程式を立てる。

$$1.00\times10^5\times0.150h_0=8.00\times8.31\times(273+20.0)$$

より

$$h_0 = \frac{8.00 \times 8.31 \times (273 + 20.0)}{1.00 \times 10^5 \times 0.150} = 1.298\cdots \fallingdotseq 1.30 \fallingdotseq 1.3 \times 10^{+0} \,〔\mathrm{m}〕$$

(ツ) ピストンの重さによって生じる圧力が加わるが，最終的に体積に変化はないので，求める温度を T〔K〕としてボイル・シャルルの法則に当てはめて，両辺体積は同じなので消去し

$$\frac{1.00 \times 10^5 + \dfrac{17.0 \times 9.8}{0.150}}{T} = \frac{1.00 \times 10^5}{273 + 20}$$

より

$$T = \frac{\left(1.00 \times 10^5 + \dfrac{17.0 \times 9.8}{0.150}\right)}{1.00 \times 10^5} \times 293 = 296 \fallingdotseq 3.0 \times 10^{+2} \,〔\mathrm{K}〕$$

(テ) α が 1 より非常に小さいとき（$\alpha \ll 1$）に用いることができる近似式 $(1+\alpha)^n \fallingdotseq 1 + n\alpha$ を用いて，S_1P，S_2P を表す。

$$S_1P = \left\{ l^2 + \left(x + \frac{d}{2}\right)^2 \right\}^{\frac{1}{2}} = l \left\{ 1 + \left(\frac{x + \dfrac{d}{2}}{l}\right)^2 \right\}^{\frac{1}{2}} \,〔\mathrm{m}〕$$

ここで，l は x, d に比べて十分に長いので $\left(\dfrac{x + \dfrac{d}{2}}{l}\right)^2 \ll 1$ である。

$$S_1P = l \left\{ 1 + \left(\frac{x + \dfrac{d}{2}}{l}\right)^2 \right\}^{\frac{1}{2}} \fallingdotseq l \left\{ 1 + \frac{1}{2}\left(\frac{x + \dfrac{d}{2}}{l}\right)^2 \right\}$$

$$= l \left(1 + \frac{x^2 + xd + \dfrac{d^2}{4}}{2l^2} \right) 〔\mathrm{m}〕$$

同様に考えて

$$S_2P = \left\{ l^2 + \left(x - \frac{d}{2}\right)^2 \right\}^{\frac{1}{2}} \fallingdotseq l \left\{ 1 + \frac{1}{2}\left(\frac{x - \dfrac{d}{2}}{l}\right)^2 \right\}$$

$$= l \left(1 + \frac{x^2 - xd + \dfrac{d^2}{4}}{2l^2} \right) 〔\mathrm{m}〕$$

以上の結果より

$$S_1P - S_2P = \frac{xd}{l} = \frac{200 \times 10^{-6}}{1.00}x = 2.0 \times 10^{-4}x \,[\text{m}]$$

(ト) 干渉の明線条件は整数を m，光の波長を $\lambda[\text{m}]$ として $\frac{dx}{l} = m\lambda$ と表されるので，明線の位置 $x[\text{m}]$ は $x = m\frac{l\lambda}{d}[\text{m}]$ となり，初項 0，公差 $\frac{l\lambda}{d}$ の等差数列となることがわかる。これより，明線間隔 $\Delta x[\text{m}]$ は

$$\Delta x = \frac{l\lambda}{d} = \frac{1.00 \times 540 \times 10^{-9}}{200 \times 10^{-6}} = 2.70 \times 10^{-3} = 2.7 \times 10^{-3}\,[\text{m}]$$

(ナ) 屈折率 n の媒質中での光波の波長は $\frac{1}{n}$ 倍になるので，明線間隔 $\Delta x'[\text{m}]$ は

$$\Delta x' = \frac{l\lambda}{nd} = \frac{2.7 \times 10^{-3}}{1.33} = 2.03\cdots \times 10^{-3} \fallingdotseq 2.0 \times 10^{-3}\,[\text{m}]$$

(ニ) 複スリットとピストン上面までの距離を l' とする。明線間隔 $\Delta x''[\text{m}]$ は

$$\Delta x'' = \frac{l'\lambda}{1.33d} = \Delta x = \frac{l\lambda}{d}$$

ゆえに，$l' = 1.33l$ となるので，距離の増加分 $\Delta l[\text{m}]$ は

$$\Delta l = 1.33l - l = 0.33l = 0.33 \times 1.00 = 3.3 \times 10^{-1}\,[\text{m}]$$

(ヌ) このときの気体の圧力を $P[\text{Pa}]$ とする。媒質の密度は $1.00\,[\text{g/cm}^3] = 1.00 \times 10^3\,[\text{kg/m}^3]$ であること，スリットを通して大気圧も加わっていることに注意して，ピストンにはたらく力のつり合いの式を立てる。

$$P \times 0.150$$
$$= 17.0 \times 9.80 + 1.00 \times 10^3 \times 0.150 \times 1.33 \times 9.80 + 1.00 \times 10^5 \times 0.150$$
$$P = 1.14 \times 10^5\,[\text{Pa}]$$

これを用いて，求める温度を $T'[\text{K}]$ として，理想気体の状態方程式を立てる。

$$1.14 \times 10^5 \times 0.150 \times (1.30 - 0.33) = 8.00 \times 8.31 \times T'$$

$$T' = \frac{1.14 \times 10^5 \times 0.150 \times (1.30 - 0.33)}{8.00 \times 8.31} = 249.5\cdots \fallingdotseq 2.5 \times 10^{+2}\,[\text{K}]$$

❖講　評

　例年と問題量には変化がなかった。難易度的には少し易化した印象である。大問が小問に分かれているが，設定の変更に伴うものである。3は熱力学と波動の2分野を組み合わせたものであったが，ほとんど独立して考察すれば対応できた。また，3では数値計算を求められた。全体的には目新しい題材はなかった。問題数に比べて解答時間が短いので時間の使い方がポイントとなる。

　1　台車から見た物体の運動を終始問われている。前半は非慣性系，後半の衝突後は慣性系で取り扱いを切り替えることが大切である。(1)は相対加速度を使った運動の計算ができるかどうかを問われた。難しいものではないので完答したい。(2)の前半も慣性力を使って単振動の中心を求めることが鍵となる。小物体AとBの衝突後は台車から見たエネルギー保存則が成立することに気づけば解答に至る。

　2　全体として電磁誘導に関する基本的な出題であり，完答することが望ましいレベルである。(1)は「変化率」に注目すれば簡単である。(2)も変化率の大きさは磁束密度の増減に関わらず一定であるので，(1)と同様に解答できる。(3)の起電力は磁場を横切る導体に注目して交流起電力を考えることができれば簡単である。また，実効値を使って消費エネルギーを計算できることに気づいてほしい。

　3　気体の状態変化に関する部分は基本的なものであるので，ぜひ解答したい。複スリットによる干渉も教科書レベルであるので，光路差は記憶していた受験生がほとんどであろう。スリット間に媒質を入れた場合の取り扱いも傍用問題集レベルなので難しくはない。要は計算を丁寧に行いきっちりと解答することができたかどうかが分かれ目となる。

東京理科大-工〈B方式〉　　　　　　　　　　　2023 年度　化学〈解答〉　*109*

■■■■化学■■■■

（注）　解答は，東京理科大学から提供のあった情報を掲載しています。

1 **解答**　(1)—5　(2)—3　(3)①—1　②—9　③—4
(4)①ア—1　イ—5　②ウ—2　エ—5　オ—7
③—3　④ 42
(5) 38

◀解　説▶

≪最外殻電子数，二次電池，凝固点降下，糖類，ゴム，高分子≫

(1)　第 4 周期の遷移元素では，Cr と Cu の最外殻電子数が 1 個である。

(2)　二次電池は，充電により起電力を回復させ，繰り返し使える電池である。ニッケル水素電池は，ハイブリッドカーなどで用いられる。

(3)①　溶媒の水は，過冷却によって T_2〔℃〕で凝固が始まるが，過冷却がないとすれば，T_1〔℃〕が凝固点になる。溶液も過冷却によって T_5〔℃〕で凝固が始まる。水が凝固していくと，溶液の濃度が上昇し，凝固点が下がっていく。冷却曲線を逆方向に延長して，求めた T_3〔℃〕が凝固点である。凝固点降下度は，溶媒と溶液の凝固点の差である。

②　グルコース水溶液の体積は

$$\frac{(100-X)+7.20}{d}\text{〔mL〕}$$

モル濃度は

$$\frac{\dfrac{1000}{(100-X)+7.20}}{d}\times\frac{7.20}{180}=\frac{1000d}{(100-X)+7.20}\times\frac{7.20}{180}\text{〔mol/L〕}$$

となる。

③　凝固点降下度は，質量モル濃度に比例するので

$$1.11=1.85\times\frac{7.20}{180}\times\frac{1000}{100-X}\qquad\therefore\quad X=33.3\Rightarrow35\text{〔g〕}$$

(4)①　ヘミアセタール構造の一部が切れ，開環して，アルデヒド基（ホ

ルミル基）を生じる。

② グルコースはフェーリング液を還元する。

$$RCHO + 5OH^- + 2Cu^{2+} \longrightarrow RCOO^- + 3H_2O + Cu_2O$$

スクロースはヘミアセタール構造をもたないので，開環しない。還元性はない。スクロースの加水分解を転化といい，加水分解によって得られるグルコースとフルクトースの等量混合物を転化糖という。

③ ②の化学反応式の係数より，反応する還元糖と生成する酸化銅（Ⅰ）の物質量は等しい。水溶液A中に，x〔mol〕のスクロースが溶けているとする。実験1で還元性を示すのはマルトースのみで，b〔mol〕含まれる。実験2で加水分解すると，マルトースからは，$2b$〔mol〕のグルコースを，スクロースからは，x〔mol〕のグルコースとx〔mol〕のフルクトースを生じる。グルコースもフルクトースも還元糖である。よって

$$2b + 2x = c \qquad \therefore \quad x = \frac{c - 2b}{2}$$

求める濃度比は $\quad \dfrac{b}{\dfrac{c-2b}{2}} = \dfrac{2b}{c-2b}$

④ 1．誤文。トレハロースを加水分解して生じるのはグルコースのみで，ガラクトースは生じない。

2．正文。アミロースは直鎖状のらせん構造をとる。

4．誤文。メタノールではなく，エタノールが生じる。

$$C_6H_{12}O_6 \longrightarrow 2C_2H_5OH + 2CO_2$$

8．正文。ラクトースは還元性をもつ。

16．誤文。ビスコースレーヨンではなく，アセテート繊維が得られる。

32．正文。レーヨンは再生繊維である。

正文の番号の和は，$2 + 8 + 32 = 42$。

(5)1．誤文。架橋構造を形成するには，硫黄を加えて加熱する加硫が必要。

2．正文。シス形によって丸まった構造をとり，引っ張ると伸びるが，不安定で，丸まった構造に戻る。このようにして弾性をもつ。

4．正文。ポリアミド系合成繊維である。

8．誤文。硫酸ではなく，塩酸が得られる。

16．誤文。熱硬化性樹脂は再度加熱しても軟化しない。

東京理科大-工〈B方式〉   2023年度　化学〈解答〉 **111**

32. 正文。尿素樹脂は熱硬化性樹脂である。

正文の番号の和は，$2+4+32=38$。

$\boxed{2}$ **解答**　(1)— 4　　(2) $6.7\times10^{+0}$

(3) イ. 1.5×10^{-1}　　ウ. 8.0×10^{-1}　　エ. 5.0×10^{-2}

(4) 5.0×10^{-1}

━━━━━━━━　◀解　説▶　━━━━━━━━

≪気体の法則，蒸気圧≫

(1)　350 K の水の蒸気圧を x〔Pa〕とする。体積一定の条件下で窒素の分圧は，絶対温度に比例するので

$$P_1=\frac{350}{315}\times P_A+x \qquad \therefore \quad x=P_1-\frac{350}{315}\times P_A\,〔\mathrm{Pa}〕$$

(2)　気体の状態方程式より，$P=\dfrac{nRT}{V}$ である。350 K の水の蒸気圧 x を，315 K の気液平衡にある水の蒸気圧 X と比べると

$$\frac{x}{X}=\frac{\dfrac{\dfrac{5.4}{18}\times R\times 350}{V}}{\dfrac{\dfrac{5.4-3.6}{18}\times R\times 315}{2V}}=\frac{5.4\times350}{0.9\times315}=6.66\fallingdotseq 6.7\times10^{+0}$$

(3)　イ. P_1〔Pa〕では，窒素 n〔mol〕と $\dfrac{5.4}{18}$〔mol〕の水蒸気が含まれ，

P_2〔Pa〕では，窒素 $2n$〔mol〕と $\dfrac{5.4}{18}$〔mol〕の水蒸気が含まれる。

$P=\dfrac{nRT}{V}$ より

$$P_1-P_2=\frac{\left(n+\dfrac{5.4}{18}\right)\times R\times350}{V}-\frac{\left(2n+\dfrac{5.4}{18}\right)\times R\times350}{2V}$$

$$=1.5\times10^{-1}\times350\times\frac{R}{V}\,〔\mathrm{Pa}〕$$

ウ. 操作③終了時の窒素の分圧を y〔Pa〕とする。窒素についてボイルの法則を適用すると

$$P_A V + P_A V = y \times 2.5V \qquad \therefore \quad y = 8.0 \times 10^{-1} \times P_A \text{[Pa]}$$

エ. 操作②と操作③の温度が 315 K のとき，水は気液平衡であるので，操作③の水の蒸気圧も X [Pa] である。この場合，水蒸気の物質量は，体積に比例するので，操作③の水の物質量は

$$\frac{5.4 - 3.6}{18} \times \frac{2.5V}{2V} = 0.125 \text{[mol]}$$

求める水の蒸気圧を P [Pa] として，気体の状態方程式を適用する。

$$P \times 2.5V = 0.125 \times R \times 315$$

$$\therefore \quad P = 5.0 \times 10^{-2} \times 315 \times \frac{R}{V} \text{[Pa]}$$

(4) 操作③の容器内の気体の全圧は P_A [Pa] であり，ウより，窒素の分圧は $0.80 P_A$ [Pa] である。ドルトンの分圧の法則より，水の蒸気圧は

$$P_A - 0.80 P_A = 0.20 P_A \text{[Pa]}$$

分圧と物質量は比例するので，窒素の物質量は

$$0.125 \times \frac{0.80 P_A}{0.20 P_A} = 5.0 \times 10^{-1} \text{[mol]}$$

3 解答

(1) アー6　イー2　ウー8　エー8　オー7

(2) ① -1　② -2　③ $+0$

(3) カ. 08　キ. 05　ク. 04　ケ. 06　コ. 05　サ. 08　シ. 05

(4) 26　(5) ー2

◀解　説▶

≪酸化還元滴定≫

(1) 相手から電子を受け取って相手を酸化する物質を酸化剤という。自身は還元され，酸化数は減少する。

相手に電子を与えて相手を還元する物質を還元剤という。自身は酸化され，酸化数は増加する。

(2) それぞれの酸化数を示す。

酸化剤：$H_2\underline{O}_2 + 2H^+ + 2e^- \longrightarrow 2H_2\underline{O}$
　　　　　-1　　　　　　　　　　-2

還元剤：$H_2\underline{O}_2 \longrightarrow \underline{O}_2 + 2H^+ + 2e^-$
　　　　　-1　　　　0

(3) 左辺の O 原子数から，クは 4。右辺の H 原子数からカは 8。キを 5 に

東京理科大-工〈B方式〉　　　　　　　　　　　　2023 年度　化学〈解答〉　*113*

すれば，両辺の電荷がそろう。

$$MnO_4{}^- + 8H^+ + 5e^- \longrightarrow Mn^{2+} + 4H_2O \quad \cdots\cdots ①$$

$$H_2O_2 \longrightarrow O_2 + 2H^+ + 2e^- \qquad\qquad \cdots\cdots ②$$

$2×①+5×②$ により，e^- を消去し，整理すると

$$2MnO_4{}^- + 6H^+ + 5H_2O_2 \longrightarrow 2Mn^{2+} + 8H_2O + 5O_2$$

(4)　1．誤文。滴下した過マンガン酸カリウム水溶液の赤紫色が消えなくなった点が終点である。

4．誤文。硝酸は酸化剤であり，塩酸は還元剤になるので，どちらも滴定に不適。

32．誤文。乾燥機で加熱するとガラス器具の形状が変化してしまう。

正文の番号の和は，$2+8+16=26$。

(5)　過酸化水素の濃度を m〔mol/L〕とすると，物質量比の関係から

$$KMnO_4 : H_2O_2 = 2 : 5 = \frac{cz}{1000} : \frac{mx}{1000} \times \frac{y}{10x}$$

$$\therefore \quad m = \frac{25cz}{y}\text{〔mol/L〕}$$

4　解答

(1) $1.69 \times 10^{+0}$　(2) 064　(3)— 3　(4)— 4　(5)— 2

(6)— 6

◀解　説▶

≪塩の推定，量的関係≫

(1)・(2)　金属元素 X は H^+ との間では酸化還元反応が起こらないので，イオン化傾向は水素より小さい。タンパク質の水溶液を赤紫色に呈色するのはビウレット反応であり，正塩 A は，$CuSO_4$ とわかる。ミョウバンは $AlK(SO_4)_2 \cdot 12H_2O$ であり，$SO_4{}^{2-}$ は Pb^{2+} と反応して $PbSO_4$ の白色沈殿を生じるため陰イオン Y は $SO_4{}^{2-}$ と確認できる。

海水中に豊富に存在する陰イオン Z は，Cl^- である。Pb^{2+} と反応して，白色沈殿 $PbCl_2$ を生成する。その正塩 NaCl は，アンモニアソーダ法の原料になる。

$$2NaCl + CaCO_3 \longrightarrow Na_2CO_3 + CaCl_2$$

X と Z からなる正塩 B は，$CuCl_2$ である。これに水酸化ナトリウム水溶液を加えると，化合物 C である水酸化銅(Ⅱ)の青白色沈殿が生じる。

114 2023 年度　化学〈解答〉　　　　　　　　　　　　　　　　東京理科大-工〈B方式〉

$$CuCl_2 + 2NaOH \longrightarrow Cu(OH)_2 + 2NaCl$$

化合物Cの沈殿を加熱すると，化合物Dである黒色の酸化銅(Ⅱ)を生成する。

$$Cu(OH)_2 \longrightarrow CuO + H_2O$$

正塩B $CuCl_2$ のモル質量が正塩Bの水和物の 0.788 倍であるので，質量も 0.788 倍である。正塩Bの質量は $0.788w$〔g〕になる。

$0.788w$〔g〕の $CuCl_2$ と $0.466w$〔g〕の CuO の物質量は等しいので

$$\frac{0.788w}{M} = \frac{0.466w}{N} \qquad \therefore \quad \frac{M}{N} = 1.690 \fallingdotseq 1.69 \times 10$$

Cu の原子量を m とすると

$$\frac{0.788w}{m + 2 \times 35.5} = \frac{0.466w}{m + 16} \qquad \therefore \quad m = 63.5 \fallingdotseq 64$$

(3)　1．誤文。熱・電気伝導性は銀が最大，次いで銅。

2．誤文。銅の硫化物は黒色。

3．正文。$Cu + 4HNO_3 \longrightarrow Cu(NO_3)_2 + 2H_2O + 2NO_2$

4．誤文。イオン化傾向が小さいので，銅は水と反応しない。

5．誤文。水酸化銅(Ⅱ)$Cu(OH)_2$ は，青白色である。

(4)　正塩Aは，硫酸銅(Ⅱ)$CuSO_4$ である。強酸と弱塩基からなる正塩は，水溶液中で加水分解し，酸性を示す。

(5)　正塩Bの水和物の組成式を $CuCl_2 \cdot nH_2O$ とする。$CuCl_2$ のモル質量は，$CuCl_2 \cdot nH_2O$ の 0.788 倍であるので

$$\frac{63.5 + 2 \times 35.5}{63.5 + 2 \times 35.5 + 18n} = 0.788 \qquad \therefore \quad n = 2.0 \fallingdotseq 2$$

(6)　化合物Dの酸化銅(Ⅱ)CuO は黒色，化合物Eの酸化銅(Ⅰ)Cu_2O は赤色。

$\boxed{5}$　**解答**　(1)A—01　B—02　C—15　D—07　E—05　F—01
(2)ア—1　イ—3　(3)—1　(4)—3　(5)オ—1　カ—3
(6)キ—1　ク—3　(7)ケ—2　コ—5　(8)14

◀解　説▶

≪分子間力と沸点・融点の関係≫

(1)　分子間力には，ファンデルワールス力と水素結合がある。ファンデル

ワールス力において，極性分子の方が無極性分子より強く作用する。

(2)　無極性分子は瞬間的な電荷の分布の偏りが生じるため，ファンデルワールス力がはたらく。

(3)　2-メチルプロパンのように枝分かれが多いほど球状に近くなり，表面積は小さい。球状より直鎖状のブタンの方が表面積は大きい。

(4)　対称性の高いネオペンタンが最も密に配列しやすい。

(5)　正の電荷を帯びた部分と負の電荷を帯びた部分で静電気的な引力がはたらく。

(6)　水素結合はファンデルワールス力よりも強い結合力をもつ。

(7)　1-ブタノールでは，−OH が分子の末端にあり，水素結合が形成しやすいが，2-メチル-2-プロパノールは，−OH のまわりがメチル基で混みあっているため，水素結合が形成しにくい。

(8)　１．誤文。鏡像異性体どうしでは沸点などの物理的性質は同じである。

２．正文。マレイン酸はシス形で２つのカルボキシ基が近い距離にあるので，分子間だけでなく分子内でも水素結合を形成する。

４．正文。不飽和脂肪酸のオレイン酸の二重結合はシス形をとり，折れ曲がった形状をとるので，規則的な配列をとりにくい。飽和脂肪酸のステアリン酸は折れ曲がりのない直鎖状で，分子どうしが接近しやすい。

８．正文。スクロースは１分子に８個の −OH をもち，水と水素結合を形成する。

16．誤文。無極性分子のヨウ素は，極性溶媒の水には溶けないが，無極性溶媒のヘキサンには溶ける。

正文の番号の和は，2＋4＋8＝14。

6 解答

(1) 046.1　(2)— 3　(3)ア— 1　イ— 3　ウ— 5　エ— 6
(4) 13　(5) 01　(6) 61　(7) 52　(8) 22

◀解　説▶

≪有機化合物の性質・反応，気体の状態方程式≫

(1)　化合物Aの分子量を M とすると，気体の状態方程式より

$$M=\frac{12.0\times8.31\times10^{3}\times384}{1.00\times10^{5}\times8.31}=46.08\fallingdotseq46.1$$

(2)・(3)　化合物Bの分子量を M' とすると，気体の状態方程式より

$$M' = \frac{10.0 \times 8.31 \times 10^3 \times 330}{1.00 \times 10^5 \times 9.77} = 28.06 \fallingdotseq 28.1$$

化合物 B は，臭素水を脱色し，分子量が 28 であることからエチレン $CH_2＝CH_2$ である。濃硫酸で脱水することによって，エチレンが生じる化合物 A は，分子量 46 のエタノール C_2H_5OH とわかる。

$$C_2H_5OH \longrightarrow CH_2＝CH_2 + H_2O$$

①の通り，エタノールはナトリウムと反応して，水素を発生する。

$$2C_2H_5OH + 2Na \longrightarrow 2C_2H_5ONa + H_2$$

濃硫酸を用いたエタノールの脱水反応では，160〜170℃の反応条件であれば③の通り，分子内の脱水縮合でエチレンが得られる。

また，130〜140℃の反応条件であれば，分子間の脱水縮合でジエチルエーテルを生じる。

$$2C_2H_5OH \longrightarrow C_2H_5OC_2H_5 + H_2O$$

エタノールを酸化すると，化合物 C アセトアルデヒドを経て，化合物 D 酢酸が生成する。

$$C_2H_5OH \longrightarrow CH_3CHO \longrightarrow CH_3COOH$$

エタノールと酢酸の脱水縮合反応で，化合物 E 酢酸エチルを生成する。

$$C_2H_5OH + CH_3COOH \longrightarrow CH_3COOC_2H_5 + H_2O$$

逆に，酢酸エチルを加水分解すると，エタノールと酢酸に戻る。

$$CH_3COOC_2H_5 + H_2O \longrightarrow C_2H_5OH + CH_3COOH$$

酢酸エチルをけん化すると，エタノールと酢酸のナトリウム塩が生成する。

$$CH_3COOC_2H_5 + NaOH \longrightarrow C_2H_5OH + CH_3COONa$$

(4) 1．正文。

2．誤文。アルケンの二重結合は酸化されやすい。過マンガン酸イオンの赤紫色が消え，酸化マンガン(Ⅳ)の黒色沈殿が生じる。

4．正文。8．正文。

16．誤文。麻酔剤として用いられるのはジエチルエーテルなどである。

32．誤文。有機溶媒は，常温常圧で液体である。エチレンは気体。

正文の番号の和は，1＋4＋8＝13。

(5) 1．正文。水素結合を形成するエタノールは，水素結合をもたないアセトアルデヒドより沸点がかなり高い。

2．誤文。エタノールとアセトアルデヒドはともに水や有機溶媒によく溶

東京理科大-工〈B方式〉　　　　　　　　　　2023 年度　化学〈解答〉　*117*

け，溶解性は似ている。

4．誤文。融点が低いので，常温常圧では再結晶できない。

8．誤文。エタノールに昇華性はない。

正文の番号の和は，1。

(6)　1．正文。還元性をもつので，銀鏡反応陽性である。

2．誤文。銀が容器の内壁に付着して鏡のようになる。

4．正文。CH_3CO- 構造をもつので，ヨードホルム反応陽性である。

8．正文。極性が大きいので，水によく溶ける。

16．正文。

32．正文。アルデヒド基（ホルミル基）があるので，還元性をもつ。

正文の番号の和は，$1+4+8+16+32＝61$。

(7)　1．誤文。炭素－炭素二重結合をもたないので，付加反応は起こらない。

2．誤文。還元性はない。

4．正文。酢酸は炭酸より強い酸である。

$$CH_3COOH + NaHCO_3 \longrightarrow CH_3COONa + H_2O + CO_2$$

8．誤文。還元性はない。

16．正文。冬季に凝固するので，氷酢酸と呼ばれる。

32．正文。カルボキシ基は酸性を示す。

$$CH_3COOH \rightleftharpoons CH_3COO^- + H^+$$

正文の番号の和は，$4+16+32＝52$。

(8)　酢酸ナトリウムに水酸化ナトリウムを加えて加熱すると発生する化合物Gは，メタン CH_4 である。

$$CH_3COONa + NaOH \longrightarrow Na_2CO_3 + CH_4$$

化合物H酢酸カルシウムを熱分解すると，化合物Iアセトンが得られる。

$$(CH_3COO)_2Ca \longrightarrow CaCO_3 + CH_3COCH_3$$

1．誤文。還元性はない。

2．正文。　4．正文。

8．誤文。ナフサの熱分解では，エチレン，プロペンなどの低級アルケンが生じる。

16．正文。

32．誤文。中性物質である。

正文の番号の和は，2＋4＋16＝22。

❖講　評

　問題量が多い。標準レベルの良問であるが，よく練られた思考問題もある。

　1　(1)・(2)は細かな知識が必要で難しい。その他は，頻出問題である。(4)反応する還元糖と生成する酸化銅(Ⅰ)の物質量の関係を導き出していると時間が足りない。

　2　気体の状態方程式を自由自在に扱えることが求められる。気液平衡の水蒸気圧は温度で決まるところが解く鍵ではあるが，それだけでは正解に到達できない。出題のねらいをつかむ素早い読解力が必要である。難問である。

　3　頻出の酸化還元滴定の問題である。ケアレスミスに注意したい。

　4　塩の推定は決して難しくないが，物質量の計算が頻出問題とやや異なるパターン。受験生はできそうでできなくて焦ったかもしれない。やはりしっかりした読み取りが必要である。やや難の問題である。

　5　分子間力にしぼった珍しい問題であるが，教科書等で学習済みであろう。完答を目指してほしい。

　6　有機の頻出問題であるが，完答するには，緻密で地道な対策が必要であろう。

　大問間で難易度の差が激しい。まずは，得意分野で得点を確保し，難問にチャレンジすること。解答の時間配分を考えて取り組んでほしい。

2022年度

問題と解答

■B方式

▶試験科目・配点

教科	科目	配点
外国語	コミュニケーション英語Ⅰ・Ⅱ・Ⅲ，英語表現Ⅰ・Ⅱ	100点
数　学	数学Ⅰ・Ⅱ・Ⅲ・A・B	100点
理　科	建築・電気工・情報工・機械工学科：物理基礎・物理 工業化学科：化学基礎・化学	100点

▶備　考

- 英語はリスニングおよびスピーキングを課さない。
- 「数学B」は「数列」「ベクトル」から出題。

英語

(60分)

1 Read the passage below and answer the questions. (31 points)

The literary genre that is most directly related to science and technology is of course science fiction (SF). Fans of science fiction love reading the many detailed descriptions of science and technology, and the many, often precise, predictions about the future. Science fiction is also interesting because it shows society's attitudes towards technological development as well. Science fiction is not only a projection into the future, or into outer space, but it is also a reflection of contemporary society's cultural values towards technology.
①

Those values have been quite varied over the past two centuries. For example, the novels of Jules Verne in the second half of the nineteenth century expressed an optimistic view of technological progress. However, other writers have taken a more pessimistic view of technological progress. This can be seen in many of the SF movies from the later decades of the twentieth century, in which technological development is often shown as something [**A**]. The relationship between technology and culture is clearly quite complex. Science fiction has shown technological progress in both a negative and positive light. Stories about technological progress often swing between [**B**], between celebration and warning. Furthermore, these two totally opposite attitudes are also mixed together in works of science fiction.

Works of science fiction have been influenced by many other literary traditions. For example, Francis Bacon's *New Atlantis*, published in 1627, was a work of both fantasy and science fiction. The story describes an ideal society in the future that was founded on the principles of science. The citizens of this
②

東京理科大-工〈B方式〉   2022 年度　英語　5

imagined society enjoy the benefits of technological inventions including telephones and flying machines. It is a vision of discovery and knowledge. Creators of science fiction have also been [**C**] by traditional storytelling techniques. Many works of SF follow story lines that are typical of ancient myths and legends. For example, the movie *Star Wars* follows a traditional "hero journey" story line, a pattern (**1** ancient　**2** found　**3** in ③ **4** many　**5** myths). Another good example of ancient stories influencing science fiction is the Jewish legend of the *Golem*. The *Golem* is a clay figure that magically comes to life. This idea of objects (**1** came　**2** come ④ **3** coming　**4** has come) to life is quite similar to the many human-like robot characters that often appear in science fiction books and movies.

　　Science fiction emerged as a literary genre in the nineteenth century when writers began creating stories of wonder or horror in the context of science and technology. In SF, amazing things happen not by [**D**], as in traditional narratives, but because of science. Typically, they are amazing stories, set in the future or some parallel world. Writers create stories, making predictions about the future based on scientific and technological concepts. Science fiction is a genre that expresses itself through the language of science.

　　Mary Shelley's character Dr Frankenstein is a man of both ancient and modern science. Through a series of experiments, he discovers the secrets of life, and manages to create life itself. His creature is a technological copy of ⑤ humanity, created in a laboratory. Shelley's story, written in 1818, is thus a journey of scientific discovery. The experiments described in the novel were based on the technologies of the early nineteenth century, and in particular the developing technology of electricity. The story is based on the idea that life itself might somehow be created using electricity. Yet Shelley's work is a reaction against technology. It shows technology in a negative light. Dr Frankenstein's creation is a horrible monster rather than a perfect model of technology. It is a monster of science that ends up doing terrible things, ultimately killing its own creator.
⑥

6 2022 年度　英語　　　　　　　　　　　　　　東京理科大-工〈B 方式〉

The story of Frankenstein shows the dark side of technological progress. It shows its dangers. It is a classic story that carries with it a warning. Frankenstein's monster represents technology that [　**E**　], that destroys its human creator. There are many variations on this basic pattern, particularly in the film versions of *Frankenstein*. At times the scientist is warm-hearted, and we can see his human side. At [　**F**　] times, he is a man driven crazy by his own search for personal power and greatness. His great experiment is cursed by both bad luck and his search for power. While Frankenstein's monster is a caring and emotional creature who only wants to live and share his life with others, it is also capable of great destruction. However, its violence is generally directed against its creator. This is an often-seen pattern. The monster is the result of a scientific project that has gone horribly wrong and it punishes the man who pushed the science too far. Shelley's story is still relevant today, because it expresses a fear, as strong today as it was in Shelley's time, that human beings cannot always control the consequence of scientific development.

(1)　From the choices below, choose the word to complete the definition of the underlined part ① in the passage. Mark the number on the **Answer Sheet**.

contemporary: belonging to the [　　　] time as something or somebody else

1　next　　　　　　　　　　　　2　whole

3　same　　　　　　　　　　　　4　only

(2)　From the choices below, choose the phrase that best fits into the space [　**A**　] in the passage. Mark the number on the **Answer Sheet**.

1　to guarantee　　　　　　　　2　to be feared

3　to promote　　　　　　　　　4　to be pleased

(3)　From the choices below, choose the phrase that best fits into the space [　**B**　] in the passage. Mark the number on the **Answer Sheet**.

出典追記：Culture and Technology by Andrew Murphie and John Potts, Red Globe Press

1	fiction and cinema	2	reflection and attitude
3	future and outer space	4	hope and despair

(4) From the choices below, choose the phrase that best matches the meaning of the underlined part ② in the passage. Mark the number on the **Answer Sheet**.

1 thanks to the improvement of science

2 according to established rules or practices of science

3 for the sake of the acceleration of scientific advancement

4 at the cost of the latest scientific value

(5) From the choices below, choose the word that best fits into the space [C] in the passage. Mark the number on the **Answer Sheet**.

1	described	2	imagined
3	influenced	4	included

(6) Arrange the words in the underlined part ③ in the passage so that it matches the following meaning:「古代の神話の多くに見られる」. Mark the 2nd and 5th words on the **Answer Sheet**.

(7) From the choices in the underlined part ④ in the passage, choose the word or phrase that best fits into the part. Mark the number on the **Answer Sheet**.

(8) From the choices below, choose the word or phrase that best fits into the space [D] in the passage. Mark the number on the **Answer Sheet**.

1	robots	2	magic
3	series of experiments	4	technological inventions

(9) From the choices below, choose the word that best matches the meaning of the underlined part ⑤ in the passage. Mark the number on the **Answer Sheet**.

1 electrician 2 magician

3 double 4 printer

(10) From the choices below, choose the word that best matches the meaning of the underlined part ⑥ in the passage. Mark the number on the **Answer Sheet**.

1 deliberately 2 virtually

3 eventually 4 inevitably

(11) From the choices below, choose the phrase that best fits into the space [E] in the passage. Mark the number on the **Answer Sheet**.

1 resembles ancient myths 2 runs out of control

3 gives in to humanity 4 enters some parallel world

(12) From the choices below, choose the word that best fits into the space [F] in the passage. Mark the number on the **Answer Sheet**.

1 another 2 other

3 others 4 none

(13) The following words all appear in the passage. For each group of words, choose the one whose primary stress is placed differently from the others. Mark the number on the **Answer Sheet**.

A: 1 decade 2 manage 3 pattern 4 relate

B: 1 horrible 2 imagine 3 invention 4 reflection

C: 1 development 2 technology

3 particular 4 scientific

東京理科大-工〈B方式〉 2022 年度 英語 *9*

⑴ From the choices below, choose the two statements that most closely
match the passage. Mark the numbers on the **Answer Sheet**.

1 Francis Bacon's *New Atlantis* describes the people in the 16th century
whose lifestyle is inseparable from the benefits of science and technology.

2 In terms of the attitudes towards technological progress, there is a
difference between the novels of Jules Verne and many SF movies in the
1980s.

3 Jules Verne, Francis Bacon and Mary Shelley are all science fiction
writers whose works have influenced ancient myths and legends.

4 Some readers love reading SF all the more for its complicated scientific
descriptions of technology and predictions about the time yet to come.

5 The story lines of many SF works including *Star Wars* have nothing in
common with ancient myths and legends.

6 The story of Frankenstein is a tragedy in the sense that Dr
Frankenstein had to kill himself to warn people of the destructive power
of technology.

10 2022 年度 英語 　　　　　　　　　　　　　　 東京理科大-工〈B方式〉

2 　Read the passage below and answer the questions. 　　　　(27 points)

〈1〉 　The idea of a self-driving car once seemed impossible. However, they could soon be a reality. In the United Kingdom, self-driving cars could be allowed on UK roads by the end of 2021. While for now, the government is considering allowing self-driving cars on the road, it will require that all cars have drivers that can watch the road and drive if necessary. Furthermore, self-driving cars must not be driven faster than 60 kph, which means they will not be permitted on highways. Although the age of driverless cars is not yet upon us, this is an important step on the road to completely driverless robot cars.

〈2〉 　Although many of the technologies that are used in self-driving cars, for example radio systems, have been around for many years, it wasn't until 2011 that Google engineers told the world that they had driven self-driving cars more than 100,000 miles on public roads.

〈3〉 　While several pieces of technology are needed to let a self-driving car see and understand the world around it, the key technology is <u>lidar</u>. Lidar ① stands for "Light Detection and Ranging". It is a system that uses lasers to see and measure the world around it. This gives the self-driving cars a 360-degree, 3D view of its immediate environment. Lidar can see objects such as parked cars, traffic lights, and sidewalks, and it can also see moving objects, for example cars and people walking on the street.

〈4〉 　In addition to lidar, these self-driving cars also have radar systems in the front and back of the car. These systems help the car to measure objects that are further away. Lastly, cameras look ahead for things like changing traffic lights.

〈5〉 　<u>In addition to knowing about its immediate environment, self-driving</u> ② <u>cars must also know where in the world they are.</u> To help with this, a GPS, or global positioning system, is used. Using GPS these self-driving cars have a

rough idea of where they are in the world. To back up the GPS, the cars also use sensors on wheels and computers to measure and remember exactly how far the car has travelled. This system is called an inertial guidance system.
③

⟨6⟩　One other technique engineers use is perhaps a little old school. This old-school technique is simply *advanced knowledge*. Basically, before a self-driving car gets on a road, another car will have already driven the road and mapped out exactly where the roads are, and how many lanes there are and where these lanes are located. This means that if it is dark outside, or raining heavily, the car will still know where all the lanes are located. In addition, stop signs and traffic lights are also carefully mapped out. Lastly, hills either up or down, are also mapped out so the car knows, in advance, if it will be going up
④
or down.

⟨7⟩　Putting all of these together requires powerful software. In order to create the best possible software, the experts at Google have created an "open" system so experts all around the world can work together to build and improve the all-important software. Self-driving cars must be reliable. This
⑤
means that the software must also be reliable. It must work 100% of the time. With engineers from all around the world working on the project, perhaps this is possible.

⟨8⟩　The introduction of this new technology will mean huge changes for the transportation industry. Around the world millions of people work as truck drivers. In the United States alone, around 3.5 million people work as truck drivers. In fact, truck driving is the most popular job in 29 of the 50 US states.
⑥
Many of these truck drivers are long-distance drivers. And in particular, it is this long-distance driving that looks to be changed by this self-driving technology. For example, currently a truck being driven by a human takes
⑦
five days to drive from New York to Los Angeles, whereas a self-driving truck can do the journey in about 48 hours.

⟨9⟩　In the United States, self-driving trucks are already being tested on

12 2022 年度 英語   東京理科大-工〈B方式〉

the road, of course with a driver behind the wheel, just in case. However, the goal is to remove the driver and have a driverless operation. An American company called Waymo, a underline(subsidiary) of Google, is testing the technology in the American southwest. Being owned by Google, it is able to use all of the technology that Google has developed. Self-driving trucks are not a question of *if*, but rather a question of *when*, and this when is not so far off. Huge changes are coming.

(1) According to paragraph 〈 1 〉, which of the following statements about the new rules being considered in the UK is NOT correct? Mark the number on the **Answer Sheet**.

  1   When on highways, driverless cars must drive at 60 kph.

  2   Self-driving cars must nonetheless carry drivers.

  3   We can expect self-driving cars to be on the road by the end of 2021.

  4   Drivers of self-driving cars must pay attention to the operation.

(2) What is the purpose of "lidar", the underlined part ①? Mark the number on the **Answer Sheet**.

  1   to distract the driver's attention from finding a place to park

  2   to measure objects that are far away from the car

  3   to receive data from the GPS system

  4   to accurately measure objects that are near the car

(3) Which of the following best summarizes underlined part ②? Mark the number on the **Answer Sheet**.

  1   A self-driving car must have a general understanding of its location in addition to an understanding of objects close to it.

  2   GPS technology can help self-driving cars on any road anywhere in the world by giving it detailed information about its immediate location.

  3   GPS technology can give us information about objects near the car which

東京理科大-工〈B方式〉   2022 年度　英語　13

is needed to help it drive accurately.

4　GPS technology allows self-driving cars to be driven accurately, using GPS to tell it where to go.

(4)　What is closest in meaning to the word "inertial", underlined part ③? Mark the number on the **Answer Sheet.**

　　1　an adjective related to size

　　2　an adjective related to movement

　　3　an adjective related to shape

　　4　an adjective related to weight

(5)　What does the underlined word ④ "it" refer to?　Mark the number on the **Answer Sheet.**

　　1　the hills　　　　　　　　2　the car

　　3　the map　　　　　　　　4　the lanes

(6)　According to paragraph 〈 7 〉, why did Google make its software for self-driving cars "open"?　Mark the number on the **Answer Sheet.**

　　1　to make sure that only Google can use this technology

　　2　so anyone can work on it and improve quality

　　3　to reduce the costs of developing the system

　　4　to make sure the system is legal

(7)　What can we infer from underlined part ⑤?　Mark the number on the **Answer Sheet.**

　　1　A failure could result in a terrible accident.

　　2　Computers will never be able to accurately control a car.

　　3　Drivers make very few mistakes when they drive.

　　4　In 20 years, roads will not be needed.

14 2022 年度 英語   東京理科大-工〈B方式〉

(8) In underlined part ⑥, why does the writer mention that "truck driving is the most popular job in 29 of the 50 US states"? Mark the number on the **Answer Sheet**.

　1 to show that the American economy is traditional and has not changed in over 50 years.

　2 to suggest that, even with self-driving technology, truck drivers will be needed for at least one hundred years to come.

　3 to tell us how most people will not be able to use self-driving technology.

　4 to make the point that many people will be affected by technological changes.

(9) What can we infer from underlined part ⑦? Mark the number on the **Answer Sheet**.

　1 Self-driving trucks need to stop every few hours.

　2 Truck drivers need to rest, machines don't.

　3 Self-driving trucks are illegal in many states, including New York.

　4 Self-driving trucks cannot be driven on the highway.

(10) Which explanation is closest in meaning to the word "subsidiary" of underlined part ⑧? Mark the number on the **Answer Sheet**.

　1 a competitor of other companies

　2 a customer who buys from one company

　3 a company owned by a larger company

　4 a research organization that studies something

(11) What is the best title for this passage? Mark the number on the **Answer Sheet**.

　1 Self-driving cars: the future is now

　2 Self-driving cars: is the risk worth the price?

　3 Self-driving cars: an unlikely future

東京理科大-工〈B方式〉   2022 年度　英語　*15*

　　4　Self-driving cars: adapting old technologies

⑿　Select the three answer choices that best express the most important
　　ideas in the passage.　Mark the number on the **Answer Sheet**.
　　1　Self-driving cars will soon be on the road.
　　2　Lasers are tools which use light.
　　3　Self-driving cars require many different pieces of technology.
　　4　Self-driving cars will change our society.
　　5　Global positioning systems were developed in the 1970s.

3　From the choices below, choose the word that best fits into the space
　　（　　　　）．Mark the number on the **Answer Sheet**.　　　　（15 points）

⑴　Any worker should be legally protected and have the right to（　　　　）
　　on to their job.
　　1　hold　　　　　2　make　　　　　3　pull　　　　　4　send

⑵　Due to an increased elderly population, the demand for new doctors will
　　be increasing, while at the same time the（　　　　）of medical school
　　graduates is expected to decrease.
　　1　essential　　　2　impede　　　　3　manner　　　　4　supply

⑶　I was learning the（　　　　）of my new role as an assistant editor.　My
　　boss supported me every step of the way, also stimulating and challenging
　　me to define my own practice.
　　1　cables　　　　2　cords　　　　　3　ropes　　　　　4　wires

⑷　Not only is richness a（　　　　）measure of happiness, but the amount of money possessed by a particular household does not necessarily reflect the actual feeling of each family member.

   1 glow   **2** plough   **3** shallow   **4** through

(5) The details about the criteria by (   ) proposals will be evaluated will be announced next week.

   1 that   **2** them   **3** whereas   **4** which

(6) Research is basically a social activity which (   ) people working together on a number of different levels. To be a successful researcher it is important to develop appropriate social skills.

   1 disregards   **2** ignores   **3** involves   **4** undergoes

(7) Some may call it a magic trick. In the hands of this artist, even a trash can is (   ) into a thing of beauty.

   1 afforded   **2** declared   **3** spoiled   **4** transformed

(8) That was not the end of the matter. There were many subsequent twists and (   ), which made everything further complicated.

   1 bets   **2** minds   **3** turns   **4** twins

(9) The impact factor is an index of the (   ) an academic journal has. The more often the articles in a particular journal are cited, the greater its impact on the scientific community.

   1 affection   **2** analysis   **3** complex   **4** influence

(10) Many government officials find themselves (   ) extreme pressure every single day. They have too much work and do not have enough time.

   1 above   **2** carried   **3** had   **4** under

東京理科大-工〈B方式〉   2022 年度　英語 *17*

(11) The new law (　　　　) companies to focus on quantity rather than quality, leading to a dramatic fall in the sales of their products.

　　1　encouraged　　2　explained　　3　implied　　4　suggested

(12) The number of cyber crimes targeting businesses has soared over the last few years. In 2018, almost half of UK businesses fell (　　　　) to cyber attacks and security breaches.

　　1　damage　　　2　injure　　　3　victim　　　4　wound

(13) This is a typical example of a (　　　　) circle: when the authorities are eager for reform, they are more likely to create further problems, which the same authorities again struggle to reform.

　　1　favor　　　　2　hosted　　　3　vicious　　　4　weaving

(14) What counts as success varies from one field to (　　　　): money for businesspersons, honor for politicians, and so on.

　　1　another　　　2　difference　　3　second　　　4　two

(15) When you roll two six-sided dice, what is the probability that the first dice shows a 3, (　　　　) that the sum of the numbers is greater than eight?

　　1　giving　　　2　given　　　3　taking　　　4　taken

4 From the choices below, choose the one that best expresses the meaning of the underlined word. Mark the number on the **Answer Sheet**. (15 points)

(1) Admitting that boxing is a socially acceptable form of fighting, there is no justification for any reckless violence in the ring.

1 desired result   2 fixed idea

3 good reason   4 severe punishment

(2) Following the agenda strictly is not always the best strategy: we are often required to adapt ourselves to sudden changes.

1 group   2 master   3 programme   4 traces

(3) I advise you to take back what you just said. If that was intended to be a joke, it was not funny at all.

1 described   2 extended   3 meant   4 retailed

(4) If there is little doubt that you have violated your contract, you must agree to the proposed remedies without fail.

1 attached   2 broken   3 forced   4 squeezed

(5) In order to resolve the problem of poor hospital meals, the normal hospital diet should be supplemented with non-conventional ingredients.

1 draw up   2 pay out   3 raise up   4 sort out

(6) The theory of evolution has been the dominant one in science for many years.

1 better   2 formal   3 major   4 moderate

(7) It is important to be aware of the costs concerning the purchase of the

東京理科大-工〈B方式〉　　　　　　　　　　　　　　2022 年度　英語　*19*

property and the monthly costs you will be expected to pay once you have moved into your new home.

  1　proved to　　　　2　reduced to　　　　3　related to　　　　4　supposed to

(8)　The motivation and commitment of the workers can be improved if an <u>apt</u> reward and recognition mechanism is established.

  1　proper　　　　2　reflective　　　　3　subjective　　　　4　tender

(9)　Some economists have questioned the present situation where a <u>handful</u> of people enjoy an excessive share of resources and powers.

  1　large population　　　　　　　　2　limited number

  3　reasonable percentage　　　　　4　skillful group

(10)　Students should not just have <u>technical</u> skills in various areas but should also know how they are all unified under a bigger aim.

  1　adjusted　　　　2　combined　　　　3　measured　　　　4　specialized

(11)　Such commercial behaviors could be anticipated from their age with 87 percent <u>accuracy</u>.

  1　boldness　　　　2　delicacy　　　　3　loyalty　　　　4　precision

(12)　The personal identification number (PIN) is a numerical code which the cardholder may need to quote when shopping. In electronic transactions, it is seen to be <u>comparable</u> to a signature.

  1　deliberate　　　　2　objected　　　　3　similar　　　　4　urged

(13)　The president's order that new buildings must be "beautiful" and built in a "classical" style is not the right <u>approach</u> at this time of emergency.

  1　close　　　　2　utility　　　　3　vitality　　　　4　way

(14) The prime minister expressed her confidence in the success of the meeting, saying that nothing could <u>threaten</u> the relationship between the two countries.

1 concede   2 detect   3 endanger   4 identify

(15) While globalization has been a powerful engine <u>propelling</u> economic growth over the past three decades, it has also posed new problems and challenges.

1 composing   2 driving   3 spinning   4 vanishing

5

Read the following passages. In the specific context of each passage, which is the least relevant to the underlined part? Choose from the choices below **the most inappropriate word(s)**. Mark the number on the **Answer Sheet**.

(12 points)

(1) For centuries, the Maori community of New Zealand has relied on the leaves and bark from the manuka tree — which is native to New Zealand and sometimes called a tea tree — for its medicinal and wound-healing properties. Manuka's <u>curative</u> properties have been used to take off poisonous elements. Therefore, its therapeutic nature has become so highly praised that there's a successful industry for fake manuka honey.

1 medicinal   2 wound-healing

3 poisonous   4 therapeutic

(2) Take our image of the houses in which the people in the United States live, the size of the hamburgers they eat, and the scale of entertainment industries. The country seems always to be presented in <u>"larger-than-life"</u> terms: more luxurious, more eccentric, more ridiculous, more sensational

---

出典追記：(1) 13 highly effective folk medicine remedies from around the world, New Zealand Reader's Digest
(2) Policing the Crisis by Stuart Hall, Chas Critcher, Tony Jefferson, John Clarke, and Brian Roberts, Red Globe Press

東京理科大-工〈B方式〉 2022 年度 英語 21

than anything comparable in Britain. What is more, the British coverage of American social problems, like race and crime, reproduced the definitions of those problems which had been already generated in the United States.

1 more eccentric   2 more ridiculous

3 more luxurious   4 already generated

(3) In 2003, when reality TV was still at its height, one commentator argued that, in the mainstream media, the distance between "ordinary citizen" and "celebrity" could only be bridged when the ordinary person gained access to the modes of representation of the mass media, making the transition from what she called "ordinary worlds" to "media worlds". The promise that talented but undiscovered YouTubers could make the leap from their "ordinary worlds" to the authentic "celebrity world" was firmly embedded in YouTube itself, evident in a number of YouTube's talent discovery competitions and initiatives.

1 media worlds   2 mainstream media

3 celebrity world   4 ordinary worlds

(4) In the most recent phase of globalization brought about by information machines, global networks, and the spread of capitalism, less tangible contact can be beneficial for global business. For instance, when consumers start tapping their smartphone screens with their thumbs and buying foods and clothes via Internet, there is no physical contact, and the consumers do not care about how much money the workers in the factories are paid for their jobs. Thus, most of the unethical profit-making practices are maintained by customer ignorance and distance between consumer and producer.

1 physical contact

2 customer ignorance

3 buying foods and clothes via Internet

出典追記：(3) YouTube : Online Video and Participatory Culture by Jean Burgess and Joshua Green, Polity Press
(4) Pixar and the Aesthetic Imagination by Eric Herhuth, University of California Press

22 2022 年度 英語 東京理科大-工〈B方式〉

4 distance between consumer and producer

(5) Despite the difficulties we face, we can learn to speak out when we are
afraid, just as we have learned to start our conversation when we are tired.
For we have been accustomed to respecting fear more than our own needs
for language with which to define ourselves. While we wait in silence for
that final luxury of fearlessness, the weight of that silence will hold our
tongues.

1 to speak out

2 silence

3 language with which to define ourselves

4 our conversation

(6) What is precarious work? Precarious work refers to insecure, non-
standard work, with unprotected work conditions. In recent years, there
has been a dramatic increase in precarious work, owing to globalization and
changes to the economy. In particular, there has been a shift from high-
paid, stable manufacturing work to unstable service sector work, a
proliferation in the use of new technologies, and a demand for work with
more flexibility.

1 insecure, non-standard work   2 manufacturing work

3 service sector work   4 work with more flexibility

出典追記：(5) The Cancer Journals by Audre Lorde, Penguin Random House
(6) Universal Basic Income by Brian McDonough and Jessie Bustillos Morales, Routledge

東京理科大-工〈B方式〉   2022 年度　数学　23

数学

〔100 分〕

問題 $\boxed{1}$ **の解答は解答用マークシートにマークしなさい。**

$\boxed{1}$　次の (1), (2), (3) においては，$\boxed{}$ 内の 1 つのカタカナに 0 から 9 までの数字が 1 つあてはまる。その数字を**解答用マークシート**にマークしなさい。与えられた枠数より少ない桁の数があてはまる場合は，上位の桁を 0 として，右に詰めた数値としなさい。分数は既約分数とし，値が整数の場合は分母を 1 としなさい。根号を含む形で解答する場合は，根号の中に現れる自然数が最小となる形で答えなさい。

(50 点)

(1) 以下の問いに答えなさい。

    (a) $\alpha^2 - 2\alpha - 2\beta = 6$ を満たす実数 α, β に対し，t に関する方程式 $t^2 - \alpha t + \beta = 0$ が実数解をもつとき，α のとり得る値の範囲は $-\boxed{\text{ア}} \leqq \alpha \leqq \boxed{\text{イ}}$ である。

    実数 x, y が $x^2 + y^2 - 2x - 2y = 6$ を満たすとする。以下，k を実数の定数として，$z = k(x+y) - xy$ のとり得る値について考える。

    (b) $k = -1$ のとき，z のとり得る値の範囲は $-\boxed{\text{ウ}\,\vert\,\text{エ}} \leqq z \leqq \boxed{\text{オ}}$，

        $k = 7$ のとき，z のとり得る値の範囲は $-\boxed{\text{カ}\,\vert\,\text{キ}} \leqq z \leqq \boxed{\text{ク}\,\vert\,\text{ケ}}$

        である。

    (c) z のとり得る値の最大値を M とすると

$$k < -\boxed{\text{コ}} \text{ のとき} \qquad M = -\boxed{\text{サ}}\,k - \boxed{\text{シ}}$$

$$-\boxed{コ} \leqq k \leqq \boxed{ス} \text{ のとき } \quad M = \dfrac{\boxed{セ}}{\boxed{ソ}}\left(k^2 + \boxed{タ}\,k + \boxed{チ}\right)$$

$$\boxed{ス} < k \text{ のとき} \qquad\qquad M = \boxed{ツ}\,k - \boxed{テ}$$

である。

(2) 座標平面上を動く点 P は時刻 0 には原点にあり，1 秒ごとに以下の規則で動く。

ある時刻における P の座標を (x, y) とすると，その 1 秒後に P はそれぞれ $\dfrac{1}{4}$ の確率で点 $(x-1, y)$，$(x+1, y)$，$(x, y-1)$，$(x, y+1)$ のいずれかにある。

時刻 0 から t 秒後における P の座標を (x_t, y_t) とするとき，以下の問いに答えなさい。ただし，t は自然数とする。

(a) $(x_4, y_4) = (1, 3)$ である確率は $\dfrac{\boxed{ア}}{\boxed{イ}\,\boxed{ウ}}$ であり，

$(x_4, y_4) = (2, 2)$ である確率は $\dfrac{\boxed{エ}}{\boxed{オ}\,\boxed{カ}\,\boxed{キ}}$ である。

(b) $|x_4| + |y_4| = 4$ である確率は $\dfrac{\boxed{ク}\,\boxed{ケ}}{\boxed{コ}\,\boxed{サ}}$ である。

(c) $(x_6, y_6) = (2, 2)$ である確率は $\dfrac{\boxed{シ}\,\boxed{ス}}{\boxed{セ}\,\boxed{ソ}\,\boxed{タ}}$ であり，

$|x_6| + |y_6| = 4$ である確率は $\dfrac{\boxed{チ}\,\boxed{ツ}}{\boxed{テ}\,\boxed{ト}}$ である。

(3) 原点を O とする座標平面上に点 A $(1, 0)$ と点 B $(0, 1)$ をとる。また，線分 OA 上に点 P，線分 OB 上に点 Q をとり，P，Q の位置に応じて以下のように点 R(x, y) をとる。

• P，Q がどちらも O に一致しないとき，R は第 1 象限内に 2 つの条件

$$\text{OP} = \text{PR}$$

東京理科大-工〈B方式〉 2022 年度 数学 *25*

$$OQ = QR$$

を満たすようにとる。

• P, Q の少なくとも一方が O に一致するとき, R を O にとる。

P, Q がそれぞれ OA 上, OB 上を動くときに, R が動く領域と不等式 $x^2 + y^2 \leqq 1$ の表す領域の共通部分を S とする。このとき, 以下の問いに答えなさい。

(a) 領域 S にある点 R のうち, x 軸から最も離れた点の座標は

$$\left(\frac{\boxed{ア}}{\boxed{イ}}, \frac{\sqrt{\boxed{ウ}}}{\boxed{エ}} \right) である。$$

(b) 領域 S の面積は $\dfrac{\boxed{オ}}{\boxed{カ}\;\vdots\;\boxed{キ}}\pi - \dfrac{\sqrt{\boxed{ク}}}{\boxed{ケ}}$ である。

(c) 領域 S の境界上の点 $\mathrm{T}\left(1 - \dfrac{\sqrt{3}}{2}, \dfrac{1}{2} \right)$ を通る直線 $x + y = \dfrac{1}{2}\left(3 - \sqrt{3} \right)$ を考える。不等式 $x + y \leqq \dfrac{1}{2}\left(3 - \sqrt{3} \right)$ の表す領域と S の共通部分の面積は

$$\frac{\boxed{コ}}{\boxed{サ}}\pi + \frac{\sqrt{\boxed{シ}}}{\boxed{ス}} - \frac{\boxed{セ}}{\boxed{ソ}} である。$$

26 2022 年度　数学　　　　　　　　　　　　　　　　　　　　　　　東京理科大-工〈B方式〉

問題 $\boxed{2}$ の解答は解答用紙 $\boxed{2}$ に記入しなさい。

$\boxed{2}$　以下の問いに答えなさい。ただし，空欄 $\boxed{(\text{あ})}$ ～ $\boxed{(\text{き})}$ については適切な数または式を解答用紙の所定の欄に記入しなさい。

座標平面における楕円 $C : \dfrac{x^2}{2} + (y-1)^2 = 1$ を考える。また，$t > 2$ として，点 $\mathrm{P}(-\sqrt{2}, t)$ をとり，P から楕円 C へ 2 本の接線を引く。2 本の接線と x 軸との交点をそれぞれ A，B とし，A の x 座標を x_1，B の x 座標を x_2 とおく。ただし，$x_1 < x_2$ とする。

(25 点)

(1)　楕円 C によって囲まれた図形の面積は $\boxed{(\text{あ})}$ である。

(2)　$x_1 = \boxed{(\text{い})}$ である。

(3)　直線 PB の傾きを m とする。m および x_2 を t を用いて表すと，$m = \boxed{(\text{う})}$，$x_2 = \boxed{(\text{え})}$ である。

(4)　三角形 APB の面積を S とおく。S を t を用いて表すと，$S = \boxed{(\text{お})}$ である。また，t を $t > 2$ の範囲で動かすとき，S の最小値は $\boxed{(\text{か})}$ であり，そのときの t の値は $\boxed{(\text{き})}$ である。
なお，$\boxed{(\text{か})}$，$\boxed{(\text{き})}$ の値を導く過程も所定の場所に書きなさい。

東京理科大-工〈B方式〉　　　　　　　　　　　　　　　　　　　2022 年度　数学　*27*

問題 $\boxed{3}$ **の解答は解答用紙** $\boxed{3}$ **に記入しなさい。**

$\boxed{3}$　以下の問いに答えなさい。ただし，空欄 $\boxed{(あ)}$ ～ $\boxed{(こ)}$ については適切な

数または式を解答用紙の所定の欄に記入しなさい。

関数 $f(t)$ を

$$f(t) = -2\sin(2t - \pi) + 4\sin t$$

と定める。

(25 点)

(1)　方程式 $f(t) = 0$ の解を，$0 \leqq t \leqq 2\pi$ の範囲で求めると，$t = \boxed{(あ)}$，

$\boxed{(い)}$，$\boxed{(う)}$ となる。ただし，$\boxed{(あ)} < \boxed{(い)} < \boxed{(う)}$ とする。

自然数 n に対し，関数 $H_n(x)$ を

$$H_n(x) = \int_x^{x+n\pi} |f(t)|\,dt \qquad (0 \leqq x \leqq 2\pi)$$

と定める。

(2)　$H_1(0) = \boxed{(え)}$ である。

(3)　x が $0 \leqq x \leqq \pi$ の範囲を動くとき，$H_1(x)$ の最小値は $\boxed{(お)}$，最大値は

$\boxed{(か)}$ である。また，x が $\pi \leqq x \leqq 2\pi$ の範囲を動くとき，$H_1(x)$ の最小値は

$\boxed{(き)}$，最大値は $\boxed{(く)}$ である。

(4)　自然数 k に対し，$H_{2k}(x)$ を k を用いて表すと，$H_{2k}(x) = \boxed{(け)}$ である。

(5)　a を実数の定数とする。方程式 $H_{2021}(x) = a$ が，$0 \leqq x \leqq 2\pi$ の範囲で異なる

3 つの解をもつとき，$a = \boxed{(こ)}$ である。

なお，$\boxed{(こ)}$ の値を導く過程も所定の場所に書きなさい。

物理

(80分)

1 次の文中の (ア) ～ (キ) にあてはまる適切な答を**解答群**の中から選び，その番号を**解答用マークシート**の指定された欄にマークしなさい。(34点)

図1-1に示すように，天井から鉛直方向に垂らした糸1と糸2で，質量 M 〔kg〕，長さ $4a$〔m〕の棒を水平につるした。棒の左端の点Aは糸1に結ばれており，棒の右端の点Bは糸2に結ばれている。棒の重心は点Aから右側に $2a$ 離れた位置である。この棒を使った3通りの実験(図1-2，図1-3，図1-4)を行った。実験で使用した糸とばねの質量は無視でき，各実験において棒は常に静止していた。重力加速度の大きさを g〔m/s²〕とする。

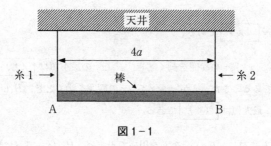

図1-1

(1) 実験1では，図1-2に示すように，点Aから右側に a 離れた点Cの位置に質量 m〔kg〕の小球を糸で静かにつるした。糸2の張力の大きさは (ア) 〔N〕である。

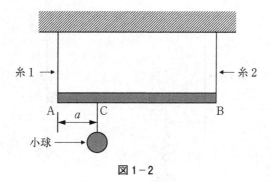

図1-2

(ア)の解答群

0 $Mg + mg$ 　　　　1 $Mg + \frac{1}{2}mg$ 　　　　2 $Mg + \frac{1}{4}mg$

3 $\frac{1}{2}Mg + mg$ 　　　4 $\frac{1}{2}Mg + \frac{1}{2}mg$ 　　　5 $\frac{1}{2}Mg + \frac{1}{4}mg$

6 $\frac{1}{4}Mg + mg$ 　　　7 $\frac{1}{4}Mg + \frac{1}{2}mg$ 　　　8 $\frac{1}{4}Mg + \frac{1}{4}mg$

(2) 実験2では，図1-3に示すように，ばね定数 k [N/m] のばねの一端を(1)と同じ点Cで固定し，質量 m [kg] の小球をばねの他端に取り付けて静かにつるした。そして，小球を手でつかみ，鉛直下方にゆっくりと移動させ，小球に加えた手の力の大きさが F_1 [N] に達したときに小球の移動を止めた。このときの糸2の張力の大きさは，　(イ)　[N] である。次に，手を小球から静かに放したら，小球は単振動した。小球の速さが最大になったときの糸2の張力の大きさは　(ウ)　[N] である。小球が振動していても棒が静止していたことから，F_1 のとりうる値の最大値は　(エ)　[N] である。

30 2022 年度　物理　　　　　　　　　　　　　　　　　　東京理科大-工〈B方式〉

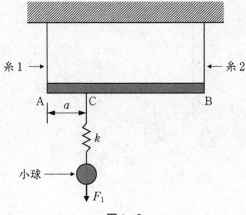

図 1-3

(イ)の解答群

0　$Mg + mg + F_1$　　　　　　1　$Mg + \frac{1}{2}mg + \frac{1}{2}F_1$

2　$Mg + \frac{1}{4}mg + \frac{1}{4}F_1$　　　3　$\frac{1}{2}Mg + mg + F_1$

4　$\frac{1}{2}Mg + \frac{1}{2}mg + \frac{1}{2}F_1$　　5　$\frac{1}{2}Mg + \frac{1}{4}mg + \frac{1}{4}F_1$

6　$\frac{1}{4}Mg + mg + F_1$　　　7　$\frac{1}{4}Mg + \frac{1}{2}mg + \frac{1}{2}F_1$

8　$\frac{1}{4}Mg + \frac{1}{4}mg + \frac{1}{4}F_1$

(ウ)の解答群

0　$\frac{1}{2}Mg + mg + F_1$　　　1　$\frac{1}{2}Mg + mg$

2　$\frac{1}{2}Mg + mg - F_1$　　　3　$\frac{1}{2}Mg + \frac{1}{2}mg + \frac{1}{2}F_1$

4　$\frac{1}{2}Mg + \frac{1}{2}mg$　　　5　$\frac{1}{2}Mg + \frac{1}{2}mg - \frac{1}{2}F_1$

6　$\frac{1}{2}Mg + \frac{1}{4}mg + \frac{1}{4}F_1$　　7　$\frac{1}{2}Mg + \frac{1}{4}mg$

8　$\frac{1}{2}Mg + \frac{1}{4}mg - \frac{1}{4}F_1$

(エ)の解答群

0 $Mg + mg$ 1 $Mg + \dfrac{2}{3}mg$ 2 $Mg + \dfrac{1}{3}mg$

3 $\dfrac{2}{3}Mg + mg$ 4 $\dfrac{2}{3}Mg + \dfrac{2}{3}mg$ 5 $\dfrac{2}{3}Mg + \dfrac{1}{3}mg$

6 $\dfrac{1}{3}Mg + mg$ 7 $\dfrac{1}{3}Mg + \dfrac{2}{3}mg$ 8 $\dfrac{1}{3}Mg + \dfrac{1}{3}mg$

(3) 実験3では，図1-4に示すように，ばね定数kのばねの一端を(1)と同じ点Cで固定し，質量m〔kg〕の小球1をばねの他端に取り付けて静かにつるした。点Bから左側にa離れた点Dにばね定数kのばねの一端を固定し，質量$4m$の小球2をばねの他端に取り付けて静かにつるした。そして，小球1と小球2のそれぞれを手でつかみ，鉛直下方にゆっくりと移動させ，小球1に加えた手の力の大きさがF_2〔N〕に達したときに小球1の移動を止め，小球2に加えた力の大きさもF_2に達したときに小球2の移動を止めた。次に，手を両小球から同時に静かに放したら，小球1と小球2は単振動した。小球2の単振動の周期は小球1の単振動の周期の (オ) 倍で，小球2のばねの伸びが最大になったときの糸2の張力の大きさは (カ) 〔N〕である。小球が振動していても棒が静止していたことから，F_2のとりうる値の最大値は (キ) 〔N〕である。

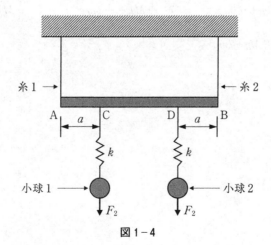

図1-4

32 2022 年度　物理　　　　　　　　　　　　　　　　　　　　東京理科大-工〈B 方式〉

㋒の解答群

1　1　　　　　　　　　　2　2　　　　　　　　　　3　3

4　4　　　　　　　　　　5　5　　　　　　　　　　6　6

7　7　　　　　　　　　　8　8　　　　　　　　　　9　9

㋓の解答群

0　$\dfrac{1}{2}Mg + \dfrac{5}{4}mg$

1　$\dfrac{1}{2}Mg + \dfrac{5}{4}mg + \dfrac{1}{2}F_2$

2　$\dfrac{1}{2}Mg + \dfrac{5}{4}mg + F_2$

3　$\dfrac{1}{2}Mg + \dfrac{9}{4}mg$

4　$\dfrac{1}{2}Mg + \dfrac{9}{4}mg + \dfrac{1}{2}F_2$

5　$\dfrac{1}{2}Mg + \dfrac{9}{4}mg + F_2$

6　$\dfrac{1}{2}Mg + \dfrac{13}{4}mg$

7　$\dfrac{1}{2}Mg + \dfrac{13}{4}mg + \dfrac{1}{2}F_2$

8　$\dfrac{1}{2}Mg + \dfrac{13}{4}mg + F_2$

㋖の解答群

0　$Mg + \dfrac{3}{4}mg$

1　$Mg + \dfrac{7}{4}mg$

2　$Mg + \dfrac{9}{4}mg$

3　$\dfrac{1}{2}Mg + \dfrac{3}{4}mg$

4　$\dfrac{1}{2}Mg + \dfrac{7}{4}mg$

5　$\dfrac{1}{2}Mg + \dfrac{9}{4}mg$

6　$\dfrac{1}{3}Mg + \dfrac{3}{4}mg$

7　$\dfrac{1}{3}Mg + \dfrac{7}{4}mg$

8　$\dfrac{1}{3}Mg + \dfrac{9}{4}mg$

9　$\dfrac{24}{73}(2Mg + 7mg)$

2 次の文中の (ク) ～ (サ)，および (ス)，(タ) にあてはまるまる数値を，以下に述べる注意に従って**解答用マークシート**の指定された欄にマークしなさい。解答は有効数字が2桁となるようにし，必要であれば3桁目を四捨五入し，下に示す形式で a, b, p, c をマークしなさい。

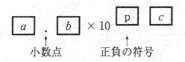

ただし，$c = 0$ のときには，符号 p に + を，c に 0 をマークしなさい。なお，途中計算は分数で行い，最後に小数に直しなさい。

また，(シ)，(セ)，(ソ) については，適切な答を**解答群**の中から選び，その番号を**解答用マークシート**の指定された欄にマークしなさい。必要なら，同一番号を繰り返し用いてよい。　　　　　　　　(33点)

図 2-1 は，内部抵抗 r 〔Ω〕の電池 E，抵抗 R_a, R_b, R_d, R_f および①，②を含む回路である。①，②は，それぞれ，抵抗，コイル，コンデンサーのいずれか1つであるが外観では分からない。この回路について，以下の設問に答えなさい。

ただし，測定に使用する直流電圧計の内部抵抗はじゅうぶんに大きく，電流は流れないものとし，直流電流計の内部抵抗および接続に使用する導線の抵抗は無視できる。なお，各設問において，「はじめの状態」とは，「回路に何も接続されておらず，a, b, d, e, f の電位は等しく，回路に電流が流れていない状態」とする。

(1) はじめの状態において dc 間の電圧を直流電圧計で測定したところ，8.40 V の電圧が測定された。直流電圧計をはずし，ac 間，bc 間，dc 間の電流を1つの直流電流計を用いて順番に測定したところ，それぞれ 1.00 A，3.50 A，2.10 A であった。次に，この直流電流計をはずし，ab 間を導線で接続した状態で，ac 間の電流を直流電流計で測定したところ，4.20 A であった。以上の結果から抵抗 R_a, R_b, R_d はそれぞれ (ク) Ω，(ケ) Ω，(コ) Ω の抵抗であり，電池 E の内部抵抗 r は (サ) Ω である。

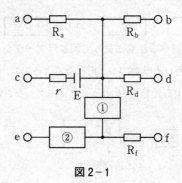

図 2-1

(2) 回路をはじめの状態にもどしたあと，電池 E を起電力 10.0 V 内部抵抗 0.600 Ω の電池に換え，記録ができる直流電流計を cf 間に接続したところ，cf 間の電流は図 2-2 のように変化した。なお，cf 間を接続した瞬間の電流は 2.00 A であった。この結果から，①は (シ) と考えられ，抵抗 R_f は (ス) Ω である。

次に cf 間の直流電流計をはずし，df 間を導線で接続した。この状態で ce 間に直流電流計を接続した。じゅうぶんに時間が経過したあと，ce 間の電流は 0 ではない値で一定となった。この結果から，②は (セ) 以外と考えられる。

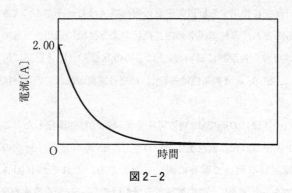

図 2-2

(シ)，(セ)の解答群

    0　抵抗　　　　　　1　コイル　　　　　　2　コンデンサー

(3) 回路をはじめの状態にもどしたあと，抵抗 R_b, R_d, R_f をそれぞれ 4.00 Ω の抵抗に換え，図 2-3 のように df 間に交流電源と交流電流計を接続した。交流電源と交流電流計の内部にあるインピーダンスは無視できる。交流電源から出力される交流の周波数を f_1 [Hz]，電圧の実効値を 10.0 V にしたとき，交流電流計は 1.00 A を示した。次に回路をはじめの状態にもどしたあと，図 2-4 のように交流電源と交流電流計を be 間につなぎかえた。なお，抵抗 R_b, R_d, R_f はそれぞれ 4.00 Ω のままである。交流電源から出力される交流の周波数を f_1，電圧の実効値を 10.0 V にしたとき，交流電流計は 2.00 A を示した。この状態から電圧を変えずに，交流の周波数を大きくしながら電流計の値を見ると，電流はしだいに増加し，周波数 f_2 [Hz] で最大となり，そのあと減少をつづけた。以上の結果から，②は (ソ) であると考えられる。また，$\dfrac{f_1^2}{f_2^2} =$ (タ) である。

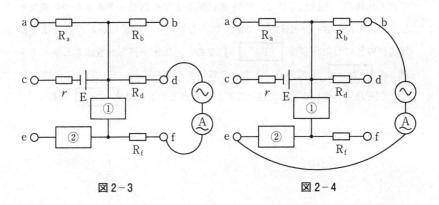

図 2-3　　　　　図 2-4

(ソ)の**解答群**

0　抵抗　　　　1　コイル　　　　2　コンデンサー

3 次の文中の (チ) ～ (ニ) にあてはまる適切な答を**解答群**の中から選び，その番号を**解答用マークシート**の指定された欄にマークしなさい。必要なら，同一番号を繰り返し用いてよい。　　　　　　　　　　(33点)

なめらかに動くピストンのついた円筒容器に単原子分子理想気体 1 mol を入れ，図3のように，気体の温度が T_A〔K〕の状態 A から温度が T_B〔K〕の状態 B に，気体の体積を一定にしながら変化させた。このとき，気体定数を R〔J/(mol・K)〕とすると，気体が外部にした仕事は (チ) 〔J〕であり，気体が吸収する熱量は (ツ) 〔J〕である。次に，気体を状態 B から状態 C に断熱変化させた。状態 C の温度が T_A であるとき，状態 B から状態 C の間に気体が外部にする仕事は (テ) 〔J〕である。さらに，気体を状態 C から状態 A に気体の温度を一定にしながら変化させたとき，気体は外部に熱を放出した。この装置を気体が状態 A から状態 B，状態 C を経て，状態 A に戻るまでの熱サイクルをもつ熱機関として利用したときの熱効率が e であった。このとき，状態 C から状態 A までに気体が外部にした仕事は (ト) 〔J〕であり，気体が外部へ放出する熱エネルギーは (ナ) 〔J〕である。また，この熱サイクルにおいて，気体の体積 V に対する圧力 P の変化を表した図として，最も適したものは (ニ) である。

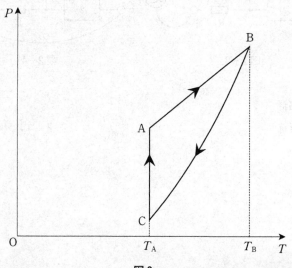

図3

㈠〜㈡の解答群

0 0

1 $R(T_A - T_B)$

2 $R(T_B - T_A)$

3 $\dfrac{3}{2}R(T_A - T_B)$

4 $\dfrac{3}{2}R(T_B - T_A)$

5 $\dfrac{5}{2}R(T_A - T_B)$

6 $\dfrac{5}{2}R(T_B - T_A)$

㈠, ㈡の解答群

0 0

1 $\dfrac{3}{2}eR(T_A - T_B)$

2 $\dfrac{3}{2}eR(T_B - T_A)$

3 $\dfrac{3}{2}(1-e)R(T_A - T_B)$

4 $\dfrac{3}{2}(1-e)R(T_B - T_A)$

5 $\dfrac{5}{2}eR(T_A - T_B)$

6 $\dfrac{5}{2}eR(T_B - T_A)$

7 $\dfrac{5}{2}(1-e)R(T_A - T_B)$

8 $\dfrac{5}{2}(1-e)R(T_B - T_A)$

㈡の解答群

1
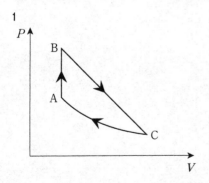

2
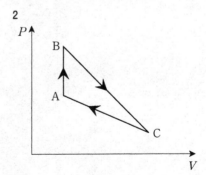

3 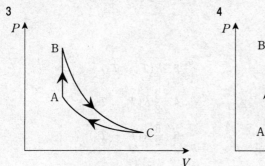 4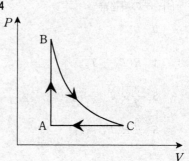

東京理科大-工〈B方式〉   2022 年度　化学　*39*

■■■化学■■■

（80 分）

〔注　意〕

(1)　問題に指示がなければ，計算に必要な場合は次の値を用いなさい。

元素記号	H	C	N	O	Na	S	Cl	Fe	Ni	Cu	Zn	Ag	Pb
原 子 量	1.0	12	14	16	23	32	35.5	56	59	63.5	65	108	207

　　気 体 定 数　$8.31 \times 10^3 \, Pa \cdot L/(K \cdot mol)$
　　ファラデー定数　$9.65 \times 10^4 \, C/mol$

(2)　気体はすべて理想気体としなさい。

(3)　問題によって答え方が違います。問題文を十分に注意して読みなさい。

40 2022 年度 化学　　　　　　　　　　　　　　　　　　　東京理科大-工〈B方式〉

1　次の文章を読み，問(1)〜(3)に答えなさい。　　　　　　　　　　　(11点)

　沸騰水 50 mL に 0.50 mol/L の塩化鉄（Ⅲ）水溶液 5.0 mL を少量ずつ滴下して完全に反応させたところ，**コロイド溶液 1** が得られた。

　コロイド溶液 1 をセロハンに包んで純粋な水に浸すことで透析し，**コロイド溶液 1** から**元素 A** のイオンを完全に除去したのち，セロハンの内容物を全量が 100 mL となるまで希釈することで得られた**コロイド溶液 2** の浸透圧を測定したところ，27℃ で　X　Pa であった。さらに，この結果から**コロイド溶液 2** のコロイド粒子 1 個に含まれる鉄（Ⅲ）イオンの個数の平均値を算出したところ，250 個と求められた。また，①**コロイド溶液 2 に少量の電解質 B を加えたところ，沈殿を生じた。**

(1)　**元素 A** の原子と水素原子が 1：1 の数の比で結合している常温で気体の**化合物 C** に関する記述として正しいものを **Ⅰ欄**からすべて選び，それらの番号をすべて足した合計の数を**解答用マークシート**にマークしなさい。合計の数が 1 ケタの場合は，十の位は 0 をマークしなさい。正しい記述がない場合は，十の位，一の位とも 0 をマークしなさい。

〔**Ⅰ欄**〕

　1　**化合物 C** を実験室で発生させる場合，上方置換で捕集する。

　2　7.40 g の**化合物 C** が 12.6 g の水に溶けている水溶液は発煙性を示す。

　4　**化合物 C** は常温常圧で空気よりも密度の小さい無色・無臭の気体である。

　8　**化合物 C** は，塩化ナトリウムに濃硫酸を加えて加熱すると発生する。

　16　**化合物 C** は，ナトリウムを常温の水に入れると発生する。

　32　**化合物 C** の水溶液をアンモニア水で中和滴定する場合，指示薬にはメチルオレンジを用いるとよい。

(2)　文中の　X　にあてはまる数値を求めなさい。ただし，鉄（Ⅲ）イオンは

東京理科大-工〈B方式〉　　　　　　　　　　　　　　　2022 年度　化学　*41*

すべてコロイド粒子に含まれているものとし，**コロイド溶液 1** から**コロイド溶液 2** を得る過程でコロイド粒子の損失はなく，**コロイド溶液 2** にはコロイド粒子および水のみ存在しているものとする。また，水の電離の影響は無視してよいものとする。解答は，有効数字が 2 ケタとなるように 3 ケタ目を四捨五入し，次の形式で**解答用マークシート**にマークしなさい。指数 c がゼロの場合は，符号 p は＋をマークしなさい。

$$\boxed{a} \ . \ \boxed{b} \ \times 10^{\boxed{\text{p}} \ \boxed{c}} \ \text{〔Pa〕}$$

小数点　　　　正負の符号

(3)　**下線部①**に関する記述として正しいものを **II 欄**からすべて選び，それらの番号をすべて足した合計の数を**解答用マークシート**にマークしなさい。合計の数が 1 ケタの場合は，十の位は 0 をマークしなさい。正しい記述がない場合は，十の位，一の位とも 0 をマークしなさい。

〔II 欄〕

　1　このような現象を塩析という。

　2　このような現象を凝析という。

　4　このような現象を電気泳動という。

　8　**電解質 B** を Na_2SO_4 とする場合，固体が析出するのに必要な電解質の物質量は，**電解質 B** を NaCl とする場合よりも少ない。

　16　**電解質 B** を KSCN とする場合，濃青色の沈殿が生じる。

42 2022 年度　化学　　　　　　　　　　　　　　　　東京理科大-工〈B方式〉

2 次の文章を読み，問(1)〜(4)に答えなさい。　　　　　　　　　　　（19 点）

　電池または電解槽として働く**水槽 A 〜 F** を，**図 1** のように，**スイッチ 1** および**スイッチ 2** がいずれも開いた（回路につながっていない）状態で接続した。ここで，**水槽 A**，**水槽 B** および**水槽 C** の隔壁には素焼き板を用い，**水槽 D** の**電極 7** および**電極 8** にはそれぞれ，表面に硫酸鉛（Ⅱ）が付着した鉛板および表面に硫酸鉛（Ⅱ）が付着した酸化鉛（Ⅳ）板を用いた。

　まず，**スイッチ 2** が開いた状態のまま，<u>**スイッチ 1** を閉じ（回路につなぎ），23160 秒保持してから**スイッチ 1** を開けた</u>。_①**図 2** は，**スイッチ 1** を閉じてから開けるまでの時間と**電流計 1** の値（絶対値）の関係である。

　下線部①の操作後，**スイッチ 1** が開いた状態のまま，<u>**スイッチ 2** を閉じ，9650 秒保持してから**スイッチ 2** を開けた</u>ところ，_②**下線部②**の操作を行う前と比較して，　**ア**　は質量が増加し，　**イ**　は質量が減少した。また，**下線部①**と**下線部②**の操作を通して，**図 1** の装置全体から，標準状態（273 K，1.013×10^5 Pa）に換算して，合計 672 mL の気体が発生した。ただし，**下線部②**の操作において，**水槽 F** では気体は発生しなかった。

　下線部②の操作後，**スイッチ 1** を閉じてしばらく保持したところ，**水槽 A**，**水槽 B** および**水槽 C** の硫酸銅（Ⅱ）水溶液の色は，**下線部②**の操作を行う前と比較して薄くなった。

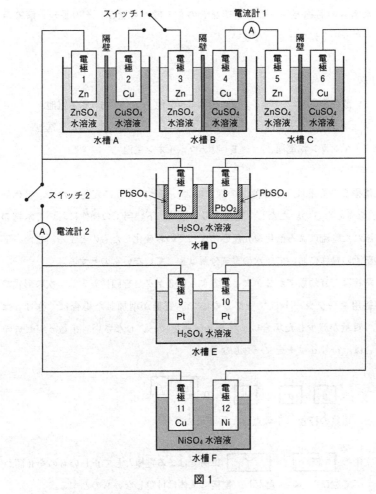

図 1

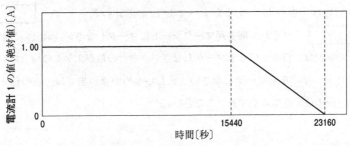

図 2

(1) 水槽Aの名称として最も適切なものをⅠ欄から選び，その番号を**解答用マークシートにマークしなさい**。

〔Ⅰ欄〕

1　酸化銀電池　　　2　ダニエル電池　　　3　鉛蓄電池
4　ニッケル水素電池　5　燃料電池　　　　6　ボルタ電池
7　マンガン乾電池　　8　リチウムイオン電池

(2) **電極8**の質量は，下線部①の操作によってどのように変化したか，変化量〔g〕を求めなさい。ただし，**電極8**の質量は，下線部①の操作において**水槽D**に流れた電流による酸化還元反応によってのみ変化したものとする。また，下線部①の操作において，水の電気分解は生じていないものとする。

　解答は，有効数字が2ケタとなるように3ケタ目を四捨五入し，次の形式で**解答用マークシートにマークしなさい**。質量が増加した場合は，符号 p は＋，質量が減少した場合は，符号 p は－をマークしなさい。指数 c がゼロの場合は，符号 q は＋をマークしなさい。

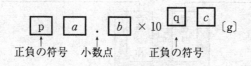

(3) 文中の　ア　，　イ　にあてはまる電極として正しいものをⅡ欄からすべて選びなさい。ただし，電極に気体は付着しないものとする。

　解答は，選択した番号をすべて足した合計の数として，　ア　，　イ　それぞれ，**解答用マークシートにマークしなさい**。合計の数が2ケタの場合は，百の位は0をマークしなさい。合計の数が1ケタの場合は，百の位と十の位は0をマークしなさい。正しいものがない場合は，百の位，十の位，一の位すべて0をマークしなさい。

〔Ⅱ欄〕

1　電極3　　　2　電極4　　　4　電極7　　　8　電極8

東京理科大-工〈B方式〉 　　　　　　　　　　　　　　　　　　　　　　　2022 年度　化学　*45*

　　　　16　電極 9　　　　　32　電極 10　　　　64　電極 11　　　　128　電極 12

(4)　**下線部②**の操作において，**電流計 2** の値は常に 0.600 A であった。**電極 11**
　　の質量は，**下線部②**の操作によってどのように変化したか，変化量〔g〕を求め
　　なさい。ただし，**電極 11** の質量は，**下線部②**の操作において**水槽 F** に流れた
　　電流による酸化還元反応によってのみ変化したものとする。

　　　解答は，有効数字が 2 ケタとなるように 3 ケタ目を四捨五入し，次の形式で
　　解答用マークシートにマークしなさい。質量が増加した場合は，符号 p は
　　＋，質量が減少した場合は，符号 p は－をマークしなさい。指数 c がゼロの
　　場合は，符号 q は＋をマークしなさい。

$$\boxed{p}\ \boxed{a}\ .\ \boxed{b}\ \times 10^{\boxed{q}\ \boxed{c}}\ \text{〔g〕}$$

　　　　正負の符号　小数点　　　　　正負の符号

3　　次の問 (1), (2) に答えなさい。　　　　　　　　　　　　　　　　　　　（10 点）

(1)　グルコースとスクロースをある物質量の割合で混ぜた混合物を作製した。こ
　　の混合物 92.4 g を 1.00 kg の水に溶かしたところ，その溶液の凝固点降下は
　　0.555 K であった。スクロースの代わりに NaCl を同じ物質量の割合で混ぜた
　　混合物 42.0 g を 1.00 kg の水に溶かした溶液の沸点上昇〔K〕を求めなさい。水
　　のモル凝固点降下は 1.85〔K·kg/mol〕，モル沸点上昇は 0.52〔K·kg/mol〕であ
　　り，グルコースの分子量は 180 である。また，この問題に限り，スクロースの
　　分子量を 340，NaCl の式量を 60 として計算しなさい。解答は，有効数字が 2
　　ケタとなるように 3 ケタ目を四捨五入し，次の形式で**解答用マークシート**に
　　マークしなさい。指数 c がゼロの場合は，符号 p は＋をマークしなさい。

$$\boxed{a}\ .\ \boxed{b}\ \times 10^{\boxed{p}\ \boxed{c}}\ \text{〔K〕}$$

　　　　　小数点　　　　正負の符号

46 2022 年度 化学　　　　　　　　　　　　　　　　東京理科大-工〈B方式〉

(2) 300 K において，11.00 L の密閉容器に乾燥した O_2 を 0.0266 mol，水を 10.00 L 入れて平衡とした。このときの気相の全圧〔Pa〕を求めなさい。なお，300 K，1.00×10^5 Pa における O_2 の水への溶解度は 1.30×10^{-3} mol/L である。水の体積変化は無視でき，300 K における水の蒸気圧は 4.00×10^3 Pa である。計算にあたっては，気体は理想気体であるとしなさい。また，この問題に限り気体定数を 8.30×10^3 Pa·L/(K·mol) として計算しなさい。解答は，有効数字が 2 ケタとなるように 3 ケタ目を四捨五入し，次の形式で**解答用マークシート**にマークしなさい。指数 c がゼロの場合は，符号 p は＋をマークしなさい。

$$\boxed{a} \ . \ \boxed{b} \times 10^{\ \boxed{\text{p}} \ \boxed{c}} \ \text{〔Pa〕}$$

小数点　　　　正負の符号

---

4 次の文章を読み，**問**(1)，(2)に答えなさい。　　　　　　　　　(10 点)

アンモニア水中ではアンモニアの一部が電離し，次のような電離平衡が成り立っている。

$$NH_3 + H_2O \rightleftharpoons NH_4^+ + OH^- \qquad ①$$

この電離平衡では水溶液中の水の濃度 $[H_2O]$ が一定とみなせるため，平衡定数（電離定数）K_b は次のように表される。

$$K_b = \frac{[NH_4^+][OH^-]}{[NH_3]} \qquad ②$$

濃度 C_b〔mol/L〕のアンモニア水の水酸化物イオン濃度 $[OH^-]$ はアンモニアの電離度が 1 より十分に小さいと考えてよい場合には，C_b と K_b を用いて $[OH^-] =$ 　$\boxed{\text{ア}}$　 と表すことができる。

塩化アンモニウムは水に溶かすと次のように電離して平衡状態になる。

$$NH_4Cl \longrightarrow NH_4^+ + Cl^- \qquad ③$$

$$NH_4^+ + H_2O \rightleftharpoons NH_3 + H_3O^+ \qquad ④$$

東京理科大-工〈B方式〉　　　　　　　　　　　　　　　2022 年度　化学　*47*

水の濃度が一定とみなせるとし，オキソニウムイオン濃度$[H_3O^+]$を水素イオン濃度$[H^+]$で示すとすれば，④式の平衡定数(加水分解定数)K_hは

$$K_h = \frac{[NH_3][H^+]}{[NH_4^+]} \qquad ⑤$$

と表せ，水のイオン積K_wとK_bを用いて$K_h =$ | イ | と表すこともできる。濃度C_h〔mol/L〕の塩化アンモニウム水溶液において，塩化物イオン濃度はC_hとみなすことができる。③式で生成したアンモニウムイオンのうち，加水分解によりアンモニアとなったものの割合が1に比べて十分に小さいと考えられる場合には，水素イオン濃度は$[H^+] =$ | ウ | と表すことができる。

(1) 文中の | ア | ～ | ウ | にあてはまる最も適切なものをそれぞれ I 欄から選び，その番号を**解答用マークシート**にマークしなさい。

〔I 欄〕

1 $\sqrt{K_b C_b}$　　　2 $\sqrt{\dfrac{K_b}{C_b}}$　　　3 $\sqrt{\dfrac{C_b}{K_b}}$　　　4 $K_b C_b$

5 $\dfrac{K_b}{K_w}$　　　6 $K_b K_w$　　　7 $\dfrac{K_w}{K_b}$　　　8 $\sqrt{\dfrac{K_b C_h}{K_w}}$

9 $\sqrt{\dfrac{K_w}{K_b C_h}}$　　　10 $\sqrt{\dfrac{K_w C_h}{K_b}}$

(2) 0.0092 mol/L のアンモニア水溶液 25 mL をコニカルビーカーにとり，0.0092 mol/L の塩酸を用いて滴定した。その際の pH 変化の概略を表す図として最も適切なものを選び，その番号を**解答用マークシート**にマークしなさい。適切なものがない場合は**0**をマークしなさい。

ただし，滴定は温度を 25 ℃ 一定の条件で行い，その条件で溶液から気相に出ていく成分はないものとする。また，$K_b = 2.3 \times 10^{-5}$ mol/L，$K_w = 1.0 \times 10^{-14}$ (mol/L)^2 である。なお，$\sqrt{2} = 1.41$，$\sqrt{2.3} = 1.52$，$\sqrt{5} = 2.24$とする。

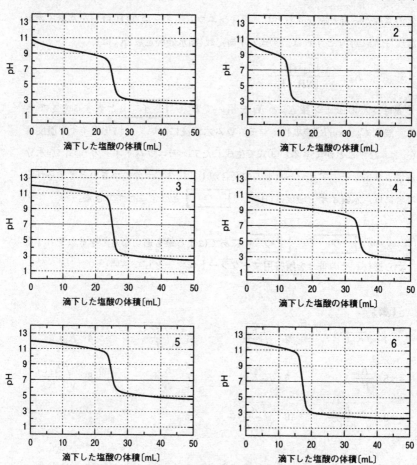

東京理科大-工〈B方式〉   2022 年度 化学 *49*

5 次の文章を読み，問(1)～(5)に答えなさい。   (20 点)

様々な初期濃度の過酸化水素水 10.0 mL に触媒を加えて分解反応を開始さ
せ，発生する O_2 の体積が 273 K (0 ℃)，1.013×10^5 Pa に換算して 11.2 mL に
なるまでの時間 Δt [s] を測定した。結果を以下の表に示す。なお，発生した O_2
は水に溶けないものとする。

実験番号	初期 H_2O_2 濃度[mol/L]	Δt [s]	温度[℃]
①	0.85	ア	20
②	0.45	100	20
③	0.45	50	30
④	0.55	イ	40

過酸化水素水中における H_2O_2 の分解速度 v [mol/(L·s)] は，次のように表される。

$$v = k[H_2O_2]$$

ここで，k [/s] は反応速度定数，$[H_2O_2]$ は水中の H_2O_2 の濃度[mol/L]である。
また，この式は Δt [s] の間における平均の分解速度 $\overline{v}$ [mol/(L·s)] と水中の
H_2O_2 の平均濃度 $\overline{[H_2O_2]}$ [mol/L] の間においても成立する。

(1) 過酸化水素の分解反応を熱化学方程式で表すと次のようになる。

$$H_2O_2\,aq = \frac{ウ}{エ}\,H_2O(液) + \frac{オ}{カ}\,O_2(気) + Q\,[kJ]$$

ウ ～ カ にあてはまる数値を**解答用マークシートにマーク**しな
さい。ただし，係数は既約分数にした後に解答するものとし，係数が整数の場
合には分母に 1 を，分子にはその整数をマークしなさい。 ウ ～
カ にあてはまる数値が 10 以上の場合には 10 をマークしなさい。その
際にさらに約分をしてはいけません。

(2) 問(1)における熱化学方程式の Q 〔kJ〕の値を求めなさい。ただし，過酸化水素(気)，水(気)の生成熱は，それぞれ 136 kJ/mol，242 kJ/mol であり，水の蒸発熱は 44 kJ/mol である。また，過酸化水素(気)の水への溶解は以下の熱化学方程式で表せるものとする。

$$H_2O_2(\text{気}) = H_2O_2 \text{aq} + 55 \text{ kJ}$$

解答は，小数第一位を四捨五入し，3ケタの数値として次の形式で**解答用マークシート**にマークしなさい。解答の数値が2ケタまたは1ケタの場合は，上位のケタに0をマークしなさい。4ケタ以上の場合は，3ケタのすべてに9をマークしなさい。

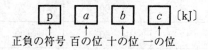

(3) 実験番号②における反応速度定数 k 〔/s〕を求めなさい。解答は，有効数字が2ケタとなるように3ケタ目を四捨五入し，次の形式で**解答用マークシート**にマークしなさい。指数 c がゼロの場合は，符号 p は＋をマークしなさい。

$\boxed{a}$. $\boxed{b}$ × 10 $\boxed{p}$ $\boxed{c}$ 〔/s〕
　　↑　　　　　↑
　小数点　　正負の符号

(4) $\boxed{ア}$, $\boxed{イ}$ にあてはまる時間〔s〕を求めなさい。ただし，20℃と30℃における反応速度定数の比と30℃と40℃における反応速度定数の比は同じ値とする。解答は，有効数字が2ケタとなるように3ケタ目を四捨五入し，次の形式で**解答用マークシート**にマークしなさい。指数 c がゼロの場合は，符号 p は＋をマークしなさい。

$\boxed{a}$. $\boxed{b}$ × 10 $\boxed{p}$ $\boxed{c}$ 〔s〕
　　↑　　　　　↑
　小数点　　正負の符号

(5) 実験番号②の実験において発生した O_2 の物質量の総和〔mol〕は以下の図に実線で示す時間変化を示した。実験番号③で発生する O_2 の物質量の総和〔mol〕を表す曲線として最も適切なものを選び,その番号を**解答用マークシート**にマークしなさい。適切なものがない場合は **0** をマークしなさい。

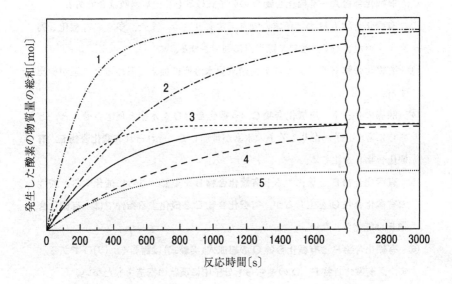

52　2022 年度　化学　　　　　　　　　　　　　　　東京理科大-工〈B方式〉

6　炭素，水素，酸素からなる**有機化合物 A ～有機化合物 G** および**有機化合物 P ～
有機化合物 T** に関する以下の記述①～⑩を読み，**問(1)～(5)**に答えなさい。

（10 点）

①　**有機化合物 A ～有機化合物 D** の分子式は等しく，炭素数は 3 である。

②　**有機化合物 A** は水と任意の割合で混じり合う。また，多くの有機化合物
をよく溶かすので，塗料や除光液に利用される。

③　**有機化合物 B** をアンモニア性硝酸銀水溶液に加えて温めると，銀が析出
する。

④　触媒の存在下，**有機化合物 C**，**有機化合物 D** を水素と反応させると，ど
ちらにも 1 分子あたり 1 分子の水素が付加して，それぞれ**有機化合物 E**，**有
機化合物 F** を生じる。

⑤　**有機化合物 E** を酸化すると**有機化合物 B** を生じ，さらに酸化すると酸性
の**有機化合物 G** を生じるが，**有機化合物 E** を酸化する条件では，**有機化合
物 F** は酸化されない。

⑥　**有機化合物 P** と**有機化合物 Q** の組成式（実験式）は等しく，CHO である。
また，**有機化合物 P，Q** のどちらも分子中に環状の構造をもたない。

⑦　触媒の存在下，**有機化合物 P，Q** を水素と反応させると，どちらにも 1 分
子あたり水素 1 分子が付加して，同一の**有機化合物 R** となる。この反応に
より分子量が約 1.72 ％増える。

⑧　水に対する溶解度は，**有機化合物 P** の方が**有機化合物 Q** よりも大きい。
どちらも水酸化ナトリウム水溶液にはよく溶ける。

⑨　**有機化合物 P** を加熱すると，1 分子あたり水 1 分子を失って，**有機化合
物 S** に変わるが，**有機化合物 Q** を加熱しても同様の反応は起こらない。

⑩　**有機化合物 R** を適切な脱水剤とともに加熱すると，分子内での反応によ
り，1 分子あたり水 1 分子を失って，**有機化合物 T** に変わる。**有機化合物 T**
は**有機化合物 S** に水素を付加しても得られる。

(1)　**有機化合物 A ～有機化合物 G** の性質や反応に関する記述として正しいもの

東京理科大-工〈B方式〉   2022 年度　化学　*53*

を I 欄からすべて選び，それらの番号をすべて足した合計の数を**解答用マーク
シート**にマークしなさい。合計の数が 1 ケタの場合は，十の位は **0** をマークし
なさい。正しい記述がない場合は，十の位，一の位のどちらも **0** をマークしな
さい。

〔I 欄〕

　1　**有機化合物 A** を硫酸酸性の二クロム酸カリウム水溶液を用いて酸化す
　　ると**有機化合物 G** を生じる。

　2　**有機化合物 A** または**有機化合物 B** にヨウ素と水酸化ナトリウム水溶液
　　を加えて反応させると，どちらからも特有の臭気をもつ黄色の沈殿が生じ
　　るが，**有機化合物 C**，**有機化合物 D** は同様の変化を起こさない。

　4　**有機化合物 C**，**有機化合物 E** はナトリウムと反応して水素を発生する
　　が，**有機化合物 D**，**有機化合物 F** はナトリウムと反応しない。

　8　**有機化合物 E**，**有機化合物 F**，および**有機化合物 G** は，いずれも
　　フェーリング液とともに加熱しても赤色の沈殿を生じない。

　16　**有機化合物 A ～有機化合物 G** のうち，クメン法においてフェノールと
　　ともに生成する有機化合物は，**有機化合物 B** である。

(2)　**有機化合物 P ～有機化合物 T** の性質や反応に関する記述として正しいもの
　を II 欄からすべて選び，それらの番号をすべて足した合計の数を**解答用マーク
　シート**にマークしなさい。合計の数が 1 ケタの場合は，十の位は **0** をマーク
　しなさい。正しい記述がない場合は，十の位，一の位のどちらも **0** をマークし
　なさい。

〔II 欄〕

　1　**有機化合物 P** と**有機化合物 Q** は互いに鏡像異性体の関係にある。

　2　**有機化合物 P** の融点は**有機化合物 Q** の融点よりも低い。

　4　**有機化合物 P**，**有機化合物 Q** は炭酸水素ナトリウムと反応して水素を
　　発生するが，**有機化合物 R** は炭酸水素ナトリウムと反応しない。

　8　**有機化合物 R** の分子量と**有機化合物 S** の分子量の差は 18 である。

54 2022 年度　化学　　　　　　　　　　　　　　　　　　東京理科大-工〈B方式〉

16　有機化合物 S，有機化合物 T はどちらも不斉炭素原子をもたない。

⑶　酸化銅（Ⅱ）を詰めた燃焼管，塩化カルシウムを詰めた吸収管（**吸収管 X**），
　ソーダ石灰を詰めた吸収管（**吸収管 Y**）の順に繋いだ装置を用い，**有機化合物 G**
　を分析した。十分な量の酸素を供給して**有機化合物 G** を完全に燃焼させる
　と，**吸収管 X** の質量増加は 7.20 mg であった。このときの**吸収管 Y** の質量増
　加〔mg〕を求めなさい。解答は，有効数字が 2 ケタとなるように 3 ケタ目を四
　捨五入し，次の形式で**解答用マークシート**にマークしなさい。指数 c がゼロの
　場合は，符号 p は＋をマークしなさい。

$$\boxed{a}\ .\ \boxed{b} \times 10^{\boxed{\text{p}}\ \boxed{c}}\ \text{〔mg〕}$$

　　　　　　小数点　　　　　正負の符号

⑷　**有機化合物 P** の分子量を答えなさい。解答は，整数となるように小数第一
　位を四捨五入し，各位の数値を**解答用マークシート**にマークしなさい。解答の
　数値が 2 ケタの場合は，百の位は 0 をマークしなさい。

⑸　**有機化合物 T** の分子式を $C_l H_m O_n$ と表すとき，l, m, n にあてはまる数値
　を，それぞれ**解答用マークシート**にマークしなさい。数値が 10 以上の場合
　は，その数値がいくつであっても 10 をマークしなさい。**有機化合物 T** が水素
　を含まない場合は，m は 0 を，酸素を含まない場合は，n は 0 をマークしなさ
　い。

東京理科大-工〈B方式〉   2022 年度　化学　*55*

7   サリチル酸に関する**説明**を読み，問(1)～(9)に答えなさい。   (20 点)

　サリチル酸は無色の針状結晶で水にわずかに溶ける。工業的には，高温（約

125 ℃），高圧(0.4～0.7 MPa)の条件下，　原料 1 　と　原料 2 　を反応させ，

その生成物を酸で処理してサリチル酸を得る。

(1)　上の説明の　原料 1 　と　原料 2 　にあてはまる物質の組み合わせとして最

　　も適切なものを I 欄から選び，その番号を**解答用マークシート**にマークしなさ

　　い。

〔I 欄〕

	原料 1	原料 2
1	安息香酸ナトリウム	二酸化炭素
2	安息香酸ナトリウム	ホルムアルデヒド
3	安息香酸ナトリウム	メタノール
4	ナトリウムフェノキシド	二酸化炭素
5	ナトリウムフェノキシド	ホルムアルデヒド
6	ナトリウムフェノキシド	メタノール
7	フェノール	塩化ナトリウム
8	フェノール	酢酸ナトリウム
9	フェノール	水酸化ナトリウム
10	フェノール	ナトリウムメトキシド

　**サリチル酸を実験室で合成するには，側鎖を持つ芳香族化合物の過マンガン酸

カリウムによる酸化も適用できる。**

(2)　過マンガン酸カリウムを用いる酸化によりサリチル酸を生じる有機化合物

　　（酸化反応の原料化合物）を II 欄からすべて選び，それらの番号をすべて足した

　　数を**解答用マークシート**にマークしなさい。合計の数が 1 ケタの場合は，十の

位は 0 をマークしなさい。あてはまる有機化合物がない場合は、十の位、一の位のどちらも 0 をマークしなさい。ただし、酸化反応の生成物がサリチル酸の金属塩である場合には、適切な酸で処理してサリチル酸へ変換したものとする。

〔Ⅱ欄〕

1 2-エチルフェノール	2 o-キシレン
4 o-クレゾール	8 1,2-ジヒドロキシベンゼン
16 2-ナフトール	32 フタル酸

サリチル酸を原料化合物の一つとする 2 種類の合成実験（実験 1 と実験 2）を行った。

〔実験 1〕

試験管にサリチル酸 1.4 g を量り取り、メタノール 15 mL を加えて溶かした。そこへ濃硫酸 0.5 g を加えた。試験管を 70 ℃ の湯浴に入れ、メタノールの蒸気が勢いよく外へ出ないように注意しながら、穏やかに加熱した。10 分後に加熱を止めた。ここで、試験管の内容物の全体（反応混合物 W）から生成物（有機化合物 X）を分離して集める前に、適切な分析方法で反応混合物 W を調べたところ、有機化合物 X とサリチル酸とメタノールが含まれていることがわかった。

(3) 有機化合物 X の分子式を $C_lH_mO_n$ と表すとき、l, m, n にあてはまる数値を、それぞれ解答用マークシートにマークしなさい。数値が 10 以上の場合は 10 をマークしなさい。有機化合物 X が水素を含まない場合は、m は 0 を、酸素を含まない場合は、n は 0 をマークしなさい。

(4) 試験管に量り取ったサリチル酸のすべてが反応して有機化合物 X となり、それを完全に分離して集められるとしたら、何 g の有機化合物 X が得られるか、計算して答えなさい。解答は、有効数字が 2 ケタとなるように 3 ケタ目を

四捨五入し，次の形式で**解答用マークシート**にマークしなさい。指数 c がゼロの場合は，符号 p は＋をマークしなさい。

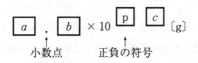

次に，①〜⑥の手順にしたがって，反応混合物 W から有機化合物 X と他の有機化合物を分離し，有機化合物 X を取り出すことができたことを適切な分析方法で確めた。

① 反応混合物 W に，7.5％炭酸水素ナトリウム水溶液 50 g とエーテル（ジエチルエーテル）50 mL を加えて撹拌し，しばらく静置した後に，上層 A と下層 B に分けた。

② 撹拌しながら， （あ） に水溶液が酸性を示すまで希塩酸を徐々に加えると有機化合物 Y の白色固体が析出した。

③ （い） に水酸化ナトリウム水溶液を加えて撹拌し，しばらく静置した後に，水層 C と有機層 D に分けた。水層 C の pH は約 9 であった。

④ 水層 C に希塩酸を加えて撹拌すると（水溶液の pH は約 5），油状の物質が分離した。

⑤ ④の水溶液と油状物質の混合物にエーテルを加えて振り混ぜながら油状物質を溶かし，しばらく静置した後に，上層 E と下層 F に分けた。

⑥ 蒸留により （う） から溶媒を除くと油状物質が残った。これを調べたところ，目的の有機化合物 X であることがわかった。

①〜⑥では，部分的に試薬類の量，温度，および反応や操作に要する時間などを省略したが，各段階の目的を達するに相応しい量の試薬類を用い，適切な条件の下，十分な時間をかけて実験を進めたとする。

(5) 有機化合物 Y の分子式を $C_lH_mO_n$ と表すとき，l，m，n にあてはまる数値を，それぞれ**解答用マークシート**にマークしなさい。数値が 10 以上の場合は

58 2022年度 化学　　　　　　　　　　　　　　　　　　東京理科大-工〈B方式〉

10 をマークしなさい。**有機化合物 Y が水素を含まない場合は，m は 0 を，酸素を含まない場合は，n は 0 をマークしなさい。**

(6) ②の操作を行った際に，白色固体の析出以外に観察される変化の様子や結果を正しく説明している記述は，**記述 I のア〜エ**のどれか。正しい記述の組み合わせを**III欄**から選び，その番号を**解答用マークシート**にマークしなさい。

〔記述 I〕

ア　二酸化炭素の気泡が発生した。

イ　水素の気泡が発生した。

ウ　水溶液が紫色に変わった。

エ　白色の固体に続いて黄色の固体が析出した。

〔III欄〕

00　すべて誤り	
01　アのみ	02　イのみ
03　ウのみ	04　エのみ
05　アとイ	06　アとウ
07　アとエ	08　イとウ
09　イとエ	10　ウとエ
11　アとイとウ	12　アとイとエ
13　イとウとエ	14　すべて正しい

(7) 　(あ)　 〜 　(う)　 にあてはまる「層」の組み合わせとして最も適切なものを**IV欄**から選び，その番号を**解答用マークシート**にマークしなさい。

〔IV欄〕

	(あ)	(い)	(う)
01	上層 A の半分	上層 A の半分	有機層 D
02	上層 A の半分	上層 A の半分	上層 E

東京理科大-工〈B方式〉 2022 年度 化学 *59*

03	上層 A の半分	上層 A の半分	下層 F
04	上層 A	下層 B	有機層 D
05	上層 A	下層 B	上層 E
06	上層 A	下層 B	下層 F
07	下層 B の半分	下層 B の半分	有機層 D
08	下層 B の半分	下層 B の半分	上層 E
09	下層 B の半分	下層 B の半分	下層 F
10	下層 B	上層 A	有機層 D
11	下層 B	上層 A	上層 E
12	下層 B	上層 A	下層 F

〔実験 2〕

　　試験管にサリチル酸 1.4 g を量り取り，無水酢酸 3.0 mL を加えた。混合物に濃硫酸を 1 滴ずつ 5 滴まで加え，5 分間，よく振り混ぜた。水 30 mL を入れた 100 mL ビーカーに試験管内の反応混合物を注ぎ入れ，撹拌した。氷浴中で冷やすと，白色の固体が析出した。生じた白色固体（有機化合物 Z）をろ過により集め，少量の冷水で洗った。

(8)　試験管に量り取ったサリチル酸のすべてが反応して**有機化合物 Z** となり，それを完全に分離して集められるとしたら，何 g の**有機化合物 Z** が得られるか，計算して答えなさい。解答は，有効数字が 2 ケタとなるように 3 ケタ目を四捨五入し，次の形式で**解答用マークシート**にマークしなさい。指数 c がゼロの場合は，符号 p は＋をマークしなさい。

$$\boxed{a} . \boxed{b} \times 10^{\boxed{p}\,\boxed{c}} \ \text{〔g〕}$$

　　　　　　↑　　　　　　↑
　　　　　小数点　　　正負の符号

(9)　**有機化合物 Z** の性質を正しく表している記述は，**記述 II のア～エ**のどれか。正しい記述の組み合わせを **V 欄**から選び，その番号を**解答用マークシート**にマークしなさい。

〔記述Ⅱ〕

ア　飽和炭酸水素ナトリウム水溶液を加えると二酸化炭素の気泡を発しながら溶ける。

イ　飽和炭酸水素ナトリウム水溶液にはほとんど溶けない。

ウ　さらし粉水溶液により赤紫色を呈する。

エ　塩化鉄(Ⅲ)水溶液により赤紫色を呈する。

〔Ｖ欄〕

01　アのみ

02　イのみ

03　ウのみ

04　エのみ

05　アとウ

06　アとエ

07　イとウ

08　イとエ

09　ウとエ

10　アとウとエ

11　イとウとエ

東京理科大-工〈B方式〉　　　　　　　　　　　　　2022 年度　英語〈解答〉　*61*

解答編

■英語■

（注）　解答は，東京理科大学から提供のあった情報を掲載しています。

1 解答

(1)—3　(2)—2　(3)—4　(4)—2　(5)—3
(6) 2nd : 3　5th : 5　(7)—3　(8)—2　(9)—3
(10)—3　(11)—2　(12)—2　(13)A—4　B—1　C—4　(14)2・4

━━━━━◆全　訳◆━━━━━

≪空想科学小説が伝えるもの≫

　科学やテクノロジーに最も直接的に関連する文学のジャンルと言えば無論，空想科学小説（SF）である。空想科学小説の愛好家は科学やテクノロジーについて，多くの事細かに描写されている物や，膨大な，しばしば詳細な，未来に関する予測を読むことを好む。空想科学小説はまた，テクノロジーの発展に対する社会の態度をも同時に示してくれるために興味深いのである。空想科学小説は未来への，または宇宙への計画であるだけではなく，テクノロジーに対する，同時代の文化的な価値観を反映してもいるのである。

　このような価値観はこの 200 年間，きわめて多様なものであり続けている。例えば 19 世紀後半のジュール=ヴェルヌの小説はテクノロジーの進化について楽観的な視点を述べていた。しかしながら作家の中にはテクノロジーの進化について悲観的に見る者もいた。これは 20 世紀の後半の数十年間の SF 映画の多くに見ることができる。その中でテクノロジーの進化はしばしば恐るべきものとみなされている。テクノロジーと文化の関係は明らかに，きわめて複雑である。空想科学小説はテクノロジーの進化を，否定的，肯定的両方の観点から示している。テクノロジーの進化に関する物語は希望と絶望，祝賀と警告の間でしばしば揺れ動く。さらにその上，この 2 つの全く正反対の態度は，空想科学小説の作品内でも混在している

のである。

　空想科学小説は，それ以外の多くの文学の伝統によって影響を受けてきた。例えば1627年に出版されたフランシス=ベーコンの『ニュー・アトランティス』はファンタジーと空想科学小説の双方を兼ね備えた作品であった。そのストーリーは科学の原則に基づいた未来の理想的な社会を描いている。この想像された社会の住人は電話や飛行機などのテクノロジーによる発明品の恩恵を享受している。それは発見と知識の未来像である。空想科学小説の創造者は，伝統的な物語の技法によって影響されてもいる。空想科学小説の作品の中には，古代の神話や伝説に典型的な筋書き通りのものも多い。例えば『スターウォーズ』という映画は古代の神話の多くに見られるパターンである，伝統的な「英雄の旅」の筋書きに従っている。空想科学小説に影響を与えた古代の物語のその他の例としては『ゴーレム』というユダヤ人の伝説がある。ゴーレムは魔法により生命を吹き込まれた粘土の人形である。物体が生命を吹き込まれるというこのアイデアは，空想科学小説の本や映画にしばしば登場する多くの人間型ロボットのキャラクターにきわめて近い。

　空想科学小説は，作家たちが科学とテクノロジーの文脈で驚きと恐怖の物語を創作し始めた19世紀に，文学のジャンルとして登場した。空想科学小説では，驚くべきことが，伝統的な物語のように魔法によってではなく科学があるおかげで起きる。通常は，それらは驚くべきストーリーであり，未来や何かしらのパラレルワールドの中で起きる。作家は物語を，科学やテクノロジーの概念に基づいた未来を予言しながら創作する。空想科学小説は科学用語を通じて表現するジャンルなのである。

　メアリー=シェリーが生んだキャラクターであるフランケンシュタイン博士は古代および現代の科学両方を備えた人物である。一連の実験を通じて彼は生命の秘密を発見し，どうにかして自身で生命を創り出そうとする。彼が生み出した生物はテクノロジーによる人間の生き写しであり，実験室で生み出されたのだ。シェリーによる物語は1818年に書かれたものだが，それゆえに科学による発見の旅なのである。小説内で描かれた実験は19世紀初めのテクノロジー，とりわけ発展しつつあった電気技術に基づいていた。物語は生命そのものが，電気を使うならばどうにかして創出できるかもしれないという発想に基づいている。しかしシェリーの作品はテクノ

ロジーには反対の立場である。それはテクノロジーを否定的な観点で述べている。フランケンシュタイン博士の創造物は完璧なテクノロジーの模範というよりも，むしろ恐ろしい怪物なのである。それは恐るべき行為を行うに至り，挙句の果てには自らの創造主をも殺してしまう科学の怪物なのだ。

　フランケンシュタインの物語は，テクノロジーの進歩の暗い部分を示している。それはテクノロジーの危険性を示している。それはテクノロジーの警告を伝える古典小説なのである。フランケンシュタインの怪物は制御不能であり，自身を生んだ人間という創造主をも破壊するテクノロジーを具現している。この基本パターンには，特に『フランケンシュタイン』の映画版において，多くのバリエーションが存在する。時にこの科学者は温厚なことがあり，人間としての側面を伺うことができる。またある時は，自己の力や偉大さを追求するあまり，狂気に陥ってしまう人物でもある。彼の偉大な実験は運の悪さと力の追求の両方によって呪われたものとなる。フランケンシュタインの怪物は他者と生活し人生を共有することだけを望む，思いやりがあり感情もある生き物である一方，大きな破壊をも可能とするのである。しかしながら，その暴力は一般に自身の創造主に反抗して向けられる。これはしばしば見られる類型である。怪物は恐ろしい程に悪化する科学プロジェクトの結果であり，科学を果てしなく推し進める人間に罰を与えるのである。シェリーの物語は今日もなお意味あるものである。なぜならばそれは人間が科学の進歩の結果を必ずしも操作できるとは限らないという，シェリーの時代と同様の今日の強い科学への恐怖を表しているからである。

■■■■■■ ◀解　説▶ ■■■■■■

⑴　contemporary は「同時代の」の意。3を入れることで「他の何か，または誰かと同じ時代に属すること」となり，同じ意味を表すことができる。また，第2段以降で「科学によって変化するであろう未来の世の中に対する，当時の人々の想い」が述べられているという文脈から，「その時点での」人々の想いと考えれば3を論理的に導き出すこともできよう。

⑵　直前の文（However, other writers …）は「科学の進歩に対してpessimistic（悲観的）な見方をする作家もいる」というマイナスイメージな内容である。この流れに矛盾しないものとしては2がマイナスの意味で

最適。

(3) 直後のカンマ以降で，同じく between が celebration と warning という反意語を結んでいる。カンマの左右の列挙は言い換えたもの，すなわちイコールの内容を置くことが原則。また当該文の前後の内容も「良い内容と悪い内容の両者を」空想科学小説は表している点からも 4 が最適であろう。

(4) 下線部は「科学の原則に（基づいた）」という意味で，『ニュー・アトランティス』が科学に基づいて発達した世界を描いていることを示している。よって，2.「科学の実証された理論と実践にしたがって」が正解。established は，「すでに確立された」でなく，「実証された」というニュアンス。1.「科学の向上のおかげで」は紛らわしいが，下線部の the principles を踏まえていないので退けたい。

(5) 直後の文（Many works of SF follow … ancient myths and legends.）から，「空想科学小説の多くは古代の神話や伝説を参考にしている」という内容がくみ取れる。3 を入れることで「空想科学小説の作家たちは伝統的な物語の技法に影響を受けている」となり，文脈上最適となる。

(6) 整序問題は動詞・準動詞のルールに強いことが鍵。found が過去分詞とわかれば，正体は受動態なので「原則として直後は前置詞句などの副詞がくる」はず。in 〜 を次に想定しておく。many と ancient の順番に迷うかもしれないが，具体的な内容の形容詞が名詞の近くに置かれることから in many ancient myths という副詞句を並べる。

(7) come そのものは動詞だが，ここでは is が文内の述語動詞のため 1 と 2 は不適。ちなみに 2 を過去分詞の形容詞用法と思って objects を修飾すると考えてしまうと objects that is come to … が隠れていることとなり，自動詞は受動態にできないという原則に反してしまう。現在分詞の形容詞用法ならば自動詞でも可能である。3 が正解。なお「思考系の名詞＋of *A* doing（動名詞）」は「*A* が〜するという（名詞）」という意味を表す同格表現。

(8) 空欄を含む文の構造に not *A* but *B*「*A* ではなく *B*」が使われている。この *A* と *B* は対立する語同士になることが原則。*B* が because of science であるが，「科学」と対になるものは何かと考え，また空欄直後の

東京理科大-工〈B方式〉　　　　　　　　　　　2022 年度　英語〈解答〉　*65*

「伝統的な物語のように」という内容からも 2 が最適であろう。

⑼　直前の文（Through a series of experiments, …）の後半の create life itself から「（科学の力で）人間を創り上げた」という内容になるはず。3．double には「生き写し」という意味があり，文脈上最適である。文脈を考慮しないと 4．「印刷機」を選びかねないので注意。

⑽　直前文（Dr Frankenstein's creation is …）で「完璧なテクノロジーの模範というよりも恐ろしい怪物」と述べられている。これに矛盾しないものは何かと考え，かつ下線部の直前の ends up doing terrible things「恐ろしいことをする結末を迎える」という結末になり，下線部の直後の「造ってくれた主をも殺害する（killing …）」が最悪の事態と考えれば，「（紆余曲折はあったが）結局のところ」の意味の 3 が最適であろう。

⑾　空欄の直後の内容（that destroys …）の内容に注目。カンマの左右の列挙は同一の意味という点から，同様のマイナスイメージの内容と考えられる。一般に *A*, *B* という並列の表現では意味の点で *A* は *B* よりも漠然としているので「人間の創造主を殺す」を漠然とした内容に置き換えている 2．「制御不能な」が最適であろう。

⑿　直前の文（At times …）に At times が使われており，これと呼応できる代名詞を考える。空欄の直後の times という複数名詞とセットにできるものは 2 である。なお，直前の文内の At times は At some times に等しい。

⒀　A．4 が第 2 音節にアクセントがある。他は第 1 音節。

B．1 が第 1 音節にアクセントがある。他は第 2 音節。

C．4 が第 3 音節にアクセントがある。他は第 2 音節。

⒁　1．第 3 段第 2 〜 4 文（For example, Francis … and flying machines.）の内容に反する。

2．第 2 段第 2 〜 4 文（For example, the … shown as something ［　A　］.）の内容に一致する。

3．本文中に記述なし。

4．第 1 段第 2 文（Fans of science …）の内容と一致する。

5．第 3 段第 8 文（For example, the …）の内容に反する。

6．本文中に記述なし。

66 2022 年度　英語〈解答〉　　　　　　　　　　　　東京理科大-工〈B方式〉

2 解答

(1)—1　(2)—4　(3)—1　(4)—2　(5)—2　(6)—2
(7)—1　(8)—4　(9)—2　⑽—3　⑾—1
⑿—1・3・4

━━━━◆全　訳◆━━━━

≪現実化する自動運転車≫

〈1〉　自動運転車という考えは，かつては不可能に思われていた。しかしながら，すぐにも現実のものになる可能性がある。イギリスにおいて自動運転車は，2021 年末までにはイギリスの道路で許可される可能性があるのだ。今のところ政府は自動運転車で路上を走ることを認可することを考慮中である一方，すべての車には必要に応じて路上を注視し，運転できる運転手が乗っていることを要求するだろう。さらにその上，自動運転車は 60 キロメーター毎時より速く走行してはいけないが，それは幹線道路での走行不許可を意味する。運転手のいない車の時代はまだやって来てはいないが，これは完全に運転手が不要なロボットカーに向けて，路上での重要なステップなのである。

〈2〉　例えば無線システムなど，自動運転車で用いられるテクノロジーの多くは長い間存在はしているけれども，2011 年になってようやく，グーグルの技術者が全世界に対し，今まで自動運転車を公道で 10 万マイル以上走らせてきたことを表明したのである。

〈3〉　いくつかのテクノロジーが自動運転車に周辺の世界を見せて，かつ理解させるために必要とされるが，重要なテクノロジーはライダーである。ライダーとは「光検出と測距」を表す。それはレーザーを用いて，周辺の世界を見て測定するシステムなのである。これは自動運転車に，今置かれた状況の 360 度，3D の眺めを与えてくれる。ライダーは駐車している車，信号，歩道のような物体も認識できるし，動く物体，例えば車や通りを歩く人々までも認識できるのである。

〈4〉　ライダーに加えて，これらの自動運転車は車体の前方後方にレーダー装置を備えてもいる。これらの装置により車は，より離れたところにある物体の距離を測定できる。また，変化する信号機のようなものに備えて，カメラが前方を向いている。

〈5〉　間近にせまった状況に関して知識を得ることに加えて，自動運転車は世界のどの場所に自身が今いるのかについても，知っておく必要がある。

これに対処するために GPS, 全地球測位システムが用いられている。GPS を用いて，これらの自動運転車は今世界のどこにいるのかということに関して，大まかに見当がつけられる。GPS 装置を支援するために，車はどのくらいの距離を走行してきたかを正確に測定し記憶するための車輪上のセンサーやコンピューターもまた利用する。この装置は慣性誘導装置と呼ばれる。

〈6〉 他の技術エンジニアが用いるものは，やや伝統的なものであろう。この昔からある技術は，単に「高度な知識」にすぎない。一般的に言って，自動運転車が路上に出る前に，別の車がすでに路上を走ってしまっており，どこにその道路があるのか，どのくらいの数の車線があるのか，またその車線はどこにあるのかをも，正確に地図に落とし込んでいることだろう。このことはたとえ車外が暗闇でも，大雨でも，車はそれでもすべての車線が位置する場所を把握できることを意味している。加えて，一時停止や信号も慎重に地図に落とし込まれているのである。最後に，車が道を上るのか下るのかを前もってわかるように，上りでも下りでも，坂道もまた，地図に落とし込まれているのである。

〈7〉 これらすべての統合は強力なソフトウェアを必要とする。可能な限り最高のソフトウェアを創り出すために，グーグルの専門家は世界の至る所にいる専門家が最も重要なソフトウェアを築き上げ，かつ改良するために連帯できるように，「開放された」システムを創出している。自動運転車は信頼できるものである必要がある。これはソフトウェアもまた信頼できるものである必要があることを意味している。それは常に 100 パーセントの働きができる必要があるのだ。世界の至る所すべての技術者がこのプロジェクトで作業することで，恐らくこれが可能になるだろう。

〈8〉 この新しいテクノロジーの導入は運送業界にとって大きな変化を意味するだろう。世界中では数百万人もの人々がトラックの運転手として働いている。アメリカ合衆国だけでも約 350 万人がトラックの運転手として働いているのだ。事実，トラックの運転は，50 のアメリカの州のうち 29 の州において最も一般的な仕事である。これらのトラックの運転手の中には長距離運転を行う者も多くいる。そして特にこの自動運転テクノロジーによる変化に面しているのは，まさにこうした長距離運転なのである。例えば現在のところ，人間によって運転されるトラックはニューヨークから

68 2022 年度 英語〈解答〉　　　　　　　　　　　　　　東京理科大-工〈B方式〉

ロサンジェルスまで運転するのに 5 日を要する。一方で自動運転のトラックはおよそ 48 時間でその行程が可能になるのだ。

〈9〉　アメリカ合衆国では，自動運転トラックは，もちろんドライバーが万が一に備えて運転席にいるが，すでに路上でテストは行われている。しかしながら目標はドライバーを車外に降ろし，ドライバーがいない状態で運転をすることである。グーグルの子会社であるウェイモというアメリカの企業はアメリカ南西部でこのテクノロジーを実験している。グーグルに所有されているため，グーグルが発展させたテクノロジーのすべてを利用することができる。自動運転トラックは「もし仮に」という問いではなく，むしろ「いつ」という問いなのだ。そしてこのいつはそう遠いことではない。大きな変化がやって来ているのである。

━━━━━━◀解　説▶━━━━━━

(1)　第 1 段第 5 文（Furthermore, …）に，幹線道路での走行は認められないだろうと述べられており，1 はこれに反する。2 と 4 は同段第 4 文（While for now, …）と一致。3 は同段第 3 文（In the United Kingdom, …）と一致する。

(2)　4 が第 3 段第 3 文（It is a system …）の内容と一致する。他の選択肢は文章中にないか，レーダー装置など他のテクノロジーの説明になっている。

(3)　下線部の要旨は GPS が大まかな位置情報を教えてくれる，というものである。これを踏まえると 1 の must have … understanding は下線部の must … know と，its location は where … they are と同義であり，また in addition to 以降も下線部の In addition to … environment と同義であり，最適である。他はいずれも下線部の内容と一致しない。

(4)　inertial は「慣性の」の意味で，外力を受けない限りは物体が常に現在の運動状態を保とうとする性質のこと。下線のある文で述べられている装置は「何の」guidance（案内，指導）のためのものかと考えると，直前文（To back up …）の表す内容が「走行距離の測定や記憶のためにセンサーやコンピューターを用いる」である以上，1．「大きさ」，2．「運動」，3．「形態」，4．「重量」では 2 が意味として最善であろう。

(5)　it が単数名詞を指すという点と，意味の点でも「何が」上方または下方面に行くのかと考えると，2 が最適。

東京理科大-工〈B方式〉　　　　　　　　　　2022 年度　英語〈解答〉　*69*

⑹　設問が why なので「理由」に相当する部分をさがす。第 7 段第 2 文後半（so experts all around …）が理由に相当する。この so は so that S V の that の省略で「S が V するために」の意味。この部分と一致するものは 2 である。

⑺　infer は「推論する」の意味で，「ある事実から未知の事柄を推し量ること」を表す。下線部の大意は「自動運転車やそのソフトウェアは信頼できるものである必要がある」というものだが，これは裏返せば 1．「失敗は即，恐ろしい事故につながる」という意味になるし，また下線部の理由としても自然である。以上を考えると 1 が最適であろう。

⑻　第 8 段第 1 文（The introduction of …）で「新しいテクノロジー（自動運転車）の導入は運送業界にとって大きな変化を意味する」という内容を述べているが，「変化」が述べられていたら「何と何が」「どういう点で」比べられているか，「結果」も把握しておくとよい。「人力による運転と自動運転」が「効率性」で比較され，その結果「自動運転の方が効率はよい」という内容が本段落の主旨だが，そうなると「人力運転はいずれは淘汰され，自動運転に取って代わられる」という内容になるはず。以上から下線部のように筆者が言及する理由としては 4 の「多くの人がテクノロジーの変化（自動運転）によって影響を受けることになると指摘するため」という内容が最適である。

⑼　下線部から推論できる内容としては「自動運転の方が人力による運転よりも時間的に効率がよい」ので「自動運転にこれから変化していくだろう」というものである。自動運転についてその効率のよさを述べている選択肢は 2 しかない。

⑽　下線部は「子会社」の意味だが，直後の文（Being owned by …）の文頭の Being owned by Google「グーグルに所有されているので」という分詞構文に注目。英語長文は言い換えが連続するという傾向を思い出せば，「グーグルの subsidiary」とは「グーグルに所有されている」の言い換えと考えてよいので，3 が導けるはず。

⑾　タイトル選択のコツは「一部の段落ではなく全体的に一貫して述べられている内容」を含むものを優先させること。自動運転車の未来の可能性とその効率性が終始述べられており，これと矛盾しないのは 1 である。

⑿　1．適当。第 1 段第 2 文（However, they could …），また第 9 段第

5文後半～第6文 (and this when … changes are coming.) の内容と一致する。
2．不適。本文中になし。
3．適当。第2段から第6段に諸々のテクノロジーが列挙されている。
4．適当。第8段第1文 (The introduction of …) の内容と一致する。
5．不適。本文中になし。

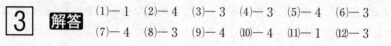

(1)　1が正解。hold on to ～ は「～を手放さない」などの意味になる。他の選択肢では意味をなさない。「いかなる労働者も法的に保護され，仕事を手放さない権利を持つべきである」

(2)　4が正解。supply of ～ は「～の供給量」などの意味になる。他の選択肢では意味をなさない。「高齢層の増加のため，新たな医師の需要が増加するだろう。だが同時に医学部卒業者は減ることが予想される」

(3)　3が正解。learn the ropes of ～ は「～のコツを覚える」。他の選択肢では意味をなさない。「私は編集補佐として，新しい役割をするうえでのコツを学びつつあった。上役はあらゆる面で私を支えてくれたし，また自分の仕事を確立するように私を鼓舞し，またそうするよう要求した」

(4)　3が正解。空欄には measure という名詞を修飾する形容詞が必要。3以外は形容詞ではないので不適。shallow は「浅はかな」という意味があり，これを加えることで全体で自然な意味となる。「裕福さは幸福の浅はかな基準であるだけではなく，ある特定の一家が所有するお金の量は必ずしも家族一人一人の実際の気持ちを反映しているわけではない」

(5)　4が正解。空欄の直後が完全文 (proposals (S) will be … (V)) であり，空欄の直前に by という前置詞があることから，完全文をまとめて先行詞を修飾できる「前置詞＋which」の形を想起したい。「提案が評価される基準の詳細は来週発表される」

(6)　3が正解。空欄には動詞が入るが選択肢すべてが動詞なので意味による識別となる。involve は「～を含む，必要とする」の意味。これを入れ

ると2文目の内容とも矛盾しない内容になる。「研究とは，基本的に多くの多様なレベルで共に働く人々を必要とする社会的活動である。成功した研究者になるには適切な社交術を育むことが重要である」

(7)　4が正解。空欄の直前がbe動詞，直後が前置詞なので全体で受動態の可能性がある。品詞上はすべての選択肢が同じ過去分詞なので意味により識別する。transformは「～を変化させる」の意味だが，intoは「変化」系の動詞とセットになりやすい。「それを手品と呼ぶ人もいるかもしれない。この芸術家の手にかかれば，ごみ入れでさえもが美しいものに変化するのだ」

(8)　3が正解。twists and turnsは「紆余曲折」の意味だが，andの左右は意味的に似たものが来ると考えれば，3を出すことも不可能ではなかろう。「それは問題の終わりではなかった。多くの連続した紆余曲折があり，そのためすべてがさらに複雑なものとなった」

(9)　4が正解。品詞上は選択肢すべてが名詞なので，意味による選択になる。2文目の大意から，空欄には「影響」の意味を持つ4を入れることで，2文目が1文目の具体的な説明をする内容となる。「インパクトファクターは学術雑誌が持つ影響力の指標である。ある特定の雑誌の論文が何度も引用されればされるほど，それだけ科学界への影響は大きくなる」

(10)　4が正解。空欄の直前のfind oneselfは「気がつくと～している」の意味で，直後に形容詞・副詞要素が続く。under pressureは「切迫状態にいる，追いつめられている」などの意味になり，これを入れることで2文目とも矛盾しない内容になる。「プレッシャーに押し潰される」というニュアンスからもunderを導き出すことは可能だろう。「官僚の中には毎日極端なプレッシャーの中にいる者も多い。仕事が過度にあり，十分な時間がとれないのだ」

(11)　1が正解。空欄の直後がA to doの形になっているが，通常これは「Aに～をさせる」という意味になり，「させる」の意味になりうる動詞が直前に来る。encourageは「奨励する」の意味だが，「企業に～を重視するように奨励する，励ます」は「企業に～を重視させる」とほぼ同じ意味だとわかるはず。なお1以外の動詞はA to doの形を後続させることができない。「新たな法は企業に，質よりも量を重視するよう奨励し，商品の売り上げの劇的な低下を招いた」

⑿　3が正解。fall victim of ～ は「～の犠牲になる」。他の選択肢では意味をなさない。「企業に狙いを定めるサイバー犯罪の数はここ数年間で急増している。2018年には，イギリス企業のほぼ半数がサイバー攻撃とセキュリティー侵害の犠牲となった」

⒀　3が正解。vicious circle で「悪循環」の意味を表す。他の選択肢では意味をなさない。「これは典型的な悪循環の例である。官庁が熱心に改革をする際は，さらなる問題を生み出しがちで，それを同じ官庁が再度改革しようと骨を折るのである」

⒁　1が正解。from one *A* to another は「ある *A* から別の *A* へ」などの意味を表すイディオム。他の選択肢では意味をなさない。「成功とみなすものは分野により様々である。経営者にとってはお金，政治家にとっては名誉などである」

⒂　2が正解。given that ～ は「～だと仮定すると，～を考慮すると」という意味の分詞構文のイディオム。他の選択肢では意味をなさない。「6面のサイコロ2個を転がすとき，数の合計が8よりも大きいと仮定した場合，1回目が3である確率はどのくらいか」

(1)—3　(2)—3　(3)—3　(4)—2　(5)—4　(6)—3
(7)—3　(8)—1　(9)—2　(10)—4　(11)—4　(12)—3
(13)—4　(14)—3　(15)—2

◀解　説▶

⑴　3が正解。justification は「正当な理由」という意味。admitting that は「～とはいうものの」という譲歩を表すことから，下線部を含む主文の方は全体でマイナスイメージになると予想すれば，3に直前の no が加わることでマイナスの意味になると判断できる。「ボクシングは社会的に受け入れられた闘いの形態ではあるけれども，リング内でのいかなる無謀な暴力にも正当性はない」

⑵　3が正解。agenda は「政策，議題」の意味。コロン（：）以降で，「突然の変化にも対応すべき」とあることから，何にきっちりと従うことが最善ではないのか，という内容を考えることで意味が割り出せる可能性は高い。「きっちりと政策に従うことは必ずしも最善の策というわけではない。我々は突然の変化にも適応するようにしばしば求められる」

東京理科大-工〈B方式〉　　　　　　　　　　2022 年度　英語〈解答〉　73

(3)　3 が正解。intend が受動態になり「～するよう意図されている」を表す。mean にもこの意味がある。「私はあなたが言ったことを撤回するよう助言する。たとえそれが冗談のつもりだったとしても，まったく笑い話にはならなかったからだ」

(4)　2 が正解。契約を「どうした」ことが明らかならば，是正案に同意する必要があるのかと考えれば，「破る，壊す」の意味をもつ 2 を選ぶことはできよう。violate は目的語が契約なら「～に違反する」の意味になる。「もしもあなたが契約に違反したことに疑いがないならば，必ず提案された是正案に同意しなければならない」

(5)　4 が正解。sort out には「～を解決する」の意味がある。下線部の左右の語から「問題に対し，何をするために」と考えれば，問題とは「解決，打開」されるべきもののはずなので，論理的に意味は割り出せよう。「粗末な病院食の問題を改善するためには，通常の病院食は型どおりではない材料で補うべきである」

(6)　3 が正解。進化論は科学界では長年「どんな」ものだったかと考えると，決して小さなものではないはず。major は「大きな，主要な」。「進化論は長年の間，科学において最も有力な理論である」

(7)　3 が正解。すべての選択肢が同じ品詞なので意味によって識別する。下線部の直前・直後を見て，どんな費用を意識すべきかと考えると，「購入に関する」費用というのが自然であろう。「～に関連している」の意味の related to ～ ならば，前後の意味が矛盾せずに繋がることになる。concerning は前置詞扱いで「～に関して」。「不動産の購入に関する費用と，新居に越してきた場合に支払いが予想される月々の費用を意識しておくことは重要である」

(8)　1 が正解。品詞はすべて形容詞。下線部の左右から，論理的に問題のないものを選ぶ。「どんな」報酬や認識の機構が設置されれば，労働者のモチベーションや献身ぶりは向上させられるかと考えれば，プラスイメージの意味が想起できよう。apt も proper も「適切な」の意味になる形容詞。「労働者のモチベーションと献身は，もしも適切な報酬や評価の仕組みが確立されれば，向上させることができる」

(9)　2 が正解。「経済学者は現在の状況に疑問を呈している」が下線部の直前，「～な人々が過度な資源と権力を享受している」が直後の大意。疑

74 2022 年度　英語〈解答〉　　　　　　　　　　　　　　東京理科大-工〈B方式〉

問を呈するとしたら「異常な状況」のはずなので，a handful of は 2．
「限られた数の」の意味と考えれば，少数者が必要以上の資源などを独占
するという意味になり，「疑問を呈する」に相応しい内容になる。「経済学
者の中には，一握りの人々が過度な資源と権力を享受している現状を疑問
視する者もいる」

⑽　4 が正解。not just *A* but *B* が使われているが（not only *A* but *B*
に等しい），意味としては *A* と *B* は正反対であることが原則。これを念頭
に置き，しかるべき意味を考える。*B* にあたる部分は「（学生は）より大
きな目標下で，どうすればそれらすべてを統合できるかを知るべき」なの
で，*A* にあたる部分は逆にバラバラな分野で「専門の（一つだけの，特
化した）」スキルを持つ，というような意味のはず。technical は「専門的
な」の意味があり，specialized が同義語である。「学生は多様な分野で専
門的な技術を持つだけでなく，ある大きな目標の下で，どうすればそれら
すべてが統合されるかも知るべきである」

⑾　4 が正解。with ～ percent accuracy は「～パーセントの正確さで」。
precision が「正確さ」であり，これに近い意味をもつ。「そのような企業
行動は 87 パーセントの正確さで，彼らの世代から期待される可能性があ
る」

⑿　3 が正解。be comparable to ～ は「～と比較しうる，～に近い，似
ている」。be similar to ～ もこの意味をもつ。「個人識別番号（PIN）は
カードの所有者が買い物の際に述べる数字コードである。電子取引におい
てはそれが署名に等しいものであると理解される」

⒀　4 が正解。新たな建築物は美しく古風なスタイルで建築されるべきだ
という社長の命令は，このような緊急事態では正しい「何」ではないのか
と考えれば，「やり方，発想」などの意味を出すことはそう苦労はしない
だろう。approach は名詞で「取り組み方，手法」などの意味があり，
way が同義語となる。「新たな建築物は『美しい』ものであり，かつ『古
風』な様式で建てられなければならないとする社長の命令はこの緊急時に
は正しいやり方ではない」

⒁　3 が正解。下線部の直前に saying があるが，これは分詞構文で主文
とは原則としてイコールまたは因果の関係をもつ。首相は会議の成功に自
信のほどを表明したが，たとえ何であろうと，2 国間の関係を「どう」す

ることはないと言ったのかと考えれば，「マイナスイメージなもの・危険なものに」しないと発言したと考えるのが自然。threaten も endanger も「～を危険にさらす」の意味。「首相は会議の成功に自信を表明し，たとえ何であろうと，両国間の関係を脅かすものはあり得ないと述べた」

⒂　2 が正解。propelling はここでは現在分詞の形容詞用法で，a powerful engine という名詞を修飾するが，名詞と，名詞を修飾する現在分詞の間には SV の関係が含まれる。すると「力強いエンジンが」経済成長を「どう」したのかと考えれば「強める」というような意味が最適なはず。drive には「～を推進する」の意味がある。「グローバル化は過去 30 年以上，経済成長を促進する力強い発動機であった一方で，新たな問題や課題を提示している」

5　解答　⑴― 3　⑵― 4　⑶― 4　⑷― 1　⑸― 2　⑹― 2

◆全　訳◆

⑴　≪マヌカの木の特質≫

　数百年間，ニュージーランドのマオリの人々はマヌカの木——それはニュージーランドに固有なもので，ティーツリーと呼ばれることもある——から取った葉や樹皮に依存し，その薬効と傷を癒す特性を求めてきた。マヌカの木の，病気を治す性質は，有毒な物質を取り除くために用いられている。それゆえに，その治癒力のある性質はたいへん称賛を得てきたために，偽のマヌカ蜂蜜で大成功を収めた業界もあるほどである。

⑵　≪アメリカの独特の表現法≫

　アメリカ合衆国の人々が住む家，彼らが食べるハンバーガーの大きさ，そしてエンターテイメント業界の規模を想像してみなさい。その国は，常に「大きくて目立つ」用語で表現されるように思われる。すなわちイギリスで比較できるどんなものよりも贅沢で，風変わりで，滑稽で，より衝撃的なのだ。さらに加え，人種や犯罪のようなアメリカ的な社会問題に関してのイギリスの報道は，すでに以前にアメリカ合衆国内で発生していた問題を言い表した表現がコピーされていたのだった。

⑶　≪一般人と著名人の距離の変化≫

　2003 年，リアリティーテレビ番組がまだ最盛期だった頃，あるコメン

テーターは主流メディアで、「一般人」と「著名人」との距離は、一般人が大衆媒体の表現方法に近づいたとき、彼女の言ういわゆる「一般人の世界」から「メディアの世界」への変化をしたとき、ようやく縮まりうるのだと述べた。才能はあるが無名のユーチューバーが「一般人の世界」から本格的な「著名人の世界」へと大躍進しうる見込みは、ユーチューブそのものの中に間違いなく存在していたし、多くのユーチューバーの才能発見の競争や自発性をみれば明らかだった。

⑷ ≪グローバル化におけるビジネススタイル≫

　情報機器、グローバルネットワーク、資本主義の拡散によりもたらされた最新のグローバル化の側面として、接触の度合いが従来よりも少ない対面が、グローバルビジネスにとって利益を生む可能性がある。例えば消費者がスマートフォンの液晶を親指でタップし、インターネット経由で食料や衣類を購入する場合、物理的な対面は存在せず、消費者は仕事の対価としてどのくらいのお金が工場の労働者に支払われるのかについては気にかけたりしない。それゆえ、非倫理的に利益を生む行為の大半が、顧客の知識のなさや、消費者と生産者との距離により維持されているのである。

⑸ ≪恐怖に臆せず話すこと≫

　我々は疲れているときに会話を始めることができるようになるのと同様に、直面している困難さにもかかわらず、恐怖を抱いているときにもものを言うことができるようになるのである。なぜ困難かといえば、我々は自己の状態をはっきりと定義するための言語に対する欲求以上に、恐怖を重視することに慣れきっているからである。ようやくそのような恐怖を感じなくなる心の余裕ができるのを黙って待っている間は、その沈黙が負担であるために、我々は口をつぐんでしまうのである。

⑹ ≪不安定な仕事とは≫

　不安定な仕事とは何か。不安定な仕事とは、守られていない労働環境における、不確かな、基準外の仕事のことをいう。近年ではグローバル化や経済情勢の変化のために、不安定な仕事が劇的に増加している。具体的には、高賃金の安定した製造業から不安定なサービス部門の仕事へと変化したこと、新たなテクノロジーを用いることが激増したこと、および、より柔軟性に富んだ仕事への需要があること、などがある。

東京理科大-工〈B方式〉   2022 年度　英語〈解答〉　77

━━━━ ◀解　説▶ ━━━━

　文章内の語句の意味を問う新しいタイプの出題。各文は「言い換えの連続」であり，落ち着いて前後の文や，各問いの解説で述べる言い換えの標識に着目し，論理的にどのような意味になりうるのか，相対する概念グループに分類して考えることが肝要である。

⑴　下線部を含む文の直後の文（Therefore, its therapeutic …）は therefore で始まるが，これは前の文が理由で次の文が結果であることを示す。大意は「その治療の性質は非常に称賛されたので，偽のマヌカの木の蜂蜜で成功した業界もあるほどだった」だが，それを引き起こした要因が，curative properties が解毒剤として使われたことである，ということから，curative は「解毒できる」のような意味だという類推ができる。3 が「毒性の」という意味で，解毒という意味とあわない。1.「薬効のある」　2.「傷を治癒する」　4.「治療上の」

⑵　下線部のすぐ後にコロン（：）があり，この左右はイコールの関係にあるので，これに着目するとよい。コロンの後の more luxurious, … in Britain の列挙は，1.「より風変わりな」，2.「より滑稽な」，3.「より贅沢な」と一致している。4.「すでに生み出されている」は意味が調和しないとわかる。

⑶　下線部の直後にカンマ（,）＋ *doing* の形の分詞構文があるが，これも言い換えの標識の一つ。「いわゆる平凡な世界からメディアの世界への移り変わりをする」が大意だが，変化の前後は通常反対の意味であるので media world は ordinary とは逆の「特別の」という意味をもつと考える。それと矛盾するものは 4 の「平凡な世界」である。1.「メディア業界」2.「主要メディア」　3.「有名人の世界」

⑷　下線部を含む文の直後の文に For instance とあるが，これは例示を表す標識なので，この文に矛盾するものを探す。大意は「スマートフォンをタップしインターネットでものを買えば直接的な接触はなく，使われるお金も気にかけない」だが，「否定は肯定に直して考える」は重要な読解のルール。直接的な接触がなく，支払われる相手も意識しないのなら，そこにあるものは相手との距離感，バーチャルなやりとりばかりが存在するということになる。そして当該文は「less tangible contact がグローバルビジネスで利益をあげる可能性がある」が大意だが，これはインターネッ

トなどの，リアルな対面のない接触の意味と判断できる。1.「直接的な接触」がこれに矛盾する。2.「顧客を知らないこと」 3.「インターネットで食料や衣類を購入すること」 4.「消費者と生産者との距離」

(5) 段落の第1文が「筆者の主張（独特の意見）」の場合，第2文以降はその主張の正しさを読み手に納得させるための「根拠」になる。第1文のcan learn to speak out「努力して堂々と話すことはできる」と呼応するのは，第2文の define ourselves「自分自身（の気持ち）を明らかにする」つまり話すこと，第3文の that final luxury of fearlessness「ようやく恐怖を感じなくなった心の余裕がある状態」つまり普通に話せる状態となるとき。これらと対置されている「恐怖に支配された状態」，つまり2.「沈黙」が矛盾する。1.「遠慮なく話す（こと）」 3.「自分の本質を述べるための言語」 4.「我々の会話」

(6) この段落は第1文が疑問文だが，その場合その答えが筆者の主張であり，またその主張を支えるデータが繰り返し述べられる。第2文（Precarious work refers …）が第1文の答えであり，下線部の語句の定義である。これと一致するものが1.「不確かな基準外の仕事」。また第4文（In particular, there …）も precarious work の条件を述べており，これも第1文の答えの続きである。この文では shift from 〜 to …（〜から…への変化）の構文が使われているが，直前の文の前半（In recent years … in precarious work）で「precarious な仕事が劇的に増えている」とある。これを踏まえ，「何が何に変化したか」と考えると，「precarious ではない仕事」から「precarious な仕事」に変化した，という内容であると判断できる。ここから3.「サービス部門の仕事」と4.「より柔軟性のある仕事」も precarious work の言い換えとわかる。2.「製造業務」は「precarious ではない仕事」にある語句であり，これが正解。

❖講 評

　1の長文読解問題は SF を題材に，科学の進歩は人類にとっては実は脅威なものにもなりうるという，深刻で重い内容が述べられている。筆者の真意がはっきりと述べられず，読み進むにつれて主旨が見えてくるのは東京理科大学の毎年の傾向だが，内容は理解しやすく，粘り強く読解する訓練をした受験生には容易に対応できるレベルだったはず。またアクセント問題が出題されているが，あらゆる分野を見過ごさず学習に励んだ受験生にはむしろ歓迎すべき出題だったと思われる。

　2の長文読解問題は自動運転車の今後への展望が述べられている。筆者の主張が読み取れたらそれに矛盾する内容にはならないことを念頭に置き，たとえ難しい表現があったとしても，慌てずに筆者の主張は何かを確認しながら，それから外れないよう冷静に対処すること。それにより高得点が期待できる，日頃の学習を裏切らない例年通りの出題と言える。

　3・4は文法語法問題。問題数は 2021 年度よりも減少したが，それでも短時間で 30 問という大量の問題に対処するには，知識に加えて迅速に対応できる情報処理能力と，何よりも日頃からの慣れが欠かせない。基礎力重視の良心的な出題が中心であるが，その分失点は許されず，高得点が必要とされるだろう。

　5は新傾向の出題。文章内の語句に下線を引き，選択肢から関連のないものを選ばせるという凝った出題で，焦って設問文を読み違え，不本意な得点になった受験生もいたと思われる。文章全体の要約力，また前後の文脈から意味を類推できる論理的思考能力，さらには新傾向にも対応できる精神力が試されており，付け焼き刃の知識ではなく，本格的な読解力を有する学生を求めるという，同大学の意識の高さが伺える。

　全体的には難易度はやや下がったものの，新傾向の出題に戸惑い，必要以上に難しく感じた人もいたのでは，というのが 2022 年度の印象である。

数学

（注） 解答は，東京理科大学から提供のあった情報を掲載しています。

1 **解答** (1)(a)ア. 2　イ. 6
(b)ウエ. 15　オ. 3　カキ. 15　クケ. 33
(c)コ. 3　サ. 2　シ. 1　ス. 5　セ. 1　ソ. 2　タ. 2　チ. 7
ツ. 6　テ. 9
(2)(a)ア. 1　イウ. 64　エ. 3　オカキ. 128　(b)クケ. 15　コサ. 64
(c)シス. 15　セソタ. 512　チツ. 21　テト. 64
(3)(a)ア. 1　イ. 2　ウ. 3　エ. 2
(b)オ. 5　カキ. 12　ク. 3　ケ. 2
(c)コ. 1　サ. 6　シ. 3　ス. 2　セ. 5　ソ. 4

◀解　説▶

≪小問3問≫

(1)(a) t に関する方程式 $t^2 - \alpha t + \beta = 0$ が実数解をもつので，判別式を D
とすると，$D \geqq 0$ より

$$\alpha^2 - 4\beta \geqq 0 \quad \cdots\cdots ①$$

$\alpha^2 - 2\alpha - 2\beta = 6$ より

$$2\beta = \alpha^2 - 2\alpha - 6$$

$$\therefore \quad \beta = \frac{1}{2}(\alpha^2 - 2\alpha - 6) \quad \cdots\cdots ②$$

②を①へ代入して

$$\alpha^2 - 2(\alpha^2 - 2\alpha - 6) \geqq 0 \qquad \alpha^2 - 4\alpha - 12 \leqq 0$$

$$(\alpha + 2)(\alpha - 6) \leqq 0 \quad \therefore \quad -2 \leqq \alpha \leqq 6 \quad \rightarrow ア，イ$$

(b) $x^2 + y^2 - 2x - 2y = 6$ より

$$(x+y)^2 - 2xy - 2(x+y) = 6$$

$$2xy = (x+y)^2 - 2(x+y) - 6$$

$$xy = \frac{1}{2}(x+y)^2 - (x+y) - 3 \quad \cdots\cdots ③$$

一方，$z = k(x+y) - xy$ ……④ だから，③を④へ代入して

$$z = k(x+y) - \frac{1}{2}(x+y)^2 + (x+y) + 3$$

$$= -\frac{1}{2}(x+y)^2 + (k+1)(x+y) + 3$$

ここで，$x+y=s$, $xy=r$ とおく。

x, y は $t^2 - st + r = 0$ の実数解であり，$(x+y)^2 - 2xy - 2(x+y) = 6$ より

$$s^2 - 2r - 2s = 6$$

を満たす。ここで，(a)の (α, β) を (s, r) と対応させると

$$-2 \leqq s \leqq 6$$

である。このとき

$$z = -\frac{1}{2}s^2 + (k+1)s + 3 \quad \cdots\cdots ⑤$$

$k = -1$ のとき，⑤より

$$z = -\frac{1}{2}s^2 + 3$$

$-2 \leqq s \leqq 6$ より　　$-15 \leqq z \leqq 3$　　→ウ〜オ

$k = 7$ のとき，⑤より

$$z = -\frac{1}{2}s^2 + 8s + 3 = -\frac{1}{2}(s-8)^2 + 35$$

$-2 \leqq s \leqq 6$ より　　$-15 \leqq z \leqq 33$　　→カ〜ケ

(c) ⑤より

$$z = -\frac{1}{2}(s-k-1)^2 + \frac{1}{2}(k+1)^2 + 3$$

$$= -\frac{1}{2}(s-k-1)^2 + \frac{1}{2}(k^2 + 2k + 7)$$

軸の方程式は $s = k+1$ だから

(ⅰ)　$k+1 < -2$ すなわち $k < -3$ のとき　→コ

$s = -2$ のとき，z は最大値

$M = -2k - 1$　→サ，シ

(ⅱ)　$-2 \leqq k+1 \leqq 6$ すなわち $-3 \leqq k \leqq 5$ のとき

→ス

$s = k+1$ のとき，z は最大値

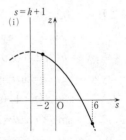

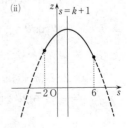

$$M = \frac{1}{2}(k^2 + 2k + 7) \quad \rightarrow \text{セ〜チ}$$

(iii) $6 < k+1$ すなわち $5 < k$ のとき

$s = 6$ のとき，z は最大値

$$M = 6k - 9 \quad \rightarrow \text{ツ，テ}$$

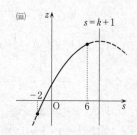

参考 (b)で，s の範囲について，(a)がない場合は以下のように求めることができる。

$x + y = s$ とおく。

(x, y) は円 $(x-1)^2 + (y-1)^2 = 8$ 上の点だから，直線 $x + y - s = 0$ と円が共有点をもつ s の範囲は

$$\frac{|1+1-s|}{\sqrt{1+1}} \leq 2\sqrt{2}$$

$$|s - 2| \leq 4$$

$$-4 \leq s - 2 \leq 4 \quad \therefore \quad -2 \leq s \leq 6$$

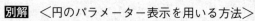

別解 ＜円のパラメーター表示を用いる方法＞

(b) $x^2 + y^2 - 2x - 2y = 6$ より

$$(x-1)^2 + (y-1)^2 = 8$$

$x - 1 = 2\sqrt{2} \cos\theta$, $y - 1 = 2\sqrt{2} \sin\theta$ とおけるから

$$x = 2\sqrt{2} \cos\theta + 1, \quad y = 2\sqrt{2} \sin\theta + 1$$

これらより

$$\begin{aligned} z &= k(x+y) - xy \\ &= k\{2\sqrt{2}(\cos\theta + \sin\theta) + 2\} - (2\sqrt{2}\cos\theta + 1)(2\sqrt{2}\sin\theta + 1) \\ &= 2\sqrt{2}\,k(\sin\theta + \cos\theta) + 2k - 8\sin\theta\cos\theta - 2\sqrt{2}(\sin\theta + \cos\theta) - 1 \\ &= 2\sqrt{2}(k-1)(\sin\theta + \cos\theta) - 8\sin\theta\cos\theta + 2k - 1 \end{aligned}$$

ここで，$\sin\theta + \cos\theta = u$ とおくと

$$u^2 = (\sin\theta + \cos\theta)^2 = \sin^2\theta + 2\sin\theta\cos\theta + \cos^2\theta = 1 + 2\sin\theta\cos\theta$$

より $\sin\theta\cos\theta = \frac{1}{2}(u^2 - 1)$

よって

$$\begin{aligned} z &= 2\sqrt{2}(k-1)u - 4(u^2 - 1) + 2k - 1 \\ &= -4u^2 + 2\sqrt{2}(k-1)u + 2k + 3 \end{aligned}$$

東京理科大-工〈B方式〉　　　　　　　　　　　　　2022 年度　数学〈解答〉　83

$u = \sqrt{2} \sin\left(\theta + \dfrac{\pi}{4}\right)$ より　　　$-\sqrt{2} \leqq u \leqq \sqrt{2}$

$k = -1$ のとき

$$z = -4u^2 - 4\sqrt{2}\, u + 1 = -4\left(u + \dfrac{\sqrt{2}}{2}\right)^2 + 3$$

$-\sqrt{2} \leqq u \leqq \sqrt{2}$ より　　　$-15 \leqq z \leqq 3$

$k = 7$ のとき

$$z = -4u^2 + 12\sqrt{2}\, u + 17 = -4\left(u - \dfrac{3\sqrt{2}}{2}\right)^2 + 35$$

$-\sqrt{2} \leqq u \leqq \sqrt{2}$ より　　　$-15 \leqq z \leqq 33$

(c)　$z = -4u^2 + 2\sqrt{2}\,(k-1)\,u + 2k + 3$

$$= -4\left\{u - \dfrac{\sqrt{2}\,(k-1)}{4}\right\}^2 + \dfrac{(k-1)^2}{2} + 2k + 3$$

$$= -4\left\{u - \dfrac{\sqrt{2}\,(k-1)}{4}\right\}^2 + \dfrac{1}{2}k^2 + k + \dfrac{7}{2}$$

軸の方程式は $u = \dfrac{\sqrt{2}\,(k-1)}{4}$ だから

(i)　$\dfrac{\sqrt{2}\,(k-1)}{4} < -\sqrt{2}$ すなわち $k < -3$ のとき

　　$u = -\sqrt{2}$ のとき，z は最大値　　$M = -2k - 1$

(ii)　$-\sqrt{2} \leqq \dfrac{\sqrt{2}\,(k-1)}{4} \leqq \sqrt{2}$ すなわち $-3 \leqq k \leqq 5$ のとき

　　$u = \dfrac{\sqrt{2}\,(k-1)}{4}$ のとき，z は最大値　　$M = \dfrac{1}{2}(k^2 + 2k + 7)$

(iii)　$\sqrt{2} < \dfrac{\sqrt{2}\,(k-1)}{4}$ すなわち $5 < k$ のとき

　　$u = \sqrt{2}$ のとき，z は最大値　　$M = 6k - 9$

(2)　点 $P(x, y)$ が 点 $(x-1, y)$，$(x+1, y)$，$(x, y-1)$，$(x, y+1)$ に移動することをそれぞれ $\leftarrow$，$\rightarrow$，$\downarrow$，$\uparrow$ で表す。

(a)　$(x_4, y_4) = (1, 3)$ となるのは，$\rightarrow$ が 1 回，$\uparrow$ が 3 回起こるときだから，確率は

$$_4C_3 \cdot \dfrac{1}{4} \cdot \left(\dfrac{1}{4}\right)^3 = \dfrac{1}{64} \quad \rightarrow ア \sim ウ$$

$(x_4, y_4) = (2, 2)$ となるのは，→が2回，↑が2回起こるときだから，確率は

$$_4\mathrm{C}_2 \cdot \left(\frac{1}{4}\right)^2 \cdot \left(\frac{1}{4}\right)^2 = \frac{3}{128} \quad \rightarrow \text{エ}\sim\text{キ}$$

(b) $|x_4| + |y_4| = 4$ となるのは

$$(x_4, y_4) = (0, 4), \ (0, -4), \ (4, 0), \ (-4, 0),$$
$$(1, 3), \ (-1, 3), \ (1, -3), \ (-1, -3),$$
$$(2, 2), \ (-2, 2), \ (2, -2), \ (-2, -2),$$
$$(3, 1), \ (-3, 1), \ (3, -1), \ (-3, -1)$$

のときである。

$(x_4, y_4) = (0, 4)$ となるのは，↑が4回起こるときなので，確率は $\left(\frac{1}{4}\right)^4$

となる。

$(x_4, y_4) = (0, -4), \ (4, 0), \ (-4, 0)$ となる確率もこれと同じ。

$(x_4, y_4) = (1, 3)$ となる確率は，(a)より $\frac{1}{64}$ である。

$(x_4, y_4) = (-1, 3), \ (1, -3), \ (-1, -3), \ (3, 1), \ (-3, 1),$
$(3, -1), \ (-3, -1)$ となる確率もこれと同じ。

$(x_4, y_4) = (2, 2)$ となる確率は，(a)より $\frac{3}{128}$ である。

$(x_4, y_4) = (-2, 2), \ (2, -2), \ (-2, -2)$ となる確率もこれと同じ。
よって，$|x_4| + |y_4| = 4$ である確率は

$$\left(\frac{1}{4}\right)^4 \times 4 + \frac{1}{64} \times 8 + \frac{3}{128} \times 4 = \frac{1+8+6}{64} = \frac{15}{64} \quad \rightarrow \text{ク}\sim\text{サ}$$

(c) $(x_6, y_6) = (2, 2)$ となるのは，「→が3回，←が1回，↑が2回」または「→が2回，↑が3回，↓が1回」起こるときだから，確率は

$$_6\mathrm{C}_3 \cdot {}_3\mathrm{C}_1 \cdot \left(\frac{1}{4}\right)^3 \cdot \frac{1}{4} \cdot \left(\frac{1}{4}\right)^2 \times 2 = \frac{15}{512} \quad \rightarrow \text{シ}\sim\text{タ}$$

$|x_6| + |y_6| = 4$ となるのは

$$(x_6, y_6) = (0, 4), \ (0, -4), \ (4, 0), \ (-4, 0),$$
$$(1, 3), \ (-1, 3), \ (1, -3), \ (-1, -3),$$
$$(2, 2), \ (-2, 2), \ (2, -2), \ (-2, -2),$$
$$(3, 1), \ (-3, 1), \ (3, -1), \ (-3, -1)$$

のときである。

$(x_6, y_6) = (0, 4)$ となるのは,「→が1回, ←が1回, ↑が4回」または「↑が5回, ↓が1回」起こるときなので, 確率は

$$_6C_1 \cdot _5C_1 \cdot \frac{1}{4} \cdot \frac{1}{4} \cdot \left(\frac{1}{4}\right)^4 + _6C_5 \left(\frac{1}{4}\right)^5 \cdot \frac{1}{4} = \frac{9}{1024}$$

$(x_6, y_6) = (0, -4), (4, 0), (-4, 0)$ となる確率もこれと同じ。

$(x_6, y_6) = (1, 3)$ となるのは,「→が2回, ←が1回, ↑が3回」または「→が1回, ↑が4回, ↓が1回」起こるときなので, 確率は

$$_6C_2 \cdot _4C_1 \cdot \left(\frac{1}{4}\right)^2 \cdot \frac{1}{4} \cdot \left(\frac{1}{4}\right)^3 + _6C_1 \cdot _5C_4 \cdot \frac{1}{4} \cdot \left(\frac{1}{4}\right)^4 \cdot \frac{1}{4} = \frac{45}{2048}$$

$(x_6, y_6) = (-1, 3), (1, -3), (-1, -3), (3, 1), (-3, 1),$
$(3, -1), (-3, -1)$ となる確率もこれと同じ。

$(x_6, y_6) = (2, 2)$ となる確率は $\frac{15}{512}$ である。

$(x_6, y_6) = (-2, 2), (2, -2), (-2, -2)$ となる確率もこれと同じ。

よって, $|x_6| + |y_6| = 4$ である確率は

$$\frac{9}{1024} \times 4 + \frac{45}{2048} \times 8 + \frac{15}{512} \times 4 = \frac{21}{64} \quad \rightarrow チ～ト$$

(3) $P(s, 0), Q(0, t), R(x, y)$
$(0 < s \leq 1, 0 < t \leq 1)$ とおく。

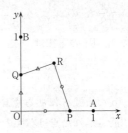

OP = PR より

$$s = \sqrt{(x-s)^2 + y^2} \qquad s^2 = (x-s)^2 + y^2$$

$$\therefore \quad 2sx = x^2 + y^2$$

$R(x, y)$ は第1象限内の点だから, $x > 0$ なので

$$s = \frac{x^2 + y^2}{2x}$$

$0 < s \leq 1$ へ代入して

$$0 < \frac{x^2 + y^2}{2x} \leq 1 \qquad \therefore \quad 0 < x^2 + y^2 \leq 2x$$

$0 < x^2 + y^2$ より, $(x, y) \neq (0, 0)$, $x^2 + y^2 \leq 2x$ より, $(x-1)^2 + y^2 \leq 1$ であるから

$$(x-1)^2 + y^2 \leq 1, \quad x > 0, \quad y > 0$$

OQ = QR より

$$t = \sqrt{x^2 + (y-t)^2} \qquad t^2 = x^2 + (y-t)^2$$

$$\therefore \quad 2ty = x^2 + y^2$$

R(x, y) は第1象限内の点だから,$y>0$ なので

$$t = \frac{x^2 + y^2}{2y}$$

$0 < t \leq 1$ へ代入して

$$0 < \frac{x^2 + y^2}{2y} \leq 1 \qquad \therefore \quad 0 < x^2 + y^2 \leq 2y$$

$0 < x^2 + y^2$ より,$(x, y) \neq (0, 0)$,$x^2 + y^2 \leq 2y$ より,$x^2 + (y-1)^2 \leq 1$ であるから

$$x^2 + (y-1)^2 \leq 1, \; x>0, \; y>0$$

さらに,$s=0$ または $t=0$ のとき $(x, y)=(0, 0)$

以上より,S は $x^2+y^2 \leq 1$,$(x-1)^2+y^2 \leq 1$,$x^2+(y-1)^2 \leq 1$ の表す領域の共通部分である。

(a) 領域 S にある点 R のうち,x 軸から最も離れた点は右図の R_1 である。

△OAR$_1$ は正三角形だから,∠AOR$_1$ $=\dfrac{\pi}{3}$ なので,$\cos\dfrac{\pi}{3}=\dfrac{1}{2}$,$\sin\dfrac{\pi}{3}=\dfrac{\sqrt{3}}{2}$ より,R_1 の座標は

$$\left(\dfrac{1}{2}, \dfrac{\sqrt{3}}{2}\right) \quad \rightarrow \text{ア〜エ}$$

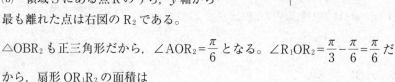

(b) 領域 S にある点 R のうち,y 軸から最も離れた点は右図の R_2 である。

△OBR$_2$ も正三角形だから,∠AOR$_2 = \dfrac{\pi}{6}$ となる。∠R$_1$OR$_2 = \dfrac{\pi}{3} - \dfrac{\pi}{6} = \dfrac{\pi}{6}$ だから,扇形 OR$_1$R$_2$ の面積は

$$\dfrac{1}{2} \cdot 1^2 \cdot \dfrac{\pi}{6} = \dfrac{\pi}{12}$$

∠OAR$_1 = \dfrac{\pi}{3}$ より,扇形 AOR$_1$ の面積は

$$\dfrac{1}{2} \cdot 1^2 \cdot \dfrac{\pi}{3} = \dfrac{\pi}{6}$$

△AOR₁ の面積は $\frac{1}{2}\cdot 1^2 \cdot \sin\frac{\pi}{3} = \frac{\sqrt{3}}{4}$ であるから，扇形 AOR₁ の △AOR₁ の外側にある部分の面積は $\frac{\pi}{6} - \frac{\sqrt{3}}{4}$ となる。

扇形 BOR₂ の △BOR₂ の外側にある部分の面積も同じだから，領域 S の面積は

$$\frac{\pi}{12} + \left(\frac{\pi}{6} - \frac{\sqrt{3}}{4}\right) \times 2 = \frac{5}{12}\pi - \frac{\sqrt{3}}{2} \quad \to \text{オ〜ケ}$$

(c)　$T\left(1 - \frac{\sqrt{3}}{2}, \frac{1}{2}\right)$ は円 $(x-1)^2 + y^2 = 1$ 上の点であり，この円と円 $x^2 + (y-1)^2 = 1$ は直線 $y = x$ に関して対称だから，$\left(\frac{1}{2}, 1 - \frac{\sqrt{3}}{2}\right)$ は円 $x^2 + (y-1)^2 = 1$ 上の点である。

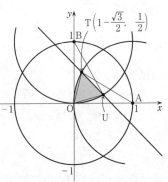

この点も直線 $x + y = \frac{1}{2}(3 - \sqrt{3})$ 上にあるので，右図の交点 U の座標は $U\left(\frac{1}{2}, 1 - \frac{\sqrt{3}}{2}\right)$ となる。

△OTU の面積は　$\frac{1}{2}\left|\left(1 - \frac{\sqrt{3}}{2}\right)^2 - \frac{1}{4}\right| = \frac{1}{2}\left(\sqrt{3} - \frac{3}{2}\right)$

T の y 座標が $\frac{1}{2}$ だから，$\angle OAT = \frac{\pi}{6}$ より，扇形 ATO の面積は

$$\frac{1}{2}\cdot 1^2 \cdot \frac{\pi}{6} = \frac{\pi}{12}$$

△ATO の面積は　$\frac{1}{2}\cdot 1^2 \cdot \sin\frac{\pi}{6} = \frac{1}{4}$

これより，扇形 ATO の △ATO の外側にある部分の面積は $\frac{\pi}{12} - \frac{1}{4}$ となる。

扇形 BUO の △BUO の外側にある部分の面積も同じだから，求める面積は

$$\frac{1}{2}\left(\sqrt{3} - \frac{3}{2}\right) + \left(\frac{\pi}{12} - \frac{1}{4}\right) \times 2 = \frac{1}{6}\pi + \frac{\sqrt{3}}{2} - \frac{5}{4} \quad \to \text{コ〜ソ}$$

2 解答

(1)(あ) $\sqrt{2}\pi$ (2)(い) $-\sqrt{2}$ (3)(う) $-\dfrac{\sqrt{2}t(t-2)}{4(t-1)}$ (え) $\dfrac{\sqrt{2}t}{t-2}$

(4)(お) $\dfrac{\sqrt{2}t(t-1)}{t-2}$ (か) $4+3\sqrt{2}$ (き) $2+\sqrt{2}$

(注) (か)・(き)については，途中の過程の記述は省略。

────◀解 説▶────

≪楕円の面積，楕円外の点から引いた接線，三角形の面積の最小値≫

(1) 楕円 $C : \dfrac{x^2}{2}+(y-1)^2=1$ を y 軸方向に -1 平行移動すると，楕円 $C' : \dfrac{x^2}{2}+y^2=1$ となり，C で囲まれた図形の面積と C' で囲まれた図形の面積は同じなので

$$\pi\cdot\sqrt{2}\cdot 1=\sqrt{2}\pi \quad \to\text{(あ)}$$

(2) 右図より，A の x 座標と P の x 座標は同じであるから

$$x_1=-\sqrt{2} \quad \to\text{(い)}$$

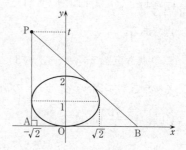

(3) 直線 PB の方程式は

$$y-t=m(x+\sqrt{2})$$

$$\therefore \quad y=mx+\sqrt{2}m+t$$

直線 PB と楕円 C との交点を考えると

$$\begin{cases} y=mx+\sqrt{2}m+t \\ x^2+2(y-1)^2=2 \end{cases}$$

より

$$x^2+2(mx+\sqrt{2}m+t-1)^2=2$$
$$(1+2m^2)x^2+4m(\sqrt{2}m+t-1)x+2(\sqrt{2}m+t-1)^2-2=0 \quad \cdots\cdots\text{①}$$

直線 PB と楕円 C は接するから，①の判別式を D とすると，$D=0$ より

$$\dfrac{D}{4}=0$$

$$4m^2(\sqrt{2}m+t-1)^2-2(1+2m^2)(\sqrt{2}m+t-1)^2+2(1+2m^2)=0$$
$$(4m^2-2-4m^2)(\sqrt{2}m+t-1)^2+2(1+2m^2)=0$$
$$-2(\sqrt{2}m+t-1)^2+2(1+2m^2)=0$$

東京理科大-工〈B方式〉　　　　　　　　2022 年度　数学〈解答〉　89

$$-2m^2 - 2\sqrt{2}\,(t-1)\,m - (t-1)^2 + 1 + 2m^2 = 0$$

$$2\sqrt{2}\,(t-1)\,m = -t^2 + 2t$$

$$\therefore \quad m = -\frac{t\,(t-2)}{2\sqrt{2}\,(t-1)} = -\frac{\sqrt{2}\,t\,(t-2)}{4\,(t-1)} \quad \rightarrow(\text{う})$$

次に，直線 PB と x 軸の交点の x 座標を求める。

$$\begin{cases} y = mx + \sqrt{2}\,m + t \\ y = 0 \end{cases}$$

より

$$mx + \sqrt{2}\,m + t = 0 \qquad mx = -\sqrt{2}\,m - t$$

$$\therefore \quad x = -\sqrt{2} - \frac{t}{m} = -\sqrt{2} + t \cdot \frac{2\sqrt{2}\,(t-1)}{t\,(t-2)}$$

$$= \frac{-\sqrt{2}\,(t-2) + 2\sqrt{2}\,(t-1)}{t-2}$$

$$= \frac{\sqrt{2}\,t}{t-2}$$

よって　　$x_2 = \dfrac{\sqrt{2}\,t}{t-2} \quad \rightarrow(\text{え})$

(4)　$S = \dfrac{1}{2}\,(x_2 - x_1)\,t = \dfrac{1}{2}\left(\dfrac{\sqrt{2}\,t}{t-2} + \sqrt{2}\right)t$

$$= \frac{1}{2}\,t \cdot \frac{\sqrt{2}\,t + \sqrt{2}\,(t-2)}{t-2} = \frac{1}{2}\,t \cdot \frac{2\sqrt{2}\,t - 2\sqrt{2}}{t-2}$$

$$= \frac{\sqrt{2}\,t\,(t-1)}{t-2} \quad \rightarrow(\text{お})$$

$$\frac{dS}{dt} = \sqrt{2} \cdot \frac{(2t-1)\,(t-2) - (t^2-t)}{(t-2)^2} = \frac{\sqrt{2}\,(t^2 - 4t + 2)}{(t-2)^2}$$

$\dfrac{dS}{dt} = 0$ となる t は $t > 2$ より　　$t = 2 + \sqrt{2}$

増減表より，S は $t = 2 + \sqrt{2}$ のとき極小かつ最
小となる。

最 小 値 は　　$\dfrac{\sqrt{2}\,(2+\sqrt{2})\,(1+\sqrt{2})}{\sqrt{2}} = 4 + 3\sqrt{2}$

$\rightarrow(\text{か})$

そのときの t の値は　　$t = 2 + \sqrt{2} \quad \rightarrow(\text{き})$

t	2	$\cdots$	$2+\sqrt{2}$	$\cdots$
$\dfrac{dS}{dt}$		$-$	0	$+$
S		$\searrow$	極小	$\nearrow$

90 2022 年度　数学〈解答〉　　　　　　　　　　東京理科大-工〈B方式〉

別解 (4)　$S = \dfrac{\sqrt{2}\,t\,(t-1)}{t-2}$ において，$t>2$ より，相加平均と相乗平均の関係を用いて

$$\frac{t\,(t-1)}{t-2} = \frac{t^2-t}{t-2} = t+1+\frac{2}{t-2} = (t-2)+\frac{2}{t-2}+3$$

$$\geqq 2\sqrt{(t-2)\cdot\frac{2}{t-2}}+3 = 2\sqrt{2}+3$$

等号成立は $t-2=\sqrt{2}$ すなわち $t=2+\sqrt{2}$ のとき。

よって，S の最小値は　　$\sqrt{2}\,(2\sqrt{2}+3) = 4+3\sqrt{2}$

このときの t の値は　　$t=2+\sqrt{2}$

---

3 解答

(1)(あ) 0　(い) π　(う) 2π　(2)(え) 8

(3)(お) 4　(か) 8　(き) 8　(く) 12　(4)(け) $16k$　(5)(こ) 16168

(注)　(こ)については，途中の過程の記述は省略。

■━━━━━━ ◀解　説▶ ━━━━━━■

≪三角方程式，絶対値を含む関数の定積分，最大値・最小値，方程式の実数解の個数≫

(1)　　$f(t) = -2\sin(2t-\pi)+4\sin t$

$$= 2\sin 2t+4\sin t$$

$$= 4\sin t\cos t+4\sin t$$

$$= 4\sin t\,(\cos t+1)$$

$f(t)=0$ より　　$\sin t=0$ または $\cos t=-1$

$0 \leqq t \leqq 2\pi$ より　　$t=0,\ \pi,\ 2\pi$　→(あ)～(う)

(2)　　$H_1(0) = \displaystyle\int_0^{\pi} |f(t)|\,dt$

$0 \leqq t \leqq \pi$ のとき，$f(t) \geqq 0$ だから

$$H_1(0) = \int_0^{\pi} f(t)\,dt = \int_0^{\pi} (2\sin 2t+4\sin t)\,dt$$

$$= \Big[-\cos 2t-4\cos t\Big]_0^{\pi}$$

$$= -1+4-(-1-4) = 8　→(え)$$

(3)　　$H_1(x) = \displaystyle\int_x^{x+\pi} |f(t)|\,dt$

東京理科大-工〈B方式〉 2022 年度 数学〈解答〉 91

$0 \leqq x \leqq \pi$ の と き, $\pi \leqq x+\pi \leqq 2\pi$ で あ り, $x \leqq t \leqq \pi$ の と き, $f(t) \geqq 0$, $\pi \leqq t \leqq x+\pi$ のとき, $f(t) \leqq 0$ だから

$$
\begin{aligned}
H_1(x) &= \int_x^\pi f(t)\,dt + \int_\pi^{x+\pi} \{-f(t)\}\,dt \\
&= \Big[-\cos 2t - 4\cos t\Big]_x^\pi - \Big[-\cos 2t - 4\cos t\Big]_\pi^{x+\pi} \\
&= -1 + 4 - (-\cos 2x - 4\cos x) \\
&\qquad\qquad - \{-\cos(2x+2\pi) - 4\cos(x+\pi) - (-1+4)\} \\
&= \cos 2x + 4\cos x + \cos(2x+2\pi) + 4\cos(x+\pi) + 6 \\
&= \cos 2x + 4\cos x + \cos 2x - 4\cos x + 6 \\
&= 2\cos 2x + 6
\end{aligned}
$$

$0 \leqq x \leqq \pi$ のとき, $0 \leqq 2x \leqq 2\pi$ だから

$2x = \pi$ すなわち $x = \dfrac{\pi}{2}$ のとき, 最小値 4   →(お)

$2x = 0,\ 2\pi$ すなわち $x = 0,\ \pi$ のとき, 最大値 8   →(か)

$\pi \leqq x \leqq 2\pi$ の と き, $2\pi \leqq x+\pi \leqq 3\pi$ で あ り, $x \leqq t \leqq 2\pi$ の と き, $f(t) \leqq 0$, $2\pi \leqq t \leqq x+\pi$ のとき, $f(t) \geqq 0$ だから

$$
\begin{aligned}
H_1(x) &= \int_x^{2\pi} \{-f(t)\}\,dt + \int_{2\pi}^{x+\pi} f(t)\,dt \\
&= -\Big[-\cos 2t - 4\cos t\Big]_x^{2\pi} + \Big[-\cos 2t - 4\cos t\Big]_{2\pi}^{x+\pi} \\
&= -\{-1 - 4 - (-\cos 2x - 4\cos x)\} \\
&\qquad\qquad -\cos(2x+2\pi) - 4\cos(x+\pi) - (-1-4) \\
&= -\cos 2x - 4\cos x - \cos 2x + 4\cos x + 10 \\
&= -2\cos 2x + 10
\end{aligned}
$$

$\pi \leqq x \leqq 2\pi$ のとき, $2\pi \leqq 2x \leqq 4\pi$ だから

$2x = 2\pi,\ 4\pi$ すなわち $x = \pi,\ 2\pi$ のとき, 最小値 8   →(き)

$2x = 3\pi$ すなわち $x = \dfrac{3}{2}\pi$ のとき, 最大値 12   →(く)

(4)　　$H_{2k}(x) = \displaystyle\int_x^{x+2k\pi} |f(t)|\,dt$

(i)　$0 \leqq x \leqq \pi$ のとき

$2k\pi \leqq x + 2k\pi \leqq \pi + 2k\pi$ であり

　$x \leqq t \leqq \pi$ のとき　　$f(t) \geqq 0$

$(2l-1)\pi \leqq t \leqq 2l\pi$ のとき $\quad f(t) \leqq 0 \quad (l=1, 2, \cdots, k)$

$2l\pi \leqq t \leqq (2l+1)\pi$ のとき $\quad f(t) \geqq 0 \quad (l=1, 2, \cdots, k-1)$

$2k\pi \leqq t \leqq x+2k\pi$ のとき $\quad f(t) \geqq 0$

であるから

$$H_{2k}(x) = \int_x^\pi f(t)\,dt + \int_\pi^{2\pi} \{-f(t)\}\,dt + \int_{2\pi}^{3\pi} f(t)\,dt + \cdots$$
$$+ \int_{(2k-1)\pi}^{2k\pi} \{-f(t)\}\,dt + \int_{2k\pi}^{x+2k\pi} f(t)\,dt$$

ここで

$$\int_x^\pi f(t)\,dt = \Big[-\cos 2t - 4\cos t\Big]_x^\pi = -1+4-(-\cos 2x - 4\cos x)$$
$$= \cos 2x + 4\cos x + 3$$

$$\int_{2k\pi}^{x+2k\pi} f(t)\,dt = \Big[-\cos 2t - 4\cos t\Big]_{2k\pi}^{x+2k\pi}$$
$$= -\cos(2x+4k\pi) - 4\cos(x+2k\pi)$$
$$- (-\cos 4k\pi - 4\cos 2k\pi)$$
$$= -\cos 2x - 4\cos x + 1 + 4$$
$$= -\cos 2x - 4\cos x + 5$$

$$\int_{(2l-1)\pi}^{2l\pi} \{-f(t)\}\,dt = \Big[\cos 2t + 4\cos t\Big]_{(2l-1)\pi}^{2l\pi}$$
$$= \cos 4l\pi + 4\cos 2l\pi$$
$$- \{\cos 2(2l-1)\pi + 4\cos(2l-1)\pi\}$$
$$= 1+4-(1-4)$$
$$= 8 \quad (l=1, 2, \cdots, k)$$

$$\int_{2l\pi}^{(2l+1)\pi} f(t)\,dt = \Big[-\cos 2t - 4\cos t\Big]_{2l\pi}^{(2l+1)\pi}$$
$$= -\cos 2(2l+1)\pi - 4\cos(2l+1)\pi$$
$$- (-\cos 4l\pi - 4\cos 2l\pi)$$
$$= -1+4-(-1-4)$$
$$= 8 \quad (l=1, 2, \cdots, k-1)$$

であるから

$$H_{2k}(x) = \cos 2x + 4\cos x + 3 + 8(2k-1) - \cos 2x - 4\cos x + 5 = 16k$$

(ii) $\pi \leqq x \leqq 2\pi$ のとき

$(2k+1)\pi \leqq x+2k\pi \leqq 2(k+1)\pi$ であり

東京理科大-工〈B方式〉　　　　　　　　　　　　　　　2022 年度　数学〈解答〉　93

$x \le t \le 2\pi$ のとき　　$f(t) \le 0$

$2l\pi \le t \le (2l+1)\pi$ のとき　　$f(t) \ge 0$　$(l = 1, 2, \cdots, k)$

$(2l+1)\pi \le t \le (2l+2)\pi$ のとき　　$f(t) \le 0$　$(l = 1, 2, \cdots, k-1)$

$(2k+1)\pi \le t \le x + 2k\pi$ のとき　　$f(t) \le 0$

であるから

$$H_{2k}(x) = \int_x^{2\pi} \{-f(t)\}\,dt + \int_{2\pi}^{3\pi} f(t)\,dt + \int_{3\pi}^{4\pi} \{-f(t)\}\,dt + \cdots$$
$$+ \int_{2k\pi}^{(2k+1)\pi} f(t)\,dt + \int_{(2k+1)\pi}^{x+2k\pi} \{-f(t)\}\,dt$$

ここで

$$\int_x^{2\pi} \{-f(t)\}\,dt = \Big[\cos 2t + 4\cos t\Big]_x^{2\pi} = 1 + 4 - (\cos 2x + 4\cos x)$$
$$= -\cos 2x - 4\cos x + 5$$

$$\int_{(2k+1)\pi}^{x+2k\pi} \{-f(t)\}\,dt = \Big[\cos 2t + 4\cos t\Big]_{(2k+1)\pi}^{x+2k\pi}$$
$$= \cos(2x + 4k\pi) + 4\cos(x + 2k\pi)$$
$$\qquad - \{\cos 2(2k+1)\pi + 4\cos(2k+1)\pi\}$$
$$= \cos 2x + 4\cos x - (1 - 4)$$
$$= \cos 2x + 4\cos x + 3$$

$$\int_{2l\pi}^{(2l+1)\pi} f(t)\,dt = 8 \quad (l = 1, 2, \cdots, k)$$

$$\int_{(2l+1)\pi}^{(2l+2)\pi} \{-f(t)\}\,dt = 8 \quad (l = 1, 2, \cdots, k-1)$$

であるから

$$H_{2k}(x) = -\cos 2x - 4\cos x + 5 + 8(2k-1) + \cos 2x + 4\cos x + 3 = 16k$$

（i），（ii）より　　　$H_{2k}(x) = 16k$　　→(け)

(5)　　　$H_{2021}(x) = \int_x^{x+2021\pi} |f(t)|\,dt$

(4)と同様にして

$0 \le x \le \pi$ のとき

$$H_{2021}(x) = \int_x^{\pi} f(t)\,dt + \int_{\pi}^{2\pi} \{-f(t)\}\,dt + \int_{2\pi}^{3\pi} f(t)\,dt + \cdots$$
$$+ \int_{2020\pi}^{2021\pi} f(t)\,dt + \int_{2021\pi}^{x+2021\pi} \{-f(t)\}\,dt$$

$$= \cos 2x + 4\cos x + 3 + 8 \times 2020 + \cos 2x - 4\cos x + 3$$

$$= 2\cos 2x + 16166$$

$\pi \leqq x \leqq 2\pi$ のとき

$$H_{2021}(x) = \int_x^{2\pi}\{-f(t)\}dt + \int_{2\pi}^{3\pi} f(t)\,dt + \int_{3\pi}^{4\pi}\{-f(t)\}dt$$
$$+ \cdots + \int_{2021\pi}^{2022\pi}\{-f(t)\}dt + \int_{2022\pi}^{x+2022\pi} f(t)\,dt$$
$$= -\cos 2x - 4\cos x + 5 + 8 \times 2020 - \cos 2x + 4\cos x + 5$$
$$= -2\cos 2x + 16170$$

$y = H_{2021}(x)$ のグラフは右図のよう
になり，直線 $y = a$ と異なる3点で
交わるときの a の値は $a = 16168$ で
ある。

よって，方程式 $H_{2021}(x) = a$ が
$0 \leqq x \leqq 2\pi$ の範囲で異なる3つの解
をもつとき

$\qquad a = 16168 \quad \to$(こ)

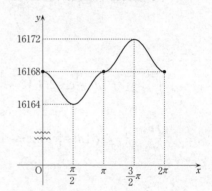

◆講　評

　2022年度も例年同様，①が小問3問からなるマークシート法の問題，②，③が記述式で答えを記入する（一部解答を導く過程も書く）問題が出題された。難易度は2021年度と同程度と考えられる。

　① (1) 2次関数の最大値についての問題。(a)は条件式を用いて $D \geqq 0$ の不等式を a だけで表して解く。(b)・(c)は条件式を用いて z を $x + y$ で表し，$x + y = s$ とおくと，z は s の2次関数となる。s の範囲を(a)の結果を用いて調べ，この範囲での z の最大値，最小値を考える。〔別解〕として円のパラメーター表示を用いる方法を示したが，最後は2次関数の最大値，最小値を求めることになる。(2)平面上の点の移動をテーマとした確率の問題。(a)反復試行の確率で基本的。(b) $|x_4| + |y_4| = 4$ を満たす (x_4, y_4) をすべて考えて(a)と同様に計算する。(c) $(x_6, y_6) = (2, 2)$ となるのは x 軸，y 軸の正の方向にそれぞれ2回ずつ移動し，残り2回は x 軸方向または y 軸方向で打ち消し合うことに注意しよう。$|x_6| + |y_6| = 4$ となる確率も $|x_4| + |y_4| = 4$ となる確率と同様に考える。(3)軌跡，不

東京理科大-工〈B方式〉　　　　　　　　　　　　2022 年度　数学〈解答〉　*95*

等式の表す領域についての問題。$P(s, 0)$, $Q(0, t)$, $R(x, y)$ とおいて，条件を用いて s, t をそれぞれ x, y で表し，$0<s\leqq1$, $0<t\leqq1$ へ代入して x, y の不等式を求める。また，$s=0$ または $t=0$ のときは，$(x, y)=(0, 0)$ であることに注意する。これら 2 つの不等式と $x^2+y^2\leqq1$ の表す領域の共通部分が S である。(a)容易にわかる。(b)・(c)扇形と三角形の面積を利用する。

　　$\boxed{2}$　楕円と接線，最小値についての問題。(1)楕円 $\dfrac{x^2}{a^2}+\dfrac{y^2}{b^2}=1$ で囲まれた図形の面積が πab であることを用いる。(2)グラフを描けば容易にわかる。(3)直線 PB の方程式と楕円 C の方程式を連立して得られる x の 2 次方程式の判別式が 0 となることから m が求められ，直線 PB の方程式で $y=0$ とおくと x_2 が求められる。(4)S は簡単に計算できる。S は t の分数関数となるので，微分法を用いて最小値を考える。

　　$\boxed{3}$　絶対値を含む三角関数の定積分についての問題。(1)公式を用いて変形して解く。(2)(1)の計算を参考にして $0\leqq t\leqq\pi$ における $f(t)$ の符号を調べると絶対値がはずれるので，定積分が計算できる。(3)$0\leqq x\leqq\pi$ のときは $x\leqq t\leqq x+\pi$ の範囲に $f(t)$ の符号が変わる π が含まれるので，x から π，π から $x+\pi$ の 2 つの定積分の和にし，それぞれ絶対値をはずして計算する。$\pi\leqq x\leqq2\pi$ のときは $x\leqq t\leqq x+\pi$ の範囲に $f(t)$ の符号が変わる 2π が含まれるので，同様に 2 つの定積分の和に変形して計算する。(4)$0\leqq x\leqq\pi$ のときと $\pi\leqq x\leqq2\pi$ のときに分けて(3)と同様に解く。(5)(4)と同様に $H_{2021}(x)$ を計算し，$y=H_{2021}(x)$ のグラフを描き，直線 $y=a$ との交点が 3 個となる a の値を求める。

物理

（注）　解答は，東京理科大学から提供のあった情報を掲載しています。

1 解答
(1)(ア)— 5　(2)(イ)— 5　(ウ)— 7　(エ)— 3
(3)(オ)— 2　(カ)— 8　(キ)— 9

◀解　説▶

≪単振動を伴う棒のつり合い≫

(1)(ア)　求める糸2の張力の大きさを S_2〔N〕とおく。A端まわりの力のモーメントのつり合いより

$$S_2 \times 4a - Mg \times 2a - mg \times a = 0$$

$$\therefore \quad S_2 = \frac{1}{2}Mg + \frac{1}{4}mg \,〔N〕$$

(2)(イ)　点Cに加わる弾性力の大きさが $mg + F_1$〔N〕であることに注意をして，求める糸2の張力の大きさを $S_2{}'$〔N〕とした，A端まわりの力のモーメントのつり合いより

$$S_2{}' \times 4a - Mg \times 2a - (mg + F_1) \times a = 0$$

$$\therefore \quad S_2{}' = \frac{1}{2}Mg + \frac{1}{4}mg + \frac{1}{4}F_1 \,〔N〕$$

(ウ)　小球の速さが最大になるのは，振動の中心を通るときで，振動の中心は小球にはたらく弾性力と重力がつり合う位置であるので，点Cにはたらく弾性力の大きさが mg〔N〕であることがわかる。これは図1－2の場合と同じであるので，求める張力の大きさも同じである。

(エ)　この単振動の振動の中心でのばねの伸び x_0〔m〕は，力のつり合いの式 $mg = kx_0$ より，$x_0 = \dfrac{mg}{k}$〔m〕であることがわかる。

また，振幅はつり合いの状態から F_1〔N〕の力を加えたためにさらに伸びた $\dfrac{F_1}{k}$〔m〕となる。

これより，ばねの縮みの最大値は $\dfrac{F_1}{k} - \dfrac{mg}{k}$〔m〕である。

これらから，点Cに上向きにはたらく力の最大値 f〔N〕は

$$f = k\left(\frac{F_1}{k} - \frac{mg}{k}\right) = F_1 - mg \text{〔N〕}$$

このとき，糸1の張力を S_1〔N〕とすると，B端まわりの力のモーメントのつり合いより

$$Mg \times 2a - S_1 \times 4a - (F_1 - mg) \times 3a = 0$$

$$\therefore \quad S_1 = \frac{1}{2}Mg + \frac{3}{4}mg - \frac{3}{4}F_1 \text{〔N〕}$$

棒が動かないためには $S_1 \geqq 0$ でなければならないので

$$\frac{1}{2}Mg + \frac{3}{4}mg - \frac{3}{4}F_1 \geqq 0$$

$$\therefore \quad F_1 \leqq \frac{2}{3}Mg + mg \text{〔N〕}$$

(3)(オ) 小球1の単振動の周期 T_1〔s〕は，ばね振り子の周期の公式より

$$T_1 = 2\pi\sqrt{\frac{m}{k}} \text{〔s〕}$$

小球2の単振動の周期 T_2〔s〕は

$$T_2 = 2\pi\sqrt{\frac{4m}{k}} = 2 \times 2\pi\sqrt{\frac{m}{k}} = 2T_1 \text{〔s〕}$$

(カ) 小球2のばねの伸びが最大になったときの点Dにはたらく弾性力の大きさは $4mg + F_2$〔N〕となる。また，そのとき小球1のばねの伸びも最大で，点Cにはたらく弾性力の大きさは $mg + F_2$〔N〕である。求める張力を S_2''〔N〕としてA端まわりの力のモーメントのつり合いより

$$S_2'' \times 4a - (4mg + F_2) \times 3a - Mg \times 2a - (mg + F_2) \times a = 0$$

$$\therefore \quad S_2'' = \frac{1}{2}Mg + \frac{13}{4}mg + F_2 \text{〔N〕}$$

(キ) 小球2の単振動の角振動数を ω〔rad/s〕とすると，小球1の角振動数は 2ω〔rad/s〕となる。これまでの考察より，点Cと点Dに加わる弾性力 f_1〔N〕，f_2〔N〕は，下向きを正として

$$f_1 = F_2\cos 2\omega t + mg \text{〔N〕}, \quad f_2 = F_2\cos \omega t + 4mg \text{〔N〕}$$

糸1および糸2の張力 S_1〔N〕，S_2〔N〕は上向きに正を取る。B端まわりの力のモーメントのつり合いより

$$S_1 \times 4a = (F_2\cos 2\omega t + mg) \times 3a + Mg \times 2a + (F_2\cos \omega t + 4mg) \times a$$

各項の a を消去し，2倍角の公式を用いて整理する。

$$S_1 = \frac{3}{4}\{F_2(2\cos^2\omega t - 1) + mg\} + \frac{1}{2}Mg + \frac{1}{4}F_2\cos\omega t + mg$$

$$= \frac{3}{4}F_2(2\cos^2\omega t - 1) + \frac{7}{4}mg + \frac{1}{2}Mg + \frac{1}{4}F_2\cos\omega t$$

$$= \frac{F_2}{4}(6\cos^2\omega t + \cos\omega t - 3) + \frac{2Mg + 7mg}{4}$$

ここで，$\cos\omega t = x$（$-1 \leqq x \leqq 1$）とおき，関数 $g(x) = 6x^2 + x - 3$ を考え，その最小値を求める。$g(x)$ の軸は $x = -\dfrac{1}{12}$ であるので，$-1 \leqq x \leqq 1$ の範囲での最小値は $x = -\dfrac{1}{12}$ のとき。

$$g\left(-\frac{1}{12}\right) = 6 \times \left(-\frac{1}{12}\right)^2 + \left(-\frac{1}{12}\right) - 3 = \frac{1}{24} - \frac{1}{12} - 3$$

$$= \frac{1 - 2 - 72}{24} = -\frac{73}{24}$$

このときでも，$S_1 \geqq 0$ であることより

$$\frac{F_2}{4} \times \left(-\frac{73}{24}\right) + \frac{2Mg + 7mg}{4} \geqq 0$$

$$\therefore \quad F_2 \leqq \frac{48}{73}Mg + \frac{168}{73}mg \,[\mathrm{N}]$$

また，S_2 についても考察する。鉛直方向の力のつり合いより

$$S_1 + S_2 = F_2\cos 2\omega t + mg + Mg + F_2\cos\omega t + 4mg$$

2倍角の公式を用いて整理する。

$$S_1 + S_2 = F_2(2\cos^2\omega t - 1) + mg + Mg + F_2\cos\omega t + 4mg$$

$$= F_2(2\cos^2\omega t + \cos\omega t - 1) + Mg + 5mg$$

この式より

$$S_2 = F_2(2\cos^2\omega t + \cos\omega t - 1) + Mg + 5mg - S_1$$

$$= F_2(2\cos^2\omega t + \cos\omega t - 1)$$

$$\qquad + Mg + 5mg - \frac{F_2}{4}(6\cos^2\omega t + \cos\omega t - 3) - \frac{2Mg + 7mg}{4}$$

$$= F_2(2\cos^2\omega t + \cos\omega t - 1) + \frac{2Mg + 13mg}{4}$$

$$\qquad\qquad\qquad\qquad - \frac{F_2}{4}(6\cos^2\omega t + \cos\omega t - 3)$$

東京理科大-工〈B方式〉　　　　　　　　　　　　　　　2022 年度　物理〈解答〉　99

$$= \frac{F_2}{4}(8\cos^2\omega t + 4\cos\omega t - 4) + \frac{2Mg + 13mg}{4}$$

$$- \frac{F_2}{4}(6\cos^2\omega t + \cos\omega t - 3)$$

$$= \frac{F_2}{4}(2\cos^2\omega t + 3\cos\omega t - 1) + \frac{2Mg + 13mg}{4}$$

同様に，$\cos\omega t = x$ $(-1 \leqq x \leqq 1)$ とおき，関数 $h(x) = 2x^2 + 3x - 1$ を考え，

$h(x)$ の最小値を求める。この 2 次関数の軸は $x = -\dfrac{3}{4}$ であるので，

$-1 \leqq x \leqq 1$ の範囲での最小値は $x = -\dfrac{3}{4}$ のとき。

$$h\left(-\frac{3}{4}\right) = 2 \times \left(-\frac{3}{4}\right)^2 + 3 \times \left(-\frac{3}{4}\right) - 1 = -\frac{17}{8}$$

これを用いて

$$\frac{F_2}{4} \times \left(-\frac{17}{8}\right) + \frac{2Mg + 13mg}{4} \geqq 0$$

$$\therefore \quad F_2 \leqq \frac{16}{17}Mg + \frac{104}{17}mg \ (\mathrm{N})$$

S_1 と S_2 に関する考察より

$$\frac{16}{17}Mg + \frac{104}{17}mg - \left(\frac{48}{73}Mg + \frac{168}{73}mg\right) = \frac{352}{1241}Mg + \frac{4736}{1241}mg > 0$$

であるから，答えは

$$F_2 \leqq \frac{48}{73}Mg + \frac{168}{73}mg = \frac{24}{73}(2Mg + 7mg) \ (\mathrm{N})$$

2　解答

(1)(ク) $8.0 \times 10^{+0}$ 　(ケ) $2.0 \times 10^{+0}$ 　(コ) $3.6 \times 10^{+0}$
(サ) 4.0×10^{-1}

(2)(シ)― 2 　(ス) $4.4 \times 10^{+0}$ 　(セ)― 2 　(3)(ソ)― 1 　(タ) 5.0×10^{-1}

◀解　説▶

≪未知の部品を含んだ電気回路の考察≫

(1)(ク)　dc 間を直流電圧計で測定したとき，回路に電流は流れず，電池の内部抵抗による電圧降下はないので，電池 E の起電力が 8.40 V であるとわかる。抵抗 R_a，R_b，R_d の抵抗値の大きさをそれぞれ R_a，R_b，R_d 〔Ω〕とおく。

ac 間に直流電流計を接続したときに流れる電流が $1.00\,\mathrm{A}$ であったから，オームの法則より

$$\frac{8.40}{R_a+r}=1.00 \quad\cdots\cdots\text{Ⓐ}$$

が成り立つ。

同様に，bc 間，dc 間に直流電流計を接続した結果より

$$\frac{8.40}{R_b+r}=3.50 \quad\cdots\cdots\text{Ⓑ},\qquad \frac{8.40}{R_d+r}=2.10 \quad\cdots\cdots\text{Ⓒ}$$

また，ab 間を導線で接続したとき ac 間に流れる電流が $4.20\,\mathrm{A}$ であったことから

$$\frac{8.40-4.20r}{R_a}+\frac{8.40-4.20r}{R_b}=4.20 \quad\cdots\cdots\text{Ⓓ}$$

Ⓐより　　$R_a=8.40-r$

また，Ⓑより　　$R_b=\dfrac{8.40}{3.50}-r=2.40-r$

Ⓓに代入して

$$\frac{8.40-4.20r}{8.40-r}+\frac{8.40-4.20r}{2.40-r}=4.20$$

これより

$$r^2-4r+1.44=0$$

これを解いて

$$r=0.400\,(\Omega)\ \text{または}\ r=3.60\,(\Omega)$$

$r=0.400\,(\Omega)$ をⒶに代入して

$$\frac{8.40}{R_a+0.400}=1.00 \quad\therefore\quad R_a=8.0\times10^{+0}\,(\Omega)$$

㈜　同様に，$r=0.400\,(\Omega)$ をⒷに代入して

$$\frac{8.40}{R_b+0.400}=3.50 \quad\therefore\quad R_b=2.0\times10^{+0}\,(\Omega)$$

㈡　同様に，$r=0.400\,(\Omega)$ をⒸに代入して

$$\frac{8.40}{R_d+0.400}=2.10 \quad\therefore\quad R_d=3.6\times10^{+0}\,(\Omega)$$

（注）　$r=3.60\,(\Omega)$ を用いた場合，R_b が負となり不適当である。

㈤　これまでの考察より　　$r=4.0\times10^{-1}\,(\Omega)$

東京理科大-工〈B方式〉　　　　　　　　　　　　　　2022 年度　物理〈解答〉　*101*

(2)(シ)　図 2 － 2 はコンデンサーに電流が流れ電荷が蓄えられると電位差が生じ，抵抗 R_f に加わる電圧が低下し，それに伴い流れる電流が減少していき，やがてコンデンサーの両端の電位差が起電力と等しくなると回路に電流が流れなくなる過程を示している。

(ス)　前述のように，cf 間を接続した瞬間のコンデンサーに加わる電位差は 0 であるので，求める抵抗値 R_f〔Ω〕は

$$\frac{10.0}{0.600+R_f}=2.00 \qquad \therefore \quad R_f=4.4\times10^{+0}\,〔Ω〕$$

(セ)　②がコンデンサーであれば，じゅうぶんに時間が経過したのち回路の電流が 0 となるので，コンデンサーではないことがわかる。

(3)(ソ)　図 2 － 3 の場合，①のコンデンサーの容量を C〔F〕とすると，回路のインピーダンス Z_1〔Ω〕は，抵抗値の合成抵抗が $8.00\,Ω$ であるので，

$$Z_1=\sqrt{8.00^2+\left(\frac{1}{2\pi f_1 C}\right)^2}\,〔Ω〕\ となる。$$

これより

$$10.0=1.00\times\sqrt{8.00^2+\left(\frac{1}{2\pi f_1 C}\right)^2} \quad\cdots\cdots ⑤$$

図 2 － 4 で②が抵抗であった場合，⑤の抵抗の値は R_b と②の合成抵抗値と変わり，周波数を大きくしていくとインピーダンスは R_b と②の合成抵抗に近づいていき，電流は単調に減少していくことになる。電流に極大値が見られたことより，②は抵抗ではなくコイルであると判断できる。

(タ)　②のコイルのリアクタンスを L〔H〕とすると，周波数 f_1〔Hz〕のとき

$$10.0=2.00\times\sqrt{4.00^2+\left(2\pi f_1 L-\frac{1}{2\pi f_1 C}\right)^2} \quad\cdots\cdots ⑥$$

が成り立つ。

周波数 f_2〔Hz〕のとき，電流が最大値をとったことより

$$2\pi f_2 L-\frac{1}{2\pi f_2 C}=0 \qquad \therefore \quad f_2{}^2=\frac{1}{4\pi^2 LC}$$

⑤の両辺を 2 乗して

$$100=8.00^2+\left(\frac{1}{2\pi f_1 C}\right)^2 \qquad \frac{1}{2\pi f_1 C}=6.00$$

$$f_1=\frac{1}{12.0\pi C} \quad\cdots\cdots ⑦$$

次に，Ⓕにⓖの $\dfrac{1}{2\pi f_1 C}=6.00$ を代入し，整理すると

$$10.0=2.00\times\sqrt{4.00^2+(2\pi f_1 L-6.00)^2}$$
$$(2\pi f_1 L-6.00)^2=3.00^2$$

ここで，$f_1<f_2$ より

$$f_1{}^2<\dfrac{1}{4\pi^2 LC} \qquad 2\pi f_1 L<\dfrac{1}{2\pi f_1 C}=6.00$$

であるから

$$2\pi f_1 L=3.00$$
$$f_1=\dfrac{3.00}{2\pi L} \quad \cdots\cdots Ⓗ$$

ⓖとⒽより

$$f_1{}^2=\dfrac{3.00}{24.0\pi^2 LC}=\dfrac{1}{8.00\pi^2 LC}$$

ゆえに

$$\dfrac{f_1{}^2}{f_2{}^2}=\dfrac{4\pi^2 LC}{8.00\pi^2 LC}=5.0\times10^{-1}$$

$\boxed{3}$ 解答 (チ)— 0　(ツ)— 4　(テ)— 4　(ト)— 3　(ナ)— 4　(ニ)— 3

◀解　説▶

≪P-T 図を用いた気体の循環過程の考察≫

(チ)　求める仕事を W_{AB}〔J〕とする。状態Aから状態Bへは定積変化であるので，外部に仕事をしない。よって，求める仕事は

$$W_{AB}=0\,〔\,\mathrm{J}\,〕$$

(ツ)　単原子理想気体であるので，定積モル比熱は $\dfrac{3}{2}R$〔J/(mol·K)〕であるから，求める熱量 Q_{AB}〔J〕は

$$Q_{AB}=1\times\dfrac{3}{2}R\times(T_B-T_A)=\dfrac{3}{2}R(T_B-T_A)\,〔\,\mathrm{J}\,〕$$

(テ)　状態Bから状態Cへの変化は断熱変化であるので，内部エネルギーの変化 $\varDelta U_{BC}$〔J〕と外部にした仕事 W_{BC}〔J〕の間には，熱力学第一法則より，$0=\varDelta U_{BC}+W_{BC}$ の関係式が得られる。

ここで，先の状態Aから状態Bの変化で与えられた熱 Q_{AB} は熱力学第一法則より，全て内部エネルギーの変化 ΔU_{AB}〔J〕と等しいことがわかる。つまり，$Q_{AB}=\Delta U_{AB}$ が成り立つ。

さらに，状態Cの温度が状態Aの温度と等しいことから，状態Aから状態Bを経て状態Cへの変化での内部エネルギーの変化は0であることがわかる。

$\Delta U_{AB}+\Delta U_{BC}=0$ より

$$\Delta U_{BC}=-\Delta U_{AB}=-Q_{AB}=-\frac{3}{2}R(T_B-T_A)\text{〔J〕}$$

$0=\Delta U_{BC}+W_{BC}$ であったので

$$W_{BC}=-\Delta U_{BC}=\frac{3}{2}R(T_B-T_A)\text{〔J〕}$$

(ト) 状態Cから状態Aへの変化は等温変化であるので，内部エネルギーの変化 ΔU_{CA}〔J〕は $\Delta U_{CA}=0$〔J〕となる。この変化での気体が吸収した熱を Q_{CA}〔J〕，外部にした仕事を W_{CA}〔J〕とすると，熱力学第一法則より $Q_{CA}=W_{CA}$ となる。

また，状態Bから状態Cの変化では $W_{BC}=\dfrac{3}{2}R(T_B-T_A)>0$ であることより，断熱膨張であると判断でき，状態Cから状態Aに戻るためには，体積が収縮するため $W_{CA}<0$ である。$Q_{CA}=W_{CA}$ より，$Q_{CA}<0$ とわかり，状態Cから状態Aの変化では熱を放出している。この熱機関の熱効率が e であるので，$e=\dfrac{Q_{AB}+Q_{CA}}{Q_{AB}}$ より

$$Q_{CA}=-(1-e)Q_{AB}=-(1-e)\frac{3}{2}R(T_B-T_A)$$

$$=\frac{3}{2}(1-e)R(T_A-T_B)\text{〔J〕}$$

ゆえに

$$W_{CA}=Q_{CA}=\frac{3}{2}(1-e)R(T_A-T_B)\text{〔J〕}$$

(ナ) これまでの議論より

$$Q_{CA}=\frac{3}{2}(1-e)R(T_A-T_B)=-\frac{3}{2}(1-e)R(T_B-T_A)\text{〔J〕}$$

放出した熱を問われているので　$\frac{3}{2}(1-e)R(T_B-T_A)$〔J〕

(ニ)　これまでの議論を踏まえてグラフを選ぶ。

❖講　評

例年と比べて，問題量，難易度ともに変わりはなかった。1が小問に分かれているが，設定の変更に伴うものである。2は 2021 年度同様，数値計算を伴うものであるが，少々計算に苦労するものであった。全体的には目新しいものはなく，例年どおり，時間の使い方が明暗の分かれ目となったと考えられる。

1　取り付けられたばね振り子の運動を考慮した，棒のつり合いの問題である。(1)典型的な教科書レベルの問題であるのでぜひとも完答したい。(2)棒が静止できない状況が想定できれば，比較的スムーズに解答に至ったのではないか。(3)どのような状況で棒が動いてしまうのかを見つけることが難しい。2つのばねから棒に加わる力を数式で表現する力が必要である。

2　(1)オームの法則を用いた 4 連立方程式を解く必要があり，非常に煩雑な計算を伴い苦労した受験生も多かったのではないか。(2)問題文とグラフから状況を正しく理解できれば，簡単に解答できる。(3)これも状況の把握がカギとなる。交流の周波数変化に伴って電流の変化が最大値を取ることからインピーダンスの変化と結び付けられれば，後は計算力の問題である。

3　P-T 図が与えられている問題であるが，ほとんどのヒントは問題文中にあるので，グラフに惑わされずに解答したい。熱力学第一法則の理解が試されている問題である。最後にグラフを選ぶ問題があるが，そこまでの過程で P-V 図を描きながら思考していった受験生も多くいたのではないか。

東京理科大-工〈B方式〉　　　　　　　　　　　　2022 年度　化学〈解答〉　*105*

■化学■

（注）　解答は，東京理科大学から提供のあった情報を掲載しています。

$\boxed{1}$　解答　(1) 42　(2) $2.5 \times 10^{+2}$　(3) 10

◀解　説▶

≪塩化水素の発生と性質，浸透圧，コロイド溶液の性質≫

(1)　$FeCl_3 + 3H_2O \longrightarrow Fe(OH)_3 + 3HCl$ の反応が起こる。透析によって，H^+ と Cl^- が除かれ，$Fe(OH)_3$ のコロイドが精製される。元素 A は塩素であり，化合物 C は塩化水素である。

1．誤文。塩化水素は水に溶けやすく，空気より重いので，下方置換で捕集する。

2．正文。水溶液の質量パーセント濃度は　$\dfrac{7.40}{7.40 + 12.6} \times 100 = 37 \text{〔％〕}$

濃塩酸であるので，発煙性を示す。

4．誤文。塩化水素は，空気よりも密度が大きく，無色・刺激臭の気体である。

8．正文。$NaCl + H_2SO_4 \longrightarrow NaHSO_4 + HCl$

16．誤文。塩化水素ではなく水素が発生する。

$2Na + 2H_2O \longrightarrow 2NaOH + H_2$

32．正文。強酸と弱塩基の中和点は，弱酸性である。変色域が弱酸性のメチルオレンジを用いる。

正文の番号の合計は　　$2 + 8 + 32 = 42$

(2)　Fe^{3+} の物質量は　$\dfrac{0.50 \times 5.0}{1000} = 2.50 \times 10^{-3} \text{〔mol〕}$

コロイド粒子 1 個に 250 個の Fe^{3+} が含まれるので，コロイド粒子のモル濃度は

$$2.50 \times 10^{-3} \times \frac{1}{250} \times \frac{1000}{100} = 1.00 \times 10^{-4} \text{〔mol/L〕}$$

106 2022 年度　化学〈解答〉　　　　　　　　　　　　東京理科大-工〈B方式〉

よって，浸透圧 $\pi = cRT$ であるので

$$1.00 \times 10^{-4} \times 8.31 \times 10^3 \times 300 = 249 \fallingdotseq 2.5 \times 10^{+2} \,[\text{Pa}]$$

(3)　1．誤文。水酸化鉄(Ⅲ)は疎水コロイドである。塩析は，親水コロイドに多量の電解質を加えると沈殿する現象である。

2．正文。疎水コロイドに少量の電解質を加えると沈殿する現象である。

4．誤文。直流電圧をかけると，コロイド粒子の自身とは反対符号の電極の方へ移動する。この現象を電気泳動という。

8．正文。正コロイドの水酸化鉄(Ⅲ)には，価数の大きい陰イオンほど凝析効果が大きい。$SO_4^{2-} > Cl^-$ であるので，Na_2SO_4 の方が少ない。

16．誤文。難溶性の水酸化鉄(Ⅲ)の沈殿でもわずかに溶ける。生じた Fe^{3+} は SCN^- と反応し，血赤色の溶液になる。

正文の番号の合計は　　$2 + 8 = 10$

2 解答　
(1)— 2　(2)$-6.4 \times 10^{+0}$　(3)ア．076　イ．128
(4)$+5.9 \times 10^{-1}$

◀解　説▶

≪電池，電気分解≫

(1)　ある金属とその塩，別の金属とその塩を組み合わせた形の電池がダニエル電池である。

(2)　電気量は，電流〔A〕×時間〔s〕であるので，図2の長方形と三角形の面積の和が電気量に相当する。

$$1.00 \times 15440 + \frac{1}{2} \times 1.00 \times (23160 - 15440) = 19300 \,[\text{C}]$$

ダニエル電池による鉛蓄電池の充電（電気分解）である。陽極の電極8は

$$PbSO_4 + 2H_2O \longrightarrow PbO_2 + 4H^+ + SO_4^{2-} + 2e^-$$

電子が 2 mol 流れると，64 g（SO_2 の 1 mol 分）減少するので

$$-\frac{19300}{96500} \times \frac{64}{2} = -6.4 \times 10^{+0} \,[\text{g}]$$

(3)　鉛蓄電池による電気分解である。

ア．質量が増加する極は，次の3つ。

4．電極7：$Pb + SO_4^{2-} \longrightarrow PbSO_4 + 2e^-$

8．電極8：$PbO_2 + 4H^+ + SO_4^{2-} + 2e^- \longrightarrow PbSO_4 + 2H_2O$

東京理科大-工〈B方式〉 2022 年度 化学〈解答〉 *107*

64. 電極 11 ： $Ni^{2+} + 2e^- \longrightarrow Ni$

正文の番号の合計は　　$4 + 8 + 64 = 076$

イ．質量が減少する極は，次の 1 つだけ。

128. 電極 12 ： $Ni \longrightarrow Ni^{2+} + 2e^-$

正文の番号の合計は　　128

(4) 鉛蓄電池に流れる電気量は，並列接続の水槽Eと水槽Fに流れる電気量の和である。

672mL の気体は，水槽Eの水の電気分解で生じる水素と酸素の発生量の合計である。

$$2H_2O \xrightarrow{4e^-} 2H_2 + O_2$$

よって，流れる電子の物質量は

$$\frac{672}{22400} \times \frac{4}{2+1} = 0.0400 \,〔mol〕$$

水槽Fには，$\dfrac{0.600 \times 9650}{96500} - 0.0400 = 0.0200 \,〔mol〕$ の電子が流れるので，

陽極の電極 11 の変化は，$Ni^{2+} + 2e^- \longrightarrow Ni$ より

$$+0.0200 \times \frac{1}{2} \times 59 = +5.9 \times 10^{-1} \,〔g〕$$

3 解答　(1) 4.7×10^{-1}　(2) $5.4 \times 10^{+4}$

◀解　説▶

≪沸点上昇度，気体の溶解度≫

(1) グルコース，スクロースの物質量を $m〔mol〕$，$n〔mol〕$ とする。

質量の関係から

$$180m + 340n = 92.4 \,〔g〕$$

凝固点降下度は，質量モル濃度に比例するので

$$0.555 = 1.85 \times (m+n) \times \frac{1}{1.00} \,〔K〕$$

これら 2 式より

$$m = 0.0600 \,〔mol〕, \quad n = 0.240 \,〔mol〕$$

∴　$m : n = 1 : 4$

NaCl を x〔mol〕とすると，グルコースは $\dfrac{x}{4}$〔mol〕になる。

質量関係から

$$60x + 180 \times \frac{x}{4} = 42.0 \qquad \therefore \quad x = 0.400 \text{〔mol〕}$$

沸点上昇度は，質量モル濃度に比例し，また，強電解質の NaCl は完全電離するので，濃度は 2 倍に相当する。

$$\left(2 \times 0.400 + \frac{0.400}{4} \right) \times 0.52 \times \frac{1}{1} = 0.468 \fallingdotseq 4.7 \times 10^{-1} \text{〔K〕}$$

(2) O_2 の分圧を P〔Pa〕とする。気体の溶解量は分圧に比例するので，気体の状態方程式より

$$P \times (11.00 - 10.00)$$

$$= \left(0.0266 - 1.30 \times 10^{-3} \times \frac{P}{1.00 \times 10^5} \times 10 \right) \times 8.30 \times 10^3 \times 300$$

$$\therefore \quad P = 5.00 \times 10^4 \text{〔Pa〕}$$

気相は，O_2 と水蒸気の混合気体からなるので，全圧は

$$5.00 \times 10^4 + 4.00 \times 10^3 = 5.40 \times 10^4 \fallingdotseq 5.4 \times 10^4 \text{〔Pa〕}$$

4 解答 (1)アー1 イー7 ウー10 (2)ー1

◀解　説▶

≪アンモニアの電離平衡，塩の加水分解，滴定曲線≫

(1) ア．電離度を α とすると，アンモニアの電離度が 1 より十分小さいので，$1 - \alpha \fallingdotseq 1$ とみなせるから

$$K_b = \frac{C_b \alpha \times C_b \alpha}{C_b (1 - \alpha)} = \frac{C_b \alpha^2}{1 - \alpha} \fallingdotseq C_b \alpha^2 \qquad \therefore \quad \alpha = \sqrt{\frac{K_b}{C_b}}$$

よって　　$[\text{OH}^-] = C_b \alpha = C_b \times \sqrt{\frac{K_b}{C_b}} = \sqrt{K_b C_b}$

イ．$K_h = \dfrac{[\text{NH}_3][\text{H}^+][\text{OH}^-]}{[\text{NH}_4^+][\text{OH}^-]} = \dfrac{K_w}{K_b}$

ウ．加水分解度を h とすると　　$K_h = \dfrac{[\text{H}^+]^2}{C_h (1 - h)}$

加水分解によりアンモニアとなったものの割合が 1 に比べて十分に小さい

東京理科大-工〈B方式〉　　　　　　　　　　　　　　　2022 年度　化学〈解答〉　*109*

と考えると，$1-h \fallingdotseq 1$ とみなせるから

$$K_h = \frac{[\mathrm{H}^+]^2}{C_h} = \frac{K_w}{K_b} \qquad \therefore \quad [\mathrm{H}^+] = \sqrt{\frac{K_w C_h}{K_b}}$$

(2)　滴定前のアンモニア水の pH を求める。(1)アより

$$[\mathrm{OH}^-] = \sqrt{K_b C_b} = \sqrt{2.3 \times 10^{-5} \times 0.0092} \fallingdotseq \sqrt{2 \times 10^{-7}}$$

より

$$\mathrm{pOH} = -\log_{10}[\mathrm{OH}^-] = 3.5 - \log_{10}\sqrt{2} = 3.5 - \log_{10}1.41$$

よって

$$\mathrm{pH} = 14 - \mathrm{pOH} = 10.5 + \log_{10}1.41$$

滴定前の pH はおよそ 10.5 であるので，図 1，図 2，図 4 が適する。

また，中和点での滴下量 v〔mL〕は，中和の公式より

$$1 \times \frac{0.0092v}{1000} = 1 \times \frac{0.0092 \times 25}{1000} \qquad \therefore \quad v = 25 \text{〔mL〕}$$

よって，図 1 が適切である。

5　解答　
(1)ウ．1　エ．1　オ．1　カ．2　(2)＋095
(3)2.5×10^{-3}　(4)ア．$5.0 \times 10^{+1}$　イ．$2.0 \times 10^{+1}$
(5)—3

◀解　説▶

≪熱化学方程式，反応速度≫

(2)　(1) の 熱 化 学 方 程 式 に，$\mathrm{H_2O_2}$aq$= \mathrm{H_2O_2}$（気）$-55\,\mathrm{kJ}$，$\mathrm{H_2O}$（液）$= \mathrm{H_2O}$（気）$-44\,\mathrm{kJ}$ を代入する。

$$\mathrm{H_2O_2}（気）-55\,\mathrm{kJ} = \mathrm{H_2O}（気）-44\,\mathrm{kJ} + \frac{1}{2}\mathrm{O_2}（気）+ Q\text{〔kJ〕}$$

$$\mathrm{H_2O_2}（気）= \mathrm{H_2O}（気）+ \frac{1}{2}\mathrm{O_2}（気）+ 11\,\mathrm{kJ} + Q\text{〔kJ〕}$$

気体反応において

　　　反応熱＝生成物の生成熱の総和－反応物の生成熱の総和

が成り立つので

$$11 + Q = 242 - 136 \qquad \therefore \quad Q = +095\text{〔kJ〕}$$

(3)　平均分解速度は

$$\bar{v} = \frac{2 \times \dfrac{11.2}{22400} \times \dfrac{1000}{10.0}}{100 - 0} = \frac{1.0 \times 10^{-1}}{100}$$

$$= 1.00 \times 10^{-3} \, [\text{mol}/(\text{L} \cdot \text{s})]$$

$100\,\text{s}$ 後, H_2O_2 の濃度は

$$0.45 - 2 \times \frac{11.2}{22400} \times \frac{1000}{10.0} = 0.45 - 0.100 = 0.35 \, [\text{mol/L}]$$

平均濃度は

$$[\overline{H_2O_2}] = \frac{0.45 + 0.35}{2} = 0.40 \, [\text{mol/L}]$$

$\bar{v} = k[\overline{H_2O_2}]$ が成り立つので

$$1.00 \times 10^{-3} = k \times 0.40 \qquad \therefore \quad k = 2.5 \times 10^{-3} \, [/\text{s}]$$

(4) ア．実験番号①は，実験番号②と同じ $20\,℃$ であるので，k も同じ値である。求める時間を $x\,[\text{s}]$ とすると

$$\frac{1.0 \times 10^{-1}}{x} = 2.5 \times 10^{-3} \times \frac{0.85 + 0.75}{2}$$

$$\therefore \quad x = 50 = 5.0 \times 10^{+1} \, [\text{s}]$$

イ．実験番号③は，実験番号②より温度が $10\,℃$ 高くなると，反応時間は半分であるので，反応速度は 2 倍とわかる。同様に実験番号④では，実験番号③に比べて，反応速度は 2 倍になると考えられる。反応速度が 2 倍になると反応速度定数も 2 倍になるので，求める時間を $x\,[\text{s}]$ とすると

$$\frac{1.0 \times 10^{-1}}{x} = 2 \times 2 \times 2.5 \times 10^{-3} \times \frac{0.55 + 0.45}{2}$$

$$\therefore \quad x = 20 = 2.0 \times 10^{+1} \, [\text{s}]$$

(5) 実験番号②と③は，反応初期 H_2O_2 の濃度が等しいので，反応終了後の O_2 の物質量は等しい。3，4 が該当するが，③は温度が高いので，反応初期では，反応速度が大きく O_2 の発生量が多い。よって，3 である。

6 解答

(1) 12　(2) 18　(3) $1.8 \times 10^{+1}$

(4) 116　(5) l.　4　m.　4　n.　3

◀解　説▶

≪有機化合物の構造と性質，元素分析≫

(1)　Aは，炭素数 3 で水と混和し，除光液に利用されることから，アセト

ン CH_3COCH_3 である。

Bは，炭素数3で銀鏡反応を示すことから，プロピオンアルデヒド CH_3CH_2CHO である。

水素付加，酸化によってBに誘導されるので，C，E，Gは次の通りである。

$$CH_2=CH-CH_2-OH \xrightarrow{\text{水素付加}} CH_3-CH_2-CH_2-OH$$
$$C \phantom{CH_2-OH \xrightarrow{\text{水素付加}} CH_3-CH_2-}E$$

$$\xrightarrow{\text{酸化}} CH_3-CH_2-CHO \xrightarrow{\text{酸化}} CH_3-CH_2-COOH$$
$$\phantom{\xrightarrow{\text{酸化}} CH_3-CH_2-}B \phantom{CHO \xrightarrow{\text{酸化}} CH_3-CH_2-}G$$

Fは，酸化されないのでエーテル $CH_3-CH_2-O-CH_3$ である。よってDは

$$CH_2=CH-O-CH_3 \xrightarrow{\text{水素付加}} CH_3-CH_2-O-CH_3$$
$$D \phantom{CH_3 \xrightarrow{\text{水素付加}} CH_3-CH_2-O-}F$$

1．誤文。ケトンであるAは，酸化されにくい。

2．誤文。ヨードホルム反応は，CH_3CO- または $CH_3CH(OH)-$ の部分構造をもつと陽性である。Aは起こるが，B，C，Dは起こらない。

4．正文。アルコールのC，Eは，ナトリウムで水素を発生するが，エーテルのD，Fは反応しない。$2ROH + 2Na \longrightarrow 2RONa + H_2$

8．正文。フェーリング液を還元するのは，アルデヒドである。Eはアルコール，Fはエーテル，Gはカルボン酸である。

16．誤文。クメン法で，フェノールとともにAのアセトンを生成する。

$$
\begin{array}{c}
CH(CH_3)_2 \\
\text{クメン}
\end{array}
\xrightarrow{O_2}
\begin{array}{c}
C(CH_3)_2OOH \\
\text{クメンヒドロペルオキシド}
\end{array}
$$

$$
\xrightarrow{\text{酸}}
\begin{array}{c}
OH \\
\text{フェノール}
\end{array}
+ CH_3COCH_3 \quad \text{アセトン}
$$

正文の番号の合計は　$4 + 8 = 12$

(2)　P，Qの分子量を M とすると，水素付加による増加量から

$$\frac{2}{M} = \frac{1.72}{100} \quad \therefore \quad M = 116$$

分子式は $(CHO)_n$ とすると，組成式の式量は29であるので

$29 \times n = 116$ $\therefore$ $n = 4$

ゆえに分子式は $C_4H_4O_4$

シス形のP．マレイン酸は，加熱すると，S．無水マレイン酸になるが，
トランス形のQ．フマル酸では起こらない。

P．マレイン酸 → (加熱, $-H_2O$) → S．無水マレイン酸

Q．フマル酸

P，Qに水素 1 mol を付加すると，R．コハク酸になる。

P．マレイン酸 → R．コハク酸 ← Q．フマル酸

R．コハク酸 →(加熱)→ T ←(水素付加)← S．無水マレイン酸

1．誤文。PとQは鏡像異性体ではなく幾何異性体の関係にある。

2．正文。Pはカルボキシ基が近く分子内で水素結合を形成するのに対し，Qは分子間で水素結合を形成するため，融点が高くなる。

4．誤文。P，Q，Rはどれもカルボキシ基をもつので，炭酸水素ナトリウムと反応して，二酸化炭素を生じる。

$$R(COOH)_2 + 2NaHCO_3 \longrightarrow R(COONa)_2 + 2H_2O + 2CO_2$$

8．誤文。Rの分子式は $C_4H_6O_4$ で，Sの分子式は $C_4H_2O_3$ であるので，分子量の差は，20 である。

16．正文。

正文の番号の合計は $2 + 16 = 18$

東京理科大-工〈B方式〉　　　　　　　　　　2022 年度　化学〈解答〉　*113*

(3)　吸収管 X は H_2O を，吸収管 Y は CO_2 を吸収する。

燃焼反応の化学反応式は

$$CH_3CH_2COOH + \frac{7}{2}O_2 \longrightarrow 3CO_2 + 3H_2O$$
　　　　　G

よって生じる CO_2 と H_2O の物質量は等しい。

求める CO_2 の質量を x〔mg〕とすると

$$\frac{x}{44} = \frac{7.20}{18} \qquad \therefore \quad x = 17.6 \fallingdotseq 1.8 \times 10^{+1} \text{〔mg〕}$$

(4)　P の分子式は $C_4H_4O_4$ なので，分子量は 116 である。

(5)　T の分子式は，$C_4H_4O_3$ である。

7　解答　(1)—4　(2)05　(3)*l*. 8　*m*. 8　*n*. 3
(4)$1.5 \times 10^{+0}$　(5)*l*. 7　*m*. 6　*n*. 3　(6)—01
(7)—11　(8)$1.8 \times 10^{+0}$　(9)—01

━━━━━━◀解　説▶━━━━━━

≪サリチル酸の合成，サリチル酸誘導体，分離実験≫

(1)
4.（ナトリウムフェノキシド）$\xrightarrow[\text{高温・高圧}]{CO_2}$（サリチル酸ナトリウム）$\xrightarrow{H^+}$（サリチル酸）

(2)
1.（o-エチルフェノール）$\longrightarrow$（サリチル酸）

2.（o-キシレン）$\longrightarrow$（フタル酸）

4.（o-クレゾール）$\longrightarrow$（サリチル酸）

8.（カテコール）：酸化されやすいが，サリチル酸は生成しない。

16.（2-ナフトール）$\longrightarrow$（4-ヒドロキシフタル酸）

114 2022 年度　化学〈解答〉　　　　　　　　　　東京理科大-工〈B方式〉

32.
（構造式：ベンゼン環に COOH, COOH が隣接）：酸化されにくい。

サリチル酸を生じる番号は　　1＋4＝05

(3)　Xは，サリチル酸メチルである。分子式は，$C_8H_8O_3$ となる。

（反応式：サリチル酸（OH, COOH）＋$CH_3OH \longrightarrow$ サリチル酸メチル（OH, $COOCH_3$）＋H_2O）

(4)　サリチル酸のすべてがサリチル酸メチルになると，物質量は等しいので，求める質量は

$$1.4 \times \frac{C_8H_8O_3}{C_7H_6O_3} = 1.4 \times \frac{152}{138} = 1.54 ≒ 1.5 \times 10^{+0}〔g〕$$

(5)　YはWの中から炭酸水素ナトリウムに反応したものを，弱酸の遊離により元に戻したものである。Wの中にはサリチル酸とサリチル酸メチルとメタノールが含まれており，炭酸よりも強い酸はサリチル酸のみである。よってYはサリチル酸である。

(6)　未反応の炭酸水素ナトリウムは弱酸塩のため，強酸の塩酸によって二酸化炭素が遊離する。

$$NaHCO_3 + HCl \longrightarrow NaCl + H_2O + CO_2$$

(7)　エーテル溶液が上層，水溶液が下層である。

(あ)　水溶液中の反応であるので，下層Bである。サリチル酸は，炭酸水素ナトリウムと反応して，サリチル酸ナトリウムとして溶けている。強酸の塩酸を加えると，弱酸のサリチル酸が析出した。

（反応式：サリチル酸ナトリウム（OH, COONa）＋$HCl \longrightarrow$ サリチル酸（OH, COOH）＋$NaCl$）

(い)　上層Aのサリチル酸メチルは，NaOHで中和されて塩となり，水層Cに移動する。

（反応式：サリチル酸メチル（OH, $COOCH_3$）＋$NaOH \longrightarrow$（ONa, $COOCH_3$）＋H_2O）

水層Cに強酸の塩酸を加えると，油状のサリチル酸メチルが分離した。

東京理科大-工〈B方式〉　　　　　　　　　　2022 年度　化学〈解答〉　*115*

（ONa, COOCH₃ 置換のベンゼン環）＋ HCl ⟶ （OH, COOCH₃ 置換のベンゼン環）＋ NaCl

（う）　エーテル溶液の上層 **E** に，サリチル酸メチルは溶解している。

⑻　サリチル酸を無水酢酸でアセチル化すると，**Z**．アセチルサリチル酸を生じる。

（OH, COOH 置換のベンゼン環）＋ $(CH_3CO)_2O$ ⟶ （OCOCH₃, COOH 置換のベンゼン環）＋ CH_3COOH

サリチル酸のすべてがアセチルサリチル酸になると，それらの物質量は等しいので，求める質量は

$$1.4 \times \frac{C_9H_8O_4}{C_7H_6O_3} = 1.4 \times \frac{180}{138} = 1.82 \fallingdotseq 1.8 \times 10^{+0} \,(\,g\,)$$

⑼　ア．正文，イ．誤文。カルボン酸である **Z** は，炭酸より強酸であるため，炭酸水素ナトリウムに溶ける。

（OCOCH₃, COOH 置換のベンゼン環）＋ $NaHCO_3$ ⟶ （OCOCH₃, COONa 置換のベンゼン環）＋ H_2O ＋ CO_2

ウ．誤文。アニリンの呈色反応。

エ．誤文。フェノール類の呈色反応。

❖講 評

　例年通りの出題傾向と難易度，標準レベルの良問であるが，問題量が多い。

　1 コロイドをテーマにした総合問題。(1)37％水溶液は，濃塩酸を意味する。(2)水酸化鉄(Ⅲ)のコロイドは，$[Fe(OH)_3]_{250}$ と考える。(3)水酸化鉄(Ⅲ)は正コロイドである。暗記が必要。

　2 鉛蓄電池の電気分解は充電である。鉛蓄電池の充電と放電の問題と見極めること。(4)電極 11 の質量は，水槽Ｆに流れた電流によってのみ変化したから，水素の発生は考える必要がない。

　3 (1)頻出の凝固点降下の問題であるが，読解力が試される。(2)計算ミスに注意したい。

　4 アンモニアの電離平衡は，対策済みであろう。完答を目指したい。

　5 (1)・(2)は，熱化学の基本問題。(3)k は温度で決まる定数である。(4)まず，実験②，③から温度が 10℃ 上昇すると，k は何倍になるかを求める。

　6 Ａはアセトン，Ｐがマレイン酸とわかれば，スムーズに解答できる。

　7 サリチル酸の合成，側鎖の酸化，分離など，どれも有機では標準レベル。

　基本のものが多いが，時間の余裕はない。問題をすばやく読み取る力が必要で，過去問での練習は欠かせない。

2021 年度

問題と解答

東京理科大-工〈B方式〉 　　　　　　　　　　　　　　　　　　　2021 年度　問題　*3*

■B方式

問題編

▶試験科目・配点

教　科	科　　　　　　　目	配　点
外国語	コミュニケーション英語Ⅰ・Ⅱ・Ⅲ，英語表現Ⅰ・Ⅱ	100 点
数　　学	数学Ⅰ・Ⅱ・Ⅲ・A・B	100 点
理　　科	建築・電気工・情報工・機械工学科：物理基礎・物理 工業化学科：化学基礎・化学	100 点

▶備　考

- 英語はリスニングおよびスピーキングを課さない。
- 「数学B」は「数列」「ベクトル」から出題。
- 2021 年度入学試験について，教科書において「発展的な学習内容」
  として記載されている内容から出題する場合，必要に応じ補足事項等
  を記載するなどの措置を行う。

英語

（60 分）

1　Read the following passage and answer the questions below.　(27 points)

Are scientists really creative?　After all, scientists discover truths simply by looking at the world.　They might use some expensive equipment, but they basically just look carefully at the world.　When a scientist discovers a new fact, that fact has always been there.　It just happened to be found.　This suggests that a good scientific theory is simply an accurate picture of reality.　Therefore, a good scientific theory directly copies reality.　And copying isn't creative.

Actually, this copy theory of science① is wrong.　The copy theory was argued by a group of mid-20th-century philosophers known as logical② empiricists.　To a logical empiricist, science is a game of taking observations from experience.　Scientists then use these observations to make statements about patterns in nature.　However, when scholars began to study how scientists actually work, it turned out that this wasn't a very good explanation.　Beginning with Karl Popper just after World War II, and continuing with other scientific philosophers such as Thomas Kuhn, Bruno Latour, and Karin Knorr-Cetina, we now know that scientific theories are not often made in such a simple or mechanical way from observations.

There are two main reasons why logical empiricism doesn't explain science.　First, [　**A**　].　At first, Theory A might seem better at explaining certain observations than Theory B.　However, explanations rarely perfectly match the data.　In addition, data from observations can be incorrect.　Most data include a certain amount of measurement error.　So, scientists need to look at all types of data. They then need to look at all the various theories, bring these different theories together, and create a logical framework that best explains all the data. Jonas Salk, the developer of the first successful vaccine against polio, described this 〔 B 〕 process. According to Salk, scientists need to recognize various patterns. They then need to somehow combine and join these patterns. And, during this process, scientists will begin to slowly see meaning. Salk describes this process as being similar to seeing a painting or a story slowly starting to take form.

Second, scientists don't always start from their observations. They often start from a theory and then design an experiment to see if their theory is supported by reality. A classic example is Albert Einstein's general theory of relativity. Einstein thought that the force of gravity changed the very structure of space and time. When he first proposed his theory, it was just a clever idea. There were no supporting data. However, his theory was quite interesting. So, scientists decided to take the time to test it. If space really could be curved by the gravity of a large planet or a big star, then the position of faraway stars would seem to move a very tiny bit when they were near a planet in the sky, because light from those stars would change direction as it passed through the curved space near that planet. Using good measuring instruments, scientists might be able to measure whether or not the observed position of distant stars really did move.

The best opportunity to see these faraway stars came with the 1919 solar eclipse, when the moon would block the sun's light, allowing the stars behind it to be seen and measured. A team of British scientists led by Arthur Eddington traveled to the island of Principe, where they knew they'd have the best view. When Eddington returned, he claimed that his observations supported Einstein's prediction. He told the scientific community that Einstein's theory was correct. However, in the 1980s, historians discovered that Eddington did not get good evidence. In fact, he even altered his results. Scientists now know that there was no way Eddington could have successfully measured the

6　2021 年度　英語　　　　　　　　　　東京理科大-工〈B方式〉

movements of light with the basic equipment that he had used.　In 1962, a
much better-equipped British team tried to reproduce Eddington's findings.
The expedition ended in failure.　The team concluded that Eddington's method
⑥
was too difficult to work.

　　This episode didn't slow the course of science.　Einstein's general theory
of relativity has been confirmed by other approaches and is generally accepted
as a solid foundation for understanding the Universe.　Nevertheless, the story
⑦
at least shows that Einstein [　C　].　When scientists come up with ideas
instead of just observing things, they're undeniably being creative.

⑴　Look at the underlined part ① in the article.　Which of the following
　　sentences about the "copy theory of science" is true?　Mark the number on
　　the **Answer Sheet**.

　　1　Every behavior of scientists is now usually explained by the copy
　　　　theory.

　　2　If the copy theory is correct, this means that scientists are not creative.

　　3　Karl Popper is among the best-known proponents of the copy theory.

　　4　The copy theory is concerned with an academic theft.

⑵　Look at the underlined part ② in the article.　Which of the following
　　sentences about the "logical empiricists" is true?　Mark the number on the
　　Answer Sheet.

　　1　Logical empiricism was generally accepted after World War II.

　　2　Logical empiricists respected senior researchers because of their
　　　　experience.

　　3　Scientists, logical empiricists argued, should work for actual benefits.

　　4　Logical empiricism emphasizes the importance of making observations.

⑶　From the choices below, choose the statement that best fits into the space
　　[　A　] in the passage.　Mark the number on the **Answer Sheet**.

出典追記：Explaining Creativity: The Science of Human Innovation by R. Keith Sawyer, Oxford University Press

東京理科大-工〈B方式〉

2021 年度　英語　7

  1 the observed data usually fit with more than one theory

  2 the theory found later is always the better one

  3 what you regard as your own theory may have already been found by others

  4 the best data can only come from your own experiences

(4)　From the choices below, choose the word that best fits into the space [　B　] in the passage. Mark the number on the **Answer Sheet**.

  1 creative

  2 incorrect

  3 mechanical

  4 verbal

(5)　From the choices below, choose the word that most closely matches the meaning of the underlined word ③, *classic*, in the passage. Mark the number on the **Answer Sheet**.

  1 formal

  2 ripe

  3 typical

  4 weird

(6)　What does the underlined word ④, *it*, in the passage refer to? Mark the number on the **Answer Sheet**.

  1 a very tiny bit

  2 a planet in the sky

  3 light from faraway stars

  4 direction

(7)　Look at the underlined part ⑤ in the article. Which of the following sentences about Arthur Eddington is true? Mark the number on the **Answer Sheet**.

  1 He gave up the position he held in the scientific community.

  2 He was a native of the island of Principe, so he knew the island very well.

  3 His theory was proven correct by Einstein in the 1910s.

  4 Historians in the 1980s suggested that his expedition was not successful.

8 2021 年度 英語　　　　　　　　　　　　　東京理科大-工〈B方式〉

(8) According to the passage, why did the 1962 expedition by a British team end in failure (as described in the underlined part ⑥)? Choose the best answer from below and mark the number on the **Answer Sheet**.

　1　Because it was difficult to get results using Eddington's methods.

　2　Because they could only copy Eddington's experiment.

　3　Because they misunderstood Einstein's ideas.

　4　Because they used old equipment that was not very good.

(9) From the choices below, choose the word that best matches the meaning of the underlined word ⑦, *foundation*, in the passage. Mark the number on the **Answer Sheet**.

　1　basis　　　　　　　　　　　2　disguise

　3　obligation　　　　　　　　　4　reception

(10) From the choices below, choose the phrase that best fits into the space 〔　C　〕 in the passage. Mark the number on the **Answer Sheet**.

　1　could develop original equipment for his own research

　2　didn't predict the coming difficulties in the future

　3　moved directly from observations to the truth

　4　wasn't just copying reality when he created his theory

(11) What is a good title for the passage? Mark the number on the **Answer Sheet**.

　1　Don't Think, Observe　　　　2　Scientists are Creative

　3　Theories are Everything　　　4　The History of Relativity

東京理科大-工〈B方式〉   2021 年度　英語　*9*

2 Read the following passage. It is a letter from a father to his daughter. Answer the questions below.   (23 points)

Night is coming to the island of Aegina, one of the Greek islands in the Mediterranean Sea. It's summer. We are sitting outside, looking across the sea at the bright red sun as it sinks behind the mountains. Just as my dad used to do when I was young, I turn to you and start explaining in scientific terms why the sun turns red as it slowly disappears into the sea. But, I've ruined your moment of peace. I've ruined the beautiful sunset.
(1)

Later that same evening, we get on our boat with our friends and their young son Nick. We go to our usual restaurant, which is right by the sea. As we are ordering dinner, Nick starts telling jokes. His jokes are funny, and we all start laughing, even you, who are always the last to laugh in case you seem less cool than you are.
(2)

Before the food arrives, a local fisherman, Captain Kostas, comes into the restaurant. He has tied up his fishing boat next to ours, at the dock opposite the restaurant. He walks over to our table and asks a favor of you. His anchor is stuck under a rock on the seabed, and the anchor chain has broken
(3)
because he pulled on it too hard. 'Please,' he asks, 'since I know how much you like diving, could you jump in and put this rope through the anchor chain? I'd do it myself but my back is quite bad today.' 'Sure,' you respond, taking the opportunity to be the hero of the moment as you proudly dive into the sea.

The sunset. Your anger at me. Nick's joke. The joy of diving into the sea just because Captain Kostas asked you to. This is the stuff of your summer's joy. [　**A**　] definition, they are 'goods' — the opposite of 'bads' such as the feeling you get when a friend is hurt, or when you have to do boring homework, or when you feel lonely and uncertain about life. Now, notice the great difference between these goods, which give your life a deeply satisfying happiness, and the goods referred to in economics. Economic goods are the things that you find on the shelves of shops. They are the things that are sold on Amazon. They are the things that our TV keeps telling us to buy. These are, quite clearly, a very different kind of good. And, although we refer to them [**B**] goods, another word for them is commodities.

So, what's the difference between a good and a commodity?

The beautiful colors of an Aegina evening, Nick's jokes and the dive you took for Captain Kostas — these are things that can't be sold. Commodities, on the other hand, are goods produced in order to be sold.

I don't know if you've noticed, but in modern society we tend to confuse goods with commodities. We tend to think that the more expensive a good is, the better it must be. More importantly, there is also the idea that the more money we get for selling something, the happier we are to sell it. But it's not quite like that. Yes, it's true for commodities. For example, the higher the price we're willing to pay Apple for an iPad, the more iPads Apple is willing to produce. But the same thing doesn't necessarily hold true for Nick's jokes. (4)

If we told Nick that we'd pay him to tell more jokes, and that we'd pay him more if he made us laugh more, he would probably think that it was strange. He'd start to worry too much about being funny. That is, the idea of payment could easily make him lose his sense of humor. Or, let's take the example of you and Captain Kostas. If he offered you money to dive, you might not take such joy from it. That is, your sense of being a hero would be lost. You wouldn't get that quiet sense of pleasure that you get [**C**] helping someone. And the money that you make would not make you very happy.

True, [5   ], then his joke and your dives will *become* commodities. That is, you'll sell them for specific amounts of money. They will have a *market price*. And this price will reflect their *exchange value* — what they are worth in a market in exchange [**D**] something else. But unless and until this happens, their value is [**E**] a completely different kind. We might call it their experiential value. A dive, a sunset, a

(6)

東京理科大-工〈B方式〉 2021 年度 英語 *11*

joke: all three can have great experiential value and no exchange value whatsoever.

(1) Look at the underlined part (1). Why does the writer say "I've ruined your moment of peace"? Mark the number on the **Answer Sheet**.

   1 Because the scientific explanation made the experience less enjoyable.

   2 Because his daughter missed seeing the beautiful sunset.

   3 Because his daughter doesn't really like learning about science.

   4 Because the writer was worried about his daughter's sense of humor.

(2) Look at the underlined part (2). Which of the following is closest to its meaning? Mark the number on the **Answer Sheet**.

   1 who does not want to laugh because you hate the jokes that Nick tells.

   2 who dislikes laughing because you don't like to be looked at.

   3 who hesitates to laugh because you are worried about looking silly.

   4 who smiles as quickly as possible because you think it makes you attractive.

(3) What did Captain Kostas ask her in the underlined part (3)? Choose the most appropriate answer from below. Mark the number on the **Answer Sheet**.

   1 To pull the anchor chain hard and save his fish boat from sinking.

   2 To take his place and ease his backache by moving the seabed.

   3 To be the hero of the day and be admired by her father.

   4 To tie the rope through the broken anchor chain.

(4) In regard to the blanks from [**A**] to [**E**], choose the most appropriate word from the choices below. Mark the number on the **Answer Sheet**.

   A   1 To   2 On   3 By   4 Of

出典追記：Talking to My Daughter About the Economy A Brief History of Capitalism by Yanis Varoufakis, Vintage Books

B	1	in	2	into	3	from	4 as
C	1	after	2	off	3	where	4 because
D	1	to	2	for	3	on	4 as
E	1	on	2	till	3	without	4 of

(5) Look at the underlined part (4). Choose the most appropriate reason for this from below. Mark the number on the **Answer Sheet**.

1 Because Nick's jokes are not worth laughing at.

2 Because Nick categorizes his jokes as commodities.

3 Because Nick's jokes are the best example of exchange value.

4 Because Nick's jokes were not meant for sale on the open market.

(6) From the choices below, choose the phrase that best fits into the blank [5]. Mark the number on the **Answer Sheet**.

1 if Nick becomes a professional comedian when he grows up, or if you become a professional diver,

2 if Nick becomes successful as a singer, or if you get lost in the sea but manage to survive,

3 if Nick becomes famous as an internet celebrity, or if you win a school swimming competition,

4 if Nick becomes a TV broadcaster, or if you make it a rule to practice deep diving once a week,

(7) Look at the underlined part (6). Which of the following is the best example of things with 'experiential value'? Mark the number on the **Answer Sheet**.

1 an iPad

2 a funny joke

3 a gift of money

4 gold

(8) In the last paragraph what is the writer trying to tell his daughter? Mark the number on the **Answer Sheet**.

東京理科大-工〈B方式〉   2021 年度　英語　*13*

   1 Don't worry about things that you can't change.

   2 We must train and be ready for life.

   3 If we work hard, we can make some money.

   4 There are things more important than money.

3

Look at the questions below. From the four choices, choose the English word or expression that best matches the Japanese sentence and mark the number on the **Answer Sheet**.　　　　　　　　　　　　(20 points)

(1)　自分で学ぶしかないのですよ。

   Nobody else can learn on (　　　　).

   1 my benefit   **2** my own   3 your behalf   4 your sake

(2)　この遊園地は，大雨が降れば，洪水になりやすい。

   This amusement park is (　　　　) to flooding during heavy rainfall.

   1 capable   2 distinguished   3 liable   4 unsuitable

(3)　この最新鋭の機械は驚くべきものです。中古品ではありますが。

   This cutting-edge machine is amazing. It is a secondhand one, (　　　　).

   1 exceptionally 2 scarcely   3 thus   4 though

(4)　その方が人口問題の専門家ということを考慮して，我々は彼の助言を求めます。

   (　　　　) that the man is an expert on the population problem, we should listen to his advice.

   1 Given   2 Presumed   3 Such   4 Supposed

(5)　あの会社は，残業時間中，たいそうな食事を支給することで有名だ。

That company is famous for giving its employees a (　　　) meal if they have to work overtime.

1　reinforce　　　2　respective　　　3　spontaneous　　　4　substantial

⑹　今日，多くの若者はきつい仕事をしたがりません。

Many young people today are (　　　) to do tough jobs.

1　unwilling　　　2　reference　　　3　neat　　　4　barely

⑺　稲妻とは電気であると言っても差し支えないだろう。

We can (　　　) say that lightning is electricity.

1　accidentally　　　2　safely　　　3　similarly　　　4　terribly

⑻　彼はとりあえずこの重要な問題を保留にするつもりだ。

He will put the crucial problem (　　　) for now.

1　without rest　　　2　on hold　　　3　to fix　　　4　with stock

⑼　7時に解錠するようにしてください。

(　　　) that the door is unlocked at 7.

1　Now　　　　　　　　　　　　2　Perhaps

3　Remember you　　　　　　　4　See to it

⑽　自分でその問題を解決しなくてはいけない。

I have to (　　　) the problem by myself.

1　give away　　　2　put aside　　　3　show up　　　4　sort out

⑾　我々が準拠している列車システムは改良の必要があります。

The train system (　　　) we all depend needs to be improved.

1　despite that　　　2　in that　　　3　upon which　　　4　to whom

⑿　すみませんが，仰っていることが理解できません。

東京理科大-工〈B方式〉 2021 年度 英語 *15*

I'm sorry, but nothing you say makes (　　　　).

1　sense　　　　　2　rebel　　　　　3　resemble　　　　4　resident

⑴⑶　インフルエンザの初期症状は，高熱に続き咳が出ます。

An early symptom of influenza is a high fever, (　　　　) a cough.

1　followed by　　2　previous to　　3　prior from　　　4　preceded by

⑴⑷　安全な社会に住んでいることを当たり前だと思う人が多過ぎる。

Living in a safe society is something that too many of us take for
(　　　　).

1　granted　　　　2　export　　　　3　union　　　　　4　sacrifice

⑴⑸, ⑴⑹　試験室に許されていないものの持ち込みは禁止です。

It is (　**15**　) to bring (　**16**　) materials into examination rooms.

15:　1　banished　　　　　　　　2　forbidden

　　　3　imbalance　　　　　　　4　matter

16:　1　unauthorized　　　　　　2　underestimated

　　　3　unlimited　　　　　　　4　unpredicted

⑴⑺, ⑴⑻　読書をしたいから，母さんがそっとしていてくれるといいのになあ。

(　**17**　) my mother would leave me (　**18**　) to enjoy reading.

17:　1　But for　　2　How come　　3　How I wish　　4　No matter how

18:　1　in peace　　2　own　　　　3　steadily　　　　4　with fun

⑴⑼, ⑵⓪　何か必要なものがあれば，手紙を書いてください。折り返し欲しいもの
はなんでも送ります。

If you need anything, just drop me (　**19**　).　I'll send by return
(　**20**　) you want.

19:　1　an ink　　　　　　　　　2　a key

　　　3　a line　　　　　　　　　4　a shot

16 2021 年度　英語　　　　　　　　　　　　　　　　東京理科大-工〈B方式〉

20:　1　nevertheless　　　　　　　　2　moreover

　　　3　otherwise　　　　　　　　　4　whatever

4　From the choices below, choose the word or words that best fit into the space (　　　). Mark the number on the **Answer Sheet**.　　　(20 points)

⑴　Many animal species are dying (　　　) because of environmental destruction.

　　1　over　　　　　2　out　　　　　3　up　　　　　4　through

⑵　By next year she (　　　) at the company for twenty years.

　　1　will be working　　　　　　　2　has been working

　　3　is going to be working　　　　4　will have been working

⑶　He asked the store manager (　　　) that was the best price he could offer.

　　1　of　　　　　2　if　　　　　3　now　　　　　4　so

⑷　The jazz festival was a (　　　) success.

　　1　forever　　　2　surprising　　3　fully　　　4　nevertheless

⑸　(　　　) for his help, I wouldn't have been able to pass the test.

　　1　Good　　　　2　But　　　　　3　Yet　　　　　4　Not

⑹　I like to study early in the morning (　　　) than late at night.

　　1　never　　　　2　neither　　　3　rather　　　4　either

⑺　He got an A on the physics test (　　　) ever studying.

　　1　within　　　2　besides　　　3　without　　　4　between

東京理科大-工〈B方式〉   2021 年度　英語　*17*

(8)　Hydrogen (　　　　) with oxygen to produce water.

　　1　reacts　　　　2　hires　　　　3　elects　　　　4　locates

(9)　Ricotta cheese can be (　　　　) for cottage cheese.

　　1　coped　　　　2　substituted　　　3　behaved　　　4　amused

(10)　The rain stopped and the weather cleared up, so they (　　　　) as planned.

　　1　promoted　　　2　prompted　　　3　preserved　　　4　proceeded

(11)　It was very difficult for the voters to decide between the two (　　　　).

　　1　concedes　　　　　　　　　　2　candidates

　　3　composes　　　　　　　　　　4　congressional

(12)　The rain hitting the window started making an (　　　　) loud noise.

　　1　extremely　　　2　ally　　　　3　edition　　　4　imply

(13)　The vending machine in the school cafeteria was out of (　　　　).

　　1　objective　　　2　occupy　　　3　observe　　　4　order

(14)　A small stream (　　　　) past the edge of the garden.

　　1　hang　　　　　2　spoiled　　　3　ran　　　　　4　owed

(15)　She likes to sprinkle sesame (　　　　) over her fried vegetables.

　　1　steeps　　　　2　dwells　　　3　gazes　　　　4　seeds

(16)　I'm afraid I don't have the (　　　　) to make that decision.

　　1　extinction　　　2　authority　　　3　placing　　　4　scream

(17)　At first, he was (　　　　) to tell his mother that he had failed the test.

But in the end he told her.

   1 interrupt   **2** ceased   **3** tended   **4** reluctant

(18) She lives in the town (   ) she grew up.

   1 what   **2** when   **3** where   **4** who

(19) According to the weather (   ), it's going to be sunny tomorrow.

   1 shore   **2** predict   **3** forecast   **4** stock

(20) (   ) you need any further assistance, do not hesitate to contact me.

   1 Should   **2** Had   **3** Have   **4** Were

---

5   Arrange the words in the bracket to match the meaning of the sentence given in Japanese. Mark the 2nd and 6th words on the **Answer Sheet**.

(10 points)

(1) たくさんの情報を持っていることが，真理を追究する手段を持っていることに必ずしも等しいわけではない。

Possessing much (**1** a   **2** equivalent to   **3** having   **4** information   **5** is   **6** means   **7** not necessarily) of pursuing the truth.

(2) この極端な傾向ゆえに，この国の外で形作られる知を奪われてしまっている人が多いのだという指摘もあるだろう。

Some may point out that this extreme (**1** deprived   **2** has   **3** knowledge   **4** many   **5** of   **6** people   **7** tendency) developed outside this country.

(3) こういった様々な要因によって，どのように芸術作品が制作され，またその作品がどのくらい社会から評価されるかが決まるのである。

東京理科大-工〈B方式〉 2021 年度 英語 *19*

These different factors determine the way works of art are created and the
(**1** are **2** by **3** extent **4** they **5** to **6** which **7** valued)
society.

(4) 大人になるということは，どうやって自分なりの意見を持つかを学ぶことで
ある。

Being an adult (**1** how **2** is **3** learning **4** opinion **5** own
6 to **7** your).

(5) 他人に対する思いやりがいささかでも彼にあれば，話は全く違っているはず
なんだが。

Things would be totally different (**1** any **2** consideration **3** had
4 he **5** if **6** others **7** toward).

20 2021 年度 数学　　　　　　　　　　　　　　　　　東京理科大-工〈B 方式〉

数学

(100 分)

問題 $\boxed{1}$ の解答は解答用マークシートにマークしなさい。

$\boxed{1}$　次の **(1)**, **(2)**, **(3)** においては，$\boxed{}$ 内の 1 つのカタカナに 0 から 9 までの数字が 1 つあてはまる。その数字を解答用マークシートにマークしなさい。与えられた枠数より少ない桁の数があてはまる場合は，上位の桁を 0 として，右に詰めた数値としなさい。分数は既約分数とし，値が整数の場合は分母を 1 としなさい。根号を含む形で解答する場合は，根号の中に現れる自然数が最小となる形で答えなさい。

(50 点)

(1)　複素数 α を，$\alpha = 4 + 4i$ とおく。また，複素数平面上で $|z - \alpha| = 2\sqrt{2}$ を満たす複素数 z（$0 \leqq \arg z < 2\pi$）を考える。このような複素数 z のうち，偏角が最大となるものを β，偏角が最小となるものを γ とする。ただし，i は虚数単位とする。以下の問いに答えなさい。

　　(a)

$$\beta = \boxed{ア} - \sqrt{\boxed{イ}} + i\left(\boxed{ウ} + \sqrt{\boxed{エ}}\right)$$

$$\gamma = \boxed{オ} + \sqrt{\boxed{カ}} + i\left(\boxed{キ} - \sqrt{\boxed{ク}}\right)$$

である。

また，β の偏角は $\dfrac{\boxed{ケ}}{\boxed{コ}\,\boxed{サ}}\pi$ であり，γ の偏角は $\dfrac{\boxed{シ}}{\boxed{ス}\,\boxed{セ}}\pi$ である。

ただし，これらの偏角は 0 以上 2π 未満の値とする。

東京理科大-工〈B方式〉　　　　　　　　　　　　　　　2021 年度　数学　21

(b)　$1 \leqq n \leqq 2021$ を満たす自然数 n のうち，γ^n が純虚数となるような n の個数は $\boxed{ソ\ タ\ チ}$ 個である。

(c)　$|z - \alpha| = 2\sqrt{2}$ を満たす複素数 z のうち，z^{2021} が純虚数となるような z の個数は $\boxed{ツ\ テ\ ト}$ 個である。

(2)　$AB = 7$，$BC = 14$，$CA = 9$ の三角形 ABC を考える。以下の問いに答えなさい。

(a)　$\cos \angle BAC = -\dfrac{\boxed{ア\ イ}}{\boxed{ウ\ エ}}$ であり，

三角形 ABC の面積は $\boxed{オ\ カ}\sqrt{\boxed{キ}}$ である。

(b)　$\angle BAC$ の二等分線と辺 BC の交点を D とすると，

AD の長さは $\dfrac{\boxed{ク}}{\boxed{ケ}}\sqrt{\boxed{コ\ サ\ シ}}$ である。

(c)　三角形 ABC の内接円の半径は $\dfrac{\boxed{ス}}{\boxed{セ}}\sqrt{\boxed{ソ}}$ である。

三角形 ABC の三辺 AB，BC，CA と内接円との接点をそれぞれ P，Q，R とするとき，三角形 PQR の面積は $\dfrac{\boxed{タ\ チ}}{\boxed{ツ\ テ}}\sqrt{\boxed{ト}}$ である。

(3)　以下の問いに答えなさい。

(a)　赤い玉と白い玉が 1 個ずつ入った袋において，以下の試行を繰り返す。

袋から玉を 1 個取り出し，色を調べてから袋に戻す。そして，

- 取り出した玉の色が赤であった場合，白い玉を 1 個
- 取り出した玉の色が白であった場合，赤い玉を 1 個

袋に追加する。

例えば，1回目の試行において取り出した玉の色が赤であったとき，1回目の試行後，袋に赤い玉が1個と白い玉が2個入っていることになる。

以下の確率を求めなさい。

2回目の試行後，袋に入っている赤い玉の個数がちょうど2個である確率は

$\dfrac{\boxed{ア}}{\boxed{イ}}$

である。

4回目の試行後，袋に入っている赤い玉の個数が2個以下である確率は

$\dfrac{\boxed{ウ}}{\boxed{エ}\boxed{オ}}$

である。

(b) 赤い玉と白い玉が2個ずつ入った袋において，以下の試行を繰り返す。

袋から同時に2個の玉を取り出し，色を調べてから袋に戻す。そして，

- 取り出した2個の玉の色がともに赤であった場合，白い玉を2個
- 取り出した2個の玉の色が赤と白であった場合，
  赤い玉と白い玉を1個ずつ
- 取り出した2個の玉の色がともに白であった場合，赤い玉を2個

袋に追加する。

以下の確率を求めなさい。

2回目の試行後，袋に入っている赤い玉の個数がちょうど4個である確率は

$\dfrac{\boxed{カ}}{\boxed{キ}\boxed{ク}}$

である。

3回目の試行後，袋に入っている赤い玉の個数が4個以上かつ6個以下である確率は

$\dfrac{\boxed{ケ}\boxed{コ}\boxed{サ}\boxed{シ}}{\boxed{ス}\boxed{セ}\boxed{ソ}\boxed{タ}}$

である。

東京理科大-工〈B方式〉   2021 年度　数学　23

問題　2 の解答は解答用紙　2 に記入しなさい。

2 以下の問いに答えなさい。ただし，空欄　(あ)　～　(き)　については適切な
数または式を解答用紙の所定の欄に記入しなさい。なお，座標平面で x 座標，y 座
標がともに整数である点 (x, y) を格子点という。

(25 点)

(1) n を自然数とする。x, y が 3 つの不等式

$$(4n-1)x - (2n-1)y > 2n(3n-1), \quad x \leqq 3n-1, \quad y \geqq -n$$

を満たす格子点 (x, y) の個数を I_n とする。

(a) $I_1 = $ (あ) であり，$I_2 = $ (い) である。

(b) n を用いて I_n を表すと $I_n = $ (う) である。

(2) n を自然数とする。x, y の連立不等式

$$\begin{cases} |(4n-1)x - (2n-1)y| \leqq 2n(3n-1) \\ |(2n-1)x - (4n-1)y| \leqq 2n(3n-1) \end{cases}$$

が表す座標平面上の領域を D_n とする。

(a) 領域 D_n は 4 点 (a_n, a_n), $(b_n, -b_n)$, $(-a_n, -a_n)$, $(-b_n, b_n)$ を頂点とす
る四角形の周および内部である。n を用いて a_n, b_n を表すと $a_n = $ (え) ，
$b_n = $ (お) である。ただし，$a_n \geqq 0, b_n \geqq 0$ とする。

(b) 領域 D_n の面積を n を用いて表すと (か) である。

(c) 領域 D_n に含まれる格子点 (x, y) の個数を J_n とする。n を用いて J_n を表
すと $J_n = $ (き) である。なお，(き) を導く過程も解答用紙の所定の
場所に書きなさい。

24 2021 年度　数学　　　　　　　　　　　　　　　　　　東京理科大-工〈B方式〉

問題 3 の解答は解答用紙 3 に記入しなさい。

3 以下の問いに答えなさい。ただし，空欄 (あ) ～ (け) については適切な
数または式を解答用紙の所定の欄に記入しなさい。

原点を O とする座標平面において，媒介変数 θ $(0 \leqq \theta \leqq 2\pi)$ によって表された曲
線 C：

$$
\begin{cases}
x = (1 + \cos\theta)\cos\theta \\
y = (1 + \sin\theta)\sin\theta
\end{cases}
$$

について，以下の問いに答えなさい。　　　　　　　　　　　　　　　(25 点)

(1) $\dfrac{dy}{d\theta} = 0$ となる θ の値は小さい方から (あ) , (い) , (う) , (え)
である。また傾きが -1 となる曲線 C の接線は 2 つあり，それらの方程式は

$$
y = -x + \boxed{(お)}, \qquad y = -x + \boxed{(か)}
$$

である。ただし (お) $>$ (か) とする。

点 P を曲線 C 上にとる。P から直線 $y = x$ へ垂線 PH を下ろし，PH を半径とす
る円の面積を S とする。ただし，P が直線 $y = x$ 上にあるとき P と H は同一点
であり $S = 0$ とする。また，(1) で求めた 2 つの接線において，x 座標が負の接点
を Q として，QH の長さを h とする。ただし，Q と H が一致するときは $h = 0$ と
する。

(2) P の座標を (X, Y) とする。X, Y を用いて S と h を表すと

$$
S = \boxed{(き)}, \qquad h = \boxed{(く)}
$$

である。

(3) 曲線 C によって囲まれた部分を直線 $y = x$ の周りに 1 回転させてできる立体の
体積 V を求めることを考える。V は S を h について積分すれば得られるが，置換
積分法によって S を θ について積分しても計算できる。これより $V = \boxed{(け)}$
となる。なお，(け) を導く過程も所定の場所に書きなさい。

物理

(80分)

1 次の問題の ⬜ の中に入れるべき正しい答を**解答群**の中から選び，その番号を**解答用マークシート**の指定された欄にマークしなさい。　　(34点)

図1に示すように，水平面に対して角度 θ〔rad〕だけ傾いたなめらかな斜面上に台車Aと台車Bがある。台車Aは斜面上を動かないよう手で支えられている。また，台車Bは斜面上の壁に下端が固定されたばねの上端に取り付けられ，つりあって静止している。台車Aは斜面上の台車Bよりも上の位置にあり，高低差が h〔m〕である。以下の問いでは，台車Aと台車Bの大きさ，ばねの質量は無視できるものとする。また，台車Aの質量は m_A〔kg〕，台車Bの質量は m_B〔kg〕，ばね定数は k〔N/m〕，重力加速度の大きさを g〔m/s²〕とする。

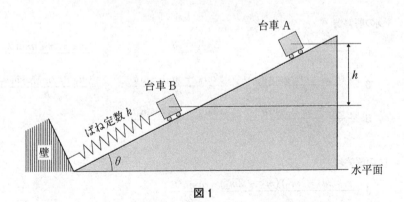

図1

(1) 台車Aから静かに手をはなすと台車Aが台車Bに衝突した。台車Aが台車Bに衝突する直前の台車Aの速度の大きさは ⬜(ア) 〔m/s〕である。台車Aと台車Bが完全非弾性衝突し，台車Aと台車Bは一体となり運動を続け

26 2021 年度 物理　　　　　　　　　　　　　　　　　　　　東京理科大-工〈B方式〉

たとする。このとき，衝突によって台車 A および台車 B の力学的エネルギー
は　⎡ (イ) ⎤　〔J〕だけ失われる。一体となった台車は，斜面上で単振動をし
た。衝突の瞬間から単振動の半分の周期だけ時間が経過したとき，ばねは自然
長から　⎡ (ウ) ⎤　〔m〕だけ縮んでいる。単振動したときの最高点がばねの自然
長での位置と一致するとき，h は　⎡ (エ) ⎤　〔m〕と表せる。また，台車の速度
の大きさの最大値は　⎡ (オ) ⎤　〔m/s〕である。

(ア)の解答群

0　$\sqrt{gh}$　　　1　$\sqrt{2gh}$　　　2　$\sqrt{\dfrac{gh}{2}}$　　　3　$2\sqrt{gh}$　　　4　$\dfrac{\sqrt{gh}}{2}$

(イ)の解答群

0　$\dfrac{m_A^2}{m_A + m_B}gh$　　　　1　$\dfrac{m_A m_B}{m_A + m_B}gh$　　　　2　$\dfrac{2m_A m_B}{m_A + m_B}gh$

3　$\dfrac{2m_A^2}{m_A + m_B}gh$　　　　4　$\dfrac{m_A m_B}{2(m_A + m_B)}gh$　　　　5　$\dfrac{m_A^2}{2(m_A + m_B)}gh$

6　$\dfrac{m_A^2}{4(m_A + m_B)}gh$　　　　7　$\dfrac{m_A m_B}{4(m_A + m_B)}gh$

(ウ)の解答群

0　$\dfrac{m_B g\sin\theta}{k}$　　　　1　$\dfrac{2m_B g\sin\theta}{k}$　　　　2　$\dfrac{(m_A + m_B)g\sin\theta}{k}$

3　$\dfrac{2(m_A + m_B)g\sin\theta}{k}$　　　　4　$\dfrac{(2m_A + m_B)g\sin\theta}{k}$　　　　5　$\dfrac{(m_A + 2m_B)g\sin\theta}{k}$

6　$\dfrac{2(m_B - m_A)g\sin\theta}{k}$　　　　7　$\dfrac{(2m_B - m_A)g\sin\theta}{k}$

(エ)の解答群

0　$\dfrac{m_B(m_A + m_B)(m_A + 2m_B)}{m_A^2} \cdot \dfrac{g\sin^2\theta}{2k}$

1　$\dfrac{m_B(m_A + m_B)(2m_A + m_B)}{m_A^2} \cdot \dfrac{g\sin^2\theta}{2k}$

2　$\dfrac{m_B(m_A + m_B)(m_A - 2m_B)}{m_A^2} \cdot \dfrac{g\sin^2\theta}{2k}$

$$3 \quad \frac{m_B(m_A+m_B)(2m_A-m_B)}{m_A^2} \cdot \frac{g\sin^2\theta}{2k}$$

$$4 \quad \frac{m_B(m_A+m_B)(m_A+m_B)}{m_A^2} \cdot \frac{g\sin^2\theta}{4k}$$

$$5 \quad \frac{m_B(m_A+m_B)(m_A-m_B)}{m_A^2} \cdot \frac{g\sin^2\theta}{4k}$$

$$6 \quad \frac{m_B(m_A+m_B)(2m_B-m_A)}{m_A^2} \cdot \frac{g\sin^2\theta}{4k}$$

$$7 \quad \frac{m_B(m_A+m_B)(m_B-m_A)}{m_A^2} \cdot \frac{g\sin^2\theta}{4k}$$

(オ)の解答群

$$0 \quad \sqrt{\frac{m_A}{k}}\,g\sin\theta \qquad 1 \quad \sqrt{\frac{m_A+m_B}{k}}\,g\sin\theta \qquad 2 \quad \sqrt{\frac{m_B-m_A}{k}}\,g\sin\theta$$

$$3 \quad 2\sqrt{\frac{m_A}{k}}\,g\sin\theta \qquad 4 \quad 2\sqrt{\frac{m_A+m_B}{k}}\,g\sin\theta \qquad 5 \quad 2\sqrt{\frac{m_B-m_A}{k}}\,g\sin\theta$$

$$6 \quad \sqrt{\frac{2m_A+m_B}{k}}\,g\sin\theta \qquad 7 \quad \sqrt{\frac{2m_B-m_A}{k}}\,g\sin\theta$$

(2) 次に，台車Ａと台車Ｂが弾性衝突した場合を考える。1回目の衝突後，台車Ａと台車Ｂは離れて運動し，台車Ｂが最初の位置に戻ったとき，2回目の衝突が生じた。このとき，2回目の衝突直前の台車Ａの速度の大きさは $\boxed{\text{(カ)}}$ 〔m/s〕であり，ばね定数 k は $\boxed{\text{(キ)}}$ 〔N/m〕と表すことができる。ただし，$m_A = m$〔kg〕，$m_B = 2m$〔kg〕，$\theta = \dfrac{\pi}{6}$ rad とする。

(カ)の解答群

$$0 \quad \sqrt{gh} \qquad 1 \quad \sqrt{2gh} \qquad 2 \quad 2\sqrt{2gh} \qquad 3 \quad \frac{2\sqrt{gh}}{3}$$

$$4 \quad \frac{\sqrt{gh}}{2} \qquad 5 \quad \frac{3\sqrt{gh}}{2} \qquad 6 \quad \frac{\sqrt{2gh}}{2} \qquad 7 \quad \frac{\sqrt{2gh}}{3}$$

(キ)の解答群

$$0 \quad \frac{9\pi^2 mg}{16h} \qquad 1 \quad \frac{9\pi^2 mg}{4h} \qquad 2 \quad \frac{2\pi^2 mg}{3h} \qquad 3 \quad \frac{\pi^2 mg}{2h}$$

$$4 \quad \frac{16\pi^2 mg}{9h} \qquad 5 \quad \frac{4\pi^2 mg}{9h} \qquad 6 \quad \frac{3\pi^2 mg}{2h} \qquad 7 \quad \frac{2\pi^2 mg}{h}$$

2 次の(1)と(3)の文中の (ク) ～ (サ) と (ツ) ～ (ニ) については，あてはまるものを**解答群**の中から選び，その番号を**解答用マークシート**の指定欄にマークしなさい。ただし，(3)の文中の (ツ) ～ (ニ) の解答はマークする番号が2桁のため，番号の十の位と一の位の数字を指定欄にマークすること。必要なら，同一番号を繰り返し用いてよい。

また，(1)と(2)の文中の (シ) ～ (ソ) と (タ)，(チ) にあてはまる数値を，以下に述べる注意にしたがって**解答用マークシート**の指定欄にマークしなさい。解答は有効数字が2桁となるようにし，必要であれば3桁目を四捨五入し，下に示す形式で a, b, p, c をマークしなさい。

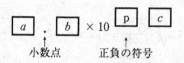

ただし，$c=0$ のときには，符号 p に + を，c に 0 をマークしなさい。なお，途中計算は分数で行い，最後に小数に直しなさい。π は 3.1 とし，必要ならば，分母の有理化を行った後に，$\sqrt{2}=1.4$，$\sqrt{3}=1.7$，$\sqrt{5}=2.2$ を用いなさい。

(33 点)

(1) 図2-1に示すように，紙面上にある xy 平面の $y>0$ の領域に磁束密度 B 〔T〕の一様な磁場が紙面に対して垂直で裏から表の向きに存在し，$y\leqq 0$ の領域には磁場はないとする。原点 O を中心とした半径 a 〔m〕で中心角が $\frac{\pi}{2}$ rad で導線 OM を共有する2つの扇型回路 OPM と OQM があり，円弧 PM 間と QM 間にはそれぞれ抵抗 R_1 と R_2 が接続されている。これら2つの扇型回路は，xy 平面上にあり原点 O を中心に xy 平面内を回転できるようにしてある。回路はじょうぶで変形せず，導線の自己インダクタンスや抵抗および導線の太さは無視してよい。辺 OP と x 軸のなす角を θ 〔rad〕とし，回路全体を一定の角速度 ω 〔rad/s〕で反時計回りに回転させたとき，θ 〔rad〕の範囲が①～④の場合において，抵抗 R_1 と R_2 に流れる電流は以下のようになる。

① $0<\theta<\dfrac{\pi}{2}$ のとき (ク) 。

② $\frac{\pi}{2} < \theta < \pi$ のとき 　(ケ)　 。
③ $\pi < \theta < \frac{3\pi}{2}$ のとき 　(コ)　 。
④ $\frac{3\pi}{2} < \theta < 2\pi$ のとき 　(サ)　 。

　抵抗 R_1 に流れる電流の大きさの最大値は 　(シ)　 A であり，抵抗 R_2 に流れる電流の大きさの最大値は 　(ス)　 A である。これら 2 つの扇型回路が 1 回転する間に抵抗 R_1 と R_2 で発生するジュール熱はそれぞれ 　(セ)　 J と 　(ソ)　 J となる。なお，磁束密度 B の大きさは 0.10 T，扇型回路の半径 a は 0.20 m，角速度 ω は 0.31 rad/s，抵抗 R_1 と R_2 の抵抗値はそれぞれ 1.0 Ω, 2.0 Ω とする。

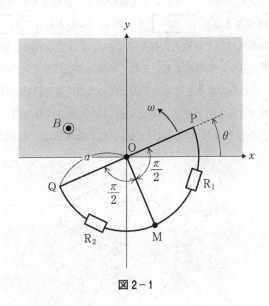

図 2-1

(ク), (ケ), (コ), (サ)の解答群

1　抵抗 R_1 には電流が流れるが，抵抗 R_2 には電流が流れない
2　抵抗 R_2 には電流が流れるが，抵抗 R_1 には電流が流れない
3　抵抗 R_1，抵抗 R_2 ともに電流が流れる
4　抵抗 R_1，抵抗 R_2 ともに電流は流れない

(2) 図2-2に示すように，紙面上の平面に半径a〔m〕の導体円形リングと長さの等しい2本の導体棒でつくった車輪があり，2本の導体棒は円形リングの中心点Oで接合されており，両端は円形リングと接合されている。この車輪は紙面上の平面内において点Oを中心にして回転できるようになっている。車輪の外部には導体線と抵抗からなる電気回路があり，回路の一端は点Pの位置で円形リングと接触しており，もう一端は2本の導体棒の接合点Oで接触している。車輪，外部電気回路を含む全領域には，磁束密度B〔T〕の一様な磁場が存在し，磁場の方向は紙面に対して垂直で裏から表の向きであるとする。いま，紙面上の平面内において，車輪を円形リングの接線方向に外力Fを作用させて一定の角速度ω〔rad/s〕で反時計回りに回転させたとき，抵抗R_3に流れる電流の大きさは　(タ)　Aであり，外力Fは　(チ)　Nとなる。なお，外部電気回路と車輪との接触点PおよびOでは回転を妨げる摩擦はなく，電気抵抗もないものとする。また，車輪および外部電気回路はじょうぶで変形せず，それらの導体各部および接合部の太さ，電気抵抗，自己インダクタンスは無視できるものとする。磁束密度Bの大きさは0.10 T，車輪の半径aは0.20 m，角速度ωは0.31 rad/s，抵抗R_3の抵抗値は3.0 Ωとする。

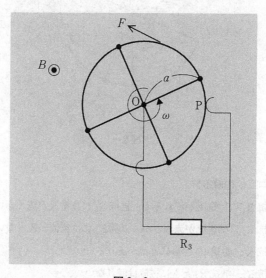

図2-2

(3) 図 2-3 に示すように，高さが a [m]，幅が b [m] の長方形断面を持つ長さが c [m] のまっすぐな導体中を大きさ I [A] の電流が y 軸の正の向きに流れている。この導体の z 軸正の向きに，磁束密度 B [T] の一様な磁場をかけた。導体中の電気量 $-e$ [C] の自由電子 1 個が速さ v [m/s] のときに受けるローレンツ力の大きさは ╱(ツ)╱ [N] である。ローレンツ力により，自由電子は導体側面の一方に集まり，他方は少なくなる。この結果，面 P と面 Q には互いに反対符号で等しい量の電荷が現れ，導体内には x 軸方向に電場が発生する。磁場をかけてから十分な時間が経過すると，自由電子に作用するローレンツ力と x 軸方向の電場による力とがつりあうことにより，自由電子は y 軸と平行に移動するようになる。この状態で面 P と面 Q との間の電位差は V [V] であったとすると，自由電子の平均の速さは $\dfrac{(テ)}{(ト)}$ [m/s] であり，導体中の単位体積当たりの自由電子の数 n は $\dfrac{(ナ)}{(ニ)}$ [m^{-3}] である。

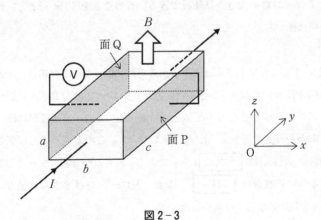

図 2-3

(ツ), (テ), (ト), (ナ), (ニ) の解答群

01　a　　　　　　02　b　　　　　　03　c
04　v　　　　　　05　n　　　　　　06　B
07　I　　　　　　08　V　　　　　　09　aB

10	bB	11	cB	12	lB
13	evB	14	avB	15	bvB
16	cvB	17	eaV	18	ebV
19	ecV				

3 次の問題の ◻ の中に入れるべき正しい答を**解答群**の中から選び，その番号を**解答用マークシート**の指定された欄にマークしなさい。ただし，㋯，㋰ の解答はマークする番号が2桁のため，番号の十の位と一の位の数字を指定欄にマークすること。必要なら，同一番号を繰り返し用いてよい。

(33点)

Pさんは水平な直線道路上におり，ドローンQが同じ直線道路に沿って周波数 f_0〔Hz〕の音を発しながら飛行している。風は無く，直線道路の幅，Pさんの頭部とドローンQの大きさは無視できる。音の速さを V〔m/s〕とし，路面での音の反射は無いものとする。

(1) 図3-1のようにPさんは水平な直線道路に沿って一定の速さ v_p〔m/s〕で矢印の向きに歩いており，Pさんの後方からドローンQがPさんに近付いている。ドローンQはPさんの頭部と同じ水平面にあり，直線道路に沿ってPさんに向かい一定の速さ v_q〔m/s〕で進んでいる。このときPさんに聞こえる音の周波数 f_1〔Hz〕は ㋦ 〔Hz〕である。Pさんが立ち止まったところ，聞こえる音の周波数は ㋧ 。なお，ドローンQはPさんの後方にあり，Pさんを追い越すことは無かった。

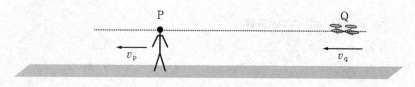

図3-1

東京理科大-工〈B方式〉　　　　　　　　　　　　　　　　2021 年度　物理　*33*

(ヌ)の解答群

0 $\dfrac{V-v_q}{V-v_p}f_0$　　1 $\dfrac{V+v_q}{V-v_p}f_0$　　2 $\dfrac{V-v_q}{V+v_p}f_0$　　3 $\dfrac{V+v_q}{V+v_p}f_0$

4 $\dfrac{V-v_p}{V-v_q}f_0$　　5 $\dfrac{V+v_p}{V-v_q}f_0$　　6 $\dfrac{V-v_p}{V+v_q}f_0$　　7 $\dfrac{V+v_p}{V+v_q}f_0$

(ネ)の解答群

0　高くなった　　　　　1　低くなった　　　　　2　変わらなかった

3　高くなった後低くなった　　　　　4　低くなった後高くなった

(2) Pさんが立ち止まった後，ドローンQは速さ v_q〔m/s〕で等速直線運動を続けたが，図3-2のようにPさんとドローンQの間にある点Aから上昇を始めた。点A，B，C，D，O，O′およびPさんとドローンQはつねに直線道路上の鉛直面内にあるものとする。点AはPさんの頭部から水平に r〔m〕離れている。点O，O′，Dは点Aを通る鉛直線上にあり，点Aから上方向に r〔m〕の間隔でO，O′，Dの順に並んでいる。点B，CはPさんの頭部を通る鉛直線上にあり，Pさんの頭部から上方向に r〔m〕の間隔でB，Cの順に並んでいる。

　ドローンQは点Aを通過すると点Oを中心とする半径 r〔m〕の円の一部を描きながら速さ v_q〔m/s〕のまま点Bに向かった。ドローンQが点Aを通過する時刻を $t=0$ とするとPさんが周波数 f_0〔Hz〕の音を聞く時刻は $t=$ $\boxed{(ノ)}$ 〔s〕である。ドローンQが点Aを通過したときにPさんが聞いた音の周波数 f_p〔Hz〕は $\boxed{(ハ)}$ であり，その後 $\boxed{(ヒ)}$ なり，ドローンQが点Bを通過したときは $\boxed{(フ)}$ であった。ドローンQは点Bを通過後，点Cまで速さ v_q〔m/s〕で垂直に上昇し，点Cを通過すると速さ v_q〔m/s〕のまま点O′を中心とする半径 r〔m〕の円の一部を描き点Dに達した。ドローンQが点Cから点Dに移動する間にPさんが聞いた音の周波数 f_p〔Hz〕は，ドローンQが点Cを通過したときは $\boxed{(ヘ)}$ であり，その後 $\boxed{(ホ)}$ なり，点Dに達する直前は $\boxed{(マ)}$ であった。

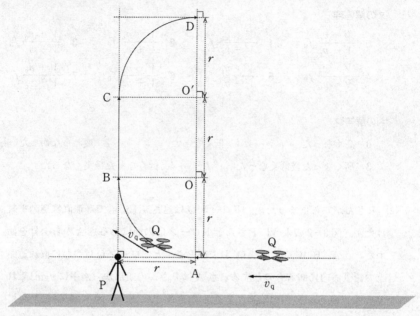

図 3-2

(ノ)の解答群

0 $\dfrac{\pi r}{2v_q}$ 1 $\dfrac{\pi r}{4v_q}$ 2 $\dfrac{r}{V+v_q}$ 3 $\dfrac{r}{V-v_q}$

4 $\dfrac{\pi r}{2v_q}+\dfrac{r}{V}$ 5 $\dfrac{\pi r}{2v_q}+\dfrac{r}{V+v_q}$ 6 $\dfrac{\pi r}{2v_q}+\dfrac{r}{V-v_q}$

7 $\dfrac{\pi r}{4v_q}+\dfrac{(\sqrt{2}-1)r}{V}$ 8 $\dfrac{\pi r}{4v_q}+\dfrac{(\sqrt{2}-1)r}{V+v_q}$ 9 $\dfrac{\pi r}{4v_q}+\dfrac{(\sqrt{2}-1)r}{V-v_q}$

(ハ), (ㇹ), (ヘ), (マ)の解答群

0 $f_p = f_0$ 1 $f_p < f_0$ 2 $f_p > f_0$

(ヒ), (ホ)の解答群

0 高くなった後低く
1 低くなった後高く
2 高く
3 低く

(3) ドローンQは図3-2の点Dを通過すると図3-3のように直線道路に沿って水平に速さ v_q〔m/s〕で矢印の向きに等速直線運動を続けた。ドローンQが遠ざかった後Pさんは直線道路に沿って速さ $2v_q$〔m/s〕でドローンQを追いかけた。ドローンQが点Eを通る鉛直線上の点Fを通過した瞬間に発した音がPさんに届いたとき,Pさんは点Eまで $4r$〔m〕の距離にある点Gを通過した。Pさんが点Gを通過するときに聞いた音の周波数 f_2〔Hz〕は,$\dfrac{(ミ)}{(ム)} f_0$〔Hz〕である。ドローンQは同じ速さ v_q〔m/s〕を保ちながら,点Fを通過した直後に高度を上げ始めた。Pさんが点Gを通過した直後に聞こえる音の周波数 f_3〔Hz〕は (メ) となる。

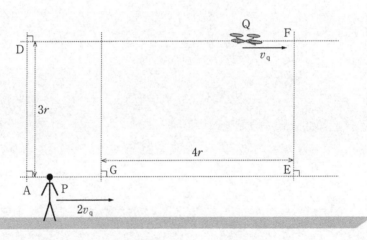

図 3-3

(ミ), (ム) の解答群

00	V	01	$3V$	02	$4V$	03	$5V$
04	$4V+5v_q$	05	$4V-5v_q$	06	$4V+3v_q$	07	$4V-3v_q$
08	$2(2V+3v_q)$	09	$2(2V-3v_q)$	10	$4(V+2v_q)$	11	$4(V-2v_q)$
12	$2(2V+5v_q)$	13	$2(2V-5v_q)$	14	$5V+4v_q$	15	$5V-4v_q$
16	$5V+8v_q$	17	$5V-8v_q$	18	$5(V+2v_q)$	19	$5(V-2v_q)$

㈱の解答群

0 上昇する角度によらず $f_3 < f_2$

1 上昇する角度により $f_3 < f_2$ または $f_3 = f_2$

2 上昇する角度により $f_3 > f_2$ または $f_3 = f_2$

3 上昇する角度によらず $f_3 > f_2$

4 上昇する角度により $f_3 < f_2$ または $f_3 = f_2$ または $f_3 > f_2$

化学

（80 分）

〔注　意〕

(1)　計算に必要な場合は，次の値を用いなさい。

元素記号	H	C	N	O	Na	Cl	Fe	Cu	Zn	Ag	Pb
原子量	1.0	12	14	16	23	35.5	56	63.5	65	108	207

気 体 定 数　$8.31 \times 10^3 \, Pa \cdot L/(K \cdot mol) = 0.0821 \, atm \cdot L/(K \cdot mol)$

ファラデー定数　$9.65 \times 10^4 \, C/mol$

(2)　気体はすべて理想気体としなさい。

(3)　問題によって答え方が違います。問題文を十分に注意して読みなさい。

(4)　計算にはこの問題冊子の余白部分を利用しなさい。

38 2021 年度 化学　　　　　　　　　　　　　　　　　　　東京理科大-工〈B方式〉

1　次の問(1)〜(4)に答えなさい。　　　　　　　　　　　　　　　　(19 点)

(1)　鉄の結晶の単位格子は，体心立方格子である。鉄原子のモル質量を
M〔g/mol〕，鉄の結晶の密度を d〔g/cm^3〕，アボガドロ定数を N_A〔/mol〕とす
るとき，鉄原子の半径〔cm〕を示す式として正しいものを **I 欄**から選び，その
番号を**解答用マークシート**にマークしなさい。あてはまるものがない場合は，
0 をマークしなさい。

〔**I 欄**〕

$$1 \quad \sqrt{3}\left(\frac{M}{dN_A}\right)^{\frac{1}{3}} \qquad 2 \quad \frac{\sqrt{3}}{2}\left(\frac{M}{dN_A}\right)^{\frac{1}{3}} \qquad 3 \quad \frac{\sqrt{3}}{4}\left(\frac{M}{dN_A}\right)^{\frac{1}{3}}$$

$$4 \quad \frac{\sqrt{2}}{2}\left(\frac{M}{dN_A}\right)^{\frac{1}{3}} \qquad 5 \quad \sqrt{2}\left(\frac{M}{dN_A}\right)^{\frac{1}{3}} \qquad 6 \quad \sqrt{2}\left(\frac{2M}{dN_A}\right)^{\frac{1}{3}}$$

$$7 \quad \frac{\sqrt{2}}{2}\left(\frac{2M}{dN_A}\right)^{\frac{1}{3}} \qquad 8 \quad \frac{\sqrt{3}}{4}\left(\frac{2M}{dN_A}\right)^{\frac{1}{3}} \qquad 9 \quad \frac{\sqrt{3}}{2}\left(\frac{2M}{dN_A}\right)^{\frac{1}{3}}$$

$$10 \quad \sqrt{3}\left(\frac{2M}{dN_A}\right)^{\frac{1}{3}}$$

(2)　次の文章を読み，問①，②に答えなさい。

　　メタン CH_4 とプロパン C_3H_8 の混合気体を 1.0 mol とり，完全燃焼させる
と，3.8 mol の酸素が消費され，1700 kJ の熱が発生した。メタンの燃焼熱は
890 kJ/mol とする。ただし，生成する水は液体とする。

①　混合気体中のメタンの物質量〔mol〕を求めなさい。解答は，有効数字が 2
　ケタとなるように 3 ケタ目を四捨五入し，次の形式で**解答用マークシート**に
　マークしなさい。指数 c がゼロの場合は，符号 p は＋をマークしなさい。

$$\boxed{a}\ .\ \boxed{b} \times 10\ \boxed{p}\ \boxed{c}\ \text{〔mol〕}$$

小数点　　　　　正負の符号

② プロパンの燃焼熱〔kJ/mol〕を求めなさい。解答は，有効数字が2ケタとなるように3ケタ目を四捨五入し，次の形式で**解答用マークシートにマーク**しなさい。指数 c がゼロの場合は，符号 p は＋をマークしなさい。

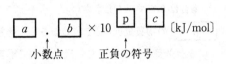

(3) 次の文章を読み，ア，イにあてはまる最も適切なものをII欄から，A，Bにあてはまる数値をIII欄から選び，それぞれの番号を**解答用マークシートにマーク**しなさい。同じ番号を何回選んでもよい。あてはまるものがない場合は0をマークしなさい。

ア は塩素のオキソ酸の中で最も弱い酸であるが，ア イオンは強い イ 作用をもつ。ア イオンが イ 剤としてはたらくときの反応式(半反応式)は次式で表せる。

$$X + 2H^+ + 2e^- \longrightarrow Y + H_2O$$

ここでXは ア イオンである。反応式中の塩素原子の酸化数は，Xの A からYの B に変化する。

〔II欄〕

1　塩化水素　　　2　次亜塩素酸　　　3　亜塩素酸
4　塩素酸　　　　5　過塩素酸　　　　6　クロロメタン
7　ジクロロメタン　8　テトラクロロメタン
9　還元　　　　　10　酸化

〔III欄〕

1　+1　　2　+2　　3　+3　　4　+4　　5　+5
6　+7　　7　 0　　8　-1　　9　-3　　10　-5

40 2021年度 化学 　　　　　　　　　　　　　　　東京理科大-工〈B方式〉

(4) 次の文章を読み， ア ， イ にあてはまる最も適切なものをⅣ
欄から， A ， B にあてはまる数値をⅤ欄から選び，それぞれ
の番号を**解答用マークシート**にマークしなさい。同じ番号を何回選んでもよ
い。あてはまるものがない場合は**0**をマークしなさい。

また， M ， N の物質量〔mol〕を求めなさい。解答は，有効
数字が2ケタとなるように3ケタ目を四捨五入し，次の形式で**解答用マーク
シート**にマークしなさい。指数 c がゼロの場合は，符号 p は**＋**をマークしな
さい。

$$\boxed{a}\ .\ \boxed{b}\ \times 10^{\boxed{p}\ \boxed{c}}\ 〔mol〕$$

　　　　小数点　　　　正負の符号

硫酸で酸性にした過マンガン酸カリウム水溶液に過酸化水素水を混合する
と，溶液はほぼ無色となり，気体 ア が標準状態で5.6L発生した。こ
の酸化還元反応でマンガン原子の酸化数は A から B に変化
し，還元剤の イ が放出した電子 e^- の物質量は M molであ
り，反応した酸化剤の物質量は N molである。

〔Ⅳ欄〕

　1　水　素　　　　　　2　酸　素　　　　　　3　二酸化硫黄

　4　三酸化硫黄　　　　5　硫　酸　　　　　　6　過マンガン酸カリウム

　7　過酸化水素　　　　8　水

〔Ⅴ欄〕

　1　＋1　　　　2　＋2　　　　3　＋3　　　　4　＋4　　　　5　＋5

　6　＋7　　　　7　0　　　　　8　−1　　　　9　−3　　　　10　−5

東京理科大-工〈B方式〉   2021 年度　化学　*41*

[2]　平均分子量 M の混合気体に関する文章①，②を読み，問(1)～(3)および問(4)～
(7)に答えなさい。ただし，すべての気体は理想気体とする。　　　　（17 点）

①　容積 5.0 L の容器に窒素と 0.20 mol のエタノールを入れて密閉し，容器
　　全体を 300 K に保ったところ，容器内は窒素と気体のエタノールからなる
　　混合気体で満たされ，液体のエタノールも生じていた。混合気体の平均分子
　　量を M，窒素の分圧を 1.0×10^5 Pa としたとき，エタノールの蒸気圧 P_E
　　〔Pa〕は　　ア　　となる。容器全体の温度を 330 K に　　イ　　。330 K に
　　おけるエタノールの蒸気圧を 4.0×10^4 Pa とすると $M =$　　ウ　　とな
　　る。なお，330 K でも液体のエタノールは残っていた。

　　次の問(1)～(3)に答えなさい。ただし，液体のエタノールの体積およびエタノー
ルへの窒素の溶解は無視できるものとする。

(1)　　　ア　　にあてはまる最も適切なものを I 欄から選び，その番号を**解答用
マークシート**にマークしなさい。あてはまるものがない場合は **0** をマークしな
さい。

〔I 欄〕

　　1　$1.0 \times 10^5 \times \dfrac{28}{46} M$　　　　　　2　$1.0 \times 10^5 \times \dfrac{46}{28} M$

　　3　$1.0 \times 10^5 \times \dfrac{M+28}{M+46}$　　　　4　$1.0 \times 10^5 \times \dfrac{M+46}{M+28}$

　　5　$1.0 \times 10^5 \times \dfrac{M+28}{M-46}$　　　　6　$1.0 \times 10^5 \times \dfrac{46-M}{M+28}$

　　7　$1.0 \times 10^5 \times \dfrac{M-28}{46-M}$　　　　8　$1.0 \times 10^5 \times \dfrac{46-M}{M-28}$

　　9　$1.0 \times 10^5 \times \dfrac{46-M}{28-M}$　　　10　$1.0 \times 10^5 \times \dfrac{28-M}{46-M}$

(2)　　　イ　　にあてはまる最も適切なものを II 欄から選び，その番号を**解答用
マークシート**にマークしなさい。

〔Ⅱ欄〕
1　上げると M は増大する　　2　上げると M は減少する
3　上げても M は変化しない

(3)　　ウ　　の平均分子量 M を求めなさい。解答は，有効数字が2ケタとなるように3ケタ目を四捨五入し，次の形式で解答用マークシートにマークしなさい。指数 c がゼロの場合は，符号 p は＋をマークしなさい。

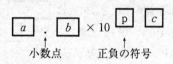

② 容積一定の密閉容器内に触媒を入れて**気体 A** と**気体 B** を反応させて**気体 C** を生成させた。この反応は次式で表される。

$$a\mathrm{A} + b\mathrm{B} \longrightarrow c\mathrm{C} \quad (a, b, c \text{ は係数})$$

気体 A と**気体 B** の反応前の物質量をそれぞれ n_A〔mol〕と n_B〔mol〕として，密閉容器内の温度を 500 K に保って反応させた。　エ　の条件では，反応が進むと容器内の混合気体の圧力は低下し，混合気体の平均分子量 M は　オ　。また，**気体 C** が X〔mol〕生成したときの容器内の全物質量は　カ　である。

ここで，**気体 A** を $\mathrm{N_2}$，**気体 B** を $\mathrm{H_2}$ とし，**気体 C** の $\mathrm{NH_3}$ の生成量が X〔mol〕のとき，M は　キ　と表せる。さらに反応前の $\mathrm{N_2}$ と $\mathrm{H_2}$ の物質量をそれぞれ $n_\mathrm{A} = 20$ mol と $n_\mathrm{B} = 35$ mol として，容積 5.0 L の密閉容器内で 500 K に保って反応させたところ，容器内の圧力が　ク　Pa となった。このときの混合気体の平均分子量 M は 15 であった。

次の問(4)〜(7)に答えなさい。ただし，触媒の体積は無視できるとする。

(4)　　エ　，　オ　にあてはまる最も適切なものをⅢ欄から選び，その

東京理科大-工〈B方式〉　　　　　　　　　　　　　　　　2021 年度　化学　43

番号を**解答用マークシート**にマークしなさい。あてはまるものがない場合は **0**
をマークしなさい。

〔Ⅲ欄〕

1　$a+b<c$　　　　　　2　$a+b=c$　　　　　　3　$a+b>c$

4　減少する　　　　　　5　一定である　　　　　6　増大する

(5)　　**カ**　　にあてはまる最も適切なものをⅣ欄から選び，その番号を**解答用**
マークシートにマークしなさい。あてはまるものがない場合は **0** をマークしな
さい。

〔Ⅳ欄〕

1　$n_A + n_B + (c-a-b)X$　　　　　　2　$n_A + n_B + (a+b-c)X$

3　$n_A + n_B + \left(\dfrac{a+b}{c}\right)X$　　　　　　4　$n_A + n_B + \left(\dfrac{c}{a+b}\right)X$

5　$n_A + n_B + \left(1 + \dfrac{c}{a+b}\right)X$　　　　　6　$n_A + n_B + \left(1 + \dfrac{a+b}{c}\right)X$

7　$n_A + n_B + \left(\dfrac{c}{a+b} - 1\right)X$　　　　8　$n_A + n_B + \left(\dfrac{a+b}{c} - 1\right)X$

9　$n_A + n_B + \left(1 - \dfrac{c}{a+b}\right)X$　　　　10　$n_A + n_B + \left(1 - \dfrac{a+b}{c}\right)X$

(6)　　**キ**　　にあてはまる最も適切なものをⅤ欄から選び，その番号を**解答用**
マークシートにマークしなさい。あてはまるものがない場合は **0** をマークしな
さい。

〔Ⅴ欄〕

1　$\dfrac{28n_A + 2n_B}{n_A + n_B + X}$　　　　　　2　$\dfrac{28n_A + 2n_B}{n_A + n_B - X}$

3　$\dfrac{28n_A + 2n_B}{n_A + n_B + 2X}$　　　　　4　$\dfrac{28n_A + 2n_B}{n_A + n_B - 2X}$

5　$\dfrac{28n_A + 2n_B + 17X}{n_A + n_B + X}$　　　　6　$\dfrac{28n_A + 2n_B + 17X}{n_A + n_B - X}$

7　$\dfrac{28n_A + 2n_B - 17X}{n_A + n_B - X}$　　　　8　$\dfrac{28n_A + 2n_B + 17X}{n_A + n_B + 2X}$

9　$\dfrac{28n_A + 2n_B + 17X}{n_A + n_B - 2X}$　　　　10　$\dfrac{28n_A + 2n_B - 17X}{n_A + n_B - 2X}$

44 2021 年度　化学　　　　　　　　　　　　　　　　　　　　　　東京理科大-工〈B方式〉

(7)　　ク　　の圧力〔Pa〕を求めなさい。解答は，有効数字が2ケタとなるよ
うに3ケタ目を四捨五入し，次の形式で**解答用マークシートにマーク**しなさ
い。指数 c がゼロの場合は，符号 p は**＋**をマークしなさい。

$$\boxed{a} . \boxed{b} \times 10 \ \boxed{p} \ \boxed{c} \ 〔Pa〕$$

　　　　　　　↑　　　　　　　　↑
　　　　　小数点　　　　　　正負の符号

$\boxed{3}$　次の文章を読み，問(1)〜(4)に答えなさい。　　　　　　　　　　　　（14点）

　金属イオンを1種類含む**硝酸塩水溶液 A** に水酸化ナトリウム水溶液を加える
と沈殿　　ア　　を生じた。また，この溶液に多量のアンモニア水を加えると，
最初に生じた沈殿　　ア　　は完全に溶け，　　イ　　の形をもつ錯イオンとな
り完全に溶けた。

　硝酸塩水溶液 A に希塩酸を加えても沈殿は生じなかったが，硫化水素を通じ
ると黒色の沈殿　　ウ　　を生じた。

　十分量の**硝酸塩水溶液 A** を陽極，陰極ともに白金電極を用いて，2.00 A の電
流で32分10秒間電気分解した。陰極では**金属 B** が生じる反応のみ起こり続
け，陽極では**気体 C** が生じる反応のみ起こり続けた。

　単体の**金属 B** は，イオン化傾向が水素より　　エ　　ため，酸である
　　オ　　とは反応した。単体の**金属 B** を空気中で加熱すると，黒色の物質
　　カ　　に変化した。

(1)　**硝酸塩水溶液 A** に含まれる最も適切な金属イオンを**I欄**から選び，その番
号を**解答用マークシートにマーク**しなさい。

〔I欄〕
　　　1　Ag^+　　　　2　Cu^{2+}　　　　3　Fe^{3+}　　　　4　Pb^{2+}　　　　5　Zn^{2+}

東京理科大-工〈B方式〉　　　　　　　　　　　　　　2021 年度　化学　45

(2) 　ア 　～　 カ 　にあてはまる最も適切なものをⅡ欄から選び，その
番号を**解答用マークシート**にマークしなさい。ただし同じ番号を複数回選んで
はいけない。

〔Ⅱ欄〕

01　大きい	02　小さい	03　直線形
04　正方形	05　正四面体形	06　正八面体形
07　塩　酸	08　希硫酸	09　硝　酸
10　リン酸	11　酸化亜鉛(Ⅱ)	12　酸化銀(Ⅰ)
13　酸化鉄(Ⅲ)	14　酸化銅(Ⅱ)	15　酸化鉛(Ⅱ)
16　水酸化亜鉛(Ⅱ)	17　水酸化銀(Ⅰ)	18　水酸化鉄(Ⅲ)
19　水酸化銅(Ⅱ)	20　水酸化鉛(Ⅱ)	21　硫化亜鉛(Ⅱ)
22　硫化銀(Ⅰ)	23　硫化鉄(Ⅲ)	24　硫化銅(Ⅱ)
25　硫化鉛(Ⅱ)		

(3)　陰極に析出した**金属B**の質量〔g〕を求めなさい。ただし，**金属B**は電極から
はがれないものとする。解答は，有効数字が3ケタとなるように4ケタ目を四
捨五入し，次の形式で**解答用マークシート**にマークしなさい。指数 d がゼロ
の場合は，符号 p は＋をマークしなさい。

$$\boxed{a}.\boxed{b}\boxed{c}\times 10^{\boxed{p}\boxed{d}}\,〔\text{g}〕$$

小数点　　　　　　　正負の符号

(4)　陽極で発生した**気体C**の体積は標準状態で何 L か求めなさい。ただし，**気
体C**は水に溶けないものとする。解答は，有効数字が3ケタとなるように4
ケタ目を四捨五入し，次の形式で**解答用マークシート**にマークしなさい。指数
d がゼロの場合は，符号 p は＋をマークしなさい。

$$\boxed{a}.\boxed{b}\boxed{c}\times 10^{\boxed{p}\boxed{d}}\,〔\text{L}〕$$

小数点　　　　　　　正負の符号

4 次の文章を読み，問(1)〜(4)に答えなさい。　　　　　　　　(16点)

酢酸 CH_3COOH は弱酸であり，CH_3COOH 水溶液中では以下のような平衡が成立する。

$$CH_3COOH \rightleftharpoons CH_3COO^- + H^+ \qquad ①$$

また，式①の平衡定数 K_a は，以下のように示される。

$$K_a = \frac{[CH_3COO^-][H^+]}{[CH_3COOH]} \qquad ②$$

濃度 C〔mol/L〕の CH_3COOH 水溶液中では以下の関係が成立する。

$$C = [CH_3COOH] + [CH_3COO^-] \qquad ③$$

この水溶液中に存在するイオンは H^+，CH_3COO^-，OH^- であり，以下の関係が成立する。

$$[H^+] = [CH_3COO^-] + [OH^-] \qquad ④$$

ここで，CH_3COOH 水溶液中の H^+ のモル濃度を x〔mol/L〕とすると，この水溶液中では以下の関係が成立する。

$$[CH_3COO^-] = \boxed{\quad ア \quad} \qquad ⑤$$

$[OH^-]$ は，水のイオン積 K_w〔(mol/L)^2〕を用いて以下のように示すことができる。

$$[OH^-] = \frac{K_w}{x} \qquad ⑥$$

以上のことから，この水溶液においては以下の関係が成立する。

$$x^3 + \boxed{\quad イ \quad} \times x^2 - \boxed{\quad ウ \quad} \times x - \boxed{\quad エ \quad} = 0 \qquad ⑦$$

したがって，式⑦に示される x に関する三次方程式を解くことにより，最終的にこの水溶液の pH を求めることができる。

CH_3COOH の電離度を α とすると，x は α と K_a を用いて以下のように表される。

$$x = \boxed{\quad オ \quad} \qquad ⑧$$

東京理科大-工〈B方式〉 2021 年度 化学 47

(1) ┌─── **ア** ───┐ にあてはまるものを I 欄から選び，その番号を**解答用マークシー**トにマークしなさい。

〔I 欄〕

1 $\dfrac{CK_a}{x}$ 2 $\dfrac{2CK_a}{x}$ 3 $\dfrac{4CK_a}{x}$ 4 $\dfrac{CK_a}{2x}$

5 $\dfrac{CK_a}{4x}$ 6 $\dfrac{CK_a}{x+4K_a}$ 7 $\dfrac{CK_a}{x+2K_a}$ 8 $\dfrac{CK_a}{x+K_a}$

9 $\dfrac{4CK_a}{x+K_a}$ 10 $\dfrac{2CK_a}{x+K_a}$

(2) ┌─── **イ** ───┐ ～ ┌─── **エ** ───┐ にあてはまるものを II 欄から選び，その番号を**解答用マークシート**にマークしなさい。なお，同じ番号を何回選んでもよい。

〔II 欄〕

1 $4K_aK_w$ 2 (CK_a-4K_w) 3 (CK_a+4K_w)

4 K_aK_w 5 $(4CK_a-K_w)$ 6 $(4CK_a+K_w)$

7 (CK_a+K_w) 8 $4K_a$ 9 (CK_a-K_w)

10 K_a

(3) ┌─── **オ** ───┐ にあてはまるものを III 欄から選び，その番号を**解答用マークシー**トにマークしなさい。

〔III 欄〕

1 $\dfrac{4K_a}{\alpha}-K_a$ 2 $\dfrac{2K_a}{\alpha}-K_a$ 3 $\dfrac{K_a}{\alpha}-K_a$

4 $\dfrac{4K_a}{\alpha}-4K_a$ 5 $\dfrac{2K_a}{\alpha}-2K_a$ 6 $\dfrac{4K_a}{\alpha}+K_a$

7 $\dfrac{2K_a}{\alpha}+K_a$ 8 $\dfrac{K_a}{\alpha}+K_a$ 9 $\dfrac{4K_a}{\alpha}+4K_a$

10 $\dfrac{2K_a}{\alpha}+2K_a$

(4) $2.7 \times 10^{-7}\,\mathrm{mol/L}$ の CH_3COOH 水溶液における CH_3COOH の電離度が 0.99 であったとき，$[H^+]$ は $[CH_3COO^-]$ の何倍になるか求めなさい。ただし，K_a は $3.0 \times 10^{-5}\,\mathrm{mol/L}$ とする。解答は，有効数字が 2 ケタとなるように 3 ケタ目を四捨五入し，次の形式で**解答用マークシート**にマークしなさい。指数 c がゼロの場合は，符号 p は **+** をマークしなさい。

$$\boxed{a}\ .\ \boxed{b}\ \times 10^{\ \boxed{\text{p}}\ \boxed{c}}$$

小数点　　　　正負の符号

$\boxed{5}$　次の文章を読み，問(1)〜(6)に答えなさい。　　　　　　　　　　(16点)

　解熱鎮痛作用を示し，風邪薬に用いられるアセトアミノフェンは，ベンゼン環に複数個の置換基をもつ芳香族化合物であり，ベンゼン環に 1 個の置換基をもつ**芳香族化合物 A** から以下の経路で合成することができる。

$$A \xrightarrow[]{\text{反応条件}(\mathcal{P})} B+C \xrightarrow[\text{反応時間延長}]{\text{反応条件}(\mathcal{P})} D+E \xrightarrow[\text{反応時間延長}]{\text{反応条件}(\mathcal{P})} 2,4,6\text{-トリニトロフェノール}$$

$$A \xrightarrow[\text{分離・精製}]{} B \xrightarrow{\text{Sn, HCl}} F \xrightarrow{\text{NaOH}} G \xrightarrow{H_3C-\overset{O}{\overset{\|}{C}}-O-\overset{O}{\overset{\|}{C}}-CH_3} \text{アセトアミノフェン}$$

　芳香族化合物 A を $\boxed{\text{反応条件}(\mathcal{P})}$ で反応させると，**化合物 B** と**化合物 C** の混合物が得られる。この反応の反応時間を延長すると**化合物 D** と**化合物 E** が生成し，さらに反応時間を延長すると 2,4,6-トリニトロフェノールが得られる。

　分離・精製した**化合物 B** に，スズと塩酸を作用させると**化合物 F** が生成し，次いで水酸化ナトリウム水溶液を中性になるまで加えて処理することで，**化合物 G** が得られる。

　化合物 G の 1 個の官能基に選択的に無水酢酸を反応させることで，アセトアミノフェンが得られる。

東京理科大-工〈B方式〉   2021 年度　化学　*49*

上記のアセトアミノフェンの合成に関して，以下の①〜⑨がわかっている。

① **芳香族化合物 A のベンゼン環に結合した置換基は，化合物 B と化合物 C** のベンゼン環にも結合している。

② **化合物 B と化合物 C は構造異性体である。**

③ **分離・精製した化合物 B を** 反応条件(ア) **で反応させると化合物 D を与** え，反応時間を延長すると 2,4,6-トリニトロフェノールが得られる。

$$\text{B} \xrightarrow{\text{反応条件(ア)}} \text{D} \xrightarrow[\text{反応時間延長}]{\text{反応条件(ア)}} 2,4,6\text{-トリニトロフェノール}$$

④ **分離・精製した化合物 C を** 反応条件(ア) **で反応させると化合物 D と化** **合物 E の混合物を与え，反応時間を延長すると 2,4,6-トリニトロフェノー** ルが得られる。

$$\text{C} \xrightarrow{\text{反応条件(ア)}} \text{D} + \text{E} \xrightarrow[\text{反応時間延長}]{\text{反応条件(ア)}} 2,4,6\text{-トリニトロフェノール}$$

⑤ **化合物 D と化合物 E は構造異性体である。**

⑥ **化合物 F の分子量は 145.5 である。**

⑦ **化合物 G は炭素，水素，酸素，窒素からなる有機化合物であり，分子量** は 109 である。

⑧ **化合物 G は FeCl$_3$ 水溶液と反応して呈色反応を示す。**

⑨ **アセトアミノフェンは FeCl$_3$ 水溶液と反応して呈色反応を示す。**

また，解熱鎮痛作用を示し，風邪薬に用いられるイブプロフェンは，ベンゼン 環に複数個の官能基をもつ芳香族化合物であり，<u>鏡像異性体</u>が存在する。
(イ)

イブプロフェン

(1) 上記文章中の 反応条件(ア) として，最も適した反応条件を I 欄から選び，その番号を**解答用マークシート**にマークしなさい。

〔I 欄〕
1　濃硝酸と濃硫酸の混合物を加えて加熱する。
2　過マンガン酸カリウム水溶液を加えて加熱する。
3　臭素水を加える。
4　メタノールと少量の濃硫酸を加えて加熱する。
5　水酸化ナトリウム水溶液を加えて加熱する。

(2) 芳香族化合物 A の分子量を求めなさい。解答は，小数第一位を四捨五入し，3ケタの整数として次の形式で**解答用マークシート**にマークしなさい。解答の数値が1ケタまたは2ケタの場合は，上位のケタを0としなさい。4ケタ以上の場合は，3ケタのすべてに9をマークしなさい。

(3) 化合物 B の分子量を求めなさい。解答は，小数第一位を四捨五入し，3ケタの整数として次の形式で**解答用マークシート**にマークしなさい。解答の数値が1ケタまたは2ケタの場合は，上位のケタを0としなさい。4ケタ以上の場合は，3ケタのすべてに9をマークしなさい。

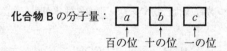

(4) 化合物 B と化合物 E について，次ページの例に従って，ベンゼン環の置換基が結合した炭素原子の位置番号をすべて足し，その合計の数を**解答用マークシート**にマークしなさい。合計の数が1ケタの場合は十の位を0としなさい。

ただし，ベンゼン環炭素原子の位置番号は，**芳香族化合物Aの置換基と同じ置換基**が結合したベンゼン環炭素原子を1とし，置換基が結合したベンゼン環炭素原子の位置番号ができるだけ小さくなるように1から6まで順に番号をつけることとする。

＜置換基を3個もつ芳香族化合物の例＞

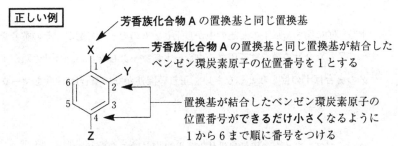

1位と2位と4位に置換基が結合

置換基が結合したベンゼン環炭素原子の位置番号の合計 = 1 + 2 + 4 = 7

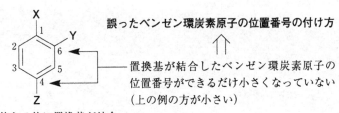

1位と6位と4位に置換基が結合

置換基が結合したベンゼン環炭素原子の位置番号の合計 = 1 + 6 + 4 = 11

ベンゼン環炭素原子の位置番号のつけ方が誤っており，
置換基が結合したベンゼン環炭素原子の位置番号の合計は間違っている

52　2021 年度　化学　　　　　　　　　　　　　　　　　　東京理科大-工〈B方式〉

(5)　アセトアミノフェンの分子量を求めなさい。解答は，小数第一位を四捨五入
し，3ケタの整数として次の形式で**解答用マークシート**にマークしなさい。解
答の数値が1ケタまたは2ケタの場合は，上位のケタを0としなさい。4ケタ
以上の場合は，3ケタのすべてに9をマークしなさい。

アセトアミノフェンの分子量：　$\boxed{a}$　$\boxed{b}$　$\boxed{c}$

百の位　十の位　一の位

(6)　下線部(イ)に関する以下の記述の中から正しいものをすべて選び，その番号を
すべて足した合計の数を**解答用マークシート**にマークしなさい。合計の数が1
ケタの場合は十の位を0としなさい。正しい記述がない場合は，00をマーク
しなさい。

1　イブプロフェンの鏡像異性体どうしは同じ融点をもつ。

2　イブプロフェンの鏡像異性体どうしは同じ密度をもつ。

4　イブプロフェンの鏡像異性体どうしは同じ光学的性質をもつ。

8　鏡像異性体どうしは異なる薬理作用を示すことがある。

16　鏡像異性体どうしは異なる香りをもつことがある。

東京理科大-工〈B方式〉　　　　　　　　　　　　　　　　　　　　2021 年度　化学　*53*

6　下図に示すアセチレンの反応に関する①～④の文章を読み，問(1)～(6)に答えな
　　さい。　　　　　　　　　　　　　　　　　　　　　　　　　　　　　（18 点）

エタン ←[$\dfrac{H_2}{Pt（触媒）}$]← エチレン（エテン） ←[$\dfrac{H_2}{Pt（触媒）}$]← ‥‥ →[$\dfrac{加熱}{Fe（触媒）}$]→ ベンゼン

アセチレン

B ←[$\dfrac{Br_2}{}$]← A ←[$\dfrac{Br_2}{}$]← ‥‥ →[$\dfrac{H_2O}{HgSO_4（触媒）}$]→ [C] ⟶ D

　①　白金を触媒として，アセチレンに水素 1 分子を作用させるとエチレン（エ
　　　テン）が生成する。さらにもう 1 分子の水素が反応するとエタンが生成する。
　②　アセチレンを鉄触媒を用いて加熱すると，ベンゼンが生成する。
　③　1 分子のアセチレンに臭素を作用させると，1 分子の臭素が反応した**化合
　　　物 A** が生成し，さらにもう 1 分子の臭素が反応して**化合物 B** が生成する。
　④　硫酸水銀(Ⅱ)を触媒として，アセチレンに水を作用させると，不安定な**化
　　　合物 C** を経て**化合物 D** が生成する。

(1)　**Ⅰ欄**から，すべての原子が同一平面に存在する平面状の分子をすべて選び，
　　その番号をすべて足した合計の数を**解答用マークシート**にマークしなさい。合
　　計の数が 1 ケタの場合は十の位と百の位を 0 としなさい。合計の数が 2 ケタの
　　場合は百の位を 0 としなさい。平面状の分子がない場合は，000 をマークしな
　　さい。

　〔Ⅰ欄〕
　　1　エチレン（エテン）　　　2　エタン　　　　　　4　ベンゼン

　　8　化合物 A　　　　　　　16　化合物 B　　　　　32　化合物 D

　　64　プロペン（プロピレン）　128　シクロヘキサン

(2)　アセチレン，エチレン（エテン），エタン，ベンゼンの炭素原子間の結合距離
　　の序列について，正しいものを**Ⅱ欄**から選び，その番号を**解答用マークシート**

54 2021 年度　化学　　　　　　　　　　　　　　　　　　　東京理科大-工〈B方式〉

にマークしなさい。

〔Ⅱ欄〕

炭素原子間の結合距離

長い ◀――――――――――――――――――――― 短い

1　エタン ＞ ベンゼン ＞ エチレン(エテン) ＞ アセチレン

2　エタン ＞ エチレン(エテン) ＞ ベンゼン ＞ アセチレン

3　エタン ＞ エチレン(エテン) ＞ アセチレン ＞ ベンゼン

4　ベンゼン ＞ エタン ＞ エチレン(エテン) ＞ アセチレン

5　アセチレン ＞ エチレン(エテン) ＞ ベンゼン ＞ エタン

6　アセチレン ＞ ベンゼン ＞ エチレン(エテン) ＞ エタン

7　ベンゼン ＞ アセチレン ＞ エチレン(エテン) ＞ エタン

8　アセチレン ＞ エチレン(エテン) ＞ エタン ＞ ベンゼン

(3)　アセチレンと関連化合物に関する以下の記述の中から正しいものをすべて選
び，その番号をすべて足した合計の数を**解答用マークシート**にマークしなさ
い。合計の数が1ケタの場合は十の位を0としなさい。正しい記述がない場合
は，00をマークしなさい。

　1　アセチレンは，すべての原子が一直線に並んだ直線状の分子である。

　2　プロピンは，すべての原子が一直線に並んだ直線状の分子である。

　4　アセチレンには異性体が存在する。

　8　アセチレンは常温で無色・無臭の気体である。

　16　アセチレンは燃焼熱が大きく，金属の溶接や溶断に用いられる。

(4)　エチレンと関連化合物に関する以下の記述の中から正しいものをすべて選
び，その番号をすべて足した合計の数を**解答用マークシート**にマークしなさ
い。合計の数が1ケタの場合は十の位を0としなさい。正しい記述がない場合
は，00をマークしなさい。

　1　エチレン(エテン)の C=C 結合は，それを軸として回転できない。

東京理科大-工〈B方式〉　　　　　　　　　　　　　　2021 年度　化学　55

　　2　エチレン(エテン)にはシス-トランス異性体(幾何異性体)が存在する。

　　4　プロペン(プロピレン)には異性体が存在する。

　　8　エチレン(エテン)は，常温で無色・無臭の気体である。

　16　エチレン(エテン)は，加熱(160〜170℃)した濃硫酸にエタノールを加える
　　　ことで生成する。

(5)　ベンゼンに関する以下の記述の中から正しいものをすべて選び，その番号を
　　すべて足した合計の数を**解答用マークシート**にマークしなさい。合計の数が1
　　ケタの場合は十の位を0としなさい。正しい記述がない場合は，00をマーク
　　しなさい。

　　1　ベンゼンは，6個の炭素原子が正六角形に配置された構造をもつ。

　　2　ベンゼンは，常温で無色・無臭の液体である。

　　4　ベンゼンは水に溶けにくい。

　　8　赤熱した鉄触媒にアセチレンを触れさせると，3分子のアセチレンから
　　　1分子のベンゼンが生成する。

　16　ベンゼンに鉄粉を触媒として塩素を作用させると付加反応が進行する。

(6)　アセチレンが反応して生成する**化合物A〜D**に関する以下の記述の中から
　　正しいものをすべて選び，その番号をすべて足した合計の数を**解答用マーク
　　シート**にマークしなさい。合計の数が1ケタの場合は十の位を0としなさい。
　　正しい記述がない場合は，00をマークしなさい。

　　1　**化合物A**にはシス-トランス異性体(幾何異性体)が存在する。

　　2　**化合物B**には立体異性体が存在する。

　　4　**化合物C**から**化合物D**が生成する反応において，**化合物C**の構造をエ
　　　ノール形，**化合物D**の構造をケト形という。

　　8　**化合物D**は，工業的には，クメン法によってフェノールとともに合成さ
　　　れる。

　16　**化合物D**は，エタノールの酸化によって合成される。

56 2021 年度 英語〈解答〉　　　　　　　　　　　東京理科大-工〈B方式〉

解答編

英語

(注)　解答につきましては，東京理科大学から提供のあった情報を掲載しております。

1　**解答**　　(1)—2　(2)—4　(3)—1　(4)—1　(5)—3　(6)—3
　　　　　　(7)—4　(8)—1　(9)—1　(10)—4　(11)—2

◆全　訳◆

≪科学者は創造的であるべき≫

　科学者は本当に創造的なのか。結局のところ，科学者は単に世界を見ることによってのみ，真実を発見する。確かに彼らは何らかの高価な器材を使用するかもしれない。しかし根本的には，注意深く世界を見渡すだけである。科学者が新たな事実を発見するとき，その事実は常にそこにずっと存在していたものなのである。それは偶然発見されたのだ。このことは，優れた科学理論とは，現実を単に正確に写したものに過ぎないということを示唆している。それゆえに，ある優れた科学理論とは現実を直接に複写したものである。そして，複写したものは創造的ではないのである。

　だが実際は，このような科学の模写説は間違っている。模写説は論理経験主義者として知られる 20 世紀中盤の哲学者グループによって論じられた。論理経験主義者にとっては，科学とは経験したことから観察するゲームなのだ。科学者はその場合，自然界の規則性に関して記述するためにこれらの観察を利用する。しかしながら，どのようにして科学者が実際に作業を行うのかを学者が研究し始めると，これがあまりよい説明ではないことがはっきりとわかった。第二次世界大戦直後のカール=ポパーに始まり，トーマス=クーン，ブルーノ=ラトゥール，カリン=クノール=セティナなどのような現代にまで続く科学哲学者まで，科学理論とは，観察からの単純または機械的な方法では生み出されないことがままあると，今ではわかっている。

論理経験主義が科学を説明していない二つの主要な理由が存在する。まず第一に，観察によるデータは複数の理論と通常は合致するからである。初めは，理論Aは理論Bよりも，ある観察結果を説明するのに適しているように見える。しかしながら，説明がデータと完璧に合致することは滅多にないものだ。さらに加えて，観察から得られたデータは不正確な可能性もある。大半のデータの中にはある一定量の測定の誤りも入っている。それゆえ，科学者はあらゆるタイプのデータを見ておく必要がある。その後は全ての多様な理論に触れ，これらの異なる理論を一つにまとめ，そして全てのデータを万全に説明する論理的枠組みを生み出す必要があるのだ。史上初の効果的なポリオワクチンの開発者であるジョナス゠ソークは，このことを創造的なプロセスだと表現した。ソークによれば，科学者とは様々なパターンを認識する必要があるとのことである。それからこれらのパターンを，どうにかして結びつけて統合する必要がある。そしてこのプロセスの最中に，科学者の目にゆっくりと意味が見え始めるのだ。ソークはこのプロセスを，絵画や物語がゆっくりと形になり始める様子と似たものだと述べている。

　第二に，科学者が必ずしも観察から始めるとは限らない。彼らはしばしば理論から入り，それからその理論が現実によって裏付けられるかどうかを理解する目的で実験を行う。典型的な例がアルバート゠アインシュタインの一般相対性理論である。アインシュタインは，重力は時空の構造そのものを変化させると考えた。彼が最初に自身の理論を提案したとき，それは単なるうまい考えに過ぎなかった。何ら根拠となるデータなど存在しなかったのだ。しかしながら，彼の理論は極めて人の興味を引くものであった。それゆえ科学者たちは時間を取ってそれを実験した。もしも空間が実際に，大きな惑星や巨大な星の重力によって捻じ曲げられるならば，その場合，遠方にある星の位置も，空の惑星の近くに接近した場合は，ごく微量ながら移動するように見えるであろう。なぜならば，星からの光が惑星付近の捻じ曲げられた空間を通過すると，その方向を変えるであろうからだ。上質な測定装置を用いることで，科学者たちは観察された遠距離の星の位置が実際に動いたかどうかを測定することがもしかしたら可能であるかもしれない。

　これらの遠方にある星を見る最善の機会は，1919 年の日食とともに訪

れた。その時，月が太陽の光を遮断し，背後にある星が見えて，観察が可能となったのだ。アーサー＝エディントン率いるイギリスの科学者チームがプリンシペ島に遠征したが，そこならば最もよい眺めが得られるであろうと知ったのだ。帰還したときエディントンは，自身の観察がアインシュタインの予言を裏付けたと主張した。彼は科学界にアインシュタインの理論は正しいと伝えた。しかしながら，1980年代に歴史家たちは，エディントンは十分な証拠を得ていないという事実を発見した。実際に彼は自身の結果を作り変えてさえいたのだ。エディントンが当時使用していた初歩的な器材では光の移動を首尾よく測定する方法などなかったと，現在の学者たちはわかっている。1962年，はるかに優れた装備を持つイギリスのチームがエディントンの発見を再現しようとした。だがその遠征は頓挫した。エディントンの方法は困難すぎて機能しえないとチームは結論づけた。

　このエピソードは科学の進行を遅らせなかった。アインシュタインの一般相対性理論はすでに他のアプローチによって確認され，万物を理解するための堅実な基礎たるものとして広く受け入れられている。確かにそうではあるが，この話はアインシュタインが自身の理論を生み出したとき，単に事実を模写したのではないということを少なくとも示している。科学者たちがアイデアを思いつくときには，単に事象を観察するだけなのではなく，疑いなく創造的になっているのだ。

■━━━━━◀解　説▶━━━━━■

⑴　下線部の意味内容についての問い。下線部の直前に this という指示語があるが，下線が付されていなくても指示語があれば解答のヒントにしたい。第1段最終2文（Therefore, a good scientific … isn't creative.）に注目。「優れた科学理論とは現実を模写することであり，模写することは創造的ではない」という意味だが，該当文はこの考え方が wrong「間違っている」と言うのだから，模写の逆の「独創」こそが，科学において肯定され，模写は否定されるべき要素だと考えられる。以上から2の「もしも模写理論が正しいならば，これは科学者が独創的ではないという意味である」が最適。

⑵　第2段第2・3文（The copy theory … from experience.）に注目。これによれば「論理経験主義」とは「観察を重んじるもの」だとわかる。これと合致する内容は4の「論理経験主義は観察するという重要性を強調

東京理科大-工〈B方式〉　　　　　　　　2021 年度　英語〈解答〉　59

する」である。

(3)　長文の空欄に文を挿入する本問のような問いは，空欄以降で繰り返されている内容を把握できているかという情報処理能力が問われている。空欄直後の同段第 3 〜 6 文（At first, … measurement error.）の要旨は「データの中には間違いもあり得る」であり，さらに同段第 7・8 文（So, scientists need … all the data.）の要旨は「あらゆるデータを参考にするべき」であり，さらに同段第 10〜12 文（According to Salk, … slowly see meaning.）によれば「様々なパターンを知り，それを組み合わせる」作業が科学者には必要とある。まとめると「一つのデータではなくて多くのデータを見てから結論を下すべき」というのが各文の共通した内容である。これと矛盾しない内容を探すと，1 の「観察されたデータは二つ以上の理論と合致するのが普通」が最適。

(4)　文章の内容が「科学は模写よりも独創性が重要」という内容で述べられている点を忘れずに。空欄を含む文はジョナス゠ソークについて言及されているが，これは具体例。具体例とは「独創性が重要」という筆者の言いたいことを伝えるための手段である点をまず確認しよう。すると科学者でもあるジョナス゠ソークが述べる内容は「科学においては独創性は重要」であろうし，また空欄の直前に this があるが，this は通常前文の動詞以降を指す。すると前文の第 3 段第 8 文（They then need …）に create「〜を創造する」が見える。以上を根拠に 1 の creative「創造的な」を選ぶ。

(5)　語彙問題とはいえ長文内なので，知識だけではなく文脈も解答する際の手掛かりとすること。該当文を含む第 4 段では，第 1・2 文（Second, scientists … supported by reality.）にある「科学者は，観察ではなく理論から入ることもしばしばあり，その理論が正しいかどうかを知るために実験を行う」という主張を論証している。下線部を含む該当文以降では一般相対性理論のエピソードが出てくるが，これは「理論から始め，実験で裏付けする」という主張の正しさを示す具体例として述べられたものである。1．「公式的な」　2．「熟した」　3．「典型的な」　4．「気味の悪い」classic は「一流の，古典の」の他に「典型的な」という意味もあり，3 の typical が最適である。

(6)　it があるのは because 節のまとまりの中なので，3 か 4 に絞られる。

itの動詞がpassedで，意味は「(歪んだ空間)を通過する」であることから，itもlightを指すと判断する。3が最適。

(7) 4が正解。第5段第5文（However, in the 1980s,…）の内容と一致する。1～3は本文中に記述がない。

(8) 直後の第5段最終文（The team concluded…）の内容から1が最適。なお下線部の理由を問う本問のような問いは，英語では主張の後に理由・証拠を述べる傾向があるため，下線部が主張ならばそれ以降を探すのもコツである。1以外は本文中に記述なし。

(9) 一般相対性理論は万物を理解するための「何として」受け入れられたかと考えるとよい。1.「基盤」 2.「変装」 3.「義務」 4.「受信」foundationは「土台，基盤，創立」といった意味なので，1のbasisが最適である。(5)と同様に語彙問題だが，一般常識も併せて不自然でないものを優先しよう。

(10) 空欄を含む文の直後の文（When scientists…）を見ると，主節（they're…）で「疑いなく科学者は創造的である」とある。4の意味は「理論を生み出すときに単に現実を模写するだけではない」であるが，ここでは「現実を模写しない」＝「創造的になる」であるから，これを入れることで直後の文と矛盾しない内容になり最適。4以外は前後の文とは一致しない。

(11) タイトルを選択する問題は「断片的に書かれている具体例ではなく，抽象的で何度も繰り返されている内容を含む選択肢」を優先させる。それを踏まえれば，文章内で繰り返し述べられていた内容は「科学者は模写よりも創造力が必要」である。これと矛盾しないのは2である。

2 解答

(1)—1　(2)—3　(3)—4
(4) A—3　B—4　C—1　D—2　E—4
(5)—4　(6)—1　(7)—2　(8)—4

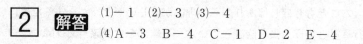

≪財と商品との違いとは≫

　夜がアイギナ島に迫りつつある。そこは地中海にあるギリシャの島のひとつだ。季節は夏。私たちは屋外で腰かけていて，海の向こう，輝く赤い太陽が山の背後に沈んでいくのを見つめている。若い頃に父がしてくれた

ように，海にゆっくりと沈んでいくとき，太陽がなぜ赤く変化するのかを，学術用語で，私は君の方を向いて説明し始める。しかし（そのために）私は君の安らぎのひとときを駄目にしてしまっている。美しい夕日を台無しにしてしまっている。

　同じ晩の遅い時間に，私たちは友人たちや，ニックという彼らの幼い息子とボートに乗る。いつものレストランに行くが，そこは海のすぐそばにある。夕食を注文しているときにニックが冗談を言い始める。彼の冗談は滑稽で，私たちは皆，げらげら笑いだす。実際以上にださいと思われてはいけないから，いつもは決して笑わない君でさえも。

　料理が運ばれてくる前に，地元の漁師であるコスタス船長がレストランに入ってくる。彼はレストランの反対側の波止場の，私たちのボートの隣に自分の漁船を係留する。彼は私たちのテーブルまで歩いてきて，君に頼みごとをする。彼の錨が海底の岩の下にはさまってしまい，錨鎖はきつく引っ張りすぎたため破損している。「頼むよ。君がどれほど潜るのが好きかわかっているから，海に飛び込んでこのロープを錨鎖に通してくれないかな。自分でしたいんだけど，背中が今日はひどく痛くてね」と彼は頼んでくる。「いいわよ」と君は答え，その場の英雄になる機会を得ようと，誇らしげに海に飛び込む。

　夕日。君の私への怒り。ニックの冗談。コスタス船長が，ただ単にそうして欲しいと君に頼んでいるという理由だけで，海に飛び込むという喜び。これが君の夏の喜びの本質だ。定義上，それらは「グッズ（goods）」になる。友人が傷ついたり，退屈な宿題をせざるを得なかったり，孤独とか人生に不安を感じたりする場合に生じる感情のような「バッズ（bads）」の正反対だ。さあ，きっと君の人生に心にしみわたるような幸福感を与えてくれるこれらの財と，経済学で述べられる財との大きな違いを心に留めておきなさい。経済学の財とは商店の棚にあるものをいう。それらはアマゾンで売られているものだ。それらはテレビが私たちに買うように言い続けているものだ。極めて明白なことだが，これらはとても様々な種類の財だ。そして，私たちはこれらを財と呼ぶけれども，それを表す別の言葉としては商品がある。

　それでは，財と商品の違いとは何だろうか。

　アイギナ島の夜の美しい色合い，ニックの冗談，君がコスタス船長のた

62 2021 年度　英語〈解答〉　　　　　　　　　　　　　　　　東京理科大-工〈B方式〉

めに行う潜水——これらは売ることができないものだ。それに対して，商品は売るために生み出される財だ。

　君が気づいているかどうかはわからないが，現代社会では財と商品を混同する傾向にある。ある財が高額であればある程，それだけ質が良いに違いないと考えがちだ。より大切なことは，何かを売ることで多額のお金を得れば得るほど，喜んでそれを売るようになるという考えもある。しかし，事実はそのようなものじゃない。そう，それは商品に対して当てはまる。例えば，iPad に対してアップル社に支払う額が高ければ高いほど，アップル社はそれだけ一層多くの iPad を生産するだろう。しかし，同じことが必ずしもニックの冗談に当てはまるとは限らない。もしもニックに，金を払ってたくさんの冗談を言わせて，かつ私たちをより一層笑わせる場合にはより一層支払いをすると伝えるならば，彼はそれを奇妙なことだと恐らく思うだろう。彼は滑稽であることについて過剰に心配し始めるだろう。つまり，支払いをするという考えは，彼にユーモアのセンスを容易に失わせてしまう可能性がある。それから，君とコスタス船長との例も出してみよう。もし彼が君に海に潜るためのお金を申し出る場合，君は潜水からそれほどの喜びは得られないかもしれない。つまり，英雄になるという感覚は失われてしまうだろう。誰かを助けた後に湧いてくる静かな喜びの感覚は得られないだろう。そして，君がお金を稼いでも君はあまり幸福にはならないだろう。

　確かに，もしもニックが成長してプロのコメディアンになるとか，君がプロのダイバーになれば，その場合は彼の冗談も君の潜水も商品に「なる」。つまり，君たちは特定の金額でそれらを売るだろう。それらには「市場価格」があるのだ。そしてその価格は「交換価値」——他の何かと引き換えに市場で価値を有するもの——を反映するだろう。しかし，これが起きない限り，そしてこれが起きるまでは，これらの価値は全く別の種類だ。それは体験価値と呼んでいいかもしれない。潜水，夕日，冗談，これら三つは大きな体験価値があるが，いかなる交換価値も有していない。

━━━━━━━━━◀解　説▶━━━━━━━━━

(1)　下線部直前に逆接語 But があるが，これは「意外な展開」を導く働きである。前文（Just as my dad …）で語り手は「学術用語で」太陽の色を説明しようとしている。これが「君の気持ちを乱す」結果を生むのだ

から，最適なものは1の「なぜならば科学的な説明はその経験を楽しくないものにしたから」であろう。

(2) 下線部内の the last to *do* は否定語の一つであり，「決して〜しない」を表す。in case S V は副詞節で「S が V すると困るので」。なお比較級で seem と are が対比されているが，この場合 are のような be 動詞は，「主観」を表す seem との違いを明確にするために「現実」「実際」などと訳すとよい。以上から下線部の大意は「現実よりもクールに見えないと困るので常に笑わない」であるが，これと近いものは3の「愚かに見えることに関して不安なので笑うことをためらう」であろう。

(3) 第3段第5文（'Please,' he asks, …）の could you 以降で，相手に依頼したい具体的な内容が述べられている。これと矛盾しないものは4の「ロープを壊れた錨鎖に通して結びつけるため」である。

(4) A．3が正解。直後の definition は名詞なので空欄には前置詞が入るが，文脈上「定義では」「定義によれば」のような意味になるはずと仮説を立てる。「〜によって」の意味になる by は「手段」を表せるから仮説の意味と近くなる。by definition「定義によれば」

B．4が正解。refer to *A* as *B*「*A* を *B* と述べる」 この形を知らなくても，as の左右は「意味的に等しい」ことを知っていれば割り出すこともできよう。

C．1が正解。where と because は直後に *doing* を取る用法はない。文法的に絞り込み，詰まったときに意味を参考にするのが解法の定石。「助けた後で得る喜び」としなくては意味的に不自然と気づけば after が選べよう。

D．2が正解。in exchange for 〜「〜と引き換えに」 for には「求める」というニュアンスがある。

E．4が正解。of a different kind「異なる種類の」 of には「材料」「所有」のニュアンスがあり，該当文は「その価値は全く異なる価値からできている〔持っている〕」などの意味である。

(5) the same thing が指す内容を考えてみると，直前の文の大意である「高額のお金を払えば，それに比例して多くの iPad などの商品が生み出される」などと推測できる。これは「商品」の特徴である。一言で「商品はお金の額次第」とまとめておく。このことが「ニックの冗談」には当て

はまらないというが，「ニックの冗談の特徴」は何かを考えながら直後の文を確かめていくと，下線部直後の同段第8〜10文（If we told … his sense of humor.）から，「お金を払うと失われる」という点だとわかる。ここから，ニックの冗談には商品の特徴が当てはまらないという結論が出せる。4の「なぜならば，ニックの冗談は一般市場で売ることが意図されていないからだ」が最適。

(6)　各選択肢に条件節の接続詞 if が用いられている点に着目。if S_1 V_1, S_2 V_2は「S_1が V_1する条件で S_2が V_2になる」という意味を表す。これを手掛かりに，どういう条件ならば，冗談やダイビングが「商品」になりうるのかと考えた場合，1の「ニックが成長してプロのコメディアンになり，君がプロのダイバーになるならば」が論理的に最適である。プロはお金を稼ぐものだからである。

(7)　下線部直後の文（A dive, a sunset, …）に注目。「潜水，夕日，冗談」は「experiential value を持っていて，交換する価値がない」とあることから，experiential value とは「お金で交換できないもの」であると判断できる。選択肢内で最適なのは2の a funny joke である。

(8)　最終段第4・5文（And this price … different kind.）において，お金で交換できるものとできないものという二者が対比されている。通常 But 以降の文に力点が置かれるので，同段第5文（But unless and until …）以降を，筆者は特に伝えたいのだと判断する。こちらは「お金で買えないもの」に関する記述ゆえ，4の「お金以上に大切なものが存在する」が最適である。

3 解答

(1)— 3　(2)— 3　(3)— 4　(4)— 1　(5)— 4　(6)— 1
(7)— 2　(8)— 2　(9)— 4　(10)— 4　(11)— 3　(12)— 1
(13)— 1　(14)— 1　(15)— 2　(16)— 1　(17)— 3　(18)— 1　(19)— 3　(20)— 4

◀解　説▶

(1)　3が正解。on *one's* behalf は「〜の代わりに」の意味。

(2)　3が正解。be liable to 〜 で「〜にかかりやすい，陥りやすい」の意味。なお，be liable to *do*「〜しがちだ」という語法もある。*ex.* My father is liable to illness.「父は病気にかかりやすい」 I am liable to catch cold.「私は風邪をひきやすい」

(3) 4が正解。though には本問のように S_1 V_1. S_2 V_2, though. の形で「S_1は V_1だ。S_2は V_2だけれども」という意味を表すこともできる。

(4) 1が正解。given that ～ は一種の分詞構文のイディオムで「～を考慮すると」という意味。

(5) 4が正解。substantial「相当な，たっぷりある」 1.「～を強化する」 2.「それぞれの」 3.「自発的な」

(6) 1が正解。be unwilling to *do* は「～をしたがらない」の意味。

(7) 2が正解。safely は「間違いなく」が直訳。

(8) 2が正解。put *A* on hold は「*A* を保留にする」の意味。

(9) 4が正解。see to it that ～ は「～を手配する，配慮する」の意味。

(10) 4が正解。sort out ～は「～を解決する」の意味。

(11) 3が正解。「前置詞＋関係代名詞」の問いは関係詞節内の動詞を見て，相性のよい前置詞を想起するのがコツ。depend は upon (on) とセットで「～に依存する，頼る」の意味。

(12) 1が正解。make sense は「意味を成す」の意味。

(13) 1が正解。本問は分詞構文。*A* be followed by *B*「*A* の後に *B* が続く」が変化したもの。

(14) 1が正解。take *A* for granted は「*A* を当然とみなす」の意味。本問は *A* に相当する something が先行詞になり，関係詞節が続いている。

(15) 2が正解。forbidden は forbid「～を禁じる」の過去分詞。

(16) 1が正解。unauthorised は「認定されていない」の意味。

(17) 3が正解。How I wish は I wish「～ならいいのに」の強調表現。

(18) 1が正解。leave *A* in peace は「*A* をそっとしておく，*A* に干渉しない」の意味。

(19) 3が正解。drop *A* a line は「*A* に一筆残す，手紙を書く」の意味。

(20) 4が正解。whatever は直後に不完全文を伴い，節として文中で名詞または副詞として機能する。本問は他動詞 send の目的語としての働きをしていて，「～するもの〔こと〕は何でも」の意味。

66 2021 年度 英語〈解答〉 　　　　　　　　東京理科大-工〈B方式〉

4 解答

(1)— 2　(2)— 4　(3)— 2　(4)— 2　(5)— 2　(6)— 3
(7)— 3　(8)— 1　(9)— 2　(10)— 4　(11)— 2　(12)— 1
(13)— 4　(14)— 3　(15)— 4　(16)— 2　(17)— 4　(18)— 3　(19)— 3　(20)— 1

◀解　説▶

(1) 「環境破壊が原因で絶滅しつつある動物種は多い」　2 が正解。die out「死に絶える，絶滅する」　2 以外は die とセットでは通常用いない。

(2) 「翌年までに，彼女は 20 年間その会社で仕事をしたことになるだろう」　4 が正解。「by+未来を示す語句」は通常未来完了形の時制が一緒に用いられる。完了形は文中の for twenty years「20 年間」という「期間」を表す副詞句とも相性がよい。

(3) 「彼は店のマネージャーに，それが彼が出すことのできる最大限の価格かどうかを尋ねた」　2 が正解。ask *A* if S V「*A* に S V かどうかを尋ねる」　この if は名詞節の働き。

(4) 「ジャズフェスティバルは驚くほどの成功であった」　2 が正解。動詞 surprise を現在分詞にし，形容詞の働きを加えたもの。空欄には success という名詞を修飾する形容詞が必要。2 以外は副詞である。

(5) 「もしも彼の援助がなかったならば，私は試験に合格することができなかったであろう」　2 が正解。but for は主文に過去の助動詞が置かれて仮定法の意味を持つと，「もしも〜がないならば」という意味を表す。

(6) 「夜遅くというよりもむしろ朝早くに勉強したい」　3 が正解。*A* rather than *B* は「*B* というよりもむしろ *A*」の意味を表す。なお *A* と *B* には対等な関係になる語（句）がくる。than は比較級・different・other・rather などと一緒に使われることが多いが，選択肢の中で than と用いることができるのは 3 のみ。

(7) 「一度も勉強しなくても彼は物理のテストで A 評価を取った」　3 が正解。without ever *doing*「一度も〜せずに」　without は意味上否定を含む。本問のような「これまでに」の意味の ever は否定要素や疑問文と併用される。

(8) 「水素は酸素と反応し水を生み出す」　1 が正解。react with 〜「〜に反応する」

(9) 「リコッタチーズはカッテージチーズの代わりに使うことができる」　2 が正解。substitute *A* for *B*「*A* を *B* の代わりに用いる」　本問では受

動態になっている。

⑽ 「雨がやみ天気がよくなった。そのため彼らは計画通り続行した」 4 の proceeded が正解。S_1 V_1, so S_2 V_2 は S_1 V_1 が「原因」，S_2 V_2 が「結果」を表すが，意味的にも「続けた」の4が最適。

⑾ 「投票者が二名の候補者から選ぶのはとても困難であった」 2 の candidates「候補者」が正解。空欄に入るのは文法上，名詞のみだが，2 以外は名詞ではない。1.「認める」 3.「構成する」 4.「国会の」

⑿ 「窓を打つ雨が極端に騒がしい音を立て始めた」 1 の extremely「極端に」が正解。空欄の直後が形容詞＋名詞であり，形容詞を修飾する副詞が入ると考える。2.「〜と同盟する」 3.「(雑誌・新聞などの) 版」 4.「〜を暗に含む」 1 以外は副詞ではない。

⒀ 「学食の自動販売機は故障中であった」 4 が正解。out of という前置詞の直後なので空欄には名詞が必要。out of order「故障中」 1.「客観的な」 2.「〜を占める」 3.「〜を観察する」 4 以外は名詞ではない。

⒁ 「庭の端を小川が流れていた」 3 が正解。空欄には動詞が必要だが，直後に目的語がないため自動詞を候補とする。run には「(水が) 流れる」の意味がある。1.「つるした，垂らした」 2.「〜を甘やかして駄目にした」 4.「〜のおかげであった」 3 以外は意味をなさない。

⒂ 「彼女は油で炒めた野菜の上にゴマをふりかけたがる」 4 が正解。seed「種，種子」 空欄は他動詞 sprinkle の目的語となる名詞が必要。1.「険しい」 2.「〜に住む」 3.「〜を熟視する」 4 以外は名詞ではない。

⒃ 「私にはそのような決断を下す権威はないと思う」 2 が正解。空欄には名詞が入るが，意味的に通じるのは authority「権威」のみ。1.「消滅」 3.「置くこと」 4.「叫び声」

⒄ 「最初，彼は母親にテストで失敗したことを伝えることを嫌がった。しかし，結局は母親に伝えた」 4 が正解。be reluctant to *do*「〜をしたがらない」 was という be 動詞の直後なので形容詞を想起したい。1.「〜を中断する」 2.「〜をしなくなる」 3.「〜する傾向がある」 4 以外は形容詞ではない。

⒅ 「彼女は自分が成長した町で生活している」 3 が正解。空欄の直後は完全文なので関係副詞を想起。かつ直前が town という「場所」を表す語

なので where を選ぶ。

(19) 「天気予報によれば明日は晴れるとのことだ」 3 が正解。weather forecast「天気予報」

(20) 「万が一もっと援助が必要ならば，遠慮せず連絡してくださいね」 1 が正解。もともとは If you should need …という仮定法未来を表す形だが，if を消去し should を文頭に移した倒置形になっている。

5 解答

(2nd, 6th の順に)

(1)— 5，1　(2)— 2，5　(3)— 5，7　(4)— 3，7

(5)— 4，7

◀解　説▶

(1) (Possessing much) information is not necessarily equivalent to having a means (of pursuing the truth.)

和文内の「～を持っていることが」という表現から，文頭の Possessing … は動名詞による主語であると判断する。possessing は本来他動詞なので目的語となる information を置く。なおこれは不可算名詞なので much による修飾が可。受ける動詞は is。これは be 動詞なので次は補語になる形容詞を考える。be equivalent to ～「～に匹敵する」という熟語ができる。to は前置詞なので次に having a means という動名詞句を置く。not necessarily という部分否定の副詞は通常否定語を置く位置に置けばよい。なお，ここでは means「手段」は単数扱い。

(2) (Some may point out that this extreme) tendency has deprived many people of knowledge (developed outside this country.)

point out that の that は接続詞なので，完全文が続く。和文が「因果」になっているが，これは整序英作文では「無生物主語構文」での出題が多い。「この極端な傾向」が主語になると想定し，this extreme tendency を S にする。deprive A of B は「A から B を奪う」という意味の頻出熟語。文中の developed は形容詞用法の過去分詞で，knowledge を修飾している。

(3) (These different factors determine the way works of art are created and the) extent to which they are valued by (society.)

the way SV という名詞＋関係詞節のまとまりに and が続いている。and

は等位接続詞で「語と語」「句と句」「節と節」を対等な関係で結ぶ。そのため and の後ろにも名詞＋関係詞節がくると予測。the extent to which は「どの程度 S が V するか」。they は works of art を指す。are valued by という受動態で組み立てる。

(4) (Being an adult) is <u>learning</u> how to own <u>your</u> opinion.
和文が「～になるということ」なので，Being an adult が動名詞による主語と想定。受ける動詞は is。「～を学ぶことである」という表現から補語の位置でも動名詞が続くと考え，learning を続ける。how の後続は，SV 以外に to *do* も可能であり，how to own …とすればよい。

(5) (Things would be totally different) if <u>he</u> had any consideration <u>toward</u> others.
前半 (Things would be totally different) で文が完成しているため，副詞要素のみが後続できる。接続詞 if は次に SV を従えて副詞節の働きを持つ。have consideration toward ～「～へのいたわりの気持ちを持つ」

❖講　評

2021 年度は，2020 年度と出題数に変化はないものの，記述式の設問が出題されず全問マークシート法であった。しかし難易度にはあまり影響はないように思われる。

1 の長文読解問題は，科学者の資質として「創造性」，「観察」いずれが重視されるべきかという対比を軸に述べられた英文であった。単純な対比構造とはいえ，言い換えが何度も続くために，いつの間にか文の要旨を見失っている可能性もある。それを防ぐためにも，段落ごとに要旨をメモするなどしておく方が解答するときに楽になるだろう。日頃から訓練しておきたい。

2 の長文読解問題は「父から娘への手紙」という設定であるが，最初の数段落だけでは何が言いたいのかわからない。趣旨は「金で買えるもの・買えないものの定義の差」という対比であることが把握できれば単純な内容だが，例年通り文章の後半を読んで初めて最初の方の内容が理解できる仕組みなので，焦らず論旨をつかむことが大事である。

3・4 の文法・語彙問題は例年同様空所補充だが，3 は日本語訳が付されていた。いずれも出題レベルは標準的で，例年通り，基本事項中心だが，各 20 問，2 題で合計 40 問もの問題を処理しなければならないことを考えると，短時間で大量に処理できるレスポンス能力を鍛えておく必要がある。

5 は，2020 年度は和文が付された空所補充が記述式で出題されていたが，2021 年度は語句整序であった。関係詞や準動詞など，基本事項とはいえ理屈重視の，受験生が理解するのに苦労する単元が多く出題されている。日頃から基本事項を丹念に学習することに加え，大量の問題を解くことに慣れ，試験という緊張する場面でも冷静に対処できるスタミナのある学力を培っておきたい。

数学

(注) 解答につきましては，東京理科大学から提供のあった情報を掲載しております。

1 解答

(1)(a)ア．3 イ．3 ウ．3 エ．3 オ．3
カ．3 キ．3 ク．3 ケ．5 コサ．12 シ．1
スセ．12
(b)ソタチ．168 (c)ツテトナ．1348
(2)(a)アイ．11 ウエ．21 オカ．12 キ．5
(b)ク．3 ケ．8 コサシ．105
(c)ス．4 セ．5 ソ．5 タチ．64 ツテ．49 ト．5
(3)(a)ア．2 イ．3 ウ．9 エオ．40
(b)カ．8 キク．15 ケコサシ．1187 スセソタ．1260

◀解　説▶

≪小問3問≫

(1)(a) $|z-\alpha|=2\sqrt{2}$ より，点 z は点 α を中心とする半径 $2\sqrt{2}$ の円上にあるから，偏角が最大，最小となる z は，それぞれ右図の β, γ である。右図を xy 平面と考えて，原点を通る直線の方程式を $y=ax$ とおく。この直線が円と接するとき，円の中心 $(4, 4)$ から直線 $ax-y=0$ への距離が半径 $2\sqrt{2}$ に等しいので

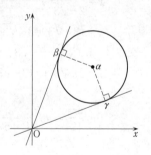

$$\frac{|4a-4|}{\sqrt{a^2+1}}=2\sqrt{2} \qquad |4a-4|=2\sqrt{2a^2+2}$$

$$|2a-2|=\sqrt{2a^2+2} \qquad (2a-2)^2=2a^2+2$$

$$4a^2-8a+4=2a^2+2 \qquad 2a^2-8a+2=0$$

$$a^2-4a+1=0 \qquad a=2\pm\sqrt{3}$$

点 $(4, 4)$ を通り，直線 $y=(2+\sqrt{3})x$ に垂直な直線の方程式は

$$y-4=-\frac{1}{2+\sqrt{3}}(x-4) \qquad (2+\sqrt{3})y-8-4\sqrt{3}=-x+4$$

$$x + (2+\sqrt{3})\,y = 12 + 4\sqrt{3}$$

点 $(4,\ 4)$ を通り，直線 $y = (2-\sqrt{3})\,x$ に垂直な直線の方程式は

$$y - 4 = -\frac{1}{2-\sqrt{3}}\,(x-4) \qquad (2-\sqrt{3})\,y - 8 + 4\sqrt{3} = -x + 4$$

$$x + (2-\sqrt{3})\,y = 12 - 4\sqrt{3}$$

$$\begin{cases} y = (2+\sqrt{3})\,x \\ x + (2+\sqrt{3})\,y = 12 + 4\sqrt{3} \end{cases} \text{より}$$

$$x + (2+\sqrt{3})^2 x = 12 + 4\sqrt{3} \qquad (8 + 4\sqrt{3})\,x = 12 + 4\sqrt{3}$$

$$x = \frac{3+\sqrt{3}}{2+\sqrt{3}} = \frac{(3+\sqrt{3})(2-\sqrt{3})}{4-3} = 3 - \sqrt{3}$$

$$y = (2+\sqrt{3})(3-\sqrt{3}) = 3 + \sqrt{3}$$

交点は $(3-\sqrt{3},\ 3+\sqrt{3})$ であるから

$$\beta = 3 - \sqrt{3} + i\,(3+\sqrt{3}) \quad \to \text{ア} \sim \text{エ}$$

$$\begin{cases} y = (2-\sqrt{3})\,x \\ x + (2-\sqrt{3})\,y = 12 - 4\sqrt{3} \end{cases} \text{より}$$

$$x + (2-\sqrt{3})^2 x = 12 - 4\sqrt{3} \qquad (8 - 4\sqrt{3})\,x = 12 - 4\sqrt{3}$$

$$x = \frac{3-\sqrt{3}}{2-\sqrt{3}} = \frac{(3-\sqrt{3})(2+\sqrt{3})}{4-3} = 3 + \sqrt{3}$$

$$y = (2-\sqrt{3})(3+\sqrt{3}) = 3 - \sqrt{3}$$

交点は $(3+\sqrt{3},\ 3-\sqrt{3})$ であるから

$$\gamma = 3 + \sqrt{3} + i\,(3-\sqrt{3}) \quad \to \text{オ} \sim \text{ク}$$

$$\tan\frac{5\pi}{12} = \tan\left(\frac{\pi}{4} + \frac{\pi}{6}\right) = \frac{\tan\dfrac{\pi}{4} + \tan\dfrac{\pi}{6}}{1 - \tan\dfrac{\pi}{4}\tan\dfrac{\pi}{6}}$$

$$= \frac{1 + \dfrac{1}{\sqrt{3}}}{1 - \dfrac{1}{\sqrt{3}}} = \frac{\sqrt{3} + 1}{\sqrt{3} - 1} = \frac{(\sqrt{3}+1)^2}{3-1}$$

$$= 2 + \sqrt{3}$$

よって，β の偏角は $\quad \dfrac{5}{12}\pi \quad \to \text{ケ} \sim \text{サ}$

$$\tan\frac{\pi}{12} = \tan\left(\frac{\pi}{4} - \frac{\pi}{6}\right) = \frac{\tan\frac{\pi}{4} - \tan\frac{\pi}{6}}{1 + \tan\frac{\pi}{4}\tan\frac{\pi}{6}}$$

$$= \frac{1 - \frac{1}{\sqrt{3}}}{1 + \frac{1}{\sqrt{3}}} = \frac{\sqrt{3} - 1}{\sqrt{3} + 1} = \frac{(\sqrt{3} - 1)^2}{3 - 1}$$

$$= 2 - \sqrt{3}$$

よって，γ の偏角は $\dfrac{1}{12}\pi$ →シ～セ

別解 $A(\alpha)$，$B(\beta)$，$C(\gamma)$ とする。

$$\alpha = 4 + 4i = 4\sqrt{2}\left(\cos\frac{\pi}{4} + i\sin\frac{\pi}{4}\right)$$

$\angle OBA = \dfrac{\pi}{2}$，$OA = 4\sqrt{2}$，$AB = 2\sqrt{2}$ より

$\angle AOB = \dfrac{\pi}{6}$，$OA : OB = 2 : \sqrt{3}$

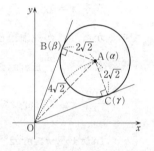

したがって，点 B は，点 A を原点を中心に $\dfrac{\pi}{6}$ 回転し，$\dfrac{\sqrt{3}}{2}$ 倍した点であるから

$$\beta = \frac{\sqrt{3}}{2}\left(\cos\frac{\pi}{6} + i\sin\frac{\pi}{6}\right)\cdot\alpha$$

$$= \frac{\sqrt{3}}{2}\left(\frac{\sqrt{3}}{2} + \frac{1}{2}i\right)\cdot 4(1 + i)$$

$$= \sqrt{3}(\sqrt{3} + i)(1 + i)$$

$$= 3 - \sqrt{3} + i(3 + \sqrt{3})$$

点 C は，点 A を原点を中心に $-\dfrac{\pi}{6}$ 回転し，$\dfrac{\sqrt{3}}{2}$ 倍した点であるから

$$\gamma = \frac{\sqrt{3}}{2}\left\{\cos\left(-\frac{\pi}{6}\right) + i\sin\left(-\frac{\pi}{6}\right)\right\}\cdot\alpha$$

$$= \frac{\sqrt{3}}{2}\left(\frac{\sqrt{3}}{2} - \frac{i}{2}\right)\cdot 4(1 + i)$$

$$= \sqrt{3}(\sqrt{3} - i)(1 + i)$$

$$= 3 + \sqrt{3} + i(3 - \sqrt{3})$$

図より

β の偏角は $\quad \dfrac{\pi}{4} + \dfrac{\pi}{6} = \dfrac{5}{12}\pi$

γ の偏角は $\quad \dfrac{\pi}{4} - \dfrac{\pi}{6} = \dfrac{1}{12}\pi$

(b) $\arg \gamma^n = n \arg \gamma = \dfrac{n}{12}\pi$

$1 \leqq n \leqq 2021$ より $\quad \dfrac{\pi}{12} \leqq \arg \gamma^n \leqq \dfrac{2021}{12}\pi$

$$\dfrac{2021}{12}\pi = 168\pi + \dfrac{5}{12}\pi$$

であるから，γ^n が純虚数となる n は $\quad$ 168 個 $\quad \rightarrow$ ソ～チ

(c) (a)より $\quad \dfrac{\pi}{12} \leqq \arg z \leqq \dfrac{5}{12}\pi$

$$\dfrac{2021}{12}\pi \leqq 2021 \arg z \leqq \dfrac{10105}{12}\pi$$

$$168\pi + \dfrac{5}{12}\pi \leqq \arg z^{2021} \leqq 842\pi + \dfrac{\pi}{12}$$

z^{2021} が純虚数となるような z の個数は，β^{2021}，γ^{2021} が純虚数ではないので，1つの偏角に対して z が 2 個ずつ決まることに注意して

$\quad 2(841-167) = 1348$ 個 $\quad \rightarrow$ ツ～ナ

(2)(a) △ABC において余弦定理より

$$\cos \angle \mathrm{BAC} = \dfrac{49 + 81 - 196}{2 \times 7 \times 9}$$

$$= \dfrac{-66}{2 \times 7 \times 9}$$

$$= -\dfrac{11}{21} \quad \rightarrow \text{ア～エ}$$

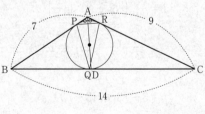

$\sin \angle \mathrm{BAC} > 0$ より

$$\sin \angle \mathrm{BAC} = \sqrt{1 - \cos^2 \angle \mathrm{BAC}} = \sqrt{1 - \dfrac{121}{441}}$$

東京理科大-工〈B方式〉　　　　　　　　　　　　　　　　　　2021 年度　数学〈解答〉　75

$$= \frac{\sqrt{320}}{21} = \frac{8\sqrt{5}}{21}$$

よって

$$\triangle ABC = \frac{1}{2} \times 7 \times 9 \times \frac{8\sqrt{5}}{21} = 12\sqrt{5} \quad \rightarrow オ〜キ$$

(b)　$\angle BAC = \theta$ とおくと　　　$\angle BAD = \angle CAD = \dfrac{\theta}{2}$

(a)より，$\cos\theta = -\dfrac{11}{21}$ であるから

$$\sin^2\frac{\theta}{2} = \frac{1-\cos\theta}{2} = \frac{1+\dfrac{11}{21}}{2} = \frac{21+11}{42} = \frac{16}{21}$$

$\sin\dfrac{\theta}{2} > 0$ より　　　$\sin\dfrac{\theta}{2} = \dfrac{4}{\sqrt{21}}$

$AD = x$ とおくと，$\triangle ABC = \triangle ABD + \triangle ACD$ より

$$12\sqrt{5} = \frac{1}{2} \times 7 \times x \times \frac{4}{\sqrt{21}} + \frac{1}{2} \times 9 \times x \times \frac{4}{\sqrt{21}}$$

$$12\sqrt{5} = \frac{32}{\sqrt{21}}x$$

$$x = \frac{\sqrt{21}}{32} \times 12\sqrt{5} = \frac{3}{8}\sqrt{105} \quad \rightarrow ク〜シ$$

別解　AD は $\angle BAC$ の二等分線であるから

$$BD : DC = AB : AC = 7 : 9$$

$$BD = \frac{7}{16}BC = \frac{7}{16} \times 14 = \frac{49}{8}$$

$\triangle ABC$ において余弦定理より

$$\cos\angle ABC = \frac{49+196-81}{2\times 7\times 14} = \frac{164}{2\times 7\times 14} = \frac{41}{49}$$

$\triangle ABD$ において余弦定理より

$$AD^2 = 49 + \frac{2401}{64} - 2\times 7 \times \frac{49}{8} \times \frac{41}{49} = \frac{945}{64}$$

$$AD = \frac{\sqrt{945}}{8} = \frac{3}{8}\sqrt{105}$$

(c) △ABC の内接円の半径を r とすると，$\triangle ABC = \dfrac{1}{2}r\,(AB + BC + CA)$ より

$$12\sqrt{5} = \frac{1}{2}r\,(7 + 14 + 9) \qquad 15r = 12\sqrt{5}$$

$$r = \frac{4}{5}\sqrt{5} \quad \rightarrow \text{ス}\sim\text{ソ}$$

円外の 1 点から引いた 2 本の接線の長さは等しいので

AP = AR = y とおくと　　BP = BQ = $7 - y$，CQ = CR = $9 - y$

BQ + CQ = 14 より　　$(7 - y) + (9 - y) = 14$

$$2y = 2 \qquad y = 1$$

$$\triangle APR = \frac{1}{7} \times \frac{1}{9} \times \triangle ABC = \frac{1}{63}\triangle ABC$$

$$\triangle BPQ = \frac{6}{7} \times \frac{6}{14} \times \triangle ABC = \frac{18}{49}\triangle ABC$$

$$\triangle CQR = \frac{8}{14} \times \frac{8}{9} \times \triangle ABC = \frac{32}{63}\triangle ABC$$

であるから

$$\triangle PQR = \triangle ABC - \left(\frac{1}{63} + \frac{18}{49} + \frac{32}{63}\right) \times \triangle ABC = \frac{147 - 77 - 54}{147} \times \triangle ABC$$

$$= \frac{16}{147} \times \triangle ABC = \frac{16}{147} \times 12\sqrt{5}$$

$$= \frac{64}{49}\sqrt{5} \quad \rightarrow \text{タ}\sim\text{ト}$$

(3)(a)　2 回目の試行後，袋に入っている赤い玉がちょうど 2 個であるのは

　(i) 1 回目に赤い玉，2 回目に白い玉

　(ii) 1 回目に白い玉，2 回目に赤い玉

を取り出すときなので，求める確率は

$$\frac{1}{2} \times \frac{2}{3} + \frac{1}{2} \times \frac{2}{3} = \frac{2}{3} \quad \rightarrow \text{ア，イ}$$

4 回目の試行後，袋に入っている赤い玉の個数が 2 個以下であるのは

　(i) 4 回とも赤い玉

　(ii) 4 回のうち 3 回が赤い玉，1 回が白い玉

東京理科大-工〈B方式〉 2021 年度 数学〈解答〉 77

を取り出すときなので，求める確率は

$$\frac{1}{2} \times \frac{1}{3} \times \frac{1}{4} \times \frac{1}{5}$$

$$+ \left(\frac{1}{2} \times \frac{1}{3} \times \frac{1}{4} \times \frac{4}{5} + \frac{1}{2} \times \frac{1}{3} \times \frac{3}{4} \times \frac{2}{5} + \frac{1}{2} \times \frac{2}{3} \times \frac{2}{4} \times \frac{2}{5} + \frac{1}{2} \times \frac{2}{3} \times \frac{2}{4} \times \frac{2}{5} \right)$$

$$= \frac{1 + 4 + 6 + 8 + 8}{2 \times 3 \times 4 \times 5} = \frac{27}{2 \times 3 \times 4 \times 5}$$

$$= \frac{9}{40} \quad \rightarrow \text{ウ}\sim\text{オ}$$

(b) 2 回目の試行後，袋に入っている赤い玉の個数がちょうど 4 個である
のは

 (i) 1 回目に赤い玉 2 個，2 回目に白い玉 2 個

 (ii) 1 回目に白い玉 2 個，2 回目に赤い玉 2 個

 (iii) 1，2 回目とも赤い玉 1 個，白い玉 1 個

を取り出すときなので，求める確率は

$$\frac{1}{{}_4\mathrm{C}_2} \times \frac{{}_4\mathrm{C}_2}{{}_6\mathrm{C}_2} + \frac{1}{{}_4\mathrm{C}_2} \times \frac{{}_4\mathrm{C}_2}{{}_6\mathrm{C}_2} + \frac{{}_2\mathrm{C}_1 \times {}_2\mathrm{C}_1}{{}_4\mathrm{C}_2} \times \frac{{}_3\mathrm{C}_1 \times {}_3\mathrm{C}_1}{{}_6\mathrm{C}_2}$$

$$= \frac{1}{6} \times \frac{6}{15} + \frac{1}{6} \times \frac{6}{15} + \frac{4}{6} \times \frac{9}{15} = \frac{6 + 6 + 36}{6 \times 15}$$

$$= \frac{48}{6 \times 15} = \frac{8}{15} \quad \rightarrow \text{カ}\sim\text{ク}$$

3 回目の試行後，赤い玉の個数が 3 個以下または 7 個以上であるのは

 (i) 3 回とも赤い玉を 2 個

 (ii) 3 回のうち 2 回が赤い玉 2 個，1 回が赤い玉 1 個，白い玉 1 個

 (iii) 3 回とも白い玉を 2 個

 (iv) 3 回のうち 2 回が白い玉 2 個，1 回が赤い玉 1 個，白い玉 1 個

を取り出すときであり，(i)と(iii)，(ii)と(iv)の確率はそれぞれ等しいので，こ
の確率は

$$\left\{ \frac{1}{{}_4\mathrm{C}_2} \times \frac{1}{{}_6\mathrm{C}_2} \times \frac{1}{{}_8\mathrm{C}_2} + \left(\frac{1}{{}_4\mathrm{C}_2} \times \frac{1}{{}_6\mathrm{C}_2} \times \frac{{}_2\mathrm{C}_1 \times {}_6\mathrm{C}_1}{{}_8\mathrm{C}_2} + \frac{1}{{}_4\mathrm{C}_2} \times \frac{{}_2\mathrm{C}_1 \times {}_4\mathrm{C}_1}{{}_6\mathrm{C}_2} \times \frac{{}_3\mathrm{C}_2}{{}_8\mathrm{C}_2} \right. \right.$$

$$\left. \left. + \frac{{}_2\mathrm{C}_1 \times {}_2\mathrm{C}_1}{{}_4\mathrm{C}_2} \times \frac{{}_3\mathrm{C}_2}{{}_6\mathrm{C}_2} \times \frac{{}_3\mathrm{C}_2}{{}_8\mathrm{C}_2} \right) \right\} \times 2$$

$$= \frac{1 + 12 + 24 + 36}{6 \times 15 \times 28} \times 2 = \frac{73}{3 \times 15 \times 28}$$

$$= \frac{73}{1260}$$

よって，3回目の試行後，袋に入っている赤い玉の個数が4個以上かつ6個以下である確率は

$$1 - \frac{73}{1260} = \frac{1187}{1260} \quad →ケ～タ$$

2 解答

(1)(a)(あ) 3   (い) 15   (b)(う) $4n^2 - 1$
(2)(a)(え) $3n - 1$ (お) n (b)(か) $12n^2 - 4n$
(c)(き) $12n^2 - 4n + 3$

(注) (き)については，途中の過程の記述は省略。

◀解　説▶

≪不等式の表す領域，格子点の個数，平行四辺形の面積，平行四辺形に含まれる格子点の個数≫

(1)(a)　$n=1$ のとき，$3x-y>4$，$x\leq 2$，$y\geq -1$ を満たす格子点は，$(2, -1)$，$(2, 0)$，$(2, 1)$ だから

$$I_1 = 3 \quad →(あ)$$

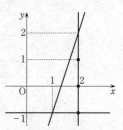

$n=2$ のとき，$7x-3y>20$，$x\leq 5$，$y\geq -2$ を満たす格子点は，$(3, -2)$，$(3, -1)$，$(3, 0)$，$(4, -2)$，$(4, -1)$，$(4, 0)$，$(4, 1)$，$(4, 2)$，$(5, -2)$，$(5, -1)$，$(5, 0)$，$(5, 1)$，$(5, 2)$，$(5, 3)$，$(5, 4)$ だから

$$I_2 = 15 \quad →(い)$$

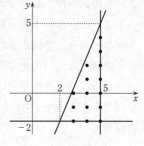

(b)　$\begin{cases} (4n-1)x - (2n-1)y = 2n(3n-1) \\ y = -n \end{cases}$ より

$$(4n-1)x + n(2n-1) = 2n(3n-1)$$
$$(4n-1)x = n(4n-1)$$
$$x = n$$

であるから，3つの不等式は $n < x \leq 3n-1$，

$-n \leq y < \dfrac{(4n-1)x - 2n(3n-1)}{2n-1}$ と変形できる。

この領域と直線 $x = n+k$ ($k = 1, 2, \cdots,$ $2n-1$) の共通部分にある格子点の個数は

$$\frac{(4n-1)(n+k) - 2n(3n-1)}{2n-1}$$

$$= \frac{(4n-1)k - n(2n-1)}{2n-1} = \frac{4n-1}{2n-1}k - n$$

$$= \left(2 + \frac{1}{2n-1}\right)k - n = 2k - n + \frac{k}{2n-1}$$

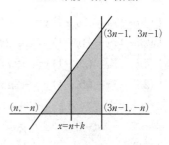

より，$-n \leqq y < 2k - n + \dfrac{k}{2n-1}$ であるから

$2k - n + n + 1 = 2k + 1$ 個

である。

$$I_n = \sum_{k=1}^{2n-1} (2k+1) = 2 \cdot \frac{1}{2}(2n-1) \cdot 2n + 2n - 1$$

$$= 4n^2 - 1 \quad \to (う)$$

(2)(a) $\begin{cases} -2n(3n-1) \leqq (4n-1)x - (2n-1)y \leqq 2n(3n-1) \\ -2n(3n-1) \leqq (2n-1)x - (4n-1)y \leqq 2n(3n-1) \end{cases}$

境界線の交点の座標を求める。

$\begin{cases} (4n-1)x - (2n-1)y = 2n(3n-1) & \cdots\cdots ① \\ (2n-1)x - (4n-1)y = 2n(3n-1) & \cdots\cdots ② \end{cases}$

①×$(4n-1)$ − ②×$(2n-1)$ より

$\{(4n-1)^2 - (2n-1)^2\}x = 2n(3n-1)(4n-1-2n+1)$

$4n(3n-1)x = 4n^2(3n-1)$

$x = n$

①へ代入して

$n(4n-1) - (2n-1)y = 2n(3n-1)$

$(2n-1)y = -n(2n-1)$

$y = -n$

よって　$(n, -n)$

$\begin{cases} (4n-1)x - (2n-1)y = 2n(3n-1) \\ (2n-1)x - (4n-1)y = -2n(3n-1) \end{cases}$ より，同様に計算すると

$x = 3n-1, \ y = 3n-1$

よって　$(3n-1, 3n-1)$

$$\begin{cases} (4n-1)x - (2n-1)y = -2n(3n-1) \\ (2n-1)x - (4n-1)y = 2n(3n-1) \end{cases},$$

$$\begin{cases} (4n-1)x - (2n-1)y = -2n(3n-1) \\ (2n-1)x - (4n-1)y = -2n(3n-1) \end{cases}$$

からもそれぞれ交点 $(-3n+1, -3n+1)$, $(-n, n)$ が得られる。

よって　　$a_n = 3n-1$, $b_n = n$　→(え), (お)

(b) $A(3n-1, 3n-1)$, $B(n, -n)$, $C(-3n+1, -3n+1)$, $D(-n, n)$ とおく（図1）と, D_n の面積は

$$\left(\frac{1}{2} \times BD \times OA\right) \times 2 = \sqrt{4n^2 + 4n^2} \times \sqrt{(3n-1)^2 + (3n-1)^2}$$

$$= 2\sqrt{2}\,n \times \sqrt{2}\,(3n-1)$$

$$= 12n^2 - 4n \quad →(か)$$

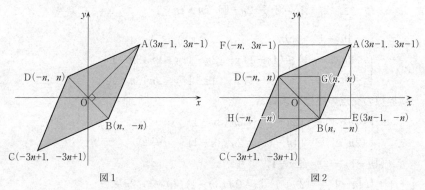

図1　　　　　　　　　図2

(c) $E(3n-1, -n)$, $F(-n, 3n-1)$, $G(n, n)$, $H(-n, -n)$ とおく（図2）と, 正方形 AEHF の周および内部の格子点の個数は

$$(3n-1+n+1)(3n-1+n+1) = 16n^2 \text{ 個}$$

三角形 ABE の AB を除く周および内部の格子点の個数は, (1)(b)より $4n^2 - 1$ 個。

三角形 ADF の AD を除く周および内部の格子点の個数も同様に, $4n^2 - 1$ 個である。

次に, 正方形 BHDG の周および内部の格子点の個数は

$$(n+n+1)(n+n+1) = (2n+1)^2 = 4n^2 + 4n + 1 \text{ 個}$$

線分 BD 上の格子点の個数は $2n+1$ 個であるから, 三角形 BDH の BD を除く周および内部の格子点の個数は

東京理科大-工〈B方式〉　　　　　　　　　　2021 年度　数学〈解答〉　*81*

$$(4n^2 + 4n + 1 - 2n - 1) \times \frac{1}{2} = 2n^2 + n \text{ 個}$$

である。

したがって，三角形 ABD の周および内部の格子点の個数は

$$16n^2 - (4n^2 - 1) \times 2 - (2n^2 + n) = 6n^2 - n + 2 \text{ 個}$$

となる。

三角形 BCD の周および内部の格子点の個数も $6n^2 - n + 2$ 個であるから，D_n に含まれる格子点の個数 J_n は

$$J_n = (6n^2 - n + 2) \times 2 - (2n + 1) = 12n^2 - 4n + 3 \quad →(き)$$

3　解答

(1)(あ)$\dfrac{\pi}{2}$　(い)$\dfrac{7\pi}{6}$　(う)$\dfrac{3\pi}{2}$　(え)$\dfrac{11\pi}{6}$

(お)$1 + \sqrt{2}$　(か)$1 - \sqrt{2}$

(2)(き)$\dfrac{(X - Y)^2}{2}\pi$　(く)$\dfrac{X + Y - 1 + \sqrt{2}}{\sqrt{2}}\left(= \dfrac{\sqrt{2}(X + Y) - \sqrt{2} + 2}{2}\right)$

(3)(け)$\dfrac{28\pi}{15}$

(注)　(け)については，途中の経過の記述は省略。

━━━━━━━━　◀解　説▶　━━━━━━━━

≪媒介変数表示で表された曲線，接線，直線 $y = x$ のまわりに回転させてできる回転体の体積≫

(1)　$y = (1 + \sin\theta)\sin\theta$ より

$$\frac{dy}{d\theta} = \cos\theta\sin\theta + (1 + \sin\theta)\cos\theta = \cos\theta(2\sin\theta + 1)$$

$\dfrac{dy}{d\theta} = 0$ となる θ の値は，$\cos\theta = 0$ または $\sin\theta = -\dfrac{1}{2}$ $(0 \le \theta \le 2\pi)$ より

$$\theta = \frac{\pi}{2},\ \frac{7\pi}{6},\ \frac{3\pi}{2},\ \frac{11\pi}{6} \quad →(あ)〜(え)$$

$x = (1 + \cos\theta)\cos\theta$ より

$$\frac{dx}{d\theta} = -\sin\theta\cos\theta - (1 + \cos\theta)\sin\theta = -\sin\theta(2\cos\theta + 1)$$

であるから，$\dfrac{dy}{dx} \ne 0$ のとき

$$\frac{dy}{dx} = \frac{\dfrac{dy}{d\theta}}{\dfrac{dx}{d\theta}} = -\frac{\cos\theta\,(2\sin\theta+1)}{\sin\theta\,(2\cos\theta+1)}$$

$\dfrac{dy}{dx} = -1$ となる θ の値は

$$\cos\theta\,(2\sin\theta+1) = \sin\theta\,(2\cos\theta+1) \qquad \sin\theta - \cos\theta = 0$$

$$\sqrt{2}\,\sin\left(\theta-\frac{\pi}{4}\right) = 0$$

$-\dfrac{\pi}{4} \leqq \theta - \dfrac{\pi}{4} \leqq \dfrac{7\pi}{4}$ より，$\theta = \dfrac{\pi}{4},\ \dfrac{5\pi}{4}$ となり，これは $\dfrac{dx}{d\theta} \neq 0$ を満たす。

$\theta = \dfrac{\pi}{4}$ のとき

$$x = \left(1+\cos\frac{\pi}{4}\right)\cos\frac{\pi}{4} = \frac{1+\sqrt{2}}{2},\quad y = \left(1+\sin\frac{\pi}{4}\right)\sin\frac{\pi}{4} = \frac{1+\sqrt{2}}{2}$$

接線の方程式は　　$y - \dfrac{1+\sqrt{2}}{2} = -\left(x - \dfrac{1+\sqrt{2}}{2}\right)$

$$y = -x + 1 + \sqrt{2} \quad \rightarrow\text{(お)}$$

$\theta = \dfrac{5\pi}{4}$ のとき

$$x = \left(1+\cos\frac{5\pi}{4}\right)\cos\frac{5\pi}{4} = \frac{1-\sqrt{2}}{2},\quad y = \left(1+\sin\frac{5\pi}{4}\right)\sin\frac{5\pi}{4} = \frac{1-\sqrt{2}}{2}$$

接線の方程式は　　$y - \dfrac{1-\sqrt{2}}{2} = -\left(x - \dfrac{1-\sqrt{2}}{2}\right)$

$$y = -x + 1 - \sqrt{2} \quad \rightarrow\text{(か)}$$

(2) 点 $P(X,\ Y)$ と直線 $x - y = 0$ の距離を考えて

$$PH = \frac{|X-Y|}{\sqrt{1+1}} = \frac{1}{\sqrt{2}}|X-Y|$$

S は PH を半径とする円の面積だから

$$S = \pi PH^2 = \frac{(X-Y)^2}{2}\pi \quad \rightarrow\text{(き)}$$

$Q\left(\dfrac{1-\sqrt{2}}{2},\ \dfrac{1-\sqrt{2}}{2}\right)$ であり，$\triangle PQH$ において三平方の定理より

$$PQ^2 = PH^2 + QH^2$$

東京理科大-工〈B方式〉 2021 年度 数学〈解答〉 83

$$\left(X - \frac{1-\sqrt{2}}{2}\right)^2 + \left(Y - \frac{1-\sqrt{2}}{2}\right)^2 = \frac{(X-Y)^2}{2} + h^2$$

$$h^2 = \left(X - \frac{1-\sqrt{2}}{2}\right)^2 + \left(Y - \frac{1-\sqrt{2}}{2}\right)^2 - \frac{(X-Y)^2}{2}$$

$$= \frac{1}{2}X^2 - (1-\sqrt{2})X + \frac{1}{2}Y^2 - (1-\sqrt{2})Y + XY + \frac{(1-\sqrt{2})^2}{2}$$

$$= \frac{1}{2}(X^2 + 2XY + Y^2) - (1-\sqrt{2})(X+Y) + \frac{(1-\sqrt{2})^2}{2}$$

$$= \frac{1}{2}(X+Y)^2 - (1-\sqrt{2})(X+Y) + \frac{(1-\sqrt{2})^2}{2}$$

$$= \frac{1}{2}\{(X+Y)^2 - 2(1-\sqrt{2})(X+Y) + (1-\sqrt{2})^2\}$$

$$= \frac{1}{2}(X+Y-1+\sqrt{2})^2$$

ここで，$X = (1+\cos\theta)\cos\theta$，$Y = (1+\sin\theta)\sin\theta$ と表せるので

$$X + Y - 1 + \sqrt{2} = \sin\theta + \cos\theta + \sin^2\theta + \cos^2\theta - 1 + \sqrt{2}$$

$$= \sqrt{2}\sin\left(\theta + \frac{\pi}{4}\right) + 1 - 1 + \sqrt{2}$$

$$= \sqrt{2}\left\{\sin\left(\theta + \frac{\pi}{4}\right) + 1\right\} \geqq 0$$

であるから

$$h = \frac{X + Y - 1 + \sqrt{2}}{\sqrt{2}} \quad \rightarrow \text{(く)}$$

(3)

θ	0	…	$\frac{\pi}{2}$	…	$\frac{2\pi}{3}$	…	π	…	$\frac{7\pi}{6}$	…	$\frac{4\pi}{3}$	…	$\frac{3\pi}{2}$	…	$\frac{11\pi}{6}$	…	2π
$\frac{dx}{d\theta}$	0	$-$	$-$	$-$	0	$+$	0	$-$	$-$	$-$	0	$+$	$+$	$+$	$+$	$+$	0
$\frac{dy}{d\theta}$	$+$	$+$	0	$-$	$-$	$-$	0	$+$	$+$	$+$	$+$	0	$-$	0	$+$	$+$	
$(x,\ y)$	$(2,\ 0)$	↘	$(0,\ 2)$	↙	$\left(-\frac{1}{4},\ \frac{3}{4}+\frac{\sqrt{3}}{2}\right)$	↘	$(0,\ 0)$	↙	$\left(\frac{3}{4}-\frac{\sqrt{3}}{2},\ -\frac{1}{4}\right)$	↘	$\left(-\frac{1}{4},\ \frac{3}{4}-\frac{\sqrt{3}}{2}\right)$	↗	$(0,\ 0)$	↘	$\left(\frac{3}{4}+\frac{\sqrt{3}}{2},\ -\frac{1}{4}\right)$	↗	$(2,\ 0)$

曲線 C のグラフは次のようになる。

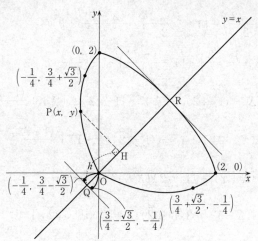

$R\left(\dfrac{1+\sqrt{2}}{2},\ \dfrac{1+\sqrt{2}}{2}\right)$ とおくと

$$QR = \sqrt{\left(\dfrac{1+\sqrt{2}}{2}-\dfrac{1-\sqrt{2}}{2}\right)^2 + \left(\dfrac{1+\sqrt{2}}{2}-\dfrac{1-\sqrt{2}}{2}\right)^2} = 2$$

$$S = \dfrac{(X-Y)^2}{2}\pi$$

$$= \dfrac{\pi}{2}\{(1+\cos\theta)\cos\theta - (1+\sin\theta)\sin\theta\}^2$$

$$= \dfrac{\pi}{2}\{(\cos\theta - \sin\theta) + (\cos^2\theta - \sin^2\theta)\}^2$$

$$= \dfrac{\pi}{2}(\cos\theta - \sin\theta)^2(1+\cos\theta+\sin\theta)^2$$

(2)の計算より

$$h = \dfrac{\sqrt{2}}{2}(\sin\theta + \cos\theta + \sqrt{2})$$

$$dh = \dfrac{\sqrt{2}}{2}(\cos\theta - \sin\theta)\,d\theta$$

h	$0 \to 2$
θ	$\dfrac{5\pi}{4} \to \dfrac{\pi}{4}$

$$V = \int_0^2 S\,dh$$

東京理科大-工〈B方式〉　　　　　　　　　　　　　　2021 年度　数学〈解答〉　*85*

$$= \int_{\frac{5\pi}{4}}^{\frac{\pi}{4}} \frac{\pi}{2} (\cos\theta - \sin\theta)^2 (1 + \cos\theta + \sin\theta)^2 \cdot \frac{\sqrt{2}}{2} (\cos\theta - \sin\theta)\, d\theta$$

$$= \frac{\sqrt{2}\,\pi}{4} \int_{\frac{5\pi}{4}}^{\frac{\pi}{4}} (\cos\theta - \sin\theta)^3 (1 + \cos\theta + \sin\theta)^2 d\theta$$

ここで，　$\cos\theta + \sin\theta = t$ とおくと

$$(\cos\theta - \sin\theta)\, d\theta = dt,\qquad
\begin{array}{c|c}
\theta & \dfrac{5\pi}{4} \to \dfrac{\pi}{4} \\ \hline
t & -\sqrt{2} \to \sqrt{2}
\end{array}$$

$$t^2 = \cos^2\theta + 2\sin\theta\cos\theta + \sin^2\theta = 1 + 2\sin\theta\cos\theta$$

より　　　$\sin\theta\cos\theta = \dfrac{1}{2}(t^2 - 1)$

$$(\cos\theta - \sin\theta)^2 = \cos^2\theta - 2\sin\theta\cos\theta + \sin^2\theta = 1 - 2\cdot\frac{1}{2}(t^2 - 1)$$

$$= 2 - t^2$$

だから

$$V = \frac{\sqrt{2}\,\pi}{4} \int_{-\sqrt{2}}^{\sqrt{2}} (2 - t^2)(1 + t)^2 dt = \frac{\sqrt{2}\,\pi}{4} \int_{-\sqrt{2}}^{\sqrt{2}} (-t^4 - 2t^3 + t^2 + 4t + 2)\, dt$$

$$= \frac{\sqrt{2}\,\pi}{2} \int_{0}^{\sqrt{2}} (-t^4 + t^2 + 2)\, dt = \frac{\sqrt{2}\,\pi}{2} \left[-\frac{1}{5}t^5 + \frac{1}{3}t^3 + 2t \right]_0^{\sqrt{2}}$$

$$= \frac{\sqrt{2}\,\pi}{2} \left(-\frac{4\sqrt{2}}{5} + \frac{2\sqrt{2}}{3} + 2\sqrt{2} \right) = \frac{(-12 + 10 + 30)\,\pi}{15}$$

$$= \frac{28\pi}{15}\quad \to\text{(けこ)}$$

86 2021 年度　数学〈解答〉　　　　東京理科大-工〈B方式〉

❖講　評

　2021 年度も例年同様，$\boxed{1}$が小問 3 問からなるマークシート法の問題，$\boxed{2}\boxed{3}$が記述式で答えを記入する（一部解答を導く過程も書く）問題が出題された。2021 年度はやや難しい設問が含まれており，2020 年度と比較すると難化していると言える。

　$\boxed{1}$　(1)複素数平面の問題。(a)は通常の xy 平面で考えるとよい。偏角は加法定理を用いて調べる必要がある。答えの形をヒントにして求めたい。(b)・(c)はそれぞれ r^n，z^{2021} の偏角の範囲を調べることがポイント。(2)図形と三角比の問題。(a)は基本的である。(b)の角の二等分線の長さは面積で考えるのが定石であるが，余弦定理でも求めることができる。(c)円外の点から引いた接線の長さが等しいことから，AP，AR，BP，BQ，CQ，CR の長さを求め，△APR，△BPQ，△CQR の面積を△ABC の面積で表し，引くというアプローチになる。(3)袋から玉を取り出す試行についての確率の問題。各回の試行後に玉が袋に追加されることに注意して，ていねいに計算したい。(b)の後半は余事象の確率を利用するとよい。

　$\boxed{2}$　格子点の個数についての問題。(1)(a)グラフを描いて個数を数えるとよい。(b)領域と直線 $x = n + k$ の共通部分にある格子点の個数を調べ，Σ を用いて計算する。(2)(a)境界線の交点を調べる。(b)平行四辺形の対角線が直交しているので，面積は容易に計算できる。(c)正方形内の格子点から三角形内の格子点を除くというアプローチがよい。その際，(1)(b)が活用できる。やや難しい内容である。

　$\boxed{3}$　媒介変数表示で表された曲線の接線，斜軸回転の回転体の体積についての問題。(1)は基本的である。(2)は点と直線の距離，三平方の定理を用いる。h については絶対値をはずしておくことが必要である。(3)グラフ全体を描いて，$V = \int_0^2 S\,dh$ において置換積分法を 2 回用いる。やや計算が煩雑である。

東京理科大-工〈B方式〉　　　　　　　　　　2021 年度　物理〈解答〉　*87*

物理

(注)　解答につきましては，東京理科大学から提供のあった情報を掲載しております。

1　解答　(1)(ア)— 1　(イ)— 1　(ウ)— 4　(エ)— 1　(オ)— 1

(2)(カ)— 7　(キ)— 0

◀解　説▶

≪斜面上での2つの台車の衝突と単振動≫

(1)(ア)　求める速度の大きさを v_0〔m/s〕とすると，力学的エネルギー保存則より

$$\frac{1}{2}m_A v_0{}^2 = m_A gh \quad \therefore \quad v_0 = \sqrt{2gh} \ \text{〔m/s〕}$$

(イ)　衝突直後の一体となった台車A，台車Bの速度を斜面に沿って下向きを正として V_0〔m/s〕とすると，運動量保存則より

$$m_A v_0 = (m_A + m_B) V_0$$

$$V_0 = \frac{m_A}{(m_A + m_B)} v_0$$

これより，失われたエネルギー ΔE〔J〕は

$$\Delta E = \frac{1}{2}m_A v_0{}^2 - \frac{1}{2}(m_A + m_B) V_0{}^2 = \frac{1}{2}m_A v_0{}^2 - \frac{1}{2}\frac{m_A{}^2}{(m_A + m_B)} v_0{}^2$$

$$= m_A v_0{}^2 \left(1 - \frac{m_A}{m_A + m_B}\right) = \frac{m_A m_B}{2(m_A + m_B)} v_0{}^2$$

$$= \frac{m_A m_B}{2(m_A + m_B)} \times 2gh = \frac{m_A m_B}{m_A + m_B} gh \ \text{〔J〕}$$

(ウ)　ばねの自然長の位置を $x = 0$〔m〕として，斜面に沿って下向きに x 軸をとると，振動の始まりの座標 X_1〔m〕は，斜面に平行な方向について台車Bにはたらく力のつり合いの式 $m_B g \sin\theta = kX_1$ より

$$X_1 = \frac{m_B g \sin\theta}{k} \ \text{〔m〕}$$

一体となった2つの台車にはたらく力のつり合いの座標（振動の中心）

$X_0 [\mathrm{m}]$ は

$$(m_A + m_B) g \sin\theta = k X_0$$

$$X_0 = \frac{(m_A + m_B) g \sin\theta}{k} [\mathrm{m}]$$

半周期経過したとき逆位相の運動状態であるので，求める座標を $X_2 [\mathrm{m}]$ とすると

$$\frac{X_1 + X_2}{2} = X_0$$

これより　　$\dfrac{1}{2} \left(\dfrac{m_B g \sin\theta}{k} + X_2 \right) = \dfrac{(m_A + m_B) g \sin\theta}{k}$

$$X_2 = \frac{(2m_A + m_B) g \sin\theta}{k} [\mathrm{m}]$$

(エ)　単振動の最高点がばねの自然長の位置と一致するとき，振幅が X_0 の大きさと等しくなることに注意して，衝突直後と最高点で単振動のエネルギー保存則を用いると

$$\frac{1}{2}(m_A + m_B) V_0^2 + \frac{1}{2} k (X_0 - X_1)^2 = \frac{1}{2} k X_0^2$$

これより

$$\frac{1}{2} \frac{m_A^2}{m_A + m_B} 2gh + \frac{1}{2} k \left(\frac{m_A g \sin\theta}{k} \right)^2 = \frac{1}{2} k \left\{ \frac{(m_A + m_B) g \sin\theta}{k} \right\}^2$$

$$\frac{m_A^2}{m_A + m_B} 2gh = k \left[\left\{ \frac{(m_A + m_B) g \sin\theta}{k} \right\}^2 - \left(\frac{m_A g \sin\theta}{k} \right)^2 \right]$$

$$h = \frac{m_B (m_A + m_B)(2m_A + m_B)}{m_A^2} \cdot \frac{g \sin^2\theta}{2k} [\mathrm{m}]$$

(オ)　位置 x のときの加速度を $a [\mathrm{m/s^2}]$ とすると，単振動の運動方程式は $(m_A + m_B) a = -k (x - X_0)$ となるので，角振動数 $\omega [\mathrm{rad/s}]$ は，

$$\omega = \sqrt{\frac{k}{m_A + m_B}} [\mathrm{rad/s}]$$ となる。

これより，求める速度の大きさの最大値 $v_{max} [\mathrm{m/s}]$ は，振幅と角振動数を用いて

$$v_{max} = X_0 \omega = \frac{(m_A + m_B) g \sin\theta}{k} \sqrt{\frac{k}{m_A + m_B}}$$

$$= \sqrt{\frac{m_A + m_B}{k}} g \sin\theta [\mathrm{m/s}]$$

東京理科大-工〈B方式〉　　　　　　　　　2021 年度　物理〈解答〉　*89*

(2)　(カ)　衝突直前の速度は，(1)と同様に斜面に沿って下向きに $v_0 = \sqrt{2gh}$〔m/s〕である。衝突直後の台車Aの速度を v_A〔m/s〕，台車Bの速度を v_B〔m/s〕とすると，運動量保存則より

$$m_A v_0 = m_A v_A + m_B v_B = m v_A + 2 m v_B$$

弾性衝突であるから　　$1 = -\dfrac{v_A - v_B}{v_0}$

以上の2式より　　$v_A = -\dfrac{1}{3} v_0 = -\dfrac{1}{3}\sqrt{2gh}$〔m/s〕

大きさを問われているので　　$|v_A| = \dfrac{\sqrt{2gh}}{3}$〔m/s〕

(キ)　衝突後の台車Aは加速度 $g\sin\theta = \dfrac{1}{2} g$〔m/s²〕の等加速度運動を行う。

1回目の衝突後，最初の位置に戻ってくるときの速度は $-v_A$〔m/s〕で，2回目の衝突までの経過時間 t〔s〕は，等加速度直線運動の公式より

$$-v_A = v_A + \dfrac{1}{2} gt$$

$$\dfrac{1}{3} v_0 = -\dfrac{1}{3} v_0 + \dfrac{1}{2} gt$$

ゆえに　　$t = \dfrac{4}{3g} v_0 = \dfrac{4}{3g}\sqrt{2gh} = \dfrac{4}{3}\sqrt{\dfrac{2h}{g}}$〔s〕

一方，台車Bは周期 $2\pi\sqrt{\dfrac{2m}{k}}$〔s〕の単振動を行い，2回目の衝突は1回目の衝突から半周期経過したときに起こる。これより

$$\dfrac{4}{3}\sqrt{\dfrac{2h}{g}} = \pi\sqrt{\dfrac{2m}{k}} \qquad \therefore \quad k = \dfrac{9\pi^2 mg}{16h}$$〔N/m〕

2 解答　(1)(ク)―1　(ケ)―2　(コ)―1　(サ)―2

(シ)6.2×10^{-4}　(ス)3.1×10^{-4}　(セ)3.8×10^{-6}　(ソ)1.9×10^{-6}

(2)(タ)2.1×10^{-4}　(チ)2.1×10^{-6}

(3)(ツ)―13　(テ)―08　(ト)―10　(ナ)―12　(ニ)―17

≪2つの扇形回路の磁場内での回転運動による誘導起電力≫

⑴(ク) 磁場を横切る OP 部分で O→P の向きに誘導起電力が生じており，その大きさを V〔V〕とおく。点Oの電位を $0\,V$ とすると，点Pの電位は V〔V〕，点Mと点Qの電位は $0\,V$ である。よって抵抗 R_1 のみに P→M の向きに電流が流れる。

(ケ) 同様に，OM 部分でも O→M の向きに大きさ V〔V〕の誘導起電力が生じる。これにより，点Pと点Mの電位が V〔V〕，点Qの電位が $0\,V$ となるので，抵抗 R_2 のみに M→Q の向きに電流が流れる。

(コ) 同様に考えて，点Pの電位は $0\,V$，点Mと点Qの電位が V〔V〕となるので，抵抗 R_1 のみに M→P の向きに電流が流れる。

(サ) 同様に考えて，点Pと点Mの電位が $0\,V$ で，点Qの電位が V〔V〕となるので，抵抗 R_2 のみに Q→M の向きに電流が流れる。

(シ) 微小時間 Δt〔s〕での扇型回路 OPM 内に入る磁束の変化量 $\Delta \Phi$〔Wb〕は

$$\Delta\Phi = B \times \pi a^2 \times \frac{\omega\Delta t}{2\pi} = \frac{Ba^2\omega\Delta t}{2}\,\text{〔T〕}$$

ファラデーの電磁誘導の法則より，生じる誘導起電力の大きさ V は

$$|V| = \left| -\frac{\Delta\Phi}{\Delta t} \right| = \frac{\dfrac{Ba^2\omega\Delta t}{2}}{\Delta t} = \frac{Ba^2\omega}{2}\,\text{〔V〕}$$

これを用いて，抵抗 R_1 を流れる電流の大きさ I_1〔A〕は

$$I_1 = \frac{|V|}{1.0} = \frac{Ba^2\omega}{2.0} = \frac{0.10 \times 0.20^2 \times 0.31}{2.0} = 6.2 \times 10^{-4}\,\text{〔A〕}$$

(ス) 同様に考えて，抵抗 R_2 を流れる電流 I_2〔A〕は

$$I_2 = \frac{|V|}{2.0} = \frac{Ba^2\omega}{4.0} = \frac{0.10 \times 0.20^2 \times 0.31}{4.0} = 3.1 \times 10^{-4}\,\text{〔A〕}$$

(セ) 抵抗 R_1 には1回転する時間のうち半分の時間電流が流れる。その時間 t〔s〕は

$$t = \frac{2\pi}{\omega} \times \frac{1}{2} = \frac{\pi}{\omega}\,\text{〔s〕}$$

抵抗 R_1 で発生するジュール熱 Q_1〔J〕は

$$Q_1 = (6.2 \times 10^{-4})^2 \times 1.0 \times \frac{3.1}{0.31} = 3.84 \times 10^{-6} \fallingdotseq 3.8 \times 10^{-6} \text{〔J〕}$$

(ソ) 同様に考えて，抵抗 R_2 で発生するジュール熱 Q_2〔J〕は

$$Q_2 = (3.1 \times 10^{-4})^2 \times 2.0 \times \frac{3.1}{0.31} = 1.92 \times 10^{-6} \fallingdotseq 1.9 \times 10^{-6} \text{〔J〕}$$

(2)(タ) 前問と同様に考えると，円形リング部分の電位は $\frac{Ba^2\omega}{2}$〔V〕である。抵抗 R_3 を流れる電流 I_3〔A〕は

$$I_3 = \frac{\dfrac{Ba^2\omega}{2}}{3.0} = \frac{0.10 \times 0.20^2 \times 0.31}{2 \times 3.0} = 2.06 \times 10^{-4} \fallingdotseq 2.1 \times 10^{-4} \text{〔A〕}$$

(チ) 抵抗 R_3 での消費電力 P〔W〕は

$$P = I_3{}^2 \times 3.0 = (2.06 \times 10^{-4})^2 \times 3.0 \text{〔W〕}$$

また，円形リングの回転速度の大きさ v〔m/s〕は，角速度 ω と回転半径 a を用いて $v = a\omega$ であるから，外力 F の仕事率 P'〔W〕は

$$P' = Fv = Fa\omega = F \times 0.20 \times 0.31 \text{〔W〕}$$

エネルギー保存則より $P = P'$ であるから

$$F \times 0.20 \times 0.31 = \left(\frac{0.10 \times 0.20^2 \times 0.31}{2 \times 3.0}\right)^2 \times 3.0$$

$$F = \left(\frac{0.10 \times 0.20^2 \times 0.31}{2 \times 3.0}\right)^2 \times \frac{3.0}{0.20 \times 0.31}$$

$$= 2.06 \times 10^{-6} \fallingdotseq 2.1 \times 10^{-6} \text{〔N〕}$$

(3)(ツ) ローレンツ力の公式より，求める力の大きさ f〔N〕は

$$f = evB \text{〔N〕}$$

(テ)・(ト) 面 P と面 Q の間の電場の強さ E〔N/C〕は

$$E = \frac{V}{b} \text{〔N/C〕}$$

ローレンツ力と電場から受ける力がつりあうので

$$evB = e\frac{V}{b} \text{ より} \qquad v = \frac{V}{bB} \text{〔m/s〕}$$

(ナ)・(ニ) 電流は単位時間あたりにある断面を流れる電気量であるので，$I = enabv$ となる。

$$n = \frac{I}{eabv} = \frac{IBb}{eabV} = \frac{IB}{eaV} \text{〔m}^{-3}\text{〕}$$

92 2021 年度 物理〈解答〉　　　　　　　　　東京理科大-工〈B方式〉

$\boxed{3}$ 解答 (1)(ヌ)— 4　(ネ)— 0

(2)(ノ)— 7　(ハ)— 2　(ヒ)— 3　(フ)— 1　(ヘ)— 1　(ホ)— 2　(マ)— 1

(3)(ミ)— 16　(ム)— 14　(メ)— 4

◆━━━━━━◀解　説▶━━━━━━◆

≪ドローンによるドップラー効果≫

(1)(ヌ)　ドップラー効果の公式を用いて

$$f_1 = \frac{V - v_p}{V - v_q} f_0 \,(\mathrm{Hz})$$

(ネ)　Pさんが立ち止まったときに聞こえる音の周波数 $f_1'\,(\mathrm{Hz})$ は

$$f_1' = \frac{V}{V - v_q} f_0 \,(\mathrm{Hz})$$

明らかに $f_1 < f_1'$ であるので，聞こえる周波数は高くなった。

(2)(ノ)　ドローンQが行う等速円運動の周期 $T\,(\mathrm{s})$ は　　$T = \dfrac{2\pi r}{v_q}\,(\mathrm{s})$

Pさんが周波数 $f_0\,(\mathrm{Hz})$ の音を聞くのは，Pさんの頭部を点Pと考えて，ドローンQが線分OPと円軌道の交点（点Eとする）を通過した瞬間に出た音を聞くときである。ゆえにその時刻は $\dfrac{1}{8}T = \dfrac{\pi r}{4v_q}\,(\mathrm{s})$ である。

OP間の距離は $\sqrt{2}\,r\,(\mathrm{m})$ となるので，EP $= \sqrt{2}\,r - r = (\sqrt{2} - 1)\,r\,(\mathrm{m})$ で，その距離を音が伝わる時間を考慮すると，求める時刻 $t\,(\mathrm{s})$ は

$$t = \frac{\pi r}{4v_q} + \frac{(\sqrt{2} - 1)\,r}{V}\,(\mathrm{s})$$

(ハ)　ドローンQが点Aを通過したときにPさんが聞いた音は，点Aより手前で出た音なので，ドップラー効果の公式より

$$f_p = \frac{V}{V - v_q} f_0 > f_0$$

(ヒ)　ドローンQが点Eを通過するまでは，速度 v_q のPQ方向成分のPさんに向かう速度成分の大きさが徐々に小さくなるので，観測される振動数は $\dfrac{V}{V - v_q} f_0\,(\mathrm{Hz})$ より低くなって f_0 に近づいていく。点Eを通過してからは，速度 v_q のPQ方向成分のPさんから離れる速度が徐々に大きくなる

ので，観測される音は f_0〔Hz〕よりさらに小さくなっていき，$\dfrac{V}{V+v_q}f_0$
〔Hz〕に近づいていく。

ゆえに，常に低くなっていく。

(ヲ) ドローンQが点Bを通過したときに観測される音は，ドローンQが円弧EB上のある点で発した音なので，前問の考察のように，周波数は f_0〔Hz〕よりも小さい。

(ワ) PさんはC点を通過する前にドローンQから出た音を聞くので，同様の考察より

$$\dfrac{V}{V+v_q}f_0<f_0$$

(ホ) ドローンQが点Cを通過してしばらくの間は，PさんはドローンQがBC間を運動しているときに発せられた音を聞くので，観測する音の周波数は一定である。その後，ドローンQが円弧CD上を運動しているときに発せられた音を観測する。ドローンQが点Cを通過した後，Pさんから遠ざかる速度成分の大きさは小さくなっていくので，$\dfrac{V}{V+v_q}f_0$〔Hz〕より，高くなる。

(マ) ドローンQが点Dに達する直前のとき，Pさんが観測する音はドローンQが円弧CD上のある点で発した音と考えられるので，前問の考察より

$$f_p<f_0$$

(3)(ミ)・(ム) ドローンQの点Fにおける速度のGF方向成分の大きさは $\dfrac{4}{5}v_q$〔m/s〕で，その向きはPさんから遠ざかる方向である。Pさんの速度のGF方向成分の大きさは $\dfrac{4}{5}\times2v_q=\dfrac{8}{5}v_q$〔m/s〕で，その大きさは音源に近づく方向である。ドップラー効果の公式を用いて

$$f_2=\dfrac{V+\dfrac{8}{5}v_q}{V+\dfrac{4}{5}v_q}f_0=\dfrac{5V+8v_q}{5V+4v_q}f_0\,〔\mathrm{Hz}〕$$

(メ) 上昇する角度によってドローンQと点Pを結ぶ直線方向の速度成分の大きさは $\dfrac{4}{5}v_q$〔m/s〕より大きくも小さくもなりうるので，f_3 の取りうる

値も様々になる。

❖講　評

　多くの物理現象を組み合わせた問題が目立つ。ひとつひとつを既知の解法に落とし込めるかどうかがカギとなる。それができれば標準的な問題集レベルになるので取り組みやすい。ただ，問題数が多く，数値計算も求められるので，素早く的確な処理が求められる。

　①　斜面上でばねに取り付けられた物体と斜面上部から滑り降りてきた物体の衝突に関する問題である。単振動や運動量保存則を丁寧にあてはめて解答すれば難しくはない。特に単振動に関するエネルギー保存則を用いて解答できるようにしておくと，解答時間が短くできる。

　②　数値計算を伴う問題で，指示に従って要領よく計算しないと計算による誤差が生じてしまう。(1)扇型回路の磁場を横切る部分で誘導起電力が生じると考えて，各点の電位を調べると簡単に解答できる。(2)仕事率と消費電力の関係を用いて解答する。誘導起電力が生じる部分は並列接続とみなせることに注意したい。(3)導体中を流れる電子の運動に磁場と電場を加えることにより，単位体積あたりの自由電子を求める問題で，入試問題としては典型的なものであるので，得点したいところである。

　③　ドローンを用いたドップラー効果の問題で，解法としては典型問題の応用で処理できる。ただ，解答の選択肢を先に見ておかないと，何を問われているのかがわかりにくい。(1)・(2)は直線上の相互運動，円運動する音源によるドップラー効果を問われているので，いずれもぜひ正答したい。(3)は観測者とドローンの速度方向により様々な振動数の変化が考えられる。

化学

(注) 解答につきましては,東京理科大学から提供のあった情報を掲載しております。

1 解答

(1)— 8   (2)① 4.0×10^{-1} ② $2.2 \times 10^{+3}$
(3)ア— 2   イ—10   A— 1   B— 8
(4)ア— 2   イ— 7   A— 6   B— 2   M. 5.0×10^{-1} N. 1.0×10^{-1}

◀解 説▶

≪体心立方格子,混合気体の燃焼熱,塩素のオキソ酸,酸化還元反応≫

(1) 体心立方格子では,中心に 1 個,各頂点に $\frac{1}{8}$ 個の原子が存在するため,単位格子中の原子の数は

$$1 + \frac{1}{8} \times 8 = 2 \text{ 個}$$

1 辺 l の立方体の対角線上で原子が接するので,原子の半径を r とすると

$$\sqrt{3}\, l = 4r \qquad l = \frac{4\sqrt{3}\, r}{3}$$

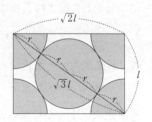

一方,密度 = $\frac{\text{単位格子の質量}}{\text{単位格子の体積}}$ より

$$d = \frac{\frac{M}{N_A} \times 2}{l^3} \qquad r = \frac{\sqrt{3}}{4} \left(\frac{2M}{dN_A} \right)^{\frac{1}{3}} \text{[cm]}$$

(2)① メタンの物質量を x [mol] とすると,プロパンは $1.0 - x$ [mol] である。

$$CH_4 + 2O_2 \longrightarrow CO_2 + 2H_2O$$
$$C_3H_8 + 5O_2 \longrightarrow 3CO_2 + 4H_2O$$

化学反応式の係数より,メタンの燃焼では $2x$ [mol] の酸素が消費され,プロパンでは $5(1-x)$ [mol] の酸素が消費される。

よって $2x + 5 \times (1-x) = 3.8$ ∴ $x = 4.0 \times 10^{-1}$ [mol]

② プロパンの燃焼熱を Q [kJ/mol] とすると

$$0.40 \times 890 + 0.60Q = 1700$$

$$\therefore \quad Q = 2.24 \times 10^3 \fallingdotseq 2.2 \times 10^{+3} \,[\text{kJ/mol}]$$

(3) ア．オキソ酸では，含まれる酸素原子数が少ないほど弱い酸であるので，塩素のオキソ酸の中で最も弱い酸は，次亜塩素酸 HClO である。

イ．電子を奪い取るのは，酸化剤である。

$$ClO^- + 2H^+ + 2e^- \longrightarrow Cl^- + H_2O$$

A．ClO^- の塩素の酸化数を x とすると

$$x + (-2) = -1 \quad \therefore \quad x = +1$$

B．単原子イオンの酸化数は，イオンの電荷に等しい。

(4) ア・イ．過酸化水素は，過マンガン酸カリウムのような強い酸化剤には還元剤として働き，自身は酸化され酸素を発生する。

$$H_2O_2 \longrightarrow O_2 + 2H^+ + 2e^-$$

A．MnO_4^- のマンガンの酸化数を x とすると

$$x + (-2) \times 4 = -1 \quad \therefore \quad x = +7$$

B．単原子イオンの酸化数は，イオンの電荷に等しい。

M．発生した酸素の 2 倍の物質量の電子を放出する。

$$\frac{5.6}{22.4} \times 2 = 5.0 \times 10^{-1} \,[\text{mol}]$$

N．硫酸酸性での酸化剤の変化は

$$MnO_4^- + 8H^+ + 5e^- \longrightarrow Mn^{2+} + 4H_2O$$

過酸化水素から受け取った電子の $\dfrac{1}{5}$ 倍の物質量の過マンガン酸カリウムが反応する。

$$5.0 \times 10^{-1} \times \frac{1}{5} = 1.0 \times 10^{-1} \,[\text{mol}]$$

2 解答

①(1)—7　(2)—1　(3)$3.3 \times 10^{+1}$

②(4)エ—3　オ—6　(5)—10　(6)—2　(7)$3.5 \times 10^{+7}$

◀解　説▶

≪気液平衡，気体反応の化学平衡，平均分子量≫

①(1)　気体の平均分子量は，成分気体のモル分率×分子量の総和である。

物質量比＝分圧比より，モル分率＝$\dfrac{\text{分圧}}{\text{全圧}}$ である。

東京理科大-工〈B方式〉　　　　　　　　　　　　　2021 年度　化学〈解答〉　97

$$M = \frac{1.0 \times 10^5}{1.0 \times 10^5 + P_E} \times 28 + \frac{P_E}{1.0 \times 10^5 + P_E} \times 46$$

$$\therefore \quad P_E = 1.0 \times 10^5 \times \frac{M - 28}{46 - M} \text{〔Pa〕}$$

(2)　温度を上げると，エタノールの蒸気圧は急激に大きくなるので，分子量の大きいエタノールのモル分率が増え，M は増大する。

(3)　330 K にすると，窒素の分圧は絶対温度に比例するので

$$1.0 \times 10^5 \times \frac{330}{300} = 1.1 \times 10^5 \text{〔Pa〕}$$

よって，全圧は　　$1.1 \times 10^5 + 4.0 \times 10^4 = 1.5 \times 10^5 \text{〔Pa〕}$

(1)より

$$M = \frac{1.1 \times 10^5}{1.5 \times 10^5} \times 28 + \frac{4.0 \times 10^4}{1.5 \times 10^5} \times 46 = 32.8 \fallingdotseq 3.3 \times 10^{+1}$$

②(4)　エ．圧力が低下するのは，気体分子数が減少するからである。

　　$a + b > c$

オ．質量は保存されるので，分子数が減少すれば分子量の大きい気体が増え，M は増大する。

(5)　化学反応式の係数より，気体 C が X〔mol〕生成したとき

気体 A の物質量は　　$n_A - \dfrac{a}{c} X$〔mol〕

気体 B の物質量は　　$n_B - \dfrac{b}{c} X$〔mol〕

になる。よって，容器内の全物質量は

$$n_A - \frac{a}{c} X + n_B - \frac{b}{c} X + X = n_A + n_B + \left(1 - \frac{a+b}{c}\right) X \text{〔mol〕}$$

(6)　平均分子量 M は，成分気体のモル分率×分子量の総和より

$$\frac{\left(n_A - \frac{1}{2} X\right) \times 28 + \left(n_B - \frac{3}{2} X\right) \times 2 + 17 X}{n_A + n_B + \left(1 - \frac{1+3}{2}\right) X} = \frac{28 n_A + 2 n_B}{n_A + n_B - X}$$

(7)　(6)のキに数値を代入すると

$$15 = \frac{28 \times 20 + 2 \times 35}{20 + 35 - X} \qquad \therefore \quad X = 13$$

(5)のカより，気体の全物質量は

$$20 + 35 + \left(1 - \frac{1+3}{2}\right) \times 13 = 42 \, [\text{mol}]$$

求める圧力を $P \, [\text{Pa}]$ とすると，気体の状態方程式より

$$P \times 5.0 = 42 \times 8.31 \times 10^3 \times 500$$

$$\therefore \quad P = 3.49 \times 10^7 \fallingdotseq 3.5 \times 10^{+7} \, [\text{Pa}]$$

3 解答

(1)— 2
(2)ア—19　イ—04　ウ—24　エ—02　オ—09　カ—14
(3)$1.27 \times 10^{+0}$　(4)2.24×10^{-1}

◀解　説▶

≪金属イオンの推定，電気分解≫

(1) Ag^+ は希塩酸で，$AgCl$ の沈殿を生じるため不適。

Fe^{3+} の水酸化物 $Fe(OH)_3$ は，多量のアンモニア水に溶けないため不適。

Pb^{2+} の水酸化物 $Pb(OH)_2$ は，多量のアンモニア水に溶けないため不適。

Zn^{2+} は，酸性溶液中では硫化水素で沈殿を生じないため不適。

すべての条件を満たすのは2．Cu^{2+} である。

(2) ア．$Cu^{2+} + 2OH^- \longrightarrow Cu(OH)_2$

イ．$Cu(OH)_2 + 4NH_3 \longrightarrow Cu(NH_3)_4{}^{2+} + 2OH^-$

ウ．$Cu^{2+} + S^{2-} \longrightarrow CuS$

エ・オ．銅は水素よりイオン化傾向が小さいため，塩酸，希硫酸，リン酸には溶けないが，酸化力の強い硝酸には溶ける。

（濃硝酸）$Cu + 4HNO_3 \longrightarrow Cu(NO_3)_2 + 2NO_2 + 2H_2O$

（希硝酸）$3Cu + 8HNO_3 \longrightarrow Cu(NO_3)_2 + 2NO + 4H_2O$

カ．$2Cu + O_2 \longrightarrow 2CuO$

(3) $Cu^{2+} + 2e^- \longrightarrow Cu$ より，電子が2mol流れると銅が1mol析出するので，銅の質量は

$$\frac{2.00 \times (32 \times 60 + 10)}{9.65 \times 10^4} \times \frac{1}{2} \times 63.5 = 1.27 \times 10^{+0} \, [\text{g}]$$

(4) $2H_2O \longrightarrow O_2 + 4H^+ + 4e^-$ より，電子が4mol流れると酸素が1mol発生するので，酸素の体積は

$$\frac{2.00 \times (32 \times 60 + 10)}{9.65 \times 10^4} \times \frac{1}{4} \times 22.4 = 2.24 \times 10^{-1} \, [\text{L}]$$

東京理科大-工〈B方式〉　　　　　　　　　　　　2021 年度　化学〈解答〉　*99*

4 解答

(1)— 8

(2)イ—10　ウ—7　エ—4　(3)— 3

(4)$1.1 \times 10^{+0}$

◀解　説▶

≪酢酸の電離平衡≫

(1)　式②より　　$[CH_3COOH] = \dfrac{[CH_3COO^-]x}{K_a}$

式③に代入して，$[CH_3COOH]$ を消去すると

$$\frac{[CH_3COO^-]x}{K_a} + [CH_3COO^-] = C$$

$$\therefore \quad [CH_3COO^-] = \frac{CK_a}{x + K_a}$$

(2)　式④に式⑤，式⑥を代入すると

$$x = \frac{CK_a}{x + K_a} + \frac{K_w}{x}$$

$$x^3 + K_a x^2 - (CK_a + K_w)x - K_a K_w = 0$$

(3)　電離度は，溶解した酢酸の量に対して電離した酢酸イオンの割合であるので

$$[CH_3COO^-] = C\alpha$$

一方，電離しないで残った酢酸は

$$[CH_3COOH] = (1 - \alpha)C$$

$$K_a = \frac{[CH_3COO^-][H^+]}{[CH_3COOH]} = \frac{C\alpha \times x}{(1 - \alpha)C} = \frac{\alpha x}{1 - \alpha}$$

$$\therefore \quad x = \frac{K_a}{\alpha} - K_a$$

(4)　$\dfrac{[H^+]}{[CH_3COO^-]} = \dfrac{\dfrac{K_a}{\alpha} - K_a}{C\alpha} = \dfrac{K_a(1 - \alpha)}{C\alpha^2}$

$$= \frac{3.0 \times 10^{-5} \times (1 - 0.99)}{2.7 \times 10^{-7} \times 0.99^2}$$

$$= 1.13 \fallingdotseq 1.1 \times 10^{+0}$$

$[H^+]$ は，酢酸からの電離分に水の電離分が加わるので，$[CH_3COO^-]$ より大きい。

100 2021 年度 化学〈解答〉　　　　　　　　　　　　　東京理科大-工〈B方式〉

5 解答

(1)— 1　(2) 094　(3) 139
(4)化合物B：05　化合物E：09
(5) 151　(6) 27

◀解　説▶

≪アセトアミノフェンの合成，配向性，ニトロ化，鏡像異性体の性質≫

(1) ニトロ化の反応条件である。

(2) ニトロ化を進めると，2,4,6-トリニトロフェノール（ピクリン酸）を

生成するので，出発物質Aは，フェノール <chem>OH</chem> である。

分子量は　　$C_6H_5OH = 6 \times 12 + 5 \times 1.0 + 16 + 1 \times 1.0 = 94$

(3) —OH は，オルト・パラ配向性である。p-ニトロフェノールをニトロ化すると，生成物は1種類であるが，m-ニトロフェノールでは2種類である。③で化合物Bは1種類の化合物Dを与える。化合物Bは，p-ニトロフェノールとわかる。

同様に，④で化合物Cは，化合物BとEの2種類を与えるので，o-ニトロフェノールである。

(4) 化合物Bは，$1+4=5$ である。

化合物Eは，$1+2+6=9$ である。

東京理科大-工〈B方式〉 2021 年度 化学〈解答〉 *101*

(5)

B OH の構造（NO₂基、ベンゼン環）→ Sn, HCl → F OH（NH₃Cl基）→ NaOH → G OH（NH₂基）→ 無水酢酸 → OH（NHCOCH₃基）アセトアミノフェン

分子量は　　$C_8H_9NO_2 = 8 \times 12 + 9 \times 1.0 + 14 + 2 \times 16 = 151$

(6)　鏡像異性体は，融点，密度などの物理的性質は同じであるが，光学的性質である旋光性が異なる。また，薬理作用や味や香りが異なる場合が多い。正文の番号の和は，$1 + 2 + 8 + 16 = 27$ となる。

6 解答
(1) 013　(2)−1　(3) 25
(4) 21　(5) 13　(6) 21

◀解　説▶

≪アセチレン誘導体，平面状の分子，結合距離，エチレン，ベンゼン≫

(1)　二重結合を形成している原子とその原子に結合している原子が同一平面上にある。また，ベンゼンのすべての原子は同一平面上にある。正文の番号の和は，$1 + 4 + 8 = 13$ となる。

（エチレン、ベンゼン、1,2-ジブロモエチレンの構造式）

(2)　炭素原子間の結合エネルギーは，三重結合（σ結合1本とπ結合2本）＞二重結合（σ結合1本とπ結合1本）＞単結合（σ結合1本）であるので，結合距離は三重結合＜二重結合＜単結合である。

また，ベンゼン中の結合距離は，単結合と二重結合の中間である。

(3)　2．誤文。三重結合を形成している原子とその原子に結合している原子までが同一直線に並ぶ。よって，丸で囲った原子が同一直線上にある。

（H−C≡C−C（H₃）の構造式、H−C≡C−Cの部分を丸で囲んでいる）

4．誤文。異性体は存在しない。

正文の番号の和は，$1 + 8 + 16 = 25$ となる。

(4)　2．誤文　シス−トランス異性体が存在するのは，炭素の二重結合に

102 2021 年度　化学〈解答〉　　　　　　　　　　　　　　　東京理科大-工〈B方式〉

2つずつの異なる基が結合する場合である。

4．正文。構造異性体にシクロプロパンがある。

$$H_2C=CH-CH_3 \quad \text{プロペン}$$

$$\text{シクロプロパン}$$

8．誤文。かすかに甘い臭いがある。

16．正文。

$$CH_3-CH_2-OH \xrightarrow[\text{濃硫酸}]{160〜170℃} CH_2=CH_2 + H_2O$$
エタノール　　　　　　　　　　　　　エーテル

正文の番号の和は，1＋4＋16＝21 となる。

⑸　2．誤文。特有の臭いをもつ。

16．誤文。置換反応で，クロロベンゼンを生じる。

$$\text{ベンゼン} + Cl_2 \longrightarrow \text{クロロベンゼン} + HCl$$

正文の番号の和は，1＋4＋8＝13 となる。

⑹　1．正文。

$$H-C≡C-H \xrightarrow{+Br_2} \text{シス形，トランス形}$$
シス形　　　　トランス形

2．誤文。不斉炭素原子をもたないので，立体異性体は存在しない。

$$Br-CH_2-CH_2-Br$$
Br Br

4．正文。

$$H-C≡C-H \xrightarrow{H_2O} H-C=C-H \longrightarrow H-C-C-H$$
　　　　　　　　　　 H OH 　　　　　 H O
　　　　　　　　　　 エノール形 　　　　　 ケト形

8．誤文。化合物Dのアセトアルデヒドではなく，アセトンを生じる。

東京理科大-工〈B方式〉　　　　　　　　　　　2021 年度　化学〈解答〉　*103*

$$\text{クメン} \xrightarrow{O_2} \text{クメンヒドロペルオキシド} \xrightarrow{\text{酸}} \text{フェノール} + CH_3COCH_3 \quad(\text{アセトン})$$

16. 正文。

$$H-\underset{\underset{H}{|}}{\overset{\overset{H}{|}}{C}}-\underset{\underset{OH}{|}}{\overset{\overset{H}{|}}{C}}-H \xrightarrow{\text{酸化}} H-\underset{\underset{H}{|}}{\overset{\overset{H}{|}}{C}}-\underset{\underset{O}{\|}}{\overset{}{C}}-H$$

正文の番号の和は，$1+4+16=21$ となる。

❖**講　評**

　例年と同じ出題傾向，難易度である。

　$\boxed{1}$　(1)このような原子半径を文字を使って表す問題は，煩雑な計算がないので難しくはない。解答群では，$\dfrac{1}{3}$ 乗で式をまとめているので，注意したい。標準レベルの問題である。完答したいところである。

　$\boxed{2}$　平均分子量を文字を用いて立式できるかどうかにつきる。点差のつきやすい重要問題である。式変形のケアレスミスにも注意したい。

　$\boxed{3}$　金属イオン反応の基本。電気分解も簡単である。計算ミスに注意したい。

　$\boxed{4}$　(4)では濃度の低い酢酸水溶液の数値計算がある。通常の近似法ではなく，厳密法の問題である。問題文での誘導に従っていけばできるが，参考書等で対策していれば，余裕をもって当たれるだろう。

　$\boxed{5}$　配向性を利用して生成物の構造を決めるのだが，リード文は長文である。冷静に読み取ってほしい。標準レベルではあるが，(6)鏡像異性体の性質は解答できたであろうか？

　$\boxed{6}$　有機の基本問題である。ただ，(3)以降の正誤の組み合わせ問題は，ミスが許されない。油断大敵である。アセチレンやエチレンの臭いは難しい。

　基本問題が多いが，文字を用いた立式の問題は難しくなる。読まなければならない文章量も多いので，すばやい読解力が必要である。

MEMO

 **MEMO**

MEMO

MEMO

教学社 刊行一覧

2024年版　大学入試シリーズ（赤本）

378大学555点　全都道府県を網羅

国公立大学（都道府県順）

全国の書店で取り扱っています。店頭にない場合は、お取り寄せができます。

1　北海道大学（文系-前期日程）	62　新潟大学（人文・教育〈文系〉・法・経済科・医〈看護〉・創生学部）	115　神戸大学（理系-前期日程）医
2　北海道大学（理系-前期日程）医		116　神戸大学（後期日程）
3　北海道大学（後期日程）	63　新潟大学（教育〈理系〉・理・医〈看護を除く〉・歯・工・農学部）医	117　神戸市外国語大学 DL
4　旭川医科大学（医学部〈医学科〉）医		118　兵庫県立大学（国際商経・社会情報科・看護学部）
5　小樽商科大学	64　新潟県立大学	
6　帯広畜産大学	65　富山大学（文系）	119　兵庫県立大学（工・理・環境人間学部）
7　北海道教育大学	66　富山大学（理系）医	120　奈良教育大学／奈良県立大学
8　室蘭工業大学／北見工業大学	67　富山県立大学	121　奈良女子大学
9　釧路公立大学	68　金沢大学（文系）	122　奈良県立医科大学（医学部〈医学科〉）医
10　公立千歳科学技術大学	69　金沢大学（理系）医	123　和歌山大学
11　公立はこだて未来大学　総推	70　福井大学（教育・医〈看護〉・工・国際地域学部）	124　和歌山県立医科大学（医・薬学部）医
12　札幌医科大学（医学部）医		125　鳥取大学医
13　弘前大学医	71　福井大学（医学部〈医学科〉）医	126　公立鳥取環境大学
14　岩手大学	72　福井県立大学	127　島根大学医
15　岩手県立大学・盛岡短期大学部・宮古短期大学部	73　山梨大学（教育・医〈看護〉・工・生命環境学部）	128　岡山大学（文系）
		129　岡山大学（理系）医
16　東北大学（文系-前期日程）	74　山梨大学（医学部〈医学科〉）医	130　岡山県立大学
17　東北大学（理系-前期日程）医	75　都留文科大学	131　広島大学（文系-前期日程）
18　東北大学（後期日程）	76　信州大学（文系-前期日程）	132　広島大学（理系-前期日程）医
19　宮城教育大学	77　信州大学（理系-前期日程）医	133　広島大学（後期日程）
20　宮城大学	78　信州大学（後期日程）	134　尾道市立大学　総推
21　秋田大学医	79　公立諏訪東京理科大学　総推	135　県立広島大学
22　秋田県立大学	80　岐阜大学（前期日程）医	136　広島市立大学
23　国際教養大学　総推	81　岐阜大学（後期日程）	137　福山市立大学
24　山形大学医	82　岐阜薬科大学	138　山口大学（人文・教育〈文系〉・経済・医〈看護〉・国際総合科学部）
25　福島大学	83　静岡大学（前期日程）	
26　会津大学	84　静岡大学（後期日程）	139　山口大学（教育〈理系〉・理・医〈看護を除く〉・工・農・共同獣医学部）医
27　福島県立医科大学（医・保健科学部）医	85　浜松医科大学（医学部〈医学科〉）医	
28　茨城大学（文系）	86　静岡県立大学	140　山陽小野田市立山口東京理科大学　総推
29　茨城大学（理系）	87　静岡文化芸術大学	141　下関市立大学／山口県立大学
30　筑波大学（推薦入試）医　総推	88　名古屋大学（文系）	142　徳島大学医
31　筑波大学（前期日程）医	89　名古屋大学（理系）医	143　香川大学医
32　筑波大学（後期日程）	90　愛知教育大学	144　愛媛大学医
33　宇都宮大学	91　名古屋工業大学	145　高知大学医
34　群馬大学医	92　愛知県立大学	146　高知工科大学
35　群馬県立女子大学	93　名古屋市立大学（経済・人文社会・芸術工・看護・総合生命理・データサイエンス学部）	147　九州大学（文系-前期日程）
36　高崎経済大学		148　九州大学（理系-前期日程）医
37　前橋工科大学		149　九州大学（後期日程）
38　埼玉大学（文系）	94　名古屋市立大学（医学部）医	150　九州工業大学
39　埼玉大学（理系）	95　名古屋市立大学（薬学部）	151　福岡教育大学
40　千葉大学（文系-前期日程）	96　三重大学（人文・教育・医〈看護〉学部）	152　北九州市立大学
41　千葉大学（理系-前期日程）医	97　三重大学（医〈医〉・工・生物資源学部）医	153　九州歯科大学
42　千葉大学（後期日程）医	98　滋賀大学	154　福岡県立大学／福岡女子大学
43　東京大学（文科）DL	99　滋賀医科大学（医学部〈医学科〉）医	155　佐賀大学医
44　東京大学（理科）DL　医	100　滋賀県立大学	156　長崎大学（多文化社会・教育〈文系〉・経済・医〈保健〉・環境科〈文系〉学部）
45　お茶の水女子大学	101　京都大学（文系）	
46　電気通信大学	102　京都大学（理系）医	157　長崎大学（教育〈理系〉・医〈医〉・歯・薬・情報データ科・工・環境科〈理系〉・水産学部）医
47　東京医科歯科大学医	103　京都教育大学	
48　東京外国語大学 DL	104　京都工芸繊維大学	
49　東京海洋大学	105　京都府立大学	158　長崎県立大学
50　東京学芸大学	106　京都府立医科大学（医学部〈医学科〉）医	159　熊本大学（文・教育・法・医〈看護〉学部）
51　東京藝術大学	107　大阪大学（文系）DL	160　熊本大学（理・医〈看護を除く〉・薬・工学部）医
52　東京工業大学	108　大阪大学（理系）医	
53　東京農工大学	109　大阪教育大学	161　熊本県立大学
54　一橋大学（前期日程）DL	110　大阪公立大学（現代システム科学域〈文系〉・文・法・経済・商・看護・生活科〈居住環境・人間福祉〉学部-前期日程）	162　大分大学（教育・経済・医〈看護〉・理工・福祉健康科学部）
55　一橋大学（後期日程）		
56　東京都立大学（文系）		163　大分大学（医学部〈医学科〉）医
57　東京都立大学（理系）	111　大阪公立大学（現代システム科学域〈理系〉・理・工・農・獣医・医・生活科〈食栄養〉学部-前期日程）医	164　宮崎大学（教育・医〈看護〉・工・地域資源創成学部）
58　横浜国立大学（文系）		
59　横浜国立大学（理系）		165　宮崎大学（医学部〈医学科〉）医
60　横浜市立大学（国際教養・国際商・理・データサイエンス・医〈看護〉学部）	112　大阪公立大学（中期日程）	166　鹿児島大学（文系）
	113　大阪公立大学（後期日程）	167　鹿児島大学（理系）医
61　横浜市立大学（医学部〈医学科〉）医	114　神戸大学（文系-前期日程）	168　琉球大学医

2024年版　大学入試シリーズ（赤本）
国公立大学　その他

169 〔国公立大〕医学部医学科 総合型選抜・学校推薦型選抜　医総推
170 看護・医療系大学〈国公立 東日本〉
171 看護・医療系大学〈国公立 中日本〉
172 看護・医療系大学〈国公立 西日本〉
173 海上保安大学校／気象大学校
174 航空保安大学校
175 国立看護大学校
176 防衛大学校　総推
177 防衛医科大学校（医学科）　医
178 防衛医科大学校（看護学科）

※No.169〜172の収載大学は赤本ウェブサイト（http://akahon.net/）でご確認ください。

私立大学①

北海道の大学（50音順）
201 札幌大学
202 札幌学院大学
203 北星学園大学・短期大学部
204 北海学園大学
205 北海道医療大学
206 北海道科学大学
207 北海道武蔵女子短期大学
208 酪農学園大学（獣医学群〈獣医学類〉）

東北の大学（50音順）
209 岩手医科大学（医・歯・薬学部）　医
210 仙台大学　総推
211 東北医科薬科大学（医・薬学部）　医
212 東北学院大学
213 東北工業大学
214 東北福祉大学
215 宮城学院女子大学　総推

関東の大学（50音順）
あ行（関東の大学）
216 青山学院大学（法・国際政治経済学部−個別学部日程）
217 青山学院大学（経済学部−個別学部日程）
218 青山学院大学（経営学部−個別学部日程）
219 青山学院大学（文・教育人間科学部−個別学部日程）
220 青山学院大学（総合文化政策・社会情報・地球社会共生・コミュニティ人間科学部−個別学部日程）
221 青山学院大学（理工学部−個別学部日程）
222 青山学院大学（全学部日程）
223 麻布大学（獣医、生命・環境科学部）
224 亜細亜大学
225 跡見学園女子大学
226 桜美林大学
227 大妻女子大学・短期大学部
か行（関東の大学）
228 学習院大学（法学部−コア試験）
229 学習院大学（経済学部−コア試験）
230 学習院大学（文学部−コア試験）
231 学習院大学（国際社会科学部−コア試験）
232 学習院大学（理学部−コア試験）
233 学習院女子大学
234 神奈川大学（給費生試験）
235 神奈川大学（一般入試）
236 神奈川工科大学
237 鎌倉女子大学・短期大学部
238 川村学園女子大学
239 神田外語大学
240 関東学院大学
241 北里大学（理学部）
242 北里大学（医学部）　医
243 北里大学（薬学部）
244 北里大学（看護・医療衛生学部）
245 北里大学（未来工・獣医・海洋生命科学部）
246 共立女子大学・短期大学
247 杏林大学（医学部）　医
248 杏林大学（保健学部）
249 群馬医療福祉大学　新
250 群馬パース大学　総推

251 慶應義塾大学（法学部）
252 慶應義塾大学（経済学部）
253 慶應義塾大学（商学部）
254 慶應義塾大学（文学部）　総推
255 慶應義塾大学（総合政策学部）
256 慶應義塾大学（環境情報学部）
257 慶應義塾大学（理工学部）
258 慶應義塾大学（医学部）　医
259 慶應義塾大学（薬学部）
260 慶應義塾大学（看護医療学部）
261 工学院大学
262 國學院大學
263 国際医療福祉大学　医
264 国際基督教大学
265 国士舘大学
266 駒澤大学（一般選抜T方式・S方式）
267 駒澤大学（全学部統一日程選抜）
さ行（関東の大学）
268 埼玉医科大学（医学部）　医
269 相模女子大学・短期大学部
270 産業能率大学
271 自治医科大学（医学部）　医
272 自治医科大学（看護学部）／東京慈恵会医科大学（医学部〈看護学科〉）
273 実践女子大学　総推
274 芝浦工業大学（前期日程〈英語資格・検定試験利用方式を含む〉）
275 芝浦工業大学（全学統一日程〈英語資格・検定試験利用方式を含む〉・後期日程）
276 十文字学園女子大学
277 淑徳大学
278 順天堂大学（医学部）　医
279 順天堂大学（スポーツ健康科・医療看護・保健看護・国際教養・保健医療・医療科・健康データサイエンス学部）　総推
280 城西国際大学　新
281 上智大学（神・文・総合人間科学部）
282 上智大学（法・経済学部）
283 上智大学（外国語・総合グローバル学部）
284 上智大学（理工学部）
285 上智大学（TEAPスコア利用方式）
286 湘南工科大学
287 昭和大学（医学部）　医
288 昭和大学（歯・薬・保健医療学部）
289 昭和女子大学
290 昭和薬科大学
291 女子栄養大学・短期大学部
292 白百合女子大学
293 成蹊大学（法学部−A方式）
294 成蹊大学（経済・経営学部−A方式）
295 成蹊大学（文学部−A方式）
296 成蹊大学（理工学部−A方式）
297 成蹊大学（E方式・G方式・P方式）
298 成城大学（経済・社会イノベーション学部−A方式）
299 成城大学（文芸・法学部−A方式）
300 成城大学（S方式〈全学部統一選抜〉）
301 聖心女子大学
302 清泉女子大学

303 聖徳大学・短期大学部
304 聖マリアンナ医科大学　医
305 聖路加国際大学（看護学部）
306 専修大学（スカラシップ・全国入試）
307 専修大学（学部個別入試）
308 専修大学（全学部統一入試）
た行（関東の大学）
309 大正大学
310 大東文化大学
311 高崎健康福祉大学　総推
312 拓殖大学
313 玉川大学
314 多摩美術大学
315 千葉工業大学
316 千葉商科大学
317 中央大学（法学部−学部別選抜）
318 中央大学（経済学部−学部別選抜）
319 中央大学（商学部−学部別選抜）
320 中央大学（文学部−学部別選抜）
321 中央大学（総合政策学部−学部別選抜）
322 中央大学（国際経営・国際情報学部−学部別選抜）
323 中央大学（理工学部−学部別選抜）
324 中央大学（6学部共通選抜）
325 中央学院大学
326 津田塾大学
327 帝京大学（薬・経済・法・文・外国語・教育・理工・医療技術・福岡医療学部）
328 帝京大学（医学部）　医
329 帝京科学大学　総推
330 帝京平成大学　総推
331 東海大学（医〈医〉学部を除く一般選抜）
332 東海大学（文系・理系学部統一選抜）
333 東海大学（医学部〈医学科〉）　医
334 東京医科大学（医学部〈医学科〉）　医
335 東京家政大学・短期大学部　総推
336 東京経済大学
337 東京工科大学
338 東京工芸大学
339 東京歯科大学
340 東京慈恵会医科大学（医学部〈医学科〉）　医
341 東京情報大学
342 東京女子大学
343 東京女子医科大学（医学部）　医
344 東京電機大学
345 東京都市大学
346 東京農業大学
347 東京薬科大学（薬学部）　総推
348 東京薬科大学（生命科学部）　総推
349 東京理科大学（理学部〈第一部〉−B方式）
350 東京理科大学（創域理工学部−B方式・S方式）
351 東京理科大学（工学部−B方式）
352 東京理科大学（先進工学部−B方式）
353 東京理科大学（薬学部−B方式）
354 東京理科大学（経営学部−B方式）
355 東京理科大学（C方式、グローバル方式、理学部〈第二部〉−B方式）
356

2024年版 大学入試シリーズ（赤本）
私立大学②

357 東邦大学（医学部） 医
358 東邦大学（薬学部）
359 東邦大学（理・看護・健康科学部）
360 東洋大学（文・経済・経営・法・社会・国際・国際観光学部）
361 東洋大学（情報連携・福祉社会デザイン・健康スポーツ科・理工・総合情報・生命科・食環境科学部）
362 東洋大学（英語〈3日程×3カ年〉）新
363 東洋大学（国語〈3日程×3カ年〉）新
364 東洋大学（日本史・世界史〈2日程×3カ年〉）新
365 東洋英和女学院大学
366 常磐大学・短期大学 総推
367 獨協大学
368 獨協医科大学（医学部）医

な行（関東の大学）

369 二松学舎大学
370 日本大学（法学部）
371 日本大学（経済学部）
372 日本大学（商学部）
373 日本大学（文理学部〈文系〉）
374 日本大学（文理学部〈理系〉）
375 日本大学（芸術学部）
376 日本大学（国際関係学部）
377 日本大学（危機管理・スポーツ科学部）
378 日本大学（理工学部）
379 日本大学（生産工・工学部）
380 日本大学（生物資源科学部）
381 日本大学（医学部）医
382 日本大学（歯・松戸歯学部）
383 日本大学（薬学部）
384 日本大学（医学部を除く−N全学統一方式）
385 日本医科大学 医
386 日本工業大学
387 日本歯科大学
388 日本社会事業大学 新 総推
389 日本獣医生命科学大学
390 日本女子大学
391 日本体育大学

は行（関東の大学）

392 白鷗大学（学業特待選抜・一般選抜）
393 フェリス女学院大学
394 文教大学
395 法政大学（法〈法律・政治〉・国際文化・キャリアデザイン学部−A方式）
396 法政大学（法〈国際政治〉・文・経営・人間環境・グローバル教養学部−A方式）
397 法政大学（経済・社会・現代福祉・スポーツ健康学部−A方式）
398 法政大学（情報科・デザイン工・理工・生命科学部−A方式）
399 法政大学（T日程〈統一日程〉・英語外部試験利用入試）
400 星薬科大学 総推

ま行（関東の大学）

401 武蔵大学
402 武蔵野大学
403 武蔵野美術大学
404 明海大学
405 明治大学（法学部−学部別入試）
406 明治大学（政治経済学部−学部別入試）
407 明治大学（商学部−学部別入試）
408 明治大学（経営学部−学部別入試）
409 明治大学（文学部−学部別入試）
410 明治大学（国際日本学部−学部別入試）
411 明治大学（情報コミュニケーション学部−学部別入試）
412 明治大学（理工学部−学部別入試）

413 明治大学（総合数理学部−学部別入試）
414 明治大学（農学部−学部別入試）
415 明治大学（全学部統一入試）
416 明治学院大学（A日程）
417 明治学院大学（全学部日程）
418 明治薬科大学 総推
419 明星大学
420 目白大学・短期大学部

ら・わ行（関東の大学）

421 立教大学（文系学部一般入試〈大学独自の英語を課さない日程〉）
422 立教大学（国語〈3日程×3カ年〉）
423 立教大学（日本史・世界史〈2日程×3カ年〉）
424 立教大学（文学部−一般入試〈大学独自の英語を課す日程〉）
425 立教大学（理学部−一般入試）
426 立正大学
427 早稲田大学（法学部）
428 早稲田大学（政治経済学部）
429 早稲田大学（商学部）
430 早稲田大学（社会科学部）
431 早稲田大学（文学部）
432 早稲田大学（文化構想学部）
433 早稲田大学（教育学部〈文科系〉）
434 早稲田大学（教育学部〈理科系〉）
435 早稲田大学（人間科・スポーツ科学部）
436 早稲田大学（国際教養学部）
437 早稲田大学（基幹理工・創造理工・先進理工学部）
438 和洋女子大学 総推

中部の大学（50音順）

439 愛知大学
440 愛知医科大学（医学部）医
441 愛知学院大学・短期大学部
442 愛知工業大学 総推
443 愛知淑徳大学
444 朝日大学 総推
445 金沢医科大学（医学部）医
446 金沢工業大学
447 岐阜聖徳学園大学・短期大学部 総推
448 金城学院大学
449 至学館大学 総推
450 静岡理工科大学
451 椙山女学園大学
452 大同大学
453 中京大学
454 中部大学
455 名古屋外国語大学 総推
456 名古屋学院大学 総推
457 名古屋学芸大学 総推
458 名古屋女子大学・短期大学部 総推
459 南山大学（外国語〈英米〉・法・総合政策・国際教養学部）
460 南山大学（人文・外国語〈英米を除く〉・経済・経営・理工学部）
461 新潟国際情報大学
462 日本福祉大学
463 福井工業大学
464 藤田医科大学（医学部）医
465 藤田医科大学（医療科・保健衛生学部）
466 名城大学（法・経営・経済・外国語・人間・都市情報学部）
467 名城大学（情報工・理工・農・薬学部）
468 山梨学院大学

近畿の大学（50音順）

469 追手門学院大学 総推
470 大阪医科薬科大学（医学部）医
471 大阪医科薬科大学（薬学部）総推
472 大阪学院大学

473 大阪経済大学 総推
474 大阪経済法科大学 総推
475 大阪工業大学 総推
476 大阪国際大学・短期大学部 総推
477 大阪産業大学 総推
478 大阪歯科大学（歯学部）
479 大阪商業大学 総推
481 大阪成蹊大学・短期大学 総推
482 大谷大学 総推
483 大手前大学・短期大学 総推
484 関西大学（文系）
485 関西大学（理系）
486 関西大学（英語〈3日程×3カ年〉）
487 関西大学（国語〈3日程×3カ年〉）
488 関西大学（文系選択科目〈2日程×3カ年〉）
489 関西医科大学（医学部）医
490 関西医療大学 総推
491 関西外国語大学・短期大学部 総推
492 関西学院大学（文・社会・法学部−学部個別日程）
493 関西学院大学（経済・人間福祉・国際学部−学部個別日程）
494 関西学院大学（神・商・教育・総合政策学部−学部個別日程）
495 関西学院大学（全学部日程〈文系型〉）
496 関西学院大学（全学部日程〈理系型〉）
497 関西学院大学（共通テスト併用日程・英数日程）
498 畿央大学 総推
499 京都外国語大学・短期大学 総推
500 京都光華女子大学・短期大学部 総推
501 京都産業大学（公募推薦入試）総推
502 京都産業大学（一般選抜入試〈前期日程〉）
503 京都女子大学
504 京都先端科学大学
505 京都橘大学 総推
506 京都ノートルダム女子大学 総推
507 京都薬科大学
508 近畿大学・短期大学部（医学部を除く−推薦入試）総推
509 近畿大学・短期大学部（医学部を除く−一般入試前期）
510 近畿大学（英語〈医学部を除く3日程×3カ年〉）新
511 近畿大学（理系数学〈医学部を除く3日程×3カ年〉）新
512 近畿大学（国語〈医学部を除く3日程×3カ年〉）新
513 近畿大学（医学部−推薦入試・一般入試前期）医 総推
514 近畿大学・短期大学部（一般入試後期）医
515 皇學館大学 総推
516 甲南大学 総推
517 神戸学院大学 総推
518 神戸国際大学 総推
519 神戸女学院大学 総推
520 神戸女子大学・短期大学 総推
521 神戸薬科大学 総推
522 四天王寺大学・短期大学部 総推
523 摂南大学（公募制推薦入試）総推
524 摂南大学（一般選抜前期日程）
525 帝塚山学院大学 新 総推
526 同志社大学（法、グローバル・コミュニケーション学部−学部個別日程）
527 同志社大学（文・経済学部−学部個別日程）
528 同志社大学（神・商・心理・グローバル地域文化学部−学部個別日程）
529 同志社大学（社会学部−学部個別日程）

2024年版 大学入試シリーズ（赤本）
私立大学③

530 同志社大学〈政策・文化情報〈文系型〉・スポーツ健康科〈文系型〉学部―学部個別日程〉	546 立命館大学（英語〈全学統一方式3日程×3カ年〉）	564 安田女子大学・短期大学 総推
531 同志社大学〈理工・生命医科・文化情報〈理系型〉・スポーツ健康科〈理系型〉学部―学部個別日程〉	547 立命館大学（国語〈全学統一方式3日程×3カ年〉）	**四国の大学（50音順）**
		565 徳島文理大学
	548 立命館大学（文系選択科目〈全学統一方式2日程×3カ年〉）	566 松山大学
532 同志社大学（全学部日程）		**九州の大学（50音順）**
533 同志社女子大学 総推	549 立命館大学（IR方式〈英語資格試験利用型〉・共通テスト併用方式）/立命館アジア太平洋大学（共通テスト併用方式）	567 九州産業大学
534 奈良大学		568 九州保健福祉大学 総推
535 奈良学園大学 総推		569 熊本学園大学
536 阪南大学	550 立命館大学（後期分割方式・「経営学部で学ぶ感性+共通テスト」方式）/立命館アジア太平洋大学（後期方式）	570 久留米大学〈文・人間健康・法・経済・商学部〉
537 姫路獨協大学 総推		
538 兵庫医科大学（医学部） 医		571 久留米大学（医学部〈医学科〉） 医
539 兵庫医科大学（薬・看護・リハビリテーション学部） 総推	551 龍谷大学・短期大学部（公募推薦入試）	572 産業医科大学（医学部） 医
	552 龍谷大学・短期大学部（一般選抜入試）	573 西南学院大学（商・経済・法・人間科学部―A日程）
540 佛教大学 総推	**中国の大学（50音順）**	
541 武庫川女子大学・短期大学部 総推	553 岡山商科大学 総推	574 西南学院大学（神・外国語・国際文化学部―A日程/全学部―F日程）
542 桃山学院大学/桃山学院教育大学 総推	554 岡山理科大学 総推	
543 大和大学・大和大学白鳳短期大学部 総推	555 川崎医科大学 医	575 福岡大学（医学部医学科を除く―学校推薦型選抜・一般選抜系統別日程） 総推
	556 吉備国際大学 総推	
544 立命館大学（文系―全学統一方式・学部個別配点方式）/立命館アジア太平洋大学（前期方式・英語重視方式）	557 就実大学 総推	576 福岡大学（医学部医学科を除く―一般選抜前期日程）
	558 広島経済大学	
	559 広島国際大学 総推	577 福岡大学（医学部〈医学科〉―学校推薦型選抜・一般選抜系統別日程） 医総推
	560 広島修道大学	
545 立命館大学（理系―全学統一方式・学部個別配点方式・理系型3教科方式・薬学方式）	561 広島女学院大学	
	562 尚絅大学	578 福岡工業大学
	563 福山大学/福山平成大学	579 令和健康科学大学 総推

医 医学部医学科を含む
総推 総合型選抜または学校推薦型選抜を含む
DL リスニング音声配信 新 2023年 新刊・復刊

掲載している入試の種類や試験科目、収載年数などはそれぞれ異なります。詳細については、それぞれの本の目次や赤本ウェブサイトでご確認ください。

akahon.net

[赤本| 検索]

難関校過去問シリーズ

出題形式別・分野別に収録した
「入試問題事典」
19大学 71点

定価 2,310〜2,530円（本体 2,100〜2,300円）

先輩合格者はこう使った！
「難関校過去問シリーズの使い方」

61年, 全部載せ！
要約演習で、
総合力を鍛える

東大の英語
要約問題 UNLIMITED

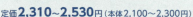

国公立大学			私立大学
東大の英語25カ年［第11版］	一橋大の国語20カ年［第5版］	東北大の化学15カ年［第2版］ 改	早稲田の英語［第10版］
東大の英語リスニング20カ年［第8版］ DL	一橋大の日本史20カ年［第5版］	名古屋大の英語15カ年［第8版］ 改	早稲田の国語［第8版］
東大の英語 要約問題 UNLIMITED	一橋大の世界史20カ年［第5版］	名古屋大の理系数学15カ年［第8版］ 改	早稲田の日本史［第8版］
東大の文系数学25カ年［第11版］	京大の文系数学25カ年［第12版］ 改	名古屋大の物理15カ年［第2版］ 改	早稲田の世界史
東大の理系数学25カ年［第11版］	京大の理系数学25カ年［第12版］ 改	名古屋大の化学15カ年［第2版］ 改	慶應の英語［第10版］
東大の現代文25カ年［第11版］	京大の現代文25カ年［第2版］	阪大の英語20カ年［第9版］	慶應の小論文［第3版］
東大の古典25カ年［第11版］	京大の古典25カ年［第2版］	阪大の文系数学20カ年［第3版］	明治大の英語［第8版］
東大の日本史25カ年［第9版］	京大の日本史20カ年［第3版］	阪大の理系数学20カ年［第9版］ 改	明治大の国語
東大の世界史25カ年［第9版］	京大の世界史20カ年［第3版］	阪大の国語15カ年［第3版］	明治大の日本史
東大の地理25カ年［第9版］	京大の物理25カ年［第9版］	阪大の物理20カ年［第8版］	中央大の英語［第8版］
東大の物理25カ年［第9版］	京大の化学25カ年［第9版］	阪大の化学20カ年［第6版］	法政大の英語［第8版］
東大の化学25カ年［第9版］	北大の英語15カ年［第8版］	九大の英語15カ年［第8版］	同志社大の英語［第10版］ 改
東大の生物25カ年［第8版］	北大の理系数学15カ年［第8版］	九大の理系数学15カ年［第7版］	立命館大の英語［第10版］ 改
東工大の英語20カ年［第7版］ 改	北大の物理15カ年［第2版］	九大の物理15カ年［第2版］	関西大の英語［第10版］
東工大の数学20カ年［第9版］	北大の化学15カ年［第2版］	九大の化学15カ年［第2版］	関西学院大の英語［第10版］
東工大の物理20カ年［第5版］	東北大の英語15カ年［第8版］ 改	神戸大の英語15カ年［第9版］	
東工大の化学20カ年［第5版］	東北大の理系数学15カ年［第8版］ 改	神戸大の数学15カ年［第5版］	CD リスニングCDつき
一橋大の英語20カ年［第9版］	東北大の物理15カ年［第2版］ 改	神戸大の国語15カ年［第3版］	改 2023年 改訂

共通テスト対策関連書籍

共通テスト対策 も 赤本で

❶ 過去問演習

2024年版 共通テスト赤本シリーズ 全13点

A5判／定価1,210円(本体1,100円)

- これまでの共通テスト本試験 全日程収載!!＋プレテストも
- 英語・数学・国語には，本書オリジナル模試も収載！
- 英語はリスニングを11回分収載！ 赤本の音声サイトで本番さながらの対策！

- 英語 リスニング／リーディング※1 DL
- 数学Ⅰ・A／Ⅱ・B※2
- 国語※2
- 日本史B
- 世界史B
- 地理B
- 現代社会
- 倫理, 政治・経済／倫理
- 政治・経済
- 物理／物理基礎
- 化学／化学基礎
- 生物／生物基礎
- 地学基礎
  付録：地学

DL 音声無料配信　※1 模試2回分収載　※2 模試1回分収載

❷ 自己分析

赤本ノートシリーズ 過去問演習の効果を最大化

▶ 共通テスト対策には

赤本ノート（共通テスト用）　赤本ルーズリーフ（共通テスト用）

共通テスト赤本シリーズ Smart Startシリーズ **全28点に対応!!**

▶ 二次・私大対策には

大学入試シリーズ **全555点に対応!!**

赤本ノート（二次・私大用）

❸ 重点対策

Smart Startシリーズ 共通テスト スマート対策 3訂版

基礎固め＆苦手克服のための**分野別対策問題集!!**

- 英語（リーディング）DL
- 英語（リスニング）DL
- 数学Ⅰ・A
- 数学Ⅱ・B
- 国語（現代文）
- 国語（古文・漢文）
- 日本史B
- 世界史B
- 地理B
- 現代社会
- 物理
- 化学
- 生物
- 化学基礎・生物基礎
- 生物基礎・地学基礎

共通テスト本番の内容を反映！ **全15点好評発売中！**

DL 音声無料配信

A5判／定価1,210円(本体1,100円)

手軽なサイズの実戦的参考書

目からウロコのコツが満載！ **直前期にも！**

 満点のコツ シリーズ
 赤本ポケット

いつも受験生のそばに──赤本

大学入試シリーズ＋α
入試対策も共通テスト対策も赤本で

入試対策
赤本プラス

赤本プラスとは、過去問演習の効果を最大にするためのシリーズです。「赤本」であぶり出された弱点を、赤本プラスで克服しましょう。

- 大学入試 すぐわかる英文法 DL
- 大学入試 ひと目でわかる英文読解
- 大学入試 絶対できる英語リスニング DL
- 大学入試 すぐ書ける自由英作文
- 大学入試 ぐんぐん読める英語長文[BASIC]
- 大学入試 ぐんぐん読める英語長文[STANDARD]
- 大学入試 ぐんぐん読める英語長文[ADVANCED]
- 大学入試 最短でマスターする 数学Ⅰ・Ⅱ・Ⅲ・A・B・C 新 ◎
- 大学入試 突破力を鍛える最難関の数学 新 ◎
- 大学入試 ちゃんと身につく物理 新 ◎
- 大学入試 もっと身につく物理問題集（①力学・波動）新 ◎
- 大学入試 もっと身につく物理問題集（②熱力学・電磁気・原子）新 ◎

入試対策
英検®赤本シリーズ

英検®（実用英語技能検定）の対策書。過去問集と参考書で万全の対策ができます。

▶ **過去問集（2023年度版）**
- 英検®準1級過去問集 DL
- 英検®2級過去問集 DL
- 英検®準2級過去問集 DL
- 英検®3級過去問集 DL

▶ **参考書**
- 竹岡の英検®準1級マスター DL
- 竹岡の英検®2級マスター CD DL
- 竹岡の英検®準2級マスター CD DL
- 竹岡の英検®3級マスター CD DL

入試対策
赤本プレミアム

「これぞ京大！」という問題・テーマのみで構成したベストセレクションの決定版！

- 京大数学プレミアム[改訂版]
- 京大古典プレミアム

- CD リスニングCDつき
- DL 音声無料配信
- 新 2023年刊行 ◎ 新課程版

入試対策
赤本メディカルシリーズ

過去問を徹底的に研究し、独自の出題傾向をもつメディカル系の入試に役立つ内容を精選した実戦的なシリーズです。

- 〔国公立大〕医学部の英語[3訂版]
- 私立医大の英語[長文読解編][3訂版]
- 私立医大の英語[文法・語法編][改訂版]
- 医学部の実戦小論文[3訂版]
- 〔国公立大〕医学部の数学
- 私立医大の数学
- 医歯薬系の英単語[4訂版]
- 医系小論文 最頻出論点20[3訂版]
- 医学部の面接[4訂版]

入試対策
体系シリーズ

国公立大二次・難関私大突破へ、自学自習に適したハイレベル問題集。

体系英語長文	体系日本史
体系英作文	体系世界史
体系数学Ⅰ・A	体系物理[第6版]
体系数学Ⅱ・B	体系物理[第7版] 新 ◎
体系現代文	体系化学[第2版]
体系古文	体系生物

単行本

▶ **英語**
- Q&A即決英語勉強法
- TEAP攻略問題集 新
- 東大の英単語[新装版]
- 早慶上智の英単語[改訂版]

▶ **数学**
- 稲荷の独習数学

▶ **国語・小論文**
- 著者に注目！現代文問題集
- ブレない小論文の書き方 樋口式ワークノート

▶ **理科**
- 折戸の独習物理

▶ **レシピ集**
- 奥薗壽子の赤本合格レシピ

入試対策 / 共通テスト対策
赤本手帳

- 赤本手帳（2024年度受験用）プラムレッド
- 赤本手帳（2024年度受験用）インディゴブルー
- 赤本手帳（2024年度受験用）ナチュラルホワイト

入試対策
風呂で覚えるシリーズ

水をはじく特殊な紙を使用。いつでもどこでも読めるから、ちょっとした時間を有効に使える！

- 風呂で覚える英単語[4訂新装版]
- 風呂で覚える英熟語[改訂新装版]
- 風呂で覚える古文単語[改訂新装版]
- 風呂で覚える古文文法[改訂新装版]
- 風呂で覚える漢文[改訂新装版]
- 風呂で覚える日本史[年代][改訂新装版]
- 風呂で覚える世界史[年代][改訂新装版]
- 風呂で覚える倫理[改訂版]
- 風呂で覚える化学[3訂新装版]
- 風呂で覚える百人一首[改訂版]

共通テスト対策
満点のコツシリーズ

共通テストで満点を狙うための実戦的参考書。重要度の増したリスニング対策は「カリスマ講師」竹岡広信が一回読みにも対応できるコツを伝授！

- 共通テスト英語[リスニング]満点のコツ CD DL
- 共通テスト古文 満点のコツ
- 共通テスト漢文 満点のコツ
- 共通テスト化学基礎 満点のコツ
- 共通テスト生物基礎 満点のコツ

入試対策 / 共通テスト対策
赤本ポケットシリーズ

▶ **共通テスト対策**
- 共通テスト日本史[文化史]

▶ **系統別進路ガイド**
- デザイン系学科をめざすあなたへ
- 心理学科をめざすあなたへ[改訂版]